CW01643313

Tratado de Teología Pastoral

Compartir la alegría de fe

ÁGAPE
11

Del mismo autor, publicadas por el Secretariado Trinitario:

- *El dinamismo de la comunión eclesial*
- *La misión de la Iglesia en el mundo. Ser cristiano, hoy*

Ramón Prat i Pons

TRATADO DE TEOLOGÍA PASTORAL

Compartir la alegría de la fe

SECRETARIADO TRINITARIO
Filiberto Villalobos, 80 - 37007 SALAMANCA

Tratado de Teología Pastoral. Compartir la alegría de la fe
1.ª edición, 1995
2.ª edición aumentada, 2005

© SECRETARIADO TRINITARIO, 2005
Filiberto Villalobos, 80
Teléf. y Fax 923 23 56 02
editorialst@secretariadotrinitario.org
www.secretariadotrinitario.org
37007 SALAMANCA (España)

ISBN: 84-96488-02-0
Depósito legal: S. 287-2005

GRÁFICAS CERVANTES, S.A.
Ronda de Sancti-Spíritus, 9-11
37001 SALAMANCA

CONTENIDO

TERCERA PARTE: CUESTIONES ACTUALES

Carta de D. Javier Osés, Obispo de Huesca

Me pide el sacerdote Ramón Prat que le prologue este trabajo al que titula *Compartir la alegría de la fe*.

Con sumo gusto respondo a su invitación y por un doble motivo:

— Por razones de amistad, ya que, desde hace años, él y yo nos hemos ido encontrando en momentos importantes de nuestras respectivas vidas dentro de la arena de la acción pastoral y, desde ahí, fue surgiendo la amistad buena, la silenciosa y profunda de los hijos de Dios y de la Iglesia que nos hemos apuntado a la misma causa de Jesús.

— Y también, querido lector, porque tienes en tus manos un libro que merece la pena, según mi modesto entender.

Creo que el mismo título *Compartir la aelgría de la fe*, marca bien el talante del libro, porque todo él está impregnado de la brisa reconfortante y fresca de la «Buena Noticia», del aliento del Evangelio de Jesús.

Es leído el libro con verdadero provecho espiritual, aunque confieso que me ha costado cogerle gusto, porque, a veces, su densidad me distraía del hilo conductor de la obra, pero, poco a poco, me he ido identificando con su contenido hasta el punto de que, en muchos momentos, he sentido la impresión de que alguien adivinaba caminos míos, recorridos junto a otros en la Iglesia, y, en otros momentos, he visto explicitadas algunas intuiciones mías, que no sabía cómo formularlas: con su obra y su reflexión, Ramón Prat me ha ayudado.

En el libro hay un serio esfuerzo de síntesis teológica y pastoral. El autor ha debido transcurrir largas horas en la lectura, por la cantidad de notas y bibliografía que aporta; también en el estudio: me agradan las síntesis de las encuestas que se recogen y se analizan pacientemente; hay en el texto una cuidada selección de experiencias recogidas a lo largo y a lo ancho de la Iglesia en todo el Estado español, aunque tenga prioridad lo de Cataluña, ya que es el ámbito pastoral en el que Ramón ejerce su ministerio sacerdotal; y me agrada sobremanera el que la obra haya recogido vida, mucha vida, de personas y de grupos: vida de fe, vida cristiana, vida del Espíritu, vida apostólica junto a personas con las que el autor ha compartido la fe y el trabajo pastoral. Es una vida profundizada, revisada, asimilada, reflexionada y personalizada. Es una vida, como es la vida real, con luces y sombras, con dificultades y tensiones, pero siempre, al describirla y presentarla, el autor, amigo de la luz y de la esperanza, ayuda a que cualquier noche obscura se abra el amanecer de la Pascua del Señor y de la alegría.

Leer estas páginas es sumergirse en la experiencia del acontecimiento pascual, presente en la historia de la Humanidad y en la vida de la Iglesia; es percibir el paso del Señor por el corazón de los hombres, de las comunidades, de los grupos, de las estructuras de la Iglesia, y revelado, también, en los aconteceres del mundo.

Acaso al lector le cueste entrar en su lectura. Es normal, porque su contenido no es el de un variado noticiario ni el de un retablo de curiosidades, pero si el lector tiene una cierta experiencia de fe, de compromiso, de vivencia de la Iglesia, y, sobre todo, si forma parte de los agentes de la acción pastoral y está en la brecha de los que hoy, en la Iglesia, luchan, aman, se comprometen y mantienen la esperanza, terminará por encontrarse a sí mismo en las páginas del libro.

Si eres de éstos, lector amigo, en cualquier momento percibirás algo que tú has vivido, que tú estás viviendo y que te sientes llamado a vivir. Y darás con la dicha de una luz, que hace claridad, en alguna de las muchas dudas que conllevan la vida de fe y el trabajo pastoral en la Iglesia y en el mundo.

No sé lo que dirán los expertos en Teología Pastoral de lo escrito por Ramón Prat: el juicio crítico del libro se lo remito a ellos. Yo, por mi cuenta, me atrevo a afirmar que resalta, sin titubeos, los núcleos vitales en los que se debe apoyar la acción pastoral de la Iglesia, como son: el sentido de Dios, de Jesús y del Evangelio; la conexión entre el anuncio, la celebración y el testimonio; la vida comunitaria y la misión de la Iglesia en el mundo; y que apunta decididamente hacia una pastoral misionera, señalando las urgencias del momento histórico que vivimos.

Creo que el libro de Ramón Prat ofrece una fundamentación teológica suficiente para avalar y dar cuerpo a la reflexión pastoral, que sintoniza con el espíritu y la letra del Concilio Vaticano II, que evita el plantear simplificaciones y alternativas deficientes, como pueden ser las de «¿Evangelización o Sacramentos?», «¿Ortodoxia u Ortopraxis?», para llegar al fondo de la acción evangelizadora, sin escamotear ninguno de sus aspectos o exigencias fundamentales.

Además aborda los temas con conocimiento de causa y dando en el *quid* de las cuestiones, como, por ejemplo, cuando toca problemas tan complejos como son los de la parroquia, la pastoral de juventud, la pastoral de los ambientes, con los movimientos apostólicos, y la inserción de los religiosos en la pastoral diocesana de conjunto.

En una palabra, es un trabajo que da aliento, esperanza y ganas de vivir y de trabajar por el Reino de Dios, y pienso que el libro encontrará eco en muchos de los que trabajamos en la acción pastoral, quienes tenemos que agradecer a Ramón Prat el que haya abierto una brecha más para que los pastoralistas nos sigan ayudando, con sus trabajos científicos y sistematizados, a proseguir nuestro camino de anunciar sin descanso el Evangelio a toda la creación.

Huesca, febrero de 1985
JAVIER OSÉS, Obispo de Huesca

PRÓLOGO DE JOSEP M. ROVIRA BELLOSO, ACTUALIZADO PARA LA PRESENTE EDICIÓN

La necesidad de una presentación global o sistemática de una Teología Pastoral parecerá evidente a todo aquel que haya escuchado las conversaciones entre sacerdotes y laicos responsables de la misión eclesial: de la evangelización, catequesis, etc. En definitiva, conversaciones sobre lo que hay que hacer en la Iglesia de hoy. Estas conversaciones contienen tantas preguntas que invitan a la reflexión, tantas incógnitas por despejar que bienvenido va a ser el libro que de manera ordenada les vaya a hincar el diente.

Nos encontramos ante una propuesta pastoral de tipo personalista y eclesial. Prat no olvida ciertamente la dimensión institucional de la pastoral: La Iglesia evangeliza, catequiza y celebra la fe. Esta dimensión no se olvida nunca. Pero Ramón Prat acentúa también que son las *personas* de la Iglesia los agentes de la acción misionera; son también las *personas* las que reciben los efectos acertados y correctos —o distorsionados e insuficientes— de esta acción. «Por una sola persona ya merecería la pena hacer un proyecto pastoral», afirma Ramón Prat, mostrando con esta afirmación el propósito que le ha movido a tomar la pluma.

Esta doble dimensión personalista y eclesial ofrece una buena pista para «afiliar» a nuestro autor a esa que podríamos llamar ya con toda justicia «Escuela de pastoral de Lérida», en la que a buen seguro Prat se encontrará a gusto en la compañía quizás mentora de hombres tan beneméritos como Buenaventura PELEGRÍ y Mateo FREIXES, sin olvidar a Antonio SERRAMONA, aunque este último desarrolle en Barcelona su tarea pastoral. Estos y tantos otros nombres, de «Escuelas» afines, habrá que rescatarlos del noble anonimato en que se han movido.

No es el afán de notoriedad el móvil de este rescate, sino el justo deseo de establecer la condición necesaria para evitar la incómoda y falsa impresión de que en las tareas pastorales se empieza siempre desde cero.

* * *

Ramón Prat ha intuido claramente que, al lado de los grandes tratados sobre Dios, Cristo, la Iglesia y los Sacramentos, se hace cada vez más necesario un tratado sobre la Iglesia *operativa*: sobre su acción pastoral. Esto es exactamente *Compartir la alegría de la fe*.

Las tres partes suponen, cada una, una acentuación de la concreción: una mayor prevalencia del nivel práctico. Así, la *Primera Parte* es una reflexión sobre Teología Pastoral y situación de la Iglesia; la *Segunda*, establece los criterios de acción basados en el ser mismo de la Iglesia, y la *Tercera* trata los problemas concretos que hoy más interesan.

El conjunto de la reflexión de Prat nunca es arbitario ni subjetivo. Porque, tal como acabo de insinuar, contempla la acción de la Iglesia a la luz de lo que ella misma es y ha de ser en el mundo: Pueblo de Dios y Sacramento de la salvación de Dios.

Ante la perplejidad pastoral —«qué hemos de hacer y cómo lo hemos de hacer»— las «soluciones» nunca tienen el sabor poco grato de la improvisación constante o del activismo casi a la desbandada.

Las «soluciones» son un recurso profundo y constante a la «divina dispensación»: a lo que se nos ha dado en Cristo; a lo que la Iglesia *es* y a aquello que la Iglesia *puede ofrecer y ha de ofrecer* al mundo sin imponerle nada coactivamente.

La Iglesia de Dios anuncia y ofrece libremente a los hombres, por encima de todo, la *forma de vida de Jesús, el Cristo, donador del Espíritu*. ¿No es éste el descubrimiento primordial —basado en el inmenso amor del Padre al mundo— que se concreta en la realidad verdadera y gratuita que la familia cristiana ofrece a sus hijos, la parroquia a sus feligreses y los movimientos a sus militantes?

Prat sabe muy bien que la teología pastoral no es fruto de un capricho subjetivo, sino de la estructura que Cristo imprimió constitucionalmente al ser de su Iglesia. Y este ser consiste en mostrar, sobre todo a la asamblea de la gente que cree, reza y ama, la presencia viva y operante de Cristo que es Señor de la comunidad por su Palabra y por su Amor.

En esta perspectiva se ha de contemplar el eje vertebrador de la pastoral. Eje que va de la suprema trascendencia del Padre, el Hijo y el Espíritu hasta la comunidad de la gente sencilla, concreta y pecadora que se reúne en la Unidad de los Tres.

Por eso, los acentos de Prat se sitúan en lo que la Iglesia ofrece a *todos* los hombres: la Palabra y la Gracia de Jesús, el Cristo.

La Palabra, en crecimiento constante, que traspasa el corazón y convierte la vida de los que creen. La Palabra que se expansiona y «sube hasta el Padre» en la reunión de la plegaria y de la celebración de la fe centrada en el misterio de la Pascua del Señor. Donde las personas —que tal vez llegan maltrechas del duro bregar en el mundo— rezan, escuchan la palabra evangélica y comienzan a identificarse con la nueva forma de vida de Jesucristo.

La Gracia, es decir, las «energías de la fe y de la caridad» ofrecidas al mundo y aplicadas a la vida práctica; no los poderes mundanos (ver *Gaudium et Spes*, 42) que intentan manipular sin éxito una sociedad que, en nuestra época, da la impresión de escaparse de las manos del clero, tal vez nostálgico del poder que otrora tuviera sobre ella.

La Palabra y la Gracia: Las energías de la fe que actúa por el amor. Eso sí conduce a los hombres de buena voluntad a convivir de forma abierta y acogedora, hasta dar testimonio, en el mundo concreto que les ha tocado vivir, del supremo Amor que se manifestó en Jesús. Eso mantiene en el gozo y en la esperanza. ¿No es ése el mensaje —necesario mensaje— que Prat sugiere y propone?

De todo ello se deduce (quiero insistir en ello) que el acento de la pastoral de Prat se pone en el descubrimiento y en la formación de cristianos verdaderos y auténticos. Esta formación tiene su ley constitucional en *Hechos de los Apóstoles* 2, 42: el crecimiento y la maduración de los discípulos depende decisivamente de que perseveren en la plegaria, en la eucaristía (*fracción del pan*), en la doctrina de los Apóstoles y en la forma de la caridad de Cristo y de la Iglesia (en la *koinonía*).

Por ello, lo que la Iglesia hace en el mundo se puede resumir diciendo que *reúne* a las personas para rezar y celebrar la fe en espíritu y en verdad, y que las *dispersa* para que puedan testimoniar el supremo Amor en la preparación humilde del Reino de Dios y mediante la fe esperanzada que actúa por el amor.

Si este núcleo permanece claro, los agentes de la pastoral se sienten libres y gozosos para poner de relieve, según las necesidades y expectativas de las diversas clases de gente, tal o cual aspecto de la praxis eclesial: el componente educativo, el impulso hacia la solidaridad que libera, la contemplación en la que se realiza la persona humana... La comunidad que permanece en los dones del Padre —en la Palabra y en la Gracia— ha reducido al mínimo el riesgo de perder la identidad cristiana.

* * *

Prat se explica a través de un estilo narrativo, casi oral. Desbordante y vital. Eco de muchísimas experiencias vividas. Por estas razones, *Compartir la alegría de la fe* será, sin duda, apreciada por los laicos y por los ministros ordenados. Los *laicos* seguirán el pensamiento del Autor más como una siembra abierta que como un círculo cerrado y restrictivo. Los *presbíteros y diáconos*, creo valorarán en mucho la arquitectura rigurosa de la obra, dispuesta en forma sencilla y lógica alrededor del eje fundamental de la pastoral. Verán al colega que, con rigor metódico y amor, ha pensado y repensado, después de haberlos vivido, los mismos problemas y dificultades por los que ellos han pasado.

Todos podrán ver al «presbítero», todavía joven, que se ha atrevido a poner por escrito las bases para un Tratado de Teología Pastoral, basado en lo que los Padres de la Iglesia llamaron *divina dispensación* o «economía» divina y que consiste en el regalo que el Padre ha hecho a los hombres reunidos en la Iglesia: el regalo de la Palabra que, hecha carne en el seno de María, la Virgen, comunica el Espíritu Santo que es la Vida de la nueva comunión de los hombres entre sí y con Dios.

El hecho que la Teología Pastoral de Ramón Prat hunda sus raíces en el misterio de la «multitud reunida en la unidad del Padre, del Hijo y del Espíritu Santo», justifica la elección de esta obra para ser publicada por el «Secretariado Trinitario», benemérito en la divulgación de la doctrina sobre la Santísima Trinidad. Las múltiples alusiones, explícitas e implícitas, de Prat a esta raíz trinitaria las advertirá sin esfuerzo el lector.

JOSEP M. ROVIRA BELLOSO

Introducción

La Teología Pastoral, o teología práctica de la Iglesia-en-acción, es la teología que reflexiona sobre los elementos necesarios para edificar la comunidad cristiana en su doble dinamismo de la comunión y la misión. La comunión de amor es el eje vertebrador de la Iglesia reunida en asamblea alrededor de Jesucristo y que, animada por el Espíritu, camina hacia el Padre[1]. La misión evangelizadora es la irradiación del amor de la comunidad cristiana, que brota de la Palabra y de la Eucaristía vivida en el Espíritu, en la vida diaria en el mundo[2].

Siempre ha sido difícil vivir la comunión porque cada persona concreta tiene sus propias divisiones internas y las interrelaciones humanas también son difíciles. Sin embargo, el evangelio es un camino hacia la comunión. Siempre ha sido difícil la misión de la Iglesia en el mundo, pero el evangelio es luz y fuerza que ayuda a recibir la vida como un don y a dar la vida como una expresión de amor.

En estos inicios del siglo XXI, el camino de la Iglesia en la historia sigue siendo la edificación de la comunión y el servicio

[1] Hace años escribí un pequeño libro titulado, *El dinamismo de la comunión eclesial*, editorial Secretariado Trinitario, Salamanca 1989). En la actualidad mantengo los principios, criterios y directrices operativas expuestas en el libro.

[2] Al mismo tiempo reflexioné sobre la misión eclesial y lo expuse en una publicación titulada *La misión de la Iglesia en el mundo*, Editorial S/M, Madrid 1989. Publicada una nueva edición ampliada de este libro, que reafirma las tesis de la edición anterior, Secretariado Trinitario, Salamanca 2004.

de la misión, justamente, en medio de las dificultades específicas de nuestro tiempo.

La urgencia que plantea el estudio mencionado de una manera crítica y científica, se puede constatar hoy, todavía más radicalmente, en la vida diaria de las parroquias, las organizaciones y movimientos apostólicos, las comunidades de base, las instituciones eclesiales e incluso en las interrelaciones humanas y en el diálogo cotidiano de la comunidad cristiana.

La reflexión teológico-pastoral que haremos quiere recoger y plantearse este desafío y esta urgencia. No quiere dar cuenta de un trabajo puramente subjetivo, ni ofrecer unas fórmulas pastorales válidas para todas las situaciones, ni tampoco ser una reflexión abstracta que da lugar siempre a una constante perplejidad e improvisación. Quiere mostrar unas propuestas para una Teología Pastoral. Quiere ser teología porque pone las bases que derivan de la misma estructura del misterio cristiano (Ef 1,19). Es pastoral porque en un lenguaje que no haga simples enunciados programáticos, quiere hacer emerger la urgencia evangélica de anunciar y comunicar la Buena Nueva de Jesucristo mediante el descubrimiento de actitudes y mediaciones prácticas que permitan pasar los deseos (proyectos) a la realidad operativa (condiciones de posibilidad) del programa de la fe.

Es decir, se propone anunciar el camino de Jesucristo en un tono realista, así como describir el itinerario práctico que conduce desde lo que somos ahora y aquí, hasta lo que queremos ser a la luz del Evangelio vivido en el interior de la solidaridad eclesial y comunitaria.

Este intento es, de entrada, una pretensión arriesgada porque supone recoger el esfuerzo de renovación teológica (teología fundamental, cristología, eclesiología, etc.) realizado en las últimas décadas, y de elaborar un proyecto operativo que tenga en cuenta los inmensos esfuerzos de renovación práctica pastoral realizados en los tiempos conciliar y post-conciliar. Así como la pregunta clave de la teología gira alrededor del misterio de Dios y su significación para la humanidad, la pregunta de la Teología Pastoral es la búsqueda del «cómo se hace» para injertar la savia del Evangelio, aquí y ahora, en la vida cotidiana, reproduciendo la fe fuera del ámbito de la misma fe.

Esto supone, por un lado, el conocimiento de la teología sistemática y, por otro, una comprensión de la dinámica humana, la situación de la persona, sus relaciones con los otros, con la naturaleza, con las estructuras sociales y políticas, y con la historia.

Solamente desde aquí es posible una reflexión práctica en torno a la solidaridad eclesial, la cooperación comunitaria y la autoridad pastoral según el deseo de Jesucristo. De hecho, toda acción pastoral emerge del significado común[3] y ha de ser vivida, a nivel de minorías y a nivel popular, en un marco jurídico-comunitario al servicio de la vida nueva.

Este marco comunitario no ha de ser permisivo, ya que la permisividad o liberalismo pastoral tiende a erosionar la vida; ni ha de ser paternalista porque el paternalismo o direccionismo pastoral acostumbra a fomentar en la comunidad unas actitudes pasivas que no dejan crecer; ni ha de ser autocrático ya que la autocracia tiende a hacerse un mundo pequeño, en el mejor de los casos esteticista pero siempre desarraigado de los procesos históricos. Ha de ser comunitario y colegial, enraizado en la antropología de la fe, en el sentido que agota todas las vías de diálogo intracomunitario y con el mundo, previstas en el proceder de la Iglesia neotestamentaria que ha subrayado el Concilio Vaticano II y que sugiere el sentido común de la nueva sensibilidad histórica.

La autocomprensión y la autodefinición de la Iglesia han estado expresadas con una pluralidad de conceptos teológicos entre los que podemos enumerar los siguientes: Sacramento Universal de Salvación, Pueblo de Dios, Comunidad Catecumenal y Misionera, Comunidad de alabanza reunida en el nombre del Padre y del Hijo y del Espíritu Santo, Iglesia confesante y de testimonio, etc.

Todos estos conceptos son acumulativos, no son puramente conceptos teóricos, sino que tienen una traducción histórica y sociológica, es decir, tienen repercusiones en la vida diaria. En toda actuación pastoral siempre hay unos implícitos teológicos

[3] BERNARD LONERGAN, *Method in Theology*, Darton, Longman and Todd., London 1971, p. 356.

de orden eclesiológico. Son los elementos que dan estructura interior a la acción.

Los implícitos eclesiológicos con los que iremos trabajando esta Teología Pastoral son los siguientes: Una Iglesia Comunidad Trascendente e Histórica, Iglesia Comunidad de fe y de vida, Iglesia Mediadora, Iglesia Antropo-Teológica y Convivencial, Iglesia Plural, e Iglesia Comunidad de la Esperanza. Nos pararemos ahora a reflexionar brevemente estos implícitos eclesiológicos, aunque irán emergiendo a lo largo de los diversos capítulos.

1. *Iglesia, comunidad trascendente e histórica*

Detrás de la eclesiología hay siempre una cristología y una teología. La cristología subyacente es una cristología enraizada en el fenómeno humano, pero radicalmente trascendente. Es una cristología que da consistencia a la dinámica de la fe, es decir, a la vivencia personal, a la expresión de esta vivencia, a la posibilidad de compartirla, incluso en plenitud en una celebración espontánea y genuina. Mientras haya fe habrá asamblea de fe trascendente. Solamente desde esta fe trascendente, la comunidad cristiana llega a ser un elemento interpretativo de la vida del pueblo. El eje interpretador de la vida del pueblo no es otro que la evangelización. Es pues una comunidad trascendente, porque comunica la Buena Noticia del amor de Dios, revelando su intimidad, por medio de la persona de Jesucristo, con la fuerza del Espíritu. Las raíces de la identidad se nutren de esta cristología confesante y trascendente.

Asimismo la Iglesia es un fenómeno viviente, que puede ser observado a partir de la realidad inmediata, es decir, sociológicamente, y entonces esta observación está mediatizada por la subjetividad, por los prejuicios y por la ideología; pero también puede ser observada a partir de principios exclusivamente teológicos; entonces, hay el peligro de no ver la Iglesia tal como es en el tiempo y en el espacio. Tenemos que huir de los dos extremos, el de la ideologización sociológica y el de la consideración teológica fuera del tiempo y del espacio. Hace falta una mirada total. Esta mirada total es importante para visualizar la Iglesia como Sacramento de Cristo.

Desde esta posición descubrimos la Iglesia como el conjunto de los creyentes en Cristo, institucionalizado y visible, en el interior de cual hay elementos positivos y elementos negativos. Es este conjunto el que puede dar testimonio de Jesucristo. Es el fenómeno viviente de la Iglesia el marco en el que podemos contemplar, con una mirada simultáneamente teológica y sociológica, el misterio de Cristo.

Suponemos que la Iglesia es una comunidad trascendente porque, en el fondo, la Iglesia es el mismo misterio de Cristo, es decir, es una realidad divino-humana, formada por hombres y mujeres en camino, capaces de santidad y de mediocridad, realidad en la que está presente el Evangelio, que es la instancia crítica de la comunidad.

La razón de ser de la Iglesia es Jesucristo, la evangelización y la fidelidad servicial al pueblo. En esta perspectiva la Iglesia es signo sensible y eficaz de Cristo presente en el mundo, destinada a revelar el reinado de Dios, a pesar de la ambigüedad inherente a su condición humana, siendo Pueblo de Dios en marcha y en proceso. La justificación de la Iglesia no es la eficacia, sino la fidelidad a la evangelización ya que la Iglesia será juzgada por su capacidad de transmitir el conocimiento y la experiencia de Jesucristo.

Por otro lado la Iglesia, por su propio ser interno, ha de estar al servicio de la persona humana y del mundo puesto que, como Jesucristo, no existe para ser servida, sino para servir. Esta es su grandeza, como la de Cristo. Este es su juicio cuando no lo realiza.

La Iglesia, como comunidad trascendente, es memoria viva de Jesucristo resucitado, es esperanza firme en la plenitud del reinado de Dios, y es voluntad de respuesta a los desafíos antropológicos de la historia, sabiéndose guiada en su profundidad por la luz y la fuerza del Espíritu. La dimensión visible de la Iglesia tiene por finalidad ser sacramento y signo de esta realidad invisible pero real y salvadora.

La Iglesia como comunidad trascendente realiza estos objetivos a través de unas mediaciones, que no son una finalidad en ellas mismas, sino unos elementos pedagógicos para manifestar los signos de la presencia de Dios en la historia. Cuando se pierde de vista esta finalidad, las mediaciones dejan de tener sentido e incluso pueden llegar a ser un contrasigno.

Somos fruto de la Iglesia, pero al mismo tiempo los cristianos somos sujetos activos de la vida de la Iglesia. Por esto debemos mantener siempre la capacidad de auscultar la realidad, la voluntad de ser críticos, la disposición de apertura al mundo y la aceptación dócil de la luz y de la fuerza del Espíritu.

La actitud clave de la Iglesia como comunidad trascendente es, pues, la *actitud misionera*. Esta es una responsabilidad personal y al mismo tiempo un trabajo solidario. Exige estar presentes, de una manera servicial y martirial, en los núcleos vitales de la sociedad. Asimismo, esta presencia en el mundo exige ser sujetos en el interior de la comunidad cristiana para poder alimentar la fe, para poder superar las propias contradicciones, y para poder encontrar la esperanza teologal.

Todo esto es posible y viable por la acción del Espíritu. El Espíritu es el Don definitivo de Dios a la historia por medio de Jesucristo. Solamente bajo la acción del Espíritu podemos confesar que Jesucristo es el Señor del mundo y de la historia. Solamente bajo la guía del Espíritu de Dios podemos descubrir el misterio de la Iglesia como realidad visible y humana, por tanto como realidad objeto constante de reforma, y al mismo tiempo como realidad que es signo y sacramento de la trascendencia de Dios, y por tanto como objeto de fe.

2. *Iglesia, comunidad de fe y de vida*

La comunidad trascendente, aunque puede estructurarse según diversos modelos, no puede renunciar a la comunión sin dejar de ser la Iglesia de Jesucristo. Los diversos modelos son complementarios siempre que se encuentren en la misión evangelizadora, que no es una acción funcional de la Iglesia, sino más bien aquella acción trascendental, la cual coincide con el ser mismo de la Iglesia y con su situación correcta en el mundo, entre los hombres desde los más pobres.

La *comunión es irrenunciable* por razones de origen. Es la Iglesia de Jesucristo. La instancia crítica de la comunidad es la Palabra de Dios, leída desde la solidaridad universal. Solamente desde aquí no se pierde la memoria colectiva.

La comunión es también irrenunciable por razones de implicación histórica y de fidelidad a la misión. En este nivel vivimos una perspectiva más problemática y a veces dramática, puesto que no es fácil compaginar la diversidad de temperamentos, de historias personales, de ideologías diversas, de grupos de influencia, de problemáticas familiares y sociales, del peso de ambiente y de las estructuras, etc. No obstante, la última instancia *crítica* es la fidelidad al pueblo y a la misión. Hay que hacer muchos esfuerzos concretos a fin de que esto no quede en un puro deseo idealista, pero resulta básico y fundamental para que el punto de partida sea teológicamente correcto.

3. *Iglesia mediadora*

La comunidad cristiana realiza la comunión y el anuncio trascendente en la medida que es una mediación que relaciona la Palabra de Dios con las necesidades y expectativas del pueblo. Realiza esta tarea en un doble sentido, yendo desde la Palabra de Dios hacia la vida y retornando desde la vida a la Palabra de Dios. La Iglesia es mediadora al servicio del reinado de Dios en la medida que, como comunidad, se implica aquí y ahora de cara a la preparación, espera paciente y realización del reinado de Dios. Esta implicación supone la conciencia de sus responsabilidades y de sus límites. Su responsabilidad radica en el hecho de ser instrumento o medio de la gracia de Dios. En esta perspectiva, se ha de ser una mediación y como tal de no suplantar ni la iniciativa de Dios, ni la libertad de la persona humana. Desde este punto de vista se ha de disponer a ser una mediación realista y transparente, lo cual supone serenidad, humildad y reforma constante.

La Iglesia mediadora no es un fin en ella misma. Su grandeza radica en la capacidad de fidelidad a la Palabra de Dios, a la persona humana y a la comunidad. Esta fidelidad supone transmitir íntegramente el mensaje de salvación captando las intuiciones y las necesidades del mundo contemporáneo. Esta tarea sólo es posible como gracia y por lo tanto mediante la fe.

4. *Iglesia antropo-teológica y convivencial*

Desde la Palabra de Dios, la Iglesia ha de testificar la dignidad de la persona humana. Este testimonio no es válido si sólo se queda en el papel. Implica una atención a la persona humana, a sus necesidades básicas y a sus expectativas de salvación.

La atención a la persona humana conlleva el trato de cada persona como imagen de Dios, y la promoción decidida de la convivencialidad humana mediante la práctica de la solidaridad y de la comunicación, en los niveles más profundos.

Esto, que es tan claro a nivel teológico, hay que ponerlo de relieve de una manera patente y diáfana en los planteamientos operativos y cotidianos de la vida de la Iglesia. El testimonio de la Buena Nueva pasa por un compromiso decidido en favor de toda la persona y todas las personas sin ninguna distinción discriminatoria.

El interior de la comunidad ha de ser construido con criterios de convivencialidad. No nos referimos a una convivencialidad cátara, ni a una convivencialidad ideológica, ni a una convivencialidad jurídico-formal, sino a la comunicación en profundidad que brota de la fe y de la justicia. La realización plena de esta comunicación en profundidad no es posible en este mundo puesto que solamente es posible en la plenitud final, pero ha de ser *anticipada mediante unos signos*, y estos signos encuentran su marco en la misma existencia comunitaria que es el signo original del que brotan todos los otros.

La convivencialidad interna de la Iglesia no es posible sin la convivencialidad con el mundo. La Iglesia ha de salir de ella misma para poder ser. Esta convivencialidad de los cristianos con el mundo y con la historia es el corazón de la misión evangelizadora. La Iglesia o bien es misionera o bien tiene el peligro de dejar de ser Iglesia. La dimensión misionera de la Iglesia emerge en el mundo contemporáneo como la prioridad más urgente.

5. *Iglesia plural*

Desde la convivencialidad podemos descubrir fácilmente la necesidad del pluralismo. El pluralismo nace de la originalidad de la persona humana. Las actitudes monolíticas exigen la inmolación de la originalidad de la persona humana, y esto siempre es negativo para la persona humana y para la misma comunidad ya que aniquila la dignidad de la persona humana e introduce las bases par la manipulación del más fuerte.

Si la Iglesia quiere estar arraigada en el pueblo, ha de ser plural. Las razones son patentes, ya que en el pueblo existen pluralidad de ideologías, pluralidad de culturas, pluralidad de edades, pluralidad de ambientes, y pluralidad de temperamentos y maneras de ser. La convivencialidad humana pide un respeto a toda esta riqueza de las personas y de la comunidad.

Este pluralismo no niega la comunión, al contrario, es una posibilidad de comunión entre personas adultas y maduras. Es preciso reconocer que la comunión desde una pluralidad humana es más difícil de alcanzar, pero es el único camino que lleva a una comunión sólida, profunda y enraizada en las necesidades de la persona humana. Esto que se ve urgente en el momento presente, lo será cada vez más en el futuro inmediato.

6. *Iglesia, comunidad de esperanza*

La esperanza a la que nos referimos es la esperanza teologal, es decir, la luz y la fuerza que da la convicción de la presencia de Dios en el corazón de la persona humana, de la comunidad, de la naturaleza, de la historia y del mundo.

En la Iglesia es posible escuchar el canto de la esperanza. Esta esperanza no llega a ser realidad sin nosotros y nuestro compromiso pastoral decidido, pero tampoco llega a ser realidad sin la acción de Dios que ha comunicado su amor mediante la obra de la creación, la obra de la redención y la obra de la santificación. Entre lo que ponemos nosotros y lo que pone Dios es inmensamente más importante la acción de Dios, pero nosotros nos hemos de disponer a recibir todo aquello que Dios nos quiere dar y nos quiere comunicar.

La acción pastoral de la Iglesia ha de ser principalmente una experiencia de esperanza. Por una lado hay mucho trabajo a realizar y, por otro, hay mucho a esperar y a recibir. Es necesario combinar muy bien estas dos actitudes a fin de que toda la acción pastoral sea un servicio decidido a favor de la persona humana, de la humanidad, y al mismo tiempo sea una experiencia de felicidad y alegría por parte de los agentes de pastoral. Solamente así la acción pastoral llega a ser una Buena Noticia para el mundo moderno racionalizado y secularizado, puesto que este mundo contemporáneo tiene más necesidad que nunca de unas palabras de esperanza, de sentido, de flexibilidad, de serenidad y de convivencialidad.

La teología pastoral es una reflexión teológica sobre la Iglesia en acción. La Iglesia en acción es la asamblea de los creyentes en Jesucristo que despliega su ser interno en un diálogo con el mundo y la historia que vamos haciendo entre todos. Este diálogo ha de tener todas las características de la comunicación humana en la profundidad, y por tanto ha de ser un diálogo franco, sincero y veraz. Además ha de ser un diálogo desde la fe confesante, desde el estilo de vida nueva que configura la fe, desde la solidaridad comunitaria que emerge, y desde la celebración sacramental y gozosa de la esperanza.

La esperanza teologal no ahorra a la Iglesia la búsqueda de mediaciones racionales de cara a la acción pastoral, pero la comunidad cristiana no puede poner su confianza en estos medios. Estas mediaciones pedagógicas objetivas son imprescindibles por razones de encarnación, pero la verdadera mediación es la misma existencia comunitaria vivida en una perspectiva de fe, manifestada en la esperanza y realizada en el amor incondicional y gratuito.

La Iglesia, comunidad de la esperanza, encuentra sus raíces en Jesucristo Buen Pastor, que conoce a las personas, las personas no lo conocen a Él, y da la vida por su pueblo. De la misma manera, la comunidad cristiana ha de realizar su tarea pastoral en la auto-donación desde la esperanza.

La experiencia comunitaria se realiza en medio de las dificultades de la vida cotidiana. No puede ser de otra manera puesto que los «discípulos no son ni más ni menos que el Maestro y Señor», y el seguimiento de Jesucristo pasa por la dificultad; pero hay otras dificultades que no proceden del seguimiento de Jesucristo, sino de las propias contradicciones y limitaciones. Estas limitaciones serán siempre inevitables, aunque la comunidad cristiana tendrá que luchar siempre para superarlas. Esto podrá hacerlo en la medida que no pierda nunca de vista el horizonte sacramental y trascendente de su existencia en el mundo. La acción pastoral de la Iglesia *es la misma Iglesia en acción*, y la Teología Pastoral es la reflexión teológica alrededor de este acontecimiento sacramental y mediador al servicio de la salvación.

* * *

Dividiremos la reflexión en tres partes. La primera buscará un *marco teológico general* donde situar la acción pastoral. En la segunda parte intentaremos elaborar una *metodología pedagógica* para aproximarnos a la realidad. En la tercera *aplicaremos los criterios teológicos y de la pedagogía a algunos problemas candentes y urgentes* del momento presente.

En el capítulo de la primera parte haremos una descripción de la atmósfera en la que se sitúa la acción pastoral de la Iglesia en la etapa presente de la historia. No pretendemos hacer un estudio sociológico sino extraer algunos de los rasgos o características del contexto que vivimos y de la situación de la Iglesia en el mundo contemporáneo.

En el capítulo segundo presentaremos la definición, los objetivos y la metodología de la Teología Pastoral y reflexionaremos la función crítica de ésta respecto de la teología sistemática.

En el capítulo tercero trataremos de las relaciones entre la teología especulativa y la teología práctica. La teología es especulativa porque el dinamismo de la fe tiene un momento reflexivo que pretende formular de una manera metódica y crítica los contenidos de la misma fe en un diálogo de profundidad con la cultura o las culturas históricas. Asimismo el cristianismo no es un teórico sino que es radicalmente vital puesto que quiere aproximarse a la persona real y concreta, a la comunidad viva, aportando un Evangelio que vale en tanto en cuanto es viviente. Esto exige un diálogo práctico y una propuesta operativa y transformadora de la realidad personal, de la realidad comunitaria y del dinamismo histórico.

En el capítulo cuarto elaboraremos una criteriología fundamental a fin de que la Teología Pastoral arraigue en los parámetros que vienen dados por la esencia de la vida cristiana. Estos parámetros no son otros que la Palabra de Dios y la experiencia vivida por la Iglesia de Cristo a lo largo de veinte siglos de existencia.

En el capítulo quinto reflexionaremos sobre los campos de incidencia de la acción pastoral. Esto supone una atención diversificada a la dimensión profética, a la dimensión litúrgica y a la edificación de unas estructuras educativas, al servicio de la persona integral, que ayuden a vivir el estilo de vida de Jesucristo. Son dimensiones diversificadas que se fecundan mutuamente y que funcionan en unidad dinámica. El objetivo de este capítulo es la búsqueda de objetivos operativos comunitarios.

En el capítulo sexto haremos una valoración de lo que hayamos expuesto en los capítulos anteriores para replantearlos desde un nuevo punto de vista y desde un desarrollo más unitario. Titularemos el capítulo «Dinamismo direccional de la acción pastoral».

En el capítulo séptimo aplicaremos la perspectiva analizada a las estructuras básicas de la acción pastoral. A pesar del fracaso por el que ha pasado la pastoral de conjunto en la historia reciente, debemos extraer las causas para, así, aprovechar los aciertos que ha tenido y avanzar en la cooperación pastoral que exige el Evangelio. La visión crítica del momento presente que nos aportará el capítulo primero, iluminada por la reflexión teológica de los otros capítulos, nos ayudará a hacer una propuesta positiva de cara a la vida cotidiana de la acción pastoral.

En la segunda parte reflexionaremos en torno de algunas cuestiones pedagógicas a fin de ubicar la acción pastoral en un contexto antropológico correcto y a la altura de la conciencia crítica que ha alcanzado el mundo contemporáneo. Intentaremos aportar elementos metodológicos al servicio de la acción pastoral.

En la tercera parte nuestra reflexión girará alrededor de algunos problemas concretos de la pastoral. Aunque podríamos hacer un largo elenco, escogeremos algunos para mostrar cómo se aplica la metodología teológico-pastoral (elaborada en la primera y segunda parte) a algunas situaciones concretas de la vida de cada día. Esta reflexión no quiere dar fórmulas acabadas sino abrir interrogantes positivos, sugerir actitudes, proponer líneas de compromiso e iniciar un talante pastoral, a partir de los cuales, todo el mundo pueda hacer su propia reflexión sobre la realidad que vive.

En definitiva, este trabajo quiere ser un pequeño servicio y un homenaje a todos los agentes de la pastoral que, fieles al Espíritu, hacen posible y viable la acción de la Iglesia en este final del siglo XX. Lo dedico a todos ellos.

* * *

Agradezco la colaboración de los que contestaron a la *encuesta* que distribuí entre diversos agentes de pastoral, porque me han aportado sentido de realidad y muchos elementos de lenguaje[4]. Agradezco también las aportaciones y el testimonio pastoral que he recibido por parte de sacerdotes, religiosos y laicos, en mi participación en diversos encuentros diocesanos y de movimientos apostólicos. Agradezco asimismo la colaboración de mis alumnos de la Escuela Diocesana de Teología de Lérida y de la Facultad de Teología de Barcelona porque con sus preguntas e interpelaciones me han estimulado a ir más a fondo en mi búsqueda y en mis

[4] Para lograr captar esta nueva sensibilidad se ha realizado una encuesta abierta a 98 cristianos (obispos, presbíteros, religiosos y laicos) en la que planteaban estas preguntas:

– ¿Cuáles son, según tu punto de vista, las dificultades más importantes que el mundo de hoy plantea a los creyentes? ¿Por qué?
– ¿Cuáles son los estímulos más positivos? ¿Por qué?
– ¿Quién es Jesucristo para ti?
– ¿Quién crees que eres tú para Jesucristo?
– ¿En qué situaciones de la vida diaria has experimentado que vale la pena creer?
– ¿Qué relación hay entre fe y compromiso?
– ¿Cómo te imaginas a la Iglesia?
– ¿Qué estás dispuesto a hacer para renovar la Iglesia?
– Sugerencias.

Las interpelaciones de la encuesta están presentes en toda la reflexión que haremos, aunque solamente explicitaremos las respuestas más significativas.

reflexiones. Agradezco especialmente al profesor José M.ª Rovira sus interpelaciones teológicas y a la pedagoga Carmen Agustí sus interpelaciones pedagógicas, ya que han sido un estímulo positivo para exponer mi pensamiento con más profundidad y precisión.

Lérida a 25 de octubre de 1984

Nota para la segunda edición

Desde que fue publicado el libro «Compartir la alegría de la fe» en el año 1988 he tenido ocasión de verificar la validez de las coordenadas del mismo, en encuentros de pequeño grupo, en encuentros diocesanos, en encuentros por toda la geografía española y en algunos encuentros internacionales. He recibido muchas sugerencias enriquecedoras de la reflexión pastoral que contiene el libro, pero he recibido también la confirmación de la validez de las bases, de la estructura fundamental y de las orientaciones del mismo.

Por esta razón creo que puedo afirmar que más allá de unas sugerencias, el libro puede ser presentado como un tratado de teología pastoral. De hecho contiene una estructura teológica en la primera parte —con sus correspondientes tesis de fondo—, un planteamiento pedagógico en la segunda parte y una aplicación a algunas situaciones concretos en la tercera parte. Las situaciones afrontadas en la tercera parte son algunos ejemplos de renovación pastoral a la luz del esquema teológico y pedagógico de las otras partes.

En esta segunda edición mantenemos las dos primeras partes tal como aparecieron en la primera edición, por que no son un análisis coyuntural sino teológico. Sin embargo añadimos algunos otros ejemplos de aplicación pastoral para que se vea con mas claridad las realizaciones de orden más operativo cotidiano.

A la luz de estos ejemplos, cada lector puede ser el que aplique el modelo de análisis y de lectura teológica a su propia realidad. Algunos lectores han realizado este intento y se han convertido en los verdaderos teólogos de la pastoral de su propia situación. En mi intención este es el mejor de todos los objetivos que me proponía con la redacción de este libro. Espero que esta segunda edición ayude realmente a los cristianos en general y a los pastores en especial en su creatividad pastoral realizada en la vida de cada día.

Lérida a 25 de octubre de 1994

NOTA PARA LA TERCERA EDICIÓN

El diálogo que he mantenido durante la última década con mis alumnos de la Facultad de Teología de Barcelona y del Instituto Superior de Ciencias Religiosas de Lérida y con los lectores del *Tratado de Teología Pastoral. Compartir la alegría de la fe*, me ha servido para verificar la validez de los grandes ejes de la reflexión teológica pastoral. Por esta razón, creo que merece la pena ofrecer una tercera edición, aunque corregida y aumentada.

La corrección afecta a la *Introducción general* del tratado y, también, al capítulo I de la primera parte sobre *La situación de la Iglesia*. Durante estos últimos años se han producido diversos cambios que afectan a la vida de la Iglesia y a su acción pastoral en el mundo contemporáneo. La teología pastoral ha de estar siempre atenta a estos cambios socioculturales del mundo.

La ampliación ofrece, en primer lugar, un capítulo nuevo en la segunda parte del tratado sobre la metodología teológica pastoral conocida como «La lectura Creyente de la Realidad». También introduce cuatro capítulos nuevos en la tercera parte del tratado, que se refieren a los temas siguientes: *Elementos básicos de la misión evangelizadora, Misión y caridad, La formación teológica pastoral* y la *Pastoral de la salud.*

Deseo que esta tercera edición contribuya a profundizar en el diálogo abierto de la Iglesia con el mundo contemporáneo, y ayude a los agentes de pastoral a vivir el compromiso evangelizador con alegría y esperanza.

Lérida a 18 de diciembre de 2004

PRIMERA PARTE:

Teología Pastoral y situación de la Iglesia

CAPÍTULO I

La situación de la Iglesia

La Teología Pastoral es una teología que ha de estar situada en la realidad histórica y social, en sus diversos ambientes y en la vida de las personas. Sin embargo, una teología de la realidad no es una teología oportunista y pragmática, sino una reflexión que quiere aproximar el mensaje de la Palabra de Dios a las personas y a la comunidad, para establecer un diálogo y una comunicación real entre las diversas realidades humanas y la Palabra de Dios. Por tanto, más que una teología de la realidad abstracta pretende ser una teología en y desde la realidad.

Por esta razón en este primer capítulo de la Teología Pastoral, presentaré algunas características y algunos rasgos más significativos de la situación actual. Para este análisis tendré en cuenta los problemas señalados ya hace años por el sociólogo Modest Rexach[1], que en gran parte todavía no han sido solucionados, la

[1] En el capítulo VI de la obra «Problema de la Iglesia» de M. REIXACH, citada anteriormente (p. 90 y ss.), se destacan los siguientes retos: *la crisis cultural, la búsqueda de la identidad cristiana, la división interior eclesial, la situación de los estamentos eclesiásticos, la situación política, la situación del ambiente juvenil y obrero, la inmigración y la presencia de la iglesia en el mundo intelectual.* Según el autor, esta problemática estaba afrontada desde una posición institucional conservadora, más que desde una postura comunitaria. Como se puede observar fácilmente, todos estos problemas siguen vigentes, son comunes a todas las Iglesias e, incluso, están más radicalizados.

Ante esta situación el autor señalaba en el capítulo VIII (p. 141 y ss.) la *necesidad de unas reformas radicales y urgentes, tendentes a agilizar las estructuras, a promover una pastoral de conjunto y una democratización de la Iglesia, al cultivo de las virtudes evangélicas (pobreza, humildad, coraje, imaginación creadora, etc.),*

reflexión sociológica pastoral de Joan Bestard[2], el análisis teológico pastoral de Buenaventura Pelegrí[3], las conclusiones de los Sínodos y las Asambleas diocesanas realizadas en muchas diócesis[4], las resoluciones del Concilio Provincial Tarraconense[5] y los desafíos pastorales subrayados por los vicarios de pastoral en sus encuentros y en sus asambleas generales anuales[6].

La situación actual de la humanidad está marcada por un carácter de crisis y de necesidad de cambio. La persona humana,

---

a la creación de comunidades y a la revitalización de las estructuras pastorales. Estas propuestas solamente pueden ser realizadas desde unas condiciones previas de unidad, perdón y reconciliación. Como se puede observar, son unas tareas que en grande todavía están por realizar. Por tanto, aquel estudio socio-pastoral, tanto en el diagnóstico como en la prospectiva, conserva una plena actualidad.

[2] J. BESTARD, *Mundo de hoy y fe cristiana*, Ed. Narcea, 4.ª ed., Madrid 1984, donde analizaba el fenómeno sociológico del cambio de la *sociedad tecnológica y del consumo, el fenómeno de movilidad, el anonimato urbano, la socialización, la secularización y el pluralismo.* Esta mirada sociológica sobre la realidad sigue siendo correcta en los inicios del tercer milenio. Podemos añadir que los retos de este cambio social han aumentado y han conducido a una situación mucho más radicalizada. Esta situación fue abordada en el Congreso *Evangelización y hombre de hoy*, celebrado en Madrid el año 1985 y coordinado en su función de secretario general por el mismo Dr. Joan Bestard. Cf. las actas del Congreso, publicadas por la Conferencia Episcopal Española con el título *Evangelización y hombre hoy*, EDICE, Madrid 1996.

[3] B. PELEGRÍ, *JECI-MIEC, su opción pedagógica*, Centro de Documentación, Lima 1972; «Intelectuales Católicos en el mundo de hoy», CEP, Lima 1987, en los que plantea la realidad económica, política y social mundial como un reto a la pastoral, porque es una realidad de dominio, injusta y represiva. Ver, también, la miscelánea homenaje a Buenaventura Pelegrí, con ocasión de sus 80 años, que se ha realizado el año 2002, por parte de «Pax Romana» Internacional, el Centro de Estudios Pastorales de Barcelona y el Instituto Superior de Ciencias Religiosas de Lleida, con el Título *Iglesia y sociedad en diálogo*, Pagès Editors, Lleida 2002.

[4] Ver los diversos Decretos Sinodales y las propuestas aprobadas en las asambleas diocesanas. La problemática detectada por todas estas experiencias pastorales es recurrente y, en la mayoría de sus temas coincidente.

[5] *Concilio Provincial Tarraconense. Documentos y resoluciones*, Ed. Claret, Barcelona 1996.

[6] Ver los boletines informativos de la Comisión Episcopal de Pastoral de la Conferencia Episcopal Española y especialmente el n.º 1 *Materiales*, Madrid, 22 de enero de 1983. Es un texto que, a pesar de la distancia, en la mayoría de sus puntos podría ser escrito hoy, porque plantea unos problemas que conservan una plena actualidad.

perdida en una trama social cada vez más compleja y burocrática, intenta recuperar la propia identidad para poder ser sujeto de la propia vida. La pregunta de mucha gente es «¿quién soy yo para mi mismo?». En las actuales circunstancias la pregunta no es fácil de asumir ni de responder de una manera adecuada.

Algunas de las manifestaciones generales de esta situación de crisis y de necesidad de cambio son la siguientes: el progreso y la contradicción del uso del mismo progreso, la experiencia humana colectiva de vivir en «la aldea global», el pluralismo y la secularización, el encuentro entre las grandes religiones de la tierra, la complejidad de la vida, la crisis de las utopías, del racionalismo y del moralismo, la revalorización de los sentimientos, el ambiente de pragmatismo, materialismo, hedonismo, individualismo e inmediatismo, la marginación de la trascendencia y al mismo tiempo la integración de la religión establecida en las estructuras de la sociedad, entendida como la celebración social de los ritos de pasaje, la tendencia al pensamiento único. Estos síntomas manifiestan que estamos ante un cambio de época y piden urgentemente relacionar la experiencia con la razón y la sensibilidad para reflexionar y buscar los nuevos caminos de futuro de la humanidad[7].

Esta situación de crisis no es solamente religiosa, sino también y al mismo tiempo, una crisis de la persona, de la comunidad y de las estructuras sociales. En el mundo contemporáneo tenemos unos problemas antiguos y urgentes por resolver, como son la pobreza, los retos de la ecología y la necesidad de profundizar en una democracia verdaderamente participativa. También, tenemos unos problemas nuevos que provienen de las nuevas cuestiones filosóficas y éticas que nacen del progreso científico, de la interculturalidad y de las nuevas preguntas religiosas. Ante esta situación

[7] En la primera redacción y edición del libro (1985) realicé una consulta a obispos, sacerdotes, religiosos y laicos sobre los problemas, necesidades, criterios y actitudes que consideraban importantes en aquel momento para dar respuesta a los retos pastorales. Actualicé la consulta antes de la segunda edición (1995) y, también, en el momento presente (2002). Aunque por supuesto hay una evolución, los retos pastorales de fondo son los mismos, pero más radicalizados.

la Iglesia tiene una necesidad urgente de superar la confusión en el anuncio del mensaje evangélico, ha de modernizar sus estructuras y sobre todo ha de vivir una espiritualidad evangélica, profunda y atractiva.

Sin embargo, una situación de crisis, en principio, no es ni negativa ni positiva, porque solamente es un tiempo de discernimiento, de reflexión, de replanteamiento de la situación vivida y de reestructuración vital[8]. Efectivamente, ante una crisis si somos capaces de encontrar los elementos que nos faltan es posible una maduración y una solución positiva; pero si no somos capaces de descubrir estos elementos y de aplicarlos, la crisis puede derivar hacia posturas regresivas, destructivas, fanáticas o escépticas. Por otra parte, la superación de la crisis no es una tarea exclusivamente teórica sino que ha de ser eminentemente práctica y ha de tener repercusiones sociales, estructurales y globales[9].

Ante esta situación, el intento de la regresión infantil a formas del pasado, el simplismo del fanatismo y el fundamentalismo, o el escepticismo nihilista, no aportan una solución a largo plazo. Por el contrario, si la persona quiere asumir su propia realidad, su entorno social e histórico, ha de iniciar un camino difícil y largo que le permita pasar de la dependencia a la autonomía, y del aislamiento a la solidaridad. En este largo camino, a parte de los peligros ya citados, especialmente la tentación del fundamentalismo, existe también el peligro del cansancio, de la superficialidad, la evasión, y la posibilidad de la anomía o pérdida de la identidad.

La teología pastoral hoy, y todavía más en el futuro, no ha de partir solamente de los problemas estructurales sociales y eclesiales, sino que tendrá que realizar esta tarea a partir de una nueva sensibilidad histórica que respete la dignidad y la originalidad de cada persona concreta. La teología pastoral no es una racionalización

[8] R. PRAT I PONS, *Fe i Universitat d'avui*, Nova Terra, Barcelona 1977, pp. 171-188. Es el texto de la tesis doctoral, en la que investigué el fenómeno de la increencia creciente entre los estudiantes universitarios en la etapa posterior a la revolución de «Mayo del 68». Aquella crisis emergente en el microcosmos del mundo universitario, actualmente es una crisis generalizada.

[9] J. DE DIOS MARTÍN VELASCO, *La transmisión de la fe en la sociedad contemporánea*, Sal Terrae, Santander 2002, pp. 37-82.

abstracta de los problemas generales de la sociedad y de la Iglesia, sino que ha de acompañar las personas y las comunidades concretas hacia un encuentro dialogal con las persona de Jesucristo, revelador del amor de Dios y que ha constituido la Iglesia en el Espíritu. Una reflexión antropológica a partir de la experiencia vivida, desde la sociología, la psicología y la filosofía pueden ser de gran ayuda; sin embargo, el itinerario de la Teología Pastoral ha de partir de la Palabra de Dios y de un encuentro con la persona real, en su multidimensionalidad, en su contexto existencial social, cultural e histórico.

Esta reflexión antropológica y teológica ha de huir de una pura repetición rutinaria del pasado, pero también de una innovación indiscriminada y sin raíces; ha de superar el subjetivismo y la fragmentación de la verdad histórica y la evasión de la abstracción. Por el contrario, ha de fomentar, ha de potenciar las personas y las comunidades para que recuperen el sentido, la esperanza y puedan plantearse unos objetivos de renovación reales y verificables.

El hilo conductor de esta renovación ha de ayudar a pasar de una acción pastoral estática que pone su acento en la seguridad y la conversación del pasado, a una pastoral dinámica que nace de la confianza en la Palabra de Dios, que es siempre estable y que permanece viva en el interior del dinamismo histórico, con sus interrogantes, inseguridades y búsquedas. La Palabra de Dios genera una experiencia de fe que se manifiesta en la esperanza y se realiza en el amor[10].

Esta actitud abierta permite pasar de la inflexibilidad a la flexibilidad, del individualismo al personalismo comunitario, de la evasión a la esperanza, del funcionalismo a la autenticidad, del aislamiento a la comunicación, del inmediatismo al horizonte dinamizador, de la manipulación a la participación, del humanitarismo paternalista al humanismo comprometido y de la

[10] Ver los libros ...*Y les lavó los piés. Una antropología según el evangelio*. Ed. Milenio, Lleida 1997 y «El fil de la vida. Quinze imatges humanes de llibertat», (Pagès Editors, Lleida 2002), en los que analizo los objetivos pastorales básicos del momento presente, el talante que han de tener las personas que quieran colaborar en estos objetivos y las condiciones posibilidad de esta nueva dinámica comunitaria evangelizadora.

conciencia ingenua a la conciencia crítica. En definitiva, ha de estar encaminado a recuperar las cuestiones nucleares de la Iglesia y la sociedad, que son las mismas de la Teología Pastoral, para elaborar un lenguaje vivo y a sugerir un itinerario operativo.

En última instancia, la superación de la crisis eclesial radica en la maduración de los cristianos, en la capacidad de relacionarse con Jesucristo y de anunciarlo al mundo contemporáneo desde la vivencia de las «bienaventuranzas» y desde unas estructuras eclesiales internas de solidaridad y de madurez de fe. Esto supone un doble movimiento: por una parte la asimilación dinámica del cambio sociocultural en el interior de la misma Iglesia y, por otra parte, la renovación de la vida, del testimonio creyente y de lenguaje de comunicación con el mundo secular[11].

Este doble movimiento, crea las condiciones de posibilidad para que la persona pueda tener un estilo de vida que le permita ir contestando a las preguntas clave de la existencia cristiana: ¿Quién soy yo y qué significado tiene la vida?, ¿quién soy para Jesucristo?, ¿quién es yo mismo en la comunidad de fe?, ¿cómo se puede vivir este estilo de vida en la realidad diaria?, ¿cómo celebrarlo?, ¿cómo anunciarlo?

Desde esta perspectiva, la vivencia del Evangelio es en verdad una «Buena Nueva» para el mundo contemporáneo, precisamente, porque es una antropología teológica que busca la comunicación de la experiencia humana con la fe. La comunidad cristiana conoce la realidad, se deja interpelar por ella y busca las mediaciones que hacen posible esta comunicación.

A nivel más psicológico, la situación que vive la persona en el mundo occidental, por una parte está caracterizada por ser un mundo de estrés, de comodidad y abundancia por algunos pero difícil para muchos. Es un mundo de ruido, de bombardeo de imágenes y de manipulación en el que es difícil reflexionar; un mundo de soledad, de falta de relaciones humanas maduras e incluso de incomunicación; un mundo en el que cuenta el activismo y la

[11] C. AGUSTÍ I BARRI, *Sí, vale la pena vivir*, PPC, Madrid 1991: *Vivir la vida a fondo*, PPC, Madrid 1992; *Feblesa i Plenitud. Psicopeagogia de l'harmonia de contraris*. Pagès Editors, Lleida 2000.

eficacia; un mundo materialista pero lleno de nuevos mesianismos; un mundo de ambiciones de poder; un ambiente que ha perdido la esperanza histórica colectiva y la capacidad de admiración; un ambiente inmovilista y superficial en la escala de valores humanos, frecuentemente desorientado, decepcionado y escéptico; una atmósfera positivista e inmanentista que gira alrededor de los binomios ciencia-técnica y hedonismo-consumismo. Esto genera un ambiente social a veces deshumanizado y sin una pedagogía de la felicidad; una sociedad marcada por el mecanismo del miedo a lo desconocido y a la soledad, el miedo a pensar, a amar y a ser feliz; en definitiva, una sociedad injusta que, aunque en su manifestación general vive en la abundancia, genera en el interior de muchas personas un gran vacío y una insatisfacción vital[12].

Por otra parte, la situación vivida plantea unas necesidades existenciales básicas que son generadoras de vitalidad y de dinámica de futuro. Entre estas necesidades podemos destacar las siguientes: necesidad de autoconocimiento y de sentirse útil; necesidad de vivir la actividad como expresión del ser interior; necesidad de dominar la situación mediante una integración de la razón, los sentimientos y la voluntad; necesidad de resolver las cuestiones decisorias (trabajo, relación humana, opciones sociales y políticas, etc.) y las cuestiones decisivas (la búsqueda de un estilo de vida); necesidad de realismo; necesidad de comunicación y de paz interior; necesidad de dinamizar la propia vida, de compartir, de sentirse incluido en el grupo; necesidad de silencio y de desierto; y en definitiva, la necesidad de unidad interior personal. El antropocentrismo es la clave de la nueva sensibilidad histórica contemporánea.

La confrontación de las dificultades históricas con las necesidades personales y comunitarias genera un dinamismo vital que plantea a la Iglesia unos nuevos retos y unas nuevas interpelaciones.

12 J. M. Rovira Belloso, *Fe i cultura al nostre temps*, Lección Inaugural del curso 1987-1988 de la Facultad de Teología de Cataluña. Es una lección magistral, realista, lúcida y de largo alcance.

La primera interpelación es la necesidad de tomar conciencia de que la causa principal de la crisis que vivimos radica en haber fundamentado la organización de la sociedad, exclusivamente, sobre las bases económicas, es decir, sobre el afán de poder y de lucro, en vez de hacerlo sobre la dignidad de la persona y los valores humanos y de una ética civil. Esta fundamentación social ha provocado que el progreso de la humanidad, tan espectacular en el desarrollo técnico, no se haya puesto al servicio de la persona concreta en su multidimensionalidad y de la sociedad en su totalidad[13].

En segundo lugar nos ha hecho descubrir que el punto de encuentro entre los objetivos de la sociedad y de la comunidad cristiana es la pregunta por el sentido de la vida y la búsqueda de razones para la esperanza histórica y trascendente. Todos los que quieran pronunciar una palabra significativa en el mundo contemporáneo tendrán que situarse en este terreno común de la búsqueda de la esperanza[14].

En tercer lugar, la situación actual desafía la Iglesia a aceptar el reto de la racionalidad de la sociedad contemporánea, pero al mismo tiempo, a tener una actitud profética en el interior de la misma sociedad secular, denunciando lo que es antihumano y anunciando una esperanza histórica abierta a todos los seres humanos y, especialmente, a los pobres de la tierra[15].

Estos nuevos retos implican la presencia y la encarnación de la Iglesia en la sociedad y exigen una reflexión constante sobre los problemas humanos de la realidad, sobre las causas ambientales y estructurales de los mismos, y la necesidad de revivir constantemente la esperanza que nace de la fe y que es el fundamento de la fraternidad y la justicia[16].

[13] JUAN XXIII, *Mater et Magistra* (1961); PAULO VI, *Populorum Progressio* (1967); JUAN PABLO II, *Sollicitudo Rei Socialis* (1987).

[14] W. JÄGER, *La ola es el mar. Espiritualidad mística*, Desclée de Bruwer, Bilbao 2002.

[15] Gaudium et Spes, 1.

[16] J. ALFARO, *De la cuestión del hombre a la cuestión de Dios*, Sígueme, Salamamca 1989.

Ante la dificultad de esta coyuntura y de esta nueva sensibilidad histórica, el peligro de la Iglesia es retirarse y cerrarse en sí misma a causa del impacto de la secularización, de la complejidad del pensamiento contemporáneo, de la dificultad de las estructuras de la sociedad, pasando de unas expectativas postconciliares abiertas a un desencanto, a la indolencia y a la rutina, sin imaginación ni creatividad. Esta retirada y esta evasión generan ambigüedad, división, miedo, falta de armonía entre la proclamación de la palabra y el testimonio, falta de protagonismo del laicado en el interior de la comunidad y la vuelta a errores del pasado como, por ejemplo, la intolerancia, la manipulación, el miedo a la libertad y a la cultura, los tabúes, el secretismo y la rutina.

Este peligro existe, pero es conyuntural porque el modelo de Iglesia del Concilio Vaticano II —«Comunidad de fe», «Pueblo de Dios» y «Sacramento universal de la salvación»— es irrenunciable. Las actitudes básicas de la Iglesia si quiere encarnarse en el mundo son estas: comprensión, comunicación, respeto a la persona, desinterés, igualdad, proximidad a los acontecimientos humanos, humanizadora, activa, generadora de iniciativas, disponible, participativa, comunitaria, profética, educadora, universal, realista, abierta a los diversos ambientes, atenta a los signos de los tiempos, sencilla, auténtica, no convencional, evangélica, libre, atenta y abierta a los no creyentes, comprometida, generadora de relaciones personales maduras, esperanzada, justa, consciente de sus límites y pecados, servidora, corresponsable en la oración y en la acción, respetuosa con los carismas, fraterna, plural, accesible, personalizada y personalizadora, en búsqueda humilde, unida, no oportunista, más pendiente de los problemas del mundo que de los propios problemas, signo de la trascendencia de la persona, abierta a la cultura y al cambio, capaz de escuchar atentamente, no paternalista, coherente con la persona y el mensaje de Jesucristo, no juzgadora del mundo sino misionera, una, santa y apostólica, confiada en el Espíritu, mediadora hacia el Reino de Dios.

Para seguir avanzando en su renovación, la Iglesia ha de asumir unos criterios y unas actitudes. Entre estos criterios podemos subrayar algunos entre los más básicos. La necesidad de integrarse en la historia y en el dinamismo humana que vamos desarrollando entre todos los sectores de la sociedad, porque la Iglesia no es una alternativa social, sino un signo profético que anuncia plenitud del sentido de la vida y de la historia. Esta integración exige a los cristianos, ser seguidores de Jesucristo liberador en un mundo autónomo, urge el compromiso de la misión, de edificar una Iglesia realmente cercana a la persona, es decir, una Iglesia de cooperación, madura, sencilla, gozosa, dialogante, evangélica y signo esperanzado de que siempre es posible ir más allá. La dinámica de esta integración implica la creación de equipos de acción pastoral interdisciplinar para educar las personas en el riesgo y en la confianza, en un protagonismo comunitario en el que los sencillos se encuentren a gusto. Esta orientación supone la primacía de la evangelización, de la vida por encima de la organización, de la lucha por la esperanza, de dar sentido a las situaciones humanas aparentemente sin sentido, de profundizar en la celebración de la eucaristía, los sacramentos y la oración, situar en su lugar la catequesis y la teología, potenciar los carismas y los ministerios, especialmente del presbítero, como función de síntesis de la comunidad y no como síntesis de todas las funciones comunitarias.

La constatación de estas expectativas pastorales de la Iglesia en el mundo contemporáneo nos plantea otra pregunta de fondo: ¿Cuáles son los elementos históricos básicos que han ido configurando la situación que vivimos actualmente en la pastoral eclesial?[17].

Si reflexionamos sobre esta pregunta desde las perspectiva social, podemos decir que venimos de una etapa histórica llena de expectativas pero que, en medio de muchos avances técnicos, no ha desarrollado unas estructuras humanas basadas en la verdad social. Vivimos en una sociedad, frecuentemente, edificada en las medias verdades y en la mentira. Esta situación de falta de respeto

[17] Entre los estudios teológicos históricos contemporáneos hay que subrayar la importancia de la obra en cinco volúmenes, dirigida por Giuseppe Alberigo, *Historia del Concilio Vaticano II*, (edición en español dirigida por el Dr. Evangelista Vilanova), Peeters-Sígueme, Leven-Salamanca 1999, 2002.

a la verdad social ha ido generando un estado de violencia activa (marginación de los pobres, exclusión de amplios sectores humanos, conflictos sociales y guerras, etc.) y de violencia pasiva (aislamiento, falta de solidaridad, agresividad, conformidad pasiva, etc.). Esta falta de respeto a la verdad, y la violencia que ha generado, nos han conducido a la incomunicación, al individualismo y a la soledad. Las expectativas sociales de verdad, de justicia y de solidaridad continúan siendo vigentes, pero los problemas sociales como la guerra y el armamento, el hambre y la injusticia, la ignorancia y el secuestro de la verdad continúan desafiando a la sociedad local e internacional y plantean la urgencia de buscar nuevas formas de convivencia humana edificada en la verdad.

Los cristianos en la Iglesia hemos vivido el proceso de renovación postconciliar en el interior de esta situación social general. No ha sido nada fácil encontrar el camino y el equilibrio entre la fidelidad a la historia colectiva, de la que somos miembros activos al lado de todos los seres humanos, y la fidelidad al proyecto de Jesucristo, al cual hemos sido incorporados por la fe.

Por otra parte, el Concilio Vaticano II creó muchas expectativas en el interior de la Iglesia. Eran unas expectativas de renovación de la comunidad cristiana edificadas en la verdad evangélica. Expectativas como la corresponsabilidad en la vida de la Iglesia y en el ejercicio de la autoridad, el protagonismo del laicado, la pastoral de minorías en función de toda la comunidad, la renovación evangélica de la vida y la práctica comunitaria, la defensa de la dignidad de la persona y de la comunidad, la búsqueda y el compromiso por la justicia, la simplificación de las estructuras de la Iglesia en la línea del servicio, el pluralismo solidario, el proyecto de la inculturación de la fe y, en definitiva, la apertura al futuro ofrecían unas grandes posibilidades de renovación histórica de la acción pastoral.

Estas expectativas históricas de renovación de la verdad social y de la verdad evangélica suponen una mediación básica: la renovación evangélica de las personas y la pastoral de conjunto. La renovación evangélica de las personas es un proceso lento y la opción por la pastoral de conjunto ha experimentado algunos fracasos a causa de la inmadurez y de la falta de preparación.

Todas estas dificultades experimentadas han conducido a algunos a abandonar la idea de la renovación y la pastoral de conjunto, a otros al involucionismo, a otros al trabajo voluntarista y, a muchos a la perplejidad e incluso a la decepción. Sin embargo, las razones que explican este fracaso, real o aparente, no hay que buscarlas en la falta de validez de la propuesta de la pastoral de conjunto —que continúa siendo una mediación básica para la renovación pastoral— sino en las causas históricas y personales. Entre estas causas podemos señalar: la falta de preparación psicológica y pedagógica para la cooperación, la falta de apoyo de los dirigentes porque a veces se ha forzado la marcha y se ha optado por formular sobre el papel unas estructuras formales en vez de crear las condiciones de posibilidad para la renovación. Ha fallado el acompañamiento del proceso comunitario, a partir de la vida real y de las necesidades de las personas que trabajan en los proyectos concretos, o no se ha trabajado suficiente para superar las actitudes polarizadas y extremistas[18].

Actualmente constatamos en la realidad pastoral el resultado de haber vivido y no haber podido superar todas estas contradicciones. Las parroquias, las comunidades de base y los movimientos apostólicos se ven como realidades contrapuestas cuando tendrían que ser consideradas como mediaciones complementarias. La evangelización, la catequesis y la liturgia se ven como tareas sectoriales especializadas cuando en realidad son elementos esenciales de la vida cristiana que en la vida cotidiana se implican mutuamente. El compromiso por la liberación y la búsqueda de la salvación se plantean como un dilema cuando no se pueden separar sin poner en peligro la misma existencia cristiana.

Estas contradicciones configuran el ambiente de la acción pastoral contemporánea, aunque unas veces este ambiente es vivido de manera consciente y otras de una manera no consciente.

[18] La clave de la renovación eclesial es la articulación de la comunión y la misión a la que me he referido en la introducción. Ver los libros *El dinamismo de la comunión eclesial*, en el que reflexiono sobre los desafíos a la comunión; y *La misión de la Iglesia en el mundo* (Secretariado Trinitario, Salamanca 2004) en el que planteo los ejes vertebradores de la evangelización. Los criterios teológicos apuntados en estos libros mantienen una plena actualidad.

Sin embargo, si observamos muchas de las expectativas y de los conflictos que vivimos actualmente podemos observar con facilidad la existencia de esta problemática.

La apertura hacia el futuro pasa por superar el miedo y la superficialidad, por recuperar la confianza en las personas, por la revitalización de la fe personal y comunitaria, por el compromiso evangélico, por superar el peligro del «fundamentalismo» y del «agnosticismo», por cultivar la relación y la participación, por vivir una espiritualidad encarnada y por asumir sin miedo la coyuntura histórica.

La Teología Pastora, entre sus objetivos específicos básicos tiene la tarea de acompañar de la praxis histórica del pueblo cristiano, desde la situación real que vive hacia la situación nueva de renovación que quiere vivir, a la luz de la Palabra de Dios. Por esto, más que un formulario señala el horizonte, diseña un camino, explica unos criterios, elabora unas mediaciones y orienta el dinamismo direccional de la comunidad. En un mundo estático era posible un «vademécum» concreto, pero en un mundo dinámico y acelerado, la Teología Pastoral ha de ser un estilo y un talante que ha de estar mucho más atento a realizar el programa de la fe que a mantener unos modelos inmovilistas, o a anticipar unos modelos futuristas ideales.

En la escala de valores evangélica lo importante es el seguimiento de Jesucristo, la defensa de la dignidad de la persona y la fraternidad comunitaria. De acuerdo con el evangelio, por una sola persona merece la pena hacer un proyecto pastoral. Por tanto, el compromiso real evangélico a favor de las personas concretas es la condición de posibilidad para el desarrollo de la vida comunitaria y la evangelización del mundo.

La viabilidad de este estilo pastoral pide la asunción plena del mensaje cristiano, el compromiso afectivo comunitario con las personas reales, de sus circunstancias y la elaboración de unas mediaciones pedagógicas que puedan generar un diálogo existencial de las personas concretas con la persona y el mensaje de Jesucristo[19].

[19] La resolución primera del Concilio Provincial Tarraconense, que es una introducción general a todas las resoluciones, señala como elementos clave de la evangelización

Tal como he mostrado en el libro «…Y les lavó los pies. Una antropología según el evangelio», esta pedagogía eclesial ha de priorizar la educación de la persona en su autonomía que ayuda a descubrir que cada persona es única e irrepetible. El desarrollo de esta autonomía evangélica conduce a la maduración de la capacidad de amar. La autonomía personal realizada en el amor ayuda a descubrir la presencia de Dios, porque donde hay amor, allí está Dios[20]. Esta praxis eclesial es el lugar teológico privilegiado de la investigación de la Teología Pastoral[21].

La vivencia del evangelio en el interior del dinamismo de la sociedad es el reto básico que nos plantearemos, al que intentaremos dar respuesta en la reflexión teológico-pastoral de los capítulos siguientes. Para avanzar en esta dirección es preciso superar la pasividad, la pérdida de la esperanza y optar por «limpiar la mirada» y por vivir en positivo. Este clima transparente, que nace de la mirada de la fe, solamente se puede mantener cuando compartimos en comunidad la búsqueda y el camino[22]. La Teología Pastoral tiene la misión de acompañar este proceso de conversión y de maduración en el compromiso cristiano personal, comunitario y eclesial.

---

los siguientes: vivir el compromiso de la fe y la evangelización con gozo y responsabilidad, actualizar la experiencia original cristiana, respetar la iniciativa de Dios y la libertad de la persona, amar la sociedad secularizada y pluralista de nuestro tiempo, actuar sin arrogancia y sin complejo de inferioridad, la necesidad urgente de reconciliación inerna eclesial y la revitalización de las comunidades cristianas.

20 Editorial Milenio, Lleida 1997.

21 Ver mis artículos «La praxis, lloc teològica», dentro de la revista «Qüestions de Vida Cristiana» 93 (1979), p. 110 y ss.; «La lectura creyente de la realidad, una metodología Teológica Pastoral», dentro de «Verdad y Vida» 232 (2001) pp. 485-504.

22 Ver el manuscrito de la ponencia «La Iglesia Local: sacramento de comunión y de misión», presentada en las 24 Jornadas de los Vicarios de Pastoral. Comisión Episcopal de Pastoral, Madrid 4-6 de mayo 1998.

CAPÍTULO II

Definición del tratado

La Teología Pastoral surge como disciplina teológica en el contexto de la reforma tridentina para aplicar la teología a la situación práctica de la vida[1]. Fundamentalmente, cuando nace, va dirigida a la formulación de los deberes del ministro de la comunidad en su tarea de enseñar, de administrar los Sacramentos y de edificar la comunidad.

A partir de su nacimiento como tratado, se va produciendo en la Iglesia y en el mundo una evolución práctica, a lo largo del siglo XVIII y el siglo XIX, que dan lugar a una evolución del concepto. El elemento permanente de la Teología Pastoral será la reflexión crítica alrededor del acontecimiento pastoral, el elemento en evolución será el punto de partida y el talante de la reflexión teológica. Evidentemente esta reflexión será deudora de los cambios del mundo pero también de la cristología y de la eclesiología.

Desde el comienzo de nuestro siglo, a causa de las consecuencias de la Ilustración, de la revolución francesa, de la revolución industrial y de la revolución socialista por un lado[2], y a causa del desarrollo teológico, del movimiento bíblico, de la

[1] Cf. el artículo *Teología Pastoral*, escrito por B. SEVESO, en el primer tomo del *Dizionario Teologico Interdisciplinare*, Marietti, Torino 1977, pp. 89 ss. Este artículo contiene abundante bibliografía sobre la temática.

Como libro de consulta general, ver C. FLORISTÁN y J. J. TAMAYO, *Conceptos Fundamentales de Pastoral*, Cristiandad, Madrid 1983. Contiene un índice de conceptos de gran utilidad.

[2] H. ZAHRNT, *Dios no puede morir*, D.D.B., Bilbao 1971, donde el autor analiza la confrontación entre la Ilustración y la fe, con sus contradicciones y los correspondientes puntos de apertura.

renovación litúrgica y el desarrollo del apostolado de los laicos por otro lado[3], se va produciendo un cambio en el alcance de la Teología Pastoral, en la metodología de la misma y en los planteamientos desde los cuales se reflexiona, por obra principalmente del teólogo Karl Rahner en sus ensayos teológicos[4]. A partir de Rahner la Teología Pastoral va siendo más la interpretación de la situación de la Iglesia, mediante el análisis socio-teológico de la misma Iglesia y de las exigencias que supone la confrontación de ésta con la situación socio-histórica, puesto que la Iglesia no es solamente la institución de la verdad teórica sino que es también la institución de la verdad práctica. El objeto de la Teología Pastoral pues, a partir de esta nueva sensibilidad, será la autorrealización de la Iglesia en su dimensión histórica y comunitaria.

Es con Johann Baptist Metz, discípulo de Rahner, que este talante teológico llegará a impactar, de alguna manera, a todos los tratados teológicos y, de una manera especial, a la teología fundamental[5]. En esta área teológica, al igual que en muchas otras, la obra de Rahner ha sido determinante ya que ha planteado nuevos problemas, situados en nuevos horizontes, y ha aportado intuiciones teológicas con perspectiva de futuro. Ha planteado la necesidad de una relación entre teoría y práctica y, por tanto, la necesidad de una relación entre la teología y las ciencias humanas en el contexto de las ciencias de la acción.

[3] Para una visión general del proceso vivido, ver de J. MASSOT, *Aproximació a la Història Religiosa de la Catalunya Contemporània*, Sauri, Montserrat 1973.

Para una visión del despertar del laicado, ver de J. CARDIJN, *Laïcs en premières lignes*, Ed. Universitaires, Paris 1963. Completarlo con una lectura de la obra de R. AUBERT y otros, *La vida de un pionero: Cardijn*, Nova Terra, Barcelona 1970.

[4] K. RAHNER, *Escritos Teológicos*, VI (subtitulado *Escritos del tiempo conciliar*), Taurus, Madrid 1969; y VII (subtitulado *Escritos pastorales*), Taurus, Madrid 1969.

Cf. también, del mismo autor, *Llibertat de paraula a l'Església*, Estela, Barcelona 1962; y *Cambio estructural de la Iglesia*, Cristiandad, Madrid 1974.

[5] J. B. METZ, *La fe en la historia y en la sociedad*, Cristiandad, Madrid 1979, en especial el capítulo IV, apartado 1, donde reflexiona alrededor del «fundamento práctico de la vida cristiana». Ver también, del mismo autor, *Más allá de la revolución burguesa*, Sígueme, Salamanca 1982.

Estos principios teológicos, planteados y desarrollados a nivel teórico por la teología centro-europea, han estado aplicados a la realidad específica de la Iglesia en América latina por los teólogos de la teología de la liberación[6].

Al mismo tiempo, Pierre A. Liégé y su escuela del Instituto Católico de París realizaban una elaboración práctica y teórica de este talante teológico desde las relaciones Iglesia-mundo. Esta tarea reflexiva en torno a las relaciones Iglesia-sociedad conducía a un redescubrimiento de la Teología Pastoral como tratado importante dentro de la teología[7].

El año 1955 el profesor Pierre A. Liégé daba diversas definiciones de la Teología Pastoral. La definía como «la reflexión sistemática sobre el conjunto del misterio de la Iglesia, en acto vivido, en el tiempo de su crecimiento», o bien «la reflexión sistemática sobre el conjunto de las mediaciones de la Iglesia en su ejercicio para edificar el Cuerpo de Cristo», o bien finalmente como «una teología dinámica de la Iglesia[8].

En un importante artículo, el autor hace una declaración de las intenciones o principios animadores que han de orientar toda reflexión teológico-pastoral. Señala tres principios: en primer lugar, «el principio de la encarnación», según el cual la acción pastoral tiene como autor a Jesucristo encarnado a través de su mediación histórica que es la Iglesia.

En segundo lugar, el «principio de la duración», según el cual, la Iglesia es consciente de su integración, a lo largo de todas las generaciones, en el interior de la historia de la humanidad y en la duración de la existencia de cada creyente.

[6] Cf., a modo de muestra, la colaboración de G. GUTIÉRREZ, *Praxis de liberación y fe cristiana*, Ed. Zero, Bilbao 1974, y el libro de S. GALILEA, *Religiosidad popular y pastoral*, Cristiandad, Madrid 1980.

[7] P. A. LIÉGÉ, *Por une Théologie Pastorale Catéchétique*, en «Rev. Sciences Philosophiques et Théologiques», XXXIX (1955), pp. 3-17.

Cf. del mismo autor, *Positions de la Théologie Pastorale*, en «Le Point Théologique», 1 (1971), pp. 51-72.

Cf. también los apuntes del curso dirigido por P. A. LIÉGÉ el año 1963-64 en el Instituto Católico de París sobre *La Théologie Pastorale* (apuntes multicopiados).

Cf. finalmente, de J. AUDINET, *Questions de Méthode*, en «Le Point Théologique», 1 (1971), pp. 73-88.

[8] Cf. *Pour une Théologie Pastorale Catéchétique*, p. 5.

Finalmente, «el principio de la unidad de la misión», con el cual da a entender que los diversos ministerios son solidarios los unos de los otros del acto salvífico único que nos ha llegado por la mediación apostólica.

En los apuntes del curso sobre «Teología Pastoral», realizado en el Instituto Católico, el citado autor daba una definición más desarrollada. Según el profesor Liégé «la Teología Pastoral es la ciencia teológica del quehacer pascual, dentro de la Iglesia, de cara a la edificación del Cuerpo de Cristo». Nos pararemos a analizar esta edificación[9].

Al hablar de ciencia teológica se refiere a una reflexión sistemática, crítica y ordenada, no confundible con el acto pastoral inmediato, que tiende a una reflexión normativa, crítica y prospectiva sobre el quehacer pascual, a partir de la Palabra de Dios, y vivido en el interior de la gran tradición de la fe.

En este sentido podemos decir que la Teología Pastoral tiene una dimensión crítica ya que tiene una tarea de delimitación de objetivos, tareas, actitudes, prioridades y sistemas organizativos eclesiales. Por su naturaleza no es una crítica subjetiva e idealista sino una crítica reconstructora de la imagen eclesial auténtica; es decir, busca el marco teológico desde el cual discernir lo que hacemos, y habla de las condiciones de la acción de la Iglesia y de su imagen real, de cara a ayudar en la elaboración de su desarrollo.

Cuando el profesor Liégé en su definición de las operaciones de la Teología Pastoral habla del «quehacer pascual» se refiere a las acciones, intenciones, objetivos, mediaciones y actitudes que continúan la obra salvífica de Dios, a partir de la Pascua y de Pentecostés. La comunidad cristiana ha estado incorporada a

[9] Cf. p. 7 de los apuntes multicopiados del curso de P. A. LIÉGÉ, sobre la Teología Pastoral.

Cf. también en la introducción del libro de J. M.ª ROVIRA, *Fe i llibertat creadora*, Nova Terra, Barcelona 1971, p. 8, cuando dice que el teólogo «intenta contemplar en la fe, el sentido de la acción concreta que los cristianos llevan de hecho en el mundo».

Cf. también la obra realizada en colaboración *Cambios históricos e identidad cristiana*, Sígueme, Salamanca 1978. Ver, en especial, la presentación de la obra, hecha por O. GONZÁLEZ DE CARDEDAL (pp. 9-12).

esta tarea salvífica de Dios, como la gran mediación o sacramento universal, y mediante su actuación —pastoral profética, litúrgica y estructural-educativa— es signo de la presencia definitiva de Dios dentro de la historia, en sus manifestaciones cotidianas, en su historicidad y en su desarrollo hacia una plenitud para toda la persona y todas las personas. Esta presencia es vivida en el interior de la ambigüedad inherente a todos los quehaceres humanos.

Esta tarea no ha de ser individualista sino comunitaria y eclesial porque va dirigida a la edificación interna de la comunidad como acontecimiento histórico, y a la exteriorización de esta vida interna mediante la misión profética, litúrgica y testimoniadora del sentido de la vida y de la historia.

Esta tarea es específica y plenamente teológica según su objeto formal. Así como existe una teología positiva que explicita los datos bíblicos y patrísticos; existe una teología especulativa que reflexiona sobre una razón filosófica y cultural; existe una teología poética que trabaja a partir de la razón estética; existe una teología espiritual que tiene por objeto formal la razón antropológica integral, así existe también una Teología Pastoral que tiene su objeto formal en la razón práctica y operativa.

La Teología Pastoral, pues, pretende ordenar y sistematizar unos elementos teóricos que puedan servir de marco para ubicar la acción de la Iglesia. Realiza esta tarea a partir de la problemática y la sensibilidad histórica y va a la búsqueda de un estilo operativo, que fundamentalmente viene sugerido por la palabra de Dios, pero que quiere interpretar y comprender desde la situación real de la comunidad cristiana, que vive dentro del espacio y del tiempo, y que por tanto es solidaria de todo el acontecimiento humano, en su dimensión personal, en el entramado social y en la estructuración política.

Este análisis nos lleva a descrubrir que la Teología Pastoral, previamente a realizar un programa de acción, necesita de una criteriología teológica, y, antes que una declaración de intenciones, ha de ser el estudio, a la luz de la Palabra de Dios, de las condiciones de posibilidad que hacen posible, viable y operativo, el mensaje cristiano aquí y ahora.

Esta necesidad es amplia y compleja. Por tanto, lo que nos proponemos en este estudio teológico consiste en elaborar unas propuestas para una Teología Pastoral. Estas sugerencias articuladas pretenden poner las bases para un tratado teológico de la pastoral eclesial.

Dicho tratado teológico pretende articular el momento reflexivo y el momento operativo de la fe, ya que la teología sin acción ni amor puede convertirse en una evasión estética, y la pastoral sin teología puede convertirse en un recetario vacío de contenido o en un activismo sin profundidad ni horizonte. Sin duda la articulación de ambos momentos hace que el Logos de Cristo lleve al acontecimiento del Logos de la Iglesia, como comunidad bautismal y eucarística, de fe, oración y testimonio, y que la praxis cristiana tenga un marco teórico, a fin de que el pensar, el decir y el hacer de la fe lleguen a ser un solo dinamismo. En el Concilio Vaticano II se afirma esta unidad intrínseca cuando se proclama que «la revelación se realiza por medio de obras y palabras intrínsecamente unidas»[10].

Dada esta definición funcional, podemos dividir pedagógicamente el tratado, a partir de las mediaciones de la acción, en tres grandes apartados: la Teología Pastoral profética, la Teología Pastoral litúrgica y la Teología Pastoral estructural-educativa.

La Teología Pastoral profética responde a la necesidad de la mediación salvífica que es la Palabra de Dios. Tiene una dimensión de primer anuncio de la Palabra (evangelización) y una dimensión de acompañamiento pedagógico posterior, o iluminación de toda la existencia humana (catequesis).

La Teología Pastoral litúrgica responde a la mediación del Sacramento puesto que Jesucristo ha previsto ser recordado con palabras pero también con símbolos, en la atmósfera del Espíritu. Es desde este simbolismo sacramental que el recuerdo de Jesucristo toma una dimensión de fiesta y celebración de la realidad existencial humana, situándola en el marco comunitario pascual y escatológico. Es principalmente en la eucaristía donde

[10] *Dei Verbum*, 2.

Cf. del coloquio teológico realizado en Bolonia, a los 15 años de haber acabado el Concilio Vaticano II, J. M. R. TILLARD, *El Vaticano II y el postconcilio*, en «Selecciones de Teología», 84 (1982), pp. 266-272.

la Teología Pastoral profética y la Teología Pastoral estructural-educativa encuentran su vínculo de unión.

La Teología Pastoral estructural-educativa responde a la necesidad de mediaciones históricas y pedagógicas. Unas han estado previstas por el mismo Jesucristo y proceden de la Iglesia neo-testamentaria, otras proceden de las nuevas necesidades surgidas en la vida de la comunidad cristiana. Todas estas mediaciones han de acompañar hacia el aprendizaje de la manera de vivir de Jesucristo. De esta manera la comunidad se hace presente públicamente en el interior del acontecimiento histórico, mediante un proyecto pastoral, fruto de un pacto de cooperación intra-eclesial, de cara a realizar la misión recibida del mismo Cristo[11].

En el capítulo que titulamos «Campos de incidencia de la Teología Pastoral» desarrollaremos estas tres grandes mediaciones de la acción pastoral. Pero antes veremos cómo esta división del tratado encuentra su unidad en lo que llamaremos la Teología Pastoral fundamental o arraigo teológico de la acción de la Iglesia en el misterio cristiano (Ef 1, 19).

La Teología Pastoral, pues, no es un pragmatismo aplicado a la teología puesto que todo pragmatismo busca mediaciones sin preguntarse a menudo el «porqué» y el «para qué»; sin embargo, la Teología Pastoral trabaja las mediaciones en función de los objetivos del programa de la fe, que son: revelar el mensaje de Dios a los hombres, revelando, de esa manera, a la persona humana la dignidad que tiene delante de Dios, reconciliar las personas humanas conduciéndolas hacia unas nuevas relaciones interpersonales y a una vida nueva. A la luz de estos objetivos, la Iglesia se sabe mediadora hacia el Padre, por Cristo, en el Espíritu[12].

Además de trabajar las mediaciones en función de los objetivos, también profundiza en las actitudes antropológicas básicas de la vida cristiana: el amor a Dios y a los otros, la libertad frente a los condicionamientos exteriores e interiores, y la realización de las necesidades básicas de la persona humana como,

[11] K. BARTH, *Comunidad cristiana y comunidad civil*, Marova, Madrid 1976.

[12] Juan 10. Ver B. BESRET, *Claves para una Iglesia Nueva*, Sígueme, Salamanca 1974.

por ejemplo, la comunicación, la responsabilidad, el reconocimiento de los valores del otro, la aceptación del grupo, etc.

Unas mediaciones son de orden racional. Entre éstas podemos señalar: conocimiento sociológico-cultural de la realidad, las interrelaciones humanas, la dinámica de los grupos que quieren ser transformadores, el autoconocimento de la persona, etc. No obstante, otras mediaciones son específicamente evangélicas. Entre ellas podemos destacar: el conocimiento de la Palabra de Dios, la disponibilidad delante del Espíritu, la institución apostólica, las mediaciones sacramentales, los consejos evangélicos, etc. Trabajando ambas mediaciones, la Teología Pastoral es fiel a la dimensión divina y humana de la fe.

En definitiva, la Teología Pastoral es una eclesiología operativa que hunde sus raíces en la eclesiología sistemática, y que desarrolla sus implicaciones de cara a la acción. Aunque no es el objetivo de este estudio, es conveniente hacer un análisis de esta afirmación.

La Teología Pastoral presupone que la Iglesia tiene una estructura y una función en el mundo: ser Sacramento Universal de Salvación. Así pues, la Iglesia en acción se fundamenta en la autocomprensión de sí misma a la luz de la Biblia, la Patrística, el Dogma y la Historia. Desde esta fundamentación teológica, busca las condiciones de posibilidad de la realización comunitaria, de cara a la autoconstitución eclesial. Como resultado de la autocomprensión y autoconstitución eclesial se dan las condiciones para la comunicación efectiva con la sociedad y con la historia contemporánea.

Las tesis teológicas del modelo eclesiológico que presuponemos, el cual por razones de espacio no nos paramos a analizar pero que da consistencia a la eclesiología de esta Teología Pastoral, son las siguientes[13]:

1. La *Antropología Teológica* —elemento permanente y actuante de toda la reflexión teológica— está en la base de las diversas *eclesiologías funcionales-operativas*.

[13] Cf. manuscrito de un curso de licencia, que di en la Facultad de Teología de Barcelona en el año 1978, con el título *Estructura y Función de la Iglesia en el mundo*.

2. La *identidad operativa* eclesial radica en la capacidad de no romper la tensión entre *conversión* cristiana y la *transformación* de la sociedad en comunidad.

3. Esta tensión tiene un nivel de desarrollo *histórico*, que debe vivirse en la praxis eclesial, y un nivel *trascendente*, que solamente es posible como gracia y, por tanto, por la fe.

4. La *persona creyente*, situada en el medio y enmarcada en unas estructuras, y la *Comunidad Eclesial*, representación de Jesucristo en el Espíritu, avanzan relacionadas en función de la realización del programa de la fe.

5. El programa de la fe —Cristo revelador del Padre y dador del Espíritu— es la fuente de la *espiritualidad y de la evangelización*.

6. La *insertación de la Iglesia en el mundo* es aquella que realizan cada uno de sus miembros, los grupos intermedios y el Colegio Episcopal con el Papa, en favor de toda la persona y todas las personas. a) El magisterio tiene la función de iluminar doctrinalmente y la función pastoral de crear las condiciones objetivas de unidad eclesial teniendo como perspectiva la evangelización. b) Los grupos intermedios estructuran la vida colectiva eclesial en función de la vida cristiana. c) La vida cristiana personal y de los pequeños grupos —oración, eucaristía, testimonio, anuncio y compromiso temporal— es la base de la renovación y crecimiento eclesial, cuando es vivida en comunidad siendo estimulada y confirmada por la doctria y los hechos de la función jerárquica.

7. Hay que pasar de una eclesiología estático-jurídica de conservación y de una eclesiología crítico-sociológica de contestación, a una eclesiología *teológico-operativa* de autoconstitución.

8. La existencia comunitaria —mediación entre *Jesucristo* y el *Reino*— exige unos servicios para que no falte nada a la comunidad. La *proclamación de la Palabra,* la *celèbración del sacramento* y el *servicio pastoral* son permanentes. No obstante en cada situación histórica se deben encontrar los servicios complementarios adecuados.

9. El *servicio teológico metódico y académico* —bíblico, patrístico, histórico, fundamental, antropológico, dogmático, litúr-

gico y programático— tiene la función de acompañar el círculo hermenéutico comunitario y de formular teóricamente la experiencia vivida.

10. No podemos poner medidas cuantitativas al *pluralismo eclesial*. Sin embargo, la Palabra, el Dogma y el Magisterio son la instancia crítica que ha de realizar una valoración cualitativa.

11. La autoridad de la Iglesia es necesaria como exponente de la *autoridad de Cristo Señor*. Pero actualmente, se debe poner el acento en la dimensión de testimonio, en el ejercicio de la misma autoridad, a fin de llevar a término una gestión comunitaria evangélica y humanística.

12. La *transmisión de la fe* ha sido hecha siempre por los sencillos. Es urgente continuar la reforma de las estructuras eclesiales en función de la evangelización y la sencillez de vida.

13. El servicio de la *caridad* es la clave de la operatividad eclesial.

14. La existencia comunitaria y su insertación en el mundo, es el *opus operantis* del sacramento de la salvación. La gracia de Dios es el *ex opere operato*.

Este modelo eclesiológico operativo es el marco teológico que da unos puntos de referencia para situar correctamente las diversas manifestaciones de la acción eclesial.

El objetivo final de la Teología Pastoral es la edificación del «Cuerpo de Cristo» o «Pueblo de Dios» en la historia. Porque es pueblo, participa de todas las situaciones de la humanidad y se ha de sentir solidario de todas sus necesidades y carencias. Como Pueblo de Dios, encuentra su identidad en la oración, la celebración de la fe, el aprendizaje de la manera de vivir de Jesucristo en la comunidad, en el testimonio evangélico y en la acción evangelizadora en el interior de la sociedad, puesto que participa de la gracia de la salvación.

Podemos decir, pues, que el arraigo de la Iglesia en el don de Dios y en la vida de la sociedad son los elementos configuradores de la Teología Pastoral.

Desde aquí, la Teología Pastoral ejerce una función crítica de cara a toda la teología. De la teología recibe las aportaciones y la luminosidad para establecer unas relaciones correctas entre la sociedad, la Iglesia y el reinado de Dios.

Al mismo tiempo, cuando llega a ser proyecto eclesiológico operativo y vivificador de la praxis histórica del Pueblo de Dios, verifica las conclusiones de la teología sistemática y devuelve, a la misma, las cuestiones vivas del Pueblo de Dios y las situaciones nuevas que van surgiendo, a fin de que sean nuevamente objeto de la reflexión teológica.

De esta manera se establece un diálogo vivificador entre el momento reflexivo de la fe y el momento operativo de la misma fe. Este diálogo vivificador entre la teoría y la práctica es básico y fundamental para la cualidad de la vida cristiana.

Pongamos algún ejemplo. Cuando el Movimiento Latino Americano de Universitarios Cristianos se plantea el compromiso de los cristianos en el mundo, como una expresión y manifestación de la fe, por un lado realiza la urgencia de la caridad pero por otro lado se encuentra con nuevos problemas y contradicciones. Entonces el teólogo Gilberto Giménez aporta en una asamblea una reflexión antropológica y teológica en torno del compromiso[14] y unos años después Gustavo Gutiérrez Merino aporta la reflexión eclesiológica a partir del fenómeno del compromiso de los cristianos en el mundo[15].

Otro ejemplo lo tenemos en la revista mallorquina «Comunió» que, a partir de la realidad del pueblo y de la Iglesia de Mallorca, hace una reflexión bíblica y teológica a fin de extraer unas conclusiones pastorales operativas[16]. Es preciso reconocer también que han sido muy importantes para la Iglesia catalana las aportaciones de algunas revistas, como por ejemplo, la editada por la Abadía de Montserrat «Qüestions de Vida Cristiana»

[14] Cf. *Antropología y Teología del compromiso*, Centro de Documentación J.E.C.I.-M.I.E.C., Montevideo 1968, pp. 37-69.

[15] Cf. la segunda parte del libro *Cristianismo y Tercer mundo*, titulada *Análisis teológico de las líneas pastorales de la Iglesia en América Latina*, Ed. Zero, Bilbao 1973, pp. 37-82. El autor analiza cuatro modelos eclesiológicos operativos: El modelo de Cristiandad, el de neo-cristiandad, el modelo de madurez de fe y el modelo profético.

[16] Ver en la revista mallorquina «Comunió», el número monográfico titulado *A la recerca d'una Església per al nostre poble* (julio-diciembre de 1979), donde T. Suau (pp. 14 ss.) y J. Amengual (pp. 26 ss.), hacen una aportación sobre el modelo neotestamentario de la Iglesia, y sobre el del Concilio Vaticano II, respectivamente.

y la editada por el Centre d'Estudis Pastorals «Quaderns de Pastoral», en las que a menudo se encuentran estudios teológicos que responden a cuestiones planteadas por la praxis eclesial y la vida del pueblo[17].

En esta misma línea podemos situar las ponencias de las asambleas diocesanas en diversos obispados estos últimos años[18].

A nivel universal podemos decir que el Concilio Vaticano II es el eco teológico y pastoral de la problemática de la base eclesial hasta el punto que se definió como un Concilio pastoral[19].

Dado que el tema teológico clave del Concilio Vaticano II fue el eclesiológico, la fundación «Concilium» convocó un congreso teológico con el fin de estudiar y resolver diversas cuestiones. Este congreso se reunió del 12 al 17 de septiembre de 1970 y se planteó la problemática en torno del «Futuro de la Iglesia»[20].

Podríamos poner muchas más ejemplos que ilustrarían esta relación crítica y substractiva entre la pastoral y la teología. Estos los hemos puesto para hacer descubrir la función crítica de la Teología Pastoral[21].

A la hora de concretar las urgencias críticas, que la nueva sensibilidad eclesial plantea a la teología y a la pastoral, podemos subrayar las siguientes: la necesidad de una pastoral verdaderamente popular y la búsqueda de unos criterios teológicos para la realización práctica de esta pastoral popular; la necesidad de una pastoral de madurez en la fe a fin de fomentar el crecimiento cuantitativo y cualitativo de agentes de pastoral, pres-

[17] Son dos revistas de difusión, principalmente, entre los agentes de pastoral de Cataluña.

[18] Cf. las ponencias y las resoluciones de las diversas asambleas diocesanas. Se pueden pedir a las Vicarías de Pastoral de los obispados de Barcelona, Tarragona, Gerona y Urgel.

[19] *Gaudium et Spes* del Concilio Vaticano II.

[20] El Concilio Vaticano II ha representado un gran avance en el estudio de la solidaridad eclesial. De hecho, en estos últimos años, se han profundizado muchos términos teológicos como *Colegialidad, Colaboración, Comunión Eclesial*, etc.

[21] Cf. el esfuerzo colectivo de análisis sobre la Iglesia española de la postguerra, con la lectura teológica correspondiente, *Iglesia y Sociedad en España, 1939-1975*, Ed. Popular, Madrid 1977.

bísteros, religiosos y laicos, en la línea militante y evangelizadora; finalmente, la búsqueda de un marco jerárquico de fidelidad a la tradición apostólica y al servicio del fomento y coordinación de la vida nueva que va emergiendo de la base eclesial.

Las necesidades de la Iglesia de base —el acompañamiento personal, el hecho comunitario, la vivencia colegial y corresponsable, etc.— suscitarán a no dudar, en los próximos años, estudios teológicos que iluminarán la problemática vivida. Por nuestra parte, en este estudio, profundizaremos desde el punto de vista teológico, pero también sobre las necesidades básicas y profundas de la persona, en especial sobre la necesidad de comunicación. Sólo desde la profundidad será posible y viable la comunión eclesial en un marco de pluralismo ideológico, sociológico y humanístico.

Esta urgencia se acrecentará por la evolución del mundo, que en su horizonte científico y humanístico, está planteando cada vez más la pluralidad de cosmovisiones, desde vías inductivas o deductivas, con las cuales se tendrá que confrontar la teología para mostrar al hombre contemporáneo la necesidad de humildad ante el centelleo deslumbrante de la Providencia. Esto requerirá mucha flexibilidad, capacidad de escuchar, realismo, tolerancia, paz serena y capacidad dinámica, a fin de no perder el tren de la historia[22].

La Teología Pastoral, pues, además de ser la punta de lanza de la teología, intentando verificar sus conclusiones, hace ver a la teología, y aquí radica su función crítica, que Jesucristo está presente en todo lugar con muchas y diversas manifestaciones. Ocurre que el libro de la naturaleza, el libro de la humanidad y el libro de la religión son un mismo libro, con claves de lectura diferentes que, leído profundamente, abre caminos hacia el mismo horizonte trascendente: el hombre nuevo, imagen de Dios, señor de la naturaleza y de la historia, mediante la asunción de la figura del siervo de Yahweh, capaz de relaciones interperso-

[22] Es iluminador el análisis sociológico y antropológico de P. L BERGER, *The heretical imperative. Contemporary possibilities of religious affirmation*, Ed. Collins, London 1980, pp. 181 ss.

nales maduras y fraternales dentro de una comunicación en profundidad.

Esta función crítica hace que la pastoral sea el lugar de la verificación de la teología y la suministradora de las cuestiones vitales a la sistemática. A la luz de esta realidad surge la importancia de articular la teología y la pastoral como dos momentos de un único dinamismo.

CAPÍTULO III

Relaciones entre Teología Especulativa y Teología Pastoral

La teología es especulativa pero el cristianismo es concreto, y válido en tanto en cuanto es un cristianismo vivo y operante. El «eslogan» del pensamiento es «conócete a ti mismo», pero el «eslogan» de la fe es «conviértete y vive la vida nueva». Ambas perspectivas suponen una visión de la persona humana y pretenden superar una postura inexistencial de la misma. De hecho, la persona humana, antes de preguntarse, contiene una mística de la acción y una finalidad que se realiza en la acción. Por esto el hombre es un problema para él mismo; antes que plantearse preguntas, él mismo es una pregunta.

La teología se ha dado cuenta del carácter histórico de toda verdad y pretende captar lo más profundo de la realidad desde la Palabra de Dios, ya que se trata de una reflexión sobre la fe. Por esto, si el hombre es aquel que busca el sentido de la vida, y esta búsqueda la realiza el hombre entero y no solamente la razón, la teología se sitúa en la búsqueda de la respuesta a la cuestión capital de la existencia. En esa búsqueda encontrará las razones suficientes, mediante la mirada totalizante a Jesús de Nazaret, comprendido en su globalidad (Persona y Mensaje), y se dará cuenta de la correspondencia del mensaje cristiano con las aspiraciones más profundas de la existencia humana. La situación del mundo es también un lugar teológico.

La tradición cristiana no consiste en repetir el pasado mecánicamente, sino en comprenderlo nuevamente y expresar la novedad en la realidad total y concreta de hoy. No es correcto el estilo teológico cuando habla en lenguaje cifrado y con palabras enigmáticas, sino que solamente es adecuado cuando sabe captar los datos bíblicos y, siguiendo el proceso de la Escritura, sabe comprenderlos bajo la acción del Espíritu en su desarrollo histórico, y sabe expresarlos de una manera significativa para el hombre de hoy.

Una teología que quiera responder a la realidad ha de recoger la problemática del hombre de hoy a fin de mirarla a la luz de la Palabra, vivida en la tradición palpitante de la Iglesia, y ha de proyectar esta luminosidad a la realidad personal y comunitaria con todo su dinamismo.

El punto de partida de la teología es siempre la Revelación y la Palabra de Dios. Por eso el núcleo de la teología es el tratado de Dios, la cristología, la eclesiología y los sacramentos; pero el destinatario es la persona real e histórica que camina hacia el Reino de Dios.

De aquí viene la relación entre el discurso teológico como especulación y el discurso teológico como realización comunitaria. La Teología Pastoral se preocupa de asegurar este nexo entre la especulación crítica y la realización comunitaria. Este equilibrio es difícilmente asequible del todo, porque siempre habrá acentos hacia la especulación o hacia la acción; por tanto nunca habrá un planteamiento absolutamente perfecto, pero no se pueden eludir los peligros que derivan de la dificultad a base de negar uno de los dos polos de la tensión; sólo los evitaremos buscando una postura dialéctica y dinámica.

El encuentro entre la *reflexión* y la *acción* se produce, de una manera privilegiada, en la *comunicación*[1]. Es en este nivel donde, de una forma dialéctica, ambas dimensiones se ponen en contacto interpelándose mutuamente. De este diálogo se deriva un dinamismo. El análisis de este dinamismo es el lugar donde podemos descubrir las relaciones entre teoría y práctica, teología especulativa y Teología Pastoral.

Para situar en qué nivel teológico se encuentra la Teología Pastoral nos puede ser útil la clasificación que hace Bernard Lonergan.

[1] *Fe i Universitat d'avui*, Nova Terra, Barcelona 1977, pp. 297 ss., donde hay un estudio titulado *Bases per a una teologia de la comunicació*.

El teólogo Bernard Lonergan muestra en su reflexión teológica, y especialmente en el estudio del método teológico, las implicaciones del hecho antropológico y comunitario de cara a la teología.

La obra teológica de Lonergan comienza con un estudio sobre la teoría del conocimiento humano, y pasando por la reflexión cristológica y trinitaria, va a parar al estudio del método teológico y la aplicación de este método a diversos problemas teológicos significativos y centrales de la situación actual[2].

A la luz del método teológico lonerguiano la Teología Pastoral se sitúa en la especialidad funcional que él denomina «Las Comunicaciones», y lleva a término la espiral de toda la teología. Por otro lado, abre el círculo de la teología al futuro puesto que le suministra, aquí y ahora, el fenómeno viviente de la fe que el autor llama «la conversión intelectual, moral y religiosa». Mediante esta aportación, la Teología Pastoral proporciona a la teología especulativa lo que, hablando metafóricamente, podemos denominar el «quinto evangelio» o la vida de la Iglesia a lo largo de todos los siglos, que continúa siendo un fenómeno viviente hoy en el mundo y que continúa operando en las presentes circunstancias históricas de la humanidad.

El punto de partida de la teología, según Lonergan, es el estudio del fenómeno humano de la «conversión intelectual, moral y religiosa»; es decir, de la auto-trascendencia de la persona humana hasta el horizonte alcanzado en su desarrollo histórico presente.

[2] B. LONERGAN, teólogo que fue profesor en la Universidad Gregoriana de Roma. Entre sus obras más importantes podemos subrayar éstas:

Insight. Study of Human Understanding, Darton, Longman and Todd, London 1958.

De Verbo Incarnato (17 tesis de cristología), P. U. Gregoriana, Roma 1964.

Grazia e libertà, Ed. Università Gregoriana, Roma 1970.

Method in Theology, Darton, L. and T., London 1972.

Philosophy of God, and Theology, Darton, L. and T., London 1973.

A second collection, Darton, L. and T., London 1974.

Para una introducción al pensamiento del autor puede ser útil el opúsculo de P. MCSHANE, *Introducing the Thought of Bernard Lonergan*, Darton L. and T., London 1973.

El fenómeno de la conversión es un hecho presente en el mundo. Supone la convicción según la cual la vida humana está religada con Dios. Esta convicción es intelectual, es decir, crítica y razonable; es una convicción que tiene sus repercusiones en la dinámica práctica de la existencia humana; no es la construcción subjetiva de una fantasía imaginaria sino la comunión y la entrada, real y objetiva, en la realidad más profunda de la existencia que llamamos el Fundamento del Ser: Dios.

El punto de llegada de la teología, según el mencionado autor, es la reproducción del fenómeno de la conversión intelectual, moral y religiosa en la cotidianeidad. Por tanto, el objetivo de la teología no es puramente la contemplación estética del pasado temporal, sino que es el diálogo del presente con el pasado para construir el futuro del hombre a la luz de Dios.

Como se puede deducir, este doble movimiento no se acabará mientras exista historia humana puesto que la conversión es un fenómeno siempre vivo y, a pesar de los altibajos históricos, el punto de llegada es siempre un nuevo punto de partida de la búsqueda teológica.

Este método teológico asegura el estudio íntegro del arco entero de la Palabra de Dios, desde que sale del amor interno de Dios hasta que incide en la realidad personal, comunitaria e histórica, de una manera definitiva en la Encarnación del Hijo de Dios, pero también dinámicamente en el acontecimiento cotidiano de la humanidad.

El punto de partida, pues, es el estudio del hecho religioso en todo su alcance. El punto de llegada es hacer presente el mismo hecho religioso, con todas su consecuencias, hasta incidir incluso en la realidad humana personal, comunitaria y socio-estructural.

El trabajo de la teología es personal pero, fundamentalmente, es comunitario y solidario en el tiempo y en el espacio. Dicho de otra manera, cada persona ha de hacer el recorrido que le lleve desde la increencia a la fe, alcanzando la justificación y la salvación como gracia y, por tanto en la fe. Aquí se fundamenta la dignidad y la originalidad de la persona humana. Asimismo existe el marco en el que es posible y viable el acceso de la persona humana a Dios, y éste es el marco comunitario y eclesial.

Desde el Génesis hasta hoy ha existido una solidaridad fundamental en el interior del Pueblo de Dios y, principalmente ha existido una fidelidad radical de Dios, que se ha manifestado pedagógicamente a lo largo de toda la Revelación, teniendo su *clímax* en la Encarnación y siendo promesa de futuro en la fuerza del Espíritu de Amor y de Esperanza. Podemos añadir que esta solidaridad fundamental del Pueblo y esta fidelidad de Dios continuarán hasta el último instante de la historia.

Esta dimensión comunitaria y trascendente de la teología hace que, al mismo tiempo que cada persona va siguiendo su itinerario con todas sus ambigüedades, se dé un itinerario eclesial y sacramental que podemos denominar el pacto definitivo de cooperación o la eterna alianza entre Dios y la humanidad.

Este hecho coincide con las aspiraciones y las necesidades más profundas de la existencia humana. Nadie tiene la solución de la problemática de la humanidad y de todas las necesidades de la persona humana. Ahora bien, en la solidaridad trascendente que nace del fundamento del ser y en el amor-ágape que emerge de esta solidaridad es posible y viable el futuro para el hombre.

La diferencia fundamental entre el humanismo intrahistórico y la fe trascendente está en que el primero quiere realizar este pacto de solidaridad a nivel inmanente, y la fe lo realiza a partir del compromiso del Dios trascendente, que ha pactado de una manera irrevocable y definitiva con la historia humana[3].

La teología es el resultado de la cooperación de muchos y, en definitiva, es el resultado de la eclesialidad. Por eso la teología tiene unas especialidades funcionales, porque cada uno no lo puede hacer todo, pero tiene unidad dinámica, porque entre todas las especialidades lo hacen todo. En esta unidad dinámica y solidaria radica la eclesialidad de toda tarea teológica.

Existen cuatro especialidades que analizan el hecho religioso. Es lo que Bernard Lonergan llama el *Campo de la teología*, que es el conocimiento del hecho religioso y de todas sus implicaciones, a nivel diacrónico y a nivel sincrónico.

[3] Fundamentalmente la Revelación, plasmada en la Escritura, es la historia de este pacto, su anuncio y su realización.

La primera especialidad es la *Investigación*. Es la constatación y la búsqueda del hecho religioso a nivel de experiencia. Fundamentalmente se realiza mediante el conocimiento y exégesis de la Biblia. También aporta muchos elementos a esta especialidad la vida de la Iglesia[4].

La segunda especialidad es la *Interpretación*. Este esfuerzo teológico pretende hacer una hermenéutica del hecho religioso a nivel de inteligencia. Supone la capacidad de descubrir el significado teológico que hay detrás del fenómeno religioso. Es el resultado de un trabajo de análisis a nivel del lenguaje[5].

La tercera especialidad funcional es la *Historia*. Es el conocimiento del fenómeno religioso a nivel de juicio, en el tiempo y en el espacio. Supone un diálogo del presente con el pasado a fin de entender el futuro[6].

La cuarta especialidad es la *Dialéctica*. Es el estudio de las contradicciones y superaciones del fenómeno religioso hasta alcanzar una afirmación capital, a la altura de la situación de la conciencia colectiva histórica de la humanidad. Funciona a nivel de deliberación y opción de la persona humana[7].

Estas cuatro primeras especialidades funcionales de la teología, desde una óptica dinámica, conducen a través del itinerario intelectual, al conocimiento del hecho religioso. El autor los denomina, el «campo» de la teología

Ciertamente la teología no es una ciencia del pasado, sino que fundamentalmente es prospectiva y profecía[8]. Por eso exis-

[4] H. Holstein, *L'expérience de l'évangile*, Ed. Le Centurion, Paris 1975.
Cf. M. Delbrêl, *Nous autres gens des rues*, Seuil, Paris 1966.
Cf. Centro de Estudios Francesc Eiximenis, *Vint-i-cinc experiències de la fe cristiana*, Nova Terra, Barcelona 1973.
Cf. J. Follis, *Fools Rush in* (A study of reality), London 1977.

[5] Conseil de la Jeneuse Catholique, *La foi dans la vie chez les jeunes*, Ed. J.E.C., Bruxelles 1979.

[6] Cf. la introducción de E. Dussel en *Historia de la Iglesia en América Latina*, Nova Terra, Barcelona 1974, pp. 25-53.

[7] K. Rahner, *Curso fundamental sobre la fe*, Herder, Barcelona 1979, pp. 106-108.

[8] Ver en esta línea, A. Dumás, *Prospectiva y profecía*, Sígueme, Salamanca 1974.
Cf. también J. Lestavel, *Les Prophètes de l'eglise contemporaine*, Ed. de l'Epi, Paris 1969, que contiene una selección de textos teológicos de los dos últimos siglos.

ten cuatro especialidades más que analizan el proceso de reproducción del fenómeno religioso. El autor denomina este segundo movimiento el «Tema» de la teología.

La quinta especialidad es la *Fundamentación*. Esta especialidad está muy cercana de la especialidad precedente, es decir, de la Dialéctica, e intenta buscar la coherencia del hecho religioso, de cara a la opción fundamental y de cara a una militancia evangelizadora[9].

La sexta especialidad es la *Doctrina*. Esta especialidad realiza un juicio en torno de los contenidos nucleares del mensaje a anunciar. Ve también el proceso que ha conducido a descubrir estos contenidos y las implicaciones que comporta.

La séptima especialidad se denomina los *Sistemas*. Realiza el esfuerzo de traducción del mensaje nuclear religioso, de una manera ordenada e inteligible, en las diferentes claves filosóficas, en los diferentes lenguajes, culturas y subculturas, con la finalidad de hacer inteligible el fenómeno religioso y adaptarlo a todas las situaciones antropológicas.

La octava y última especialidad se denomina las *Comunicaciones*. Es la realización, a nivel experimental y práctico, del hecho religioso en su dimensión personal y en su dimensión comunitaria. A fin de hacer efectiva la propuesta de la fe, utiliza mediaciones racionales y evangélicas. Se ocupa de edificar la comunidad solidaria, en el pacto de cooperación, según el designio de Dios.

Estas ocho especialidades funcionales, las cuatro primeras que trabajan el *Campo* de la teología y las otras cuatro restantes que trabajan el *Tema* de la teología, constituyen el círculo hermenéutico de la tarea teológica. Cada una supone el aporte de las otras y entre todas realizan la tarea global. Sin duda este método teológico es muy importante para la teología, puesto que dinamiza el trabajo de cada teólogo, situándolo en el trabajo

---

Cf. finalmente, M. D. CHENU *L'evangeli en la història*, Ed. 62, Barcelona 1968, pp. 219-228.

[9] Ver la obra de Salvador PIÉ, profesor de teología fundamental de la Facultad de Teología de Barcelona, *Donar raó de l'esperança. Esbós de Teologia Fonamental*, Herder, Barcelona 1983.

de conjunto, y en la solidaridad eclesial. A partir de esta visión, cada especialidad ha de reconocer el valor de las otras y emerge con más claridad la aportación humilde de cada teólogo como un servicio al bien común eclesial.

La Teología Pastoral, pues, en un primer movimiento, comunica el fenómeno religioso y proyecta la Palabra de Dios al mundo, a partir de un diálogo pedagógico con la realidad humana histórica; en un segundo movimiento investiga el fenómeno religioso extrayendo del mismo las luces y las sombras que contiene respecto de la Palabra de Dios y la misión de la Iglesia.

Evidentemente, en la investigación y en la comunicación del fenómeno, la Teología Pastoral es deudora de la Palabra de Dios, de la vida de la Iglesia y de la teología; pero también lo es de las ciencias humanas, especialmente de la sociología, de la psicología, de la pedagogía y de la antropología. No suple a estas ciencias humanas, puesto que eso tendría el peligro de disolver la teología en un amateurismo semi-profesional, pero ha de tener muy en cuenta *las aportaciones que hacen estas ciencias sobre la persona humana, sus necesidades, sus comportamientos y sus expectativas*. La especificidad de la Teología Pastoral está en el esfuerzo de traducir en método crítico y en categorías de acción el diálogo establecido entre la praxis histórica y la praxis cristiana; esto no es posible sin un autoconocimiento ni sin una proximidad a la persona humana.

Se ha confundido demasiado la Teología Pastoral con el acto pastoral. El acto pastoral es básicamente práctico, operativo, muy diversificado y adaptado a las diversas situaciones, es por tanto una cuestión programática y táctica. Sin embargo la Teología Pastoral es *la reflexión teológica previa al acto pastoral* con el fin de darle contenidos, de cara a no absolutizarlo, y de revisarlo a la luz de la Palabra y la Tradición de la fe. Por eso más que un inmediatismo busca un horizonte, más que un pragmatismo busca una comunión, más que unas tácticas busca una estrategia. De ahí que con frecuencia la Teología Pastoral sea el lugar teológico en el que se detecten muchas de las cuestiones teológicas clave, en el que se elaboren muchas de las grandes intuiciones de la teología, en el que se suministre luminosidad y vivacidad a la teología sistemática y se abran caminos a la teología espiritual.

Es de prever que en el futuro este tratado quedará incorporado a todos los programas académicos teológicos universitarios y será uno de los puntos de referencia en la elaboración de todos los tratados teológicos ya que es una de las dimensiones centrales de toda la teología[10].

[10] Ver la expresión de K. BARTH en *Fragments Grave and Gay*, Collins, London 1972, donde hablando a universitarios sobre el sentido de una Facultad de Teología, destaca la importancia de la teología práctica y la dimensión práctica de la teología, p. 22.

CAPÍTULO IV

Teología Pastoral fundamental

Antes de iniciar la reflexión sobre la Teología Pastoral especial, o campos de incidencia de la Teología Pastoral, trabajaremos en este capítulo el tema de la fundamentación teológica de la acción pastoral de la Iglesia. Es la búsqueda de unos criterios generales que aseguren el arraigo de la acción pastoral en los parámetros que vienen dados por la esencia de la vida cristiana (Palabra, Sacramento y vida según el Espíritu). La razón de este esfuerzo está en la necesidad de asegurar la autenticidad del quehacer pascual, en la acción pastoral de la Iglesia, antes de que esta acción se especialice.

Esta fundamentación y estos criterios disciernen si la acción especializada (acto catequético, acto litúrgico, estructuración de la comunidad, etc.) es verdadera desde la perspectiva teológica. Aunque el dinamismo eclesial es concreto, ha de ser siempre una manifestación del Espíritu y, por tanto, es una epifanía de Jesucristo Glorioso. Desde esta perspectiva la Teología Pastoral estudia el paso del Misterio de Dios al Ministerio de la Iglesia.

Intentaremos mostrar, pues, cómo el acontecimiento del Logos de Jesucristo lleva al acontecimiento del Logos en la Iglesia. Esto nos ayuda a descubrir a la Iglesia como comunidad bautismal y eucarística, matriz de la fe, la oración y la militancia evangelizadora.

El fundamento de la Teología Pastoral no es otro que el Misterio de Dios o intimidad de Dios escondida a los antiguos (la Palabra como amor interno de Dios), preparada en el tiempo (la Palabra como Revelación), manifestada plenamente en Jesucristo (la Palabra hecha «carne»), entregada a la Iglesia (la Palabra que se convierte en Escritura en la vida de la Iglesia y en la gran Tradición eclesial) y tendiendo a una plenitud, para toda la persona y para todas las personas, al final de los tiempos[1].

El misterio, pues, es la intimidad de Dios manifestada y puesta al descubierto en Jesucristo y entregada a la Iglesia. No es una complicación de la vida sino la posibilidad de asumir la vida de Dios Padre Creador, por medio de Jesucristo Revelador, en el Espíritu Santificador de la persona humana, de la comunidad y del dinamismo liberador de la historia.

Este misterio de Dios, cuando es estregado a la Iglesia se convierte en Ministerio o servicio libre y gratuito a fin de que la persona humana, que ya había estado incorporada a la creación por medio del trabajo, pueda también participar como instrumento libre en la obra de la redención en dirección a la plenitud del Reino de Dios, del cual la Iglesia es el Sacramento universal de salvación y el signo levantado ante las naciones.

Podemos decir, pues, que el ministerio de la Iglesia —ministerio de la Palabra y del Sacramento— es la expresión privilegiada de la Tradición que explicita la Palabra de Dios, da testimonio de ella y la actualiza, mediante la utilización de una palabra y unos hechos verdaderamente humanos[2]. No es solamente una palabra en torno a Dios sino que es manifestación de la Palabra de Dios. Pero al ser también una palabra humana ha de velar a fin de ser una palabra densa en la comunicación personal y comunitaria, una palabra capaz de expresarse dinámicamente de una manera provocadora e interpeladora, y una palabra capaz de clarificar y explicitar el Misterio de Dios en las situaciones concretas de la persona humana. La razón teológica de esta importancia está en que la gracia de Dios no actúa sobre lo posible sino sobre lo real[3].

En el primer cristianismo, y de una manera generalizada en la época patrística, hay una conciencia casi escrupulosa de la

[1] Cf. Ef. 1, 3-14, donde Pablo expone, en este himno teológico, la multiforme manifestación de la acción de Dios.`

Cf. también DOMENICO GRASSO, *Teología de la predicación*, Sígueme, Salamanca 1966, pp. 43 ss.

[2] *Op. cit.*, pp. 265-279.

[3] *Op. cit.*, pp. 67 ss.

importancia del ministerio de la Palabra[4]. Podemos decir que prácticamente teología y predicación son términos equivalentes. En los siglos posteriores, dejando de lado muchas excepciones, se produce una degradación que hace pasar de la catequesis a la pequeña escolástica, del sacramento a la preponderancia del rito, de la liturgia a la preocupación por la estética y la etiqueta, y del apostolado al proselitismo. No obstante se dieron siempre nuevas recuperaciones y, a partir del Concilio de Trento, se produce una recuperación progresiva del dinamismo misionero de la Iglesia que culminará en el Concilio Vaticano II con una llamada general a la sanidad[5].

El fundamento teológico más importante del Concilio Vaticano II hay que buscarlo en la Constitución dogmática sobre la Divina Revelación[6]. Este fundamento de toda teología y de toda la vida de la Iglesia —la Palabra— es una nueva autoconciencia eclesial, que está formulada en la Constitución dogmática sobre la Iglesia en donde se autodefine como el sacramento de la unión íntima con Dios y de la unión con todo el género humano[7]. La Iglesia, pues, no existe para sí sino para el mundo, y esto sin ninguna discriminación ni partidismo ideológico, racial o político[8].

Desde esta base bíblica y teológica, la Iglesia quiere hacer crecer, de día en día, la vida cristiana de sus miembros, con la renovación litúrgica[9], y quiere esforzarse en confiar el Evangelio a todos los hombres[10].

La renovación del Concilio Vaticano II está en la línea de los ejes más vertebradores de la Iglesia neotestamentaria[11]. Su

[4] Los Padres Apostólicos fundamentalmente hacen exégesis bíblica, a través de sus escritos y homilías. Cf. *I Padri Apostolici*, Città Nouva Editrice, Roma 1976. En esta obra hay una introducción muy sugerente hecha por Antonio Quacquarelli.

[5] Cf. capítulo V de la *Lumen Gentium*, 39.

[6] *Dei Verbum*, 7 (Revelación).

[7] *Lumen Gentium*, 1 (Iglesia).

[8] *Gaudium et Spes*, 1 (Eclesiología Pastoral).

[9] *Sacrosanctum Concilium*, 1 (Liturgia).

[10] *Ad Gentes*, 1 (Misiones).

[11] Entre muchos, podemos seleccionar algunos textos: Heb 1, 1; Jn 3, 16; Rom 15, 4; Act 1, 11; 2, 14-39; 3, 12-26; 10, 37-43; 13, 16-41; 17, 22-31. Ver de manera especial 1 Cor 1, 17-2, 5.

novedad está en anunciar la Buena Nueva de Jesucristo, de una manera adecuada y significativa para nuestra generación, secular, pluralista y universalista.

La Palabra de Dios se expresa mediante el acto humano y no solamente con ocasión del mismo. Por eso hay que entender la predicación como una palabra del ministerio eclesial sobre la Palabra de Dios y su manifestación en el mundo. Además hay que vivir estas dos dimensiones sin confundirlas ni separarlas.

Una consecuencia que se desprende de esta reflexión teológica está en que es preciso no separar la *Iglesia que predica la Palabra* de la *Iglesia que realiza el Sacramento*, puesto que por un lado la Palabra nos ha sido dada a manera de un sacramento y está destinada al sacramento (bautismo y eucaristía), y por otro lado, si la predicación de la Palabra no remite al sacramento, se produce una destrucción de la Iglesia, ya que las raíces de la misma son radicalmente sacramentales.

Podemos concluir, pues, que el fundamento de la Teología Pastoral es la Palabra de Dios y su manifestación en favor de la humanidad y de cada una de las personas. Solamente desde aquí podemos hablar teológicamente y cristianamente de la pastoral de la Iglesia. Desde este fundamento podemos descubrir la teología como el *Logos* sobre el misterio de Dios realizado por el *Logos* del ministerio de la Iglesia.

La Teología Pastoral ha de esforzarse para no perder nunca de vista esta fundamentación en la Palabra de Dios. De otra manera dejaría de ser teología.

A la luz de lo que hemos dicho hasta ahora, se ve la necesidad de una criteriología general a fin de mantener la dimensión teológica. Estos criterios, aunque se pueden formular de muchas maneras, han de girar alrededor del Misterio Pascual. En la exposición de los mismos seguiré el esquema teológico del profesor Pierre André Liégé[12].

Señalaremos nueve criterios generales fundamentales para la Teología Pastoral. Los tres primeros son de origen pascual. Los

[12] Cf. apuntes multicopiados de P. A. LIÉGÉ, pp. 15 ss.

otros seis tienen su origen en Pentecostés. Entre todos aseguran la dimensión teológica de la acción pastoral de la Iglesia. Haremos ahora un análisis, breve, de estos criterios.

1. *Criterio teocéntrico*

Este criterio afirma el primado de la gracia de Dios o la primacía de la acción gratuita de Dios. Esta acción de Dios se revela en el tiempo y en el espacio e invita a huir de un doble peligro en la acción pastoral. Por un lado supone huir de pelagianismo o la reducción de la acción pastoral, al humanismo cerrado en sí mismo, puesto que esta línea conduce a la reducción de la acción trascendente y a la larga lleva a la pérdida de la identidad.

Por otro lado, este criterio supone huir del espiritualismo desencarnado en la acción pastoral porque el Dios de la Biblia es un Dios liberador y Padre, pero no es un Dios paternalista. El Dios revelado se manifiesta en la historia, en el espacio, en el tiempo, en la acción[13].

La acción pastoral difícilmente encuentra un equilibrio perfecto entre estos dos extremos. No obstante, dada la importancia de este criterio, cuando menos, necesita de una reflexión teológica que intente alcanzar el máximo de armonía entre estos dos contrarios.

Entre las necesidades sentidas por los encuestados emerge esta necesidad de trascendencia y testimonio como una de las más importantes. De hecho en la actualidad se habla de la encarnación y de la espiritualidad como si fueran dos actitudes opuestas cuando en realidad son perspectivas comunitarias necesarias.

2. *Criterio de la mediación de Cristo*

Si Dios Padre nos ha salvado mediante Jesucristo, muerto y resucitado, en su humanidad y en su divinidad, además del criterio teocéntrico hemos de tener presente el criterio de la humanidad de Jesucristo como gran mediación y primer sacramento, del cual la humanidad de la Iglesia será el sacramento general.

[13] J. MOLTMANN, *Trinidad y Reino de Dios*, Sígueme, Salamanca 1983, p. 226.

Este criterio nos lleva a considerar los medios humanos como mediaciones queridas por Dios en la acción pastoral. No podemos tentar a Dios exigiendo milagros. El camino normal de la acción pastoral es la solidaridad antropológica y trascendente. El lugar de la pastoral es la humanidad. Desde que el Hijo de Dios se ha hecho hombre, el momento más trascendente de la historia es su encarnación. La encarnación de la Iglesia es el signo de la encarnación de Jesucristo.

Por otro lado, solamente podemos superar la abstracción en la pastoral en la medida que pongamos signos «encarnados» al servicio de la proclamación de la Palabra.

En última instancia, el criterio de la mediación de Jesucristo nos conduce a realizar, en todo planteamiento pastoral, una reflexión sobre la comunicación que pueda plasmarse en una concrección verdaderamente humanizadora.

La comunicación para que se realice con buenos resultados presupone tres elementos: tener algo que comunicar, conocer al interlocutor a fin de partir de sus necesidades vitales y, finalmente, buscar unos vehículos que nos permitan poner en interrelación el mensaje a comunicar con las necesidades de la persona.

El Jesucristo del Evangelio conoce profundamente la vida y la cultura de su pueblo, se deja conocer, actúa y habla con el lenguaje de la gente. De igual manera, la acción pastoral ha de realizar su tarea con las mismas actitudes; y esto, no solamente por una búsqueda de la eficacia sino, principalmente, por fidelidad a la humanidad de Jesucristo y a su manera de decir y hacer[14].

En la encuesta realizada se destaca la comunicación como la primera y principal necesidad de la gente. De no solucionarse esta necesidad, la comunidad está abocada a la división interna y al debilitamiento de la esperanza.

[14] En esta perspectiva, la Teología Pastoral ha de acercarse a la psicología para aprender a escuchar en profundidad. Pueden ayudar a la realización de esta labor libros como: G. R. ROGER, *El proceso de convertirse en persona*, Paidós Ibérica, Barcelona 1981; M. J. y D. JONGEWARD, *Nacidos para triunfar*, Fondo Educativo Interamericano, México 1979; A. GREER, En *el cielo no hay adultos*, Ed. Diana, México 1979.

3. *El criterio histórico*

De la misma manera que la revelación, la autocomunicación y la convivencia de Dios se realiza con el pueblo real e histórico, con todas las consecuencias que esto comporta, el quehacer pascual se realiza también en el interior de la historia y en el interior de la vida cotidiana. Es, pues, un hecho sincrónico, pero también diacrónico y dinámico.

El olvido de este criterio conduce al peligro del dualismo y al peligro de la confusión. En ambos casos dejaríamos de lado el criterio teocéntrico y el criterio de la mediación de Jesucristo.

El dualismo es la realización de la pastoral al margen de la vida cotidiana y al margen de la historia, a la manera de una acción paralela. Esto conduce a una doble vida —la vida cotidiana y la vida religiosa— que a la larga se convierte en esquizofrénica. Normalmente se dejará de lado la vida religiosa.

La confusión es la realización de la pastoral en una perspectiva puramente inmanente, diluyendo la trascendencia. Así como el dualismo conduce a la esquizofrenia religiosa, la confusión conduce a la pérdida de la identidad.

En el caso del dualismo falla el criterio de la mediación de Jesucristo. En la confusión falla el criterio teocéntrico. El criterio histórico pretende asegurar un diálogo profundo entre la historia de la humanidad y la historia de la salvación, de una manera permanente y actuante[15].

Los encuestados se dan cuenta de esta necesidad cuando afirman la importancia de la paciencia, la serenidad y el diálogo, como actitudes que han de presidir la vida de la Iglesia.

4. *El principio de la catolicidad*

El quehacer pascual es universal en el tiempo y en el espacio, es válido para todas las situaciones humanas. Por esta razón la Teología Pastoral ha de velar por la conciencia de la universalidad de toda acción pastoral y ha de promover la vocación universal a la salvación.

15 *Fe i Universitat d'avui*, pp. 384-389.

Esta conciencia conduce a convocar a la comunidad cristiana alrededor de los criterios que nacen de la Pascua pero vigilando siempre que la comunidad no se convierta en una secta cerrada y maniquea. Solamente podrá evitar este peligro en la medida que viva un ecumenismo generalizado.

La catolicidad o universalidad exige también que en el interior de la comunidad haya un verdadero diálogo participativo y unas relaciones humanas maduras. Estas relaciones humanas maduras son fruto de la comprensión, por un lado, y de la autocrítica, por el otro.

El dinamismo interno de la comunidad encuentra su plenitud católica en la comunión con las otras comunidades dentro de la misma diócesis, alrededor del obispo, y con las otras diócesis de la Iglesia universal. Esta comunicación ha de ser vivida en la línea de la colegialidad y corresponsabilidad propuesta por el Concilio Vaticano II y, lejos de todo uniformismo, supone la vivencia abierta al contexto del pluralismo.

5. *El principio de la institución*

No volvemos a inventar a Jesucristo en cada generación, ni inventamos los sacramentos, ni el Evangelio. En cada generación podemos encontrarnos con Jesucristo, con el Evangelio y con los sacramentos, en el interior de la institución eclesial. La Iglesia nace de la Pascua y de Pentecostés.

Por eso, la Teología Pastoral, si quiere asegurar sus raíces, ha de procurar que el quehacer pascual sea vivido en el interior de las instituciones sacramentales y en el contexto de las estructuras educativas neotestamentarias.

Por fidelidad a la institución apostólica, también se deberán distinguir los elementos básicos fundamentales de aquellos otros que son expresión de un determinado contexto cultural, de una época determinada, o de una peculiar área geográfica. Estos rasgos no son esenciales y, en ese caso, la Teología Pastoral ha de ejercer una función crítica.

La concrección de este criterio supone una gran fidelidad a las mediaciones queridas por Jesucristo (Palabra, Sacramentos, Servicios, etc.), supone tener una eclesiología operativa como marco del quehacer pascual, y supone distinguir los diferentes niveles institucionales siendo conscientes de que los parámetros de la gracia de Dios sobrepasan toda normativa institucional.

Este criterio quizás es el más problemático a la luz de las necesidades manifestadas por los encuestados, pero la actitud de muchos obedece más al rechazo de la burocratización que no al rechazo de las instituciones fundamentales de la Iglesia.

La burocratización es rechazada porque sitúa los medios por encima del bien de las personas. Entonces, en este rechazo, se origina una crítica de los elementos burocráticos y antidemocráticos, pero al mismo tiempo se produce una negación de la institución como tal.

Diversas causas nos pueden ayudar a comprender esta situación, a veces dramática por sus consecuencias. Señalaremos algunas de las expresadas en estos hechos.

Una primera causa ha sido la *excesiva ideologización*, por otro lado inevitable, que ha conducido a absolutizar las propias posturas y ha generado una actitud de cerrazón a los valores de los demás. Esta ideologización se ha producido a todos los niveles eclesiales y no solamente en la base de la Iglesia.

Una segunda causa ha sido la *carencia de estructuras de diálogo* que agotaran todas las posibilidades de comunicación institucional en la autenticidad y la madurez. Entonces, la autocrítica comunitaria necesaria se ha hecho al margen de la institución y, de esta manera, no ha producido un discernimiento teológico y comunitario que ayudase a evolucionar de una manera equilibrada.

Una tercera causa ha sido la *falta de madurez en las personas* que configuran la institución. Esto ha hecho que toda esta problemática de tipo personal se proyectara y mezclara con las situaciones pastorales.

Las consecuencias de esta situación han sido muy importantes de cara a la pastoral. Por un lado, ha producido un rechazo de la institución pero, por otro lado, ha generado la existencia de muchos grupos, de manera frecuente fuertemente institucionalizados, que han ido por su cuenta y, algunas veces, se han convertido en corpúsculos con mentalidad sectaria o, incluso, se han convertido en auténticas sectas.

Esta lección histórica reciente nos puede ayudar a darnos cuenta de que la institución eclesial es necesaria, pero sometida siempre a la crítica teológica y a la crítica antropológica. La crítica teológica asegura la fidelidad al designio de Jesucristo. La crítica antropológica asegura que la institución, que es un medio y no un fin, esté al servicio de la vida del pueblo.

No tienen futuro los intentos de recuperación institucional que caigan en la trampa del autoritarismo, porque las imposiciones a la fuerza no tienen viabilidad a largo plazo. Tampoco lo tienen los intentos de aspecto paternalista puesto que, de una manea sutil, también pretenden manipular. La recuperación institucional pasa por unas coordenadas evangélicas y humanísticas.

6. *El principio de apostolicidad*

El quehacer pascual es un hecho viviente que, guiado por el Espíritu, es entregado a la Iglesia. Ella lo va entregando de una generación a otra a lo largo de todos los siglos. El concepto Tradición viene del latín «tradere» y significa la acción de entregar algo. No tiene un significado pasivo o conservador, sino un significado activo y fiel. Por Tradición, pues, entenderemos teológicamente la acción viva de entregar la Buena Nueva de la Pascua de una generación a la otra en fidelidad a los que comenzaron esta tarea, es decir, a los Apóstoles[16].

La comunidad apostólica es el modelo o arquetipo del quehacer pascual. La Teología Pastoral ha de esforzarse en señalar los puntos de referencia a fin de mantener esta fidelidad apostólica. Esto supone distinguir las mediaciones y actitudes pastorales que son de procedencia divina y apostólica de aquellas otras que son de origen posterior.

Este criterio ayuda a asegurar la comunión apostólica y también a realizar un discernimiento de la creatividad pastoral de cara a garantizar la calidad.

Una última función que también realiza este criterio es la de conservar, y no perder de vista, el horizonte y la memoria histó-

[16] El término latino *Traditio* no tiene un sentido pasivo, sino activo y viviente. Aquí lo usamos en este sentido.

rica en medio de los problemas inmediatos, a fin de que éstos no nos hagan perder la visión de conjunto.

7. *El principio de la unidad de la misión, en un contexto pluralista*

A partir de los diferentes ministerios o carismas, de los que el Espíritu Santo ha dotado a la Iglesia para el servicio del conjunto o del bien común, la teología Pastoral ayuda a mantener, con este criterio, la comunión operativa y real.

Este criterio ayuda a descubrir la unidad profunda, a nivel profético, litúrgico y estructural-educativo, de la Iglesia, pero aceptando la pluralidad de funciones jerárquicas, funcionales, espirituales y carismáticas.

Al mismo tiempo que ayuda al discernimiento teológico fundamental de la comunión, ha de ofrecer a la comunidad los elementos racionales y evangélicos a fin de que el pluralismo sea en la comunión, a fin de que la diversidad se convierta en impulso de vida y que la unidad llegue a ser un pacto de cooperación realista en el contexto de pluralismo que vivimos.

Esta necesidad de cooperar de una manera madura es sentida por muchos como urgente en la Iglesia de hoy. Tal vez sea uno de los posibles elementos catalizadores de la renovación pastoral en el interior de la Iglesia[17].

Un organismo tan grande como la Iglesia universal, difícilmente puede generar unanimidad en todos y cada uno de los detalles de la vida y de todas las situaciones. Esto es muy normal. Sin embargo, es posible —respetando profundamente la diversidad, fruto de los diversos temperamentos, de las diferentes ideologías y situaciones socio-políticas, etc.— crear las condiciones objetivas para aglutinar a la mayoría alrededor de un proyecto pastoral, haciendo surgir un frente de gentes de buena voluntad, conciliador y diagonal.

[17] Entenderemos por «Pacto de Cooperación» el acuerdo humano cordial que se traduce, en este caso, en compartir la planificación, la realización y la revisión del proyecto pastoral, mediante el compromiso de ayuda mutua. Supone compartir el actuar, pero también compartir el ser y las necesidades de las personas que forman el pacto.

Este esfuerzo no es factible por la vía del diálogo superficial, o el diálogo diplomático. La única vía operativa es la de la autenticidad y la vía de la conciencia, antropológica y teológica, de la unidad de la misión, en un contexto de pluralismo.

8. *Principio de la reforma*

Dado que la Iglesia es histórica y los componentes de la misma son pecadores, es necesario que ella y sus miembros sean conscientes de sus propios límites. Esta autoconciencia es la actitud que genera una constante renovación y una reforma continuada. Esta reforma no se refiere solamente a los dirigentes de la Iglesia, sino también a todo el Pueblo de Dios.

La Teología Pastoral ha de ayudar a tomar conciencia de la limitación, a partir del descubrimiento de las actitudes que se esconden detrás del común denominador de las actuaciones eclesiales, y a buscar caminos de superación.

Con mucha frecuencia las teorías pueden ser correctas teológicamente, pero los hechos, disciernen la doctrina y la doctrina discierne los hechos. Hechos y doctrina han de ir de común acuerdo.

La reforma ha de ser fiel al criterio apostólico para no caer en el modernismo, pero ha de ser fiel a la realidad para no caer en la hipocresía y el tradicionalismo.

Muchos cristianos y muchos pastores de la Iglesia se lamentan actualmente de las resistencias existentes en la renovación promovida por el Concilio Vaticano II, se quejan de los intereses de grupos de presión que mantienen esta resistencia y de los intereses económicos e ideológicos que hay detrás de estos grupos. Esto es inevitable en el proceso de la historia. Las reformas no se han hecho nunca sin dificultades.

9. *El criterio de la primacía de la caridad*

En última instancia, la cualidad pastoral depende de la capacidad de amor que mueve las actuaciones pastorales[18]. Es el amor

[18] 1 Cor 13.

quien realiza la esperanza en el interior de la historia, y es la esperanza quien manifiesta la fe.

Podemos decir, pues, que es este criterio el que puede aglutinar a todos los criterios anteriores y puede hacer que, teniendo experiencia del amor, el mundo pueda conocer a Dios que es amor[19].

La primacía de la caridad tiene sus raíces teológicas en el amor de Dios. Este amor de Dios tiene una historia. La creación es el primer acto del amor de Dios. La revelación y la redención son la implicación amorosa de Dios en la historia de la humanidad, que es tarea nuestra, pero que está reorientada por el amor de Dios hacia el verdadero horizonte, como gracia y por la fe. La creación y la redención continúan actualmente mediante la obra de la santificación, o manifestación actual y presente del amor de Dios en la vida cotidiana.

Podríamos añadir otros criterios, más particulares, a los que hemos ido enumerando. Sin embargo, hemos destacado éstos, porque unos tienen su origen en la Pascua y otros en Pentecostés, a fin de que en la acción eclesial pueda haber un discernimiento que ayude a arraigar las actuaciones pastorales especializadas en los parámetros que vienen dados por la esencia de la vida cristiana.

[19] 1 Jn 4, 8.

CAPÍTULO V

Teología Pastoral especial: Campos de incidencia

La acción pastoral de la Iglesia es multidimensional. La razón teológica de esta afirmación está en que la salvación es totalizante, es decir, es salvación de toda la persona y todas las personas.

En primer lugar es una salvación del fondo del ser de la persona humana, a fin de encaminarla a la verdad plena (Jn 16, 13) y al amor incondicional y comunitario. Es una salvación, en segundo lugar, que afecta a las interrelaciones de las personas con Dios y de las personas entre sí, en un encuentro en la profundidad interrelacional, para que sea posible la comunidad sacramental de oración y testimonio. Es una salvación que afecta a las mediaciones organizativas internas de la comunidad de fe y a la formación de los cristianos, a fin de realizar correctamente la misión evangelizadora. Es una salvación, finalmente, que afecta a la sociedad civil en general puesto que la obra de la creación, de la que es protagonista la sociedad humana, no se ha de separar de la obra de la redención y de la santificación.

Esta acción multidimensional da lugar a las especializaciones de la pastoral y, por tanto, a la reflexión crítica y sistemática de la misma acción pastoral que es el objeto de la Teología Pastoral en general.

Podemos hablar, pues, de tres especializaciones de la Teología Pastoral: la Teología Pastoral *profética*, la Teología Pastoral *litúrgica* y la Teología Pastoral *estructural-educativa*. Estas tres especializaciones responden a la multidimensionalidad de la vida cristiana, pero trabajan en profunda unidad dinámica. No se puede plantear cuál de ellas es la más importante teológicamente.

Tampoco se puede prescindir de una sin afectar a las otras. Así como la persona humana no puede prescindir de los órganos fisiológicos básicos (aparato digestivo, circulatorio, respiratorio, etc.) sin provocar la muerte de la persona, de la misma manera la vida de la Iglesia no puede prescindir de la acción profética, litúrgica y autoeducadora a nivel estructural sin poner en peligro la misma supervivencia de la Iglesia.

Estos últimos años ha habido un debate, a menudo poco profundo, que, a modo de ejemplo, enfrentaba la acción evangelizadora con la acción litúrgica, hablando de evangelización y sacramentalización como si estuvieran opuestas. Es un error plantear la relación entre pastoral evangelizadora y pastoral sacramental como si fuera un dilema en el que se debe escoger una de las dos opciones, cuando teológicamente son realidades complementarias y convergentes. Como este ejemplo, de planteamiento teológico incorrecto de una cuestión, podríamos poner muchos.

En este capítulo intentaremos buscar la complementariedad teológica en el interior de la multidimensionalidad de la acción pastoral. Los criterios generales de la Teología Pastoral fundamental nos dan un marco y unos puntos de referencia a fin de alcanzar este objetivo de convergencia y complementariedad.

Es necesario subrayar en especial el último criterio —la primacía de la caridad— puesto que, en última instancia, la definitividad de la vida humana y el cultivo pastoral de la misma, que es la acción pastoral eclesial, apuntan a la construcción del Reino de Dios, edificado sobre la verdad, la justicia, el amor y la libertad, como su objetivo final y definitivo[1].

La complementariedad, pues, es el primer límite de toda acción pastoral especializada. En la situación pastoral de hoy, muy frecuentemente, se plantean como disyuntivas cuestiones que son conjuntivas.

Pienso que la vivencia práctica de la complementariedad puede aydar a superar muchos problemas, que tenemos planteados en la Iglesia, en la actual situación pluralista del mundo.

[1] Cf. el Prefacio de la celebración litúrgica de la fiesta de Cristo Rey. En este contexto ver Mt 25, 31 ss.

Muchas de las divisiones son ideológicas, afectivas y fruto de proyecciones del yo no evolucionado ni evangelizado por la Buena Nueva. Proyectamos esta situación en el debate pastoral sin enterarnos que el debate legítimo entre las ideologías forma parte del debate humano intraeclesial, pero siendo criticado por la Palabra de Dios que, al ser trascendente, es la instancia última y definitiva de la vida de la Iglesia.

Un segundo límite de toda acción pastoral especializada es la necesidad pedagógica de tener prioridades en un momento determinado de la dinámica y proceso comunitario. Las prioridades son necesarias y legítimas siempre que no nieguen el conjunto de necesidades y permitan un diálogo auténtico y participativo. Por ello, es preciso que se fundamenten en las necesidades básicas personales y comunitarias. Entendido así, ayudan a solidificar la acción pastoral en un momento determinado. En el Evangelio también hay una escala de valores y prioridades.

Un tercer límite es la diversificación de los medio-ambientes en el mundo contemporáneo. Por un lado, la condición obrera, la condición estudiantil, la condición rural, etc., hacen que nos encontremos en el interior de una sociedad muy diversificada en culturas y subculturas. Por otro lado los medios de comunicación hacen que se produzca un choque dialogal, que puede ser superficial pero es real, entre todas las situaciones mundiales, originando unas expectativas o unas desilusiones planetarias. La acción pastoral hoy, forzosamente ha de ser diversificada en razón de la importancia de los diversos medios, pero necesita también de un encuentro general y solidario a nivel universal. Esta tensión afecta también a las especializaciones pastorales.

Un cuarto límite es la confusión que hay, entre las especializaciones pastorales y la proliferación de mediaciones pastorales instrumentales, al ponerse todo al mismo nivel de consideración y de análisis. A menudo se confunde un medio pastoral con las dimensiones fundamentales de la acción pastoral. Es urgente, pues, tener una escala de valores teológico-pastorales que permita una gran amplitud en la utilización de los métodos pastorales, sin confundir estas mediaciones pedagógicas útiles y necesarias con las mediaciones teológicas fundamentales del quehacer pastoral. Estas escala de valores es la del Evangelio.

Un quinto límite está en que se han desarrollado, de una manera independiente, las especializaciones teológico-pastorales fundamentales, cuando habría sido mejor un trabajo multi-teológico e inter-personal en equipo. Todavía no tenemos demasiadas experiencias que puedan iluminar esta afirmación desde la práctica, por eso solamente subrayamos el problema y la necesidad. No obstante podemos decir que estos equipos multi-teológicos de trabajo teológico-pastoral serán de una importancia capital, en el desarrollo de la Iglesia, en un futuro inmediato[2].

1. *Teología Pastoral litúrgica*

A partir del movimiento litúrgico, la Teología Pastoral litúrgica ha tenido un desarrollo muy importante en la Iglesia. Es significativo que el Concilio Vaticano II comenzara sus trabajos con la elaboración del documento sobre la renovación de la vida litúrgica.

La importancia de la pastoral litúrgica radica en que de su realización depende la misma vida de la Iglesia puesto que es su dimensión más trascendente. Sin entrar en los aspectos más particulares, intentaremos situar esta dimensión en el conjunto de la renovación pastoral.

La liturgia viva, y en especial la eucaristía, es el momento central y centrador de la vida de la Iglesia. Esta afirmación no apunta hacia una concentración pastoral reduccionista, ni minusvalora las otras dimensiones de la pastoral. Hemos afirmado que la línea renovadora de fondo ha de ser convergente y complementaria, esto lo hemos subrayado siempre.

Sin embargo hemos de decir que la línea generadora del conjunto de la pastoral es la comunidad eucarística, que acoge la Palabra de Dios, la contempla, la celebra según el designio de Jesucristo, la comparte y la testifica delante del mundo, traba-

[2] El *Centro de Estudios Pastorales* (Rivadeneyra, 6 - 3.º, Barcelona) ha desarrollado un papel muy importante en la concientización de la necesidad de un trabajo en equipo. Además de la revista «Quaderns de Pastoral», de otras publicaciones y cursos que organizan, ha hecho convertir a muchos agentes de pastoral en la búsqueda de un estilo pastoral renovado. En su marco se han organizado seminarios permanentes especializados en diversos campos de la pastoral.

jando por unas nuevas interrelaciones humanas basadas en la comunicación y la trascendencia.

Es a la luz de esta realidad cuando podemos hablar de una unidad integradora de toda la acción pastoral. Es a la luz de esta realidad cuando podemos criticar todos los redentorismos.

La Iglesia, en su núcleo, es una comunidad eucarística. En la eucaristía realizamos el memorial de la pasión y resurrección de Jesucristo y, al mismo tiempo, nos incorporamos a El. Este hecho implica la vida de oración, el progreso en la vivencia de la Palabra, la exigencia de un testimonio en la construcción de un mundo más justo y fraterno, y la urgencia del anuncio de la novedad de Dios sobre la historia.

Celebramos la fe porque la fe tiene una dimensión de agradecimiento y fiesta, pero principalmente celebramos la fe porque Jesucristo ha previsto ser recordado con palabras y símbolos. Es en esta perspectiva cuando el memorial de Jesucristo es un acontecimiento presente y gozoso.

La Teología Pastoral litúrgica, antes que nada, ha de ser la reflexión teológica sobre la celebración sacramental de la fe pascual en el interior de la Iglesia.

La reflexión teológica nos lleva a descubrir el lugar central de la liturgia en la vida de la Iglesia, pero también nos descubre la necesidad de un equilibrio que relacione la vida litúrgica, con la misión evangelizadora, con el crecimiento catecumenal de la comunidad y con las exigencias de la caridad.

Además la liturgica también es Palabra, e introduce una y otra vez a la comunidad en las fuentes neotestamentarias más vivas. En este sentido es uno de los momentos más privilegiados de la acción catequética de la Iglesia. En la homilía, preparada teológica y pedagógicamente, esta importancia toma relieve en el conjunto de las pastoral.

La Teología Pastoral litúrgica también ha de reflexionar sobre la relación de la vida litúrgica con toda la multidimensionalidad de la vida cristiana. Entre las principales dimensiones podemos señalar las siguientes: acompañamiento de los cristianos en su crecimiento personal y en su inserción comunitaria, la introducción en los misterios del cristianismo, la apertura a la vida contemplativa, la vivencia del pluralismo en la comunión, etc.

Este equilibrio pastoral se ha de manifestar en la vida de oración y en la vida sacramental. El momento culminante es la eucaristía puesto que en ella, mediante la Palabra y la homilía (preparada, breve y adecuada al grupo), la asamblea se convierte en una comunidad catequética que aprende el seguimiento de Jesucristo, y a través del sacramento se convierte en comunidad que camina hacia el Padre, por Cristo, en el Espíritu.

Todo esto que acabamos de decir, y que teológicamente es correcto, se ha devaluado en la práctica por muchas causas. Además de todas las causas que hemos señalado, cuando hemos analizado en la Teología Pastoral fundamental el «principio de la institución», es necesario que añadamos algunas otras.

La renovación litúrgica, que fue la punta de lanza de la renovación eclesial, ha perdido validez y fuerza renovadora cuando se ha debilitado su arraigo teológico y antropológico. Este debilitamiento no se ha producido en las publicaciones de los teólogos especialistas, ya que disponemos de una bibliografía abundante y cualificada[3], sino que se ha producido en la vida cotidiana y en muchas de las celebraciones dominicales. Las consecuencias de esta situación han sido que el formalismo esté por encima de la vida, el gesto estético por encima de la comunicación espontánea y gozosa, el moralismo por encima de la interpelación viva y, en definitiva, que se produzca una degradación.

Sin embargo, la renovación pastoral pasa por la renovación litúrgica y por la inclusión de los grandes descubrimiento del movimiento litúrgico en la realización del proyecto pastoral operativo de la Iglesia.

Podemos concluir diciendo que la renovación litúrgica es fundamental en sí misma para la vida de la comunidad cristiana y que, realizada con profundidad teológica y antropológica, es el

[3] La Teología Pastoral litúrgica se puede trabajar a partir de los cursos y las publicaciones del *Centro de Pastoral Litúrgica* de Barcelona (c/. Rivadeneyra, 6) y en especial con la revista «Phase» publicada por esta entidad.

Cf. también dos estudios recientes en torno a la pastoral del bautismo, de J. M.ª ROVIRA, *Celebració del Baptisme: experiència i reflexions*, «Quaderns de Pastoral», 71 (1982), pp. 33 ss.; y de C. MARTÍ, *La pastoral de bateig: valoració d'unes experiències*, «Quaderns de Pastoral», 73-74 (1982), pp. 46 ss.

nexo de unión entre la Teología Pastoral profética y la Teología Pastoral estructural-educativa.

2. *Teología Pastoral profética: Evangelización y catequesis*

La Teología Pastoral profética es la reflexión crítica y sistemática sobre el servicio ministerial ejercido por la Iglesia en referencia al Misterio de Dios, hecho Palabra para la humanidad.

El objetivo de la Teología Pastoral profética es, pues, el estudio de las condiciones previas para la realización de este ministerio, el análisis de las diversas manifestaciones que emergen del mismo —evangelización y catequesis—, la profundización sobre la relación entre ambas manifestaciones y el conocimiento de la evolución y del estado de la cuestión que se da entre las mismas.

Podríamos citar mucha bibliografía sobre esta dimensión o campo de incidencia de la pastoral. Sin embargo, nos limitaremos a señalar algunos autores más importantes, algunos textos básicos al alcance de todos, y un itinerario pedagógico que ayude a la formulación de una síntesis teológica[4].

En un primer momento intentaremos reflexionar en torno a la evangelización. En un segundo momento haremos lo mismo respecto de la catequesis. En un tercer momento analizaremos las interrelaciones entre la catequesis y la evangelización. En

[4] Cf. el Decreto *Ad Gentes* sobre la actividad misionera de la Iglesia (en especial el cap. I, números del 1-9). Cf. *Evangelii Nuntiandi* y *Catechesi Tradendae*. De P. A. Liégé, *Un espacio para Dios*, Narcea Ed., Madrid 1971; *Comunidad y comunidades en la Iglesia*, Narcea Ed., Madrid 1978; e *Id y enseñad*, Narcea Ed., Madrid 1980; G. Michonneau, *Parroquia, comunidad misionera*, Desclée de B., Buenos Aires 1951; F. Boulard, *Problemas misioneros del mundo rural*, Ed. Rurales de A. C., Barcelona 1965; *Mundo rural y compromiso cristiano*, Ed. Rurales de A. C., Barcelona 1966; B. Pelegrí, *J.E.C.I.-M.I.E.C., su opción pedagógica*, Cent. Docum. JECI-MIEC, Lima 1972; Varios, *Primacía de la evangelización en la pastoral*, Full diocesà de Tarragona, Vic, Solsona, 1981; «Quaderns de Pastoral», 77 (1983) CELAM, *Evangelización y Catequesis*, Marova, Madrid 1971; Boletines, declaraciones y materiales de formación del Secretariado Interdiocesano de Catequesis de Cataluña y Baleares. J. M.ª Totosaus, *Transmetre la fe, avui*, Publicacions Abadia de Montserrat, 1978; J. Guiteras, *Fets i Paraules*, Saurí 1981; *Evangelització*, Publicacions Abadia de Montserrat, 1985; Comisión Episcopal de Enseñanza y Catequesis, *La catequesis de la comunidad* (Orientaciones pastorales para la catequesis en España, hoy) Madrid 1983.

definitiva, pretendemos extraer una luz sobre la formación y la educación de los cristianos en la madurez de la fe.

El acto de fe es el resultado de un encuentro interpersonal de la persona humana con Dios. El encuentro con los otros es la plataforma de verificación de este acto de fe. El acto de fe es un acto complejo que supone el asentamiento total de la persona a la gracia de Dios, lo que comporta una confianza y obediencia a la Palabra de Dios y exige una tendencia existencial comprometida hacia Dios y hacia los demás[5].

Este encuentro interpersonal es una conversión total —en el sentido dado por B. Lonergan a la palabra conversión— a Dios Padre, por medio de Jesucristo, con la fuerza del Espíritu, e implica una adhesión a la persona de Jesucristo y a su mensaje evangélico.

La acción pastoral de la Iglesia que acompaña a la persona humana hacia esta adhesión personal y existencial es lo que denominamos evangelización. La palabra evangelización quiere decir comunicación de la Buena Nueva de Jesucristo.

La evangelización es el ministerio que testifica y anuncia la Buena Nueva de Jesucristo —la persona y el mensaje— a la persona humana, en su situación concreta, de cara a que surja la fe como respuesta de conversión. Generalmente esta comunicación es de «persona a persona» y por «contagio». La comunidad de fe es portadora de este anuncio alegre y, por encargo de Jesucristo, tiene la responsabilidad, asumida libremente, de darlo a conocer a todas las personas de la tierra y a todas las naciones. A eso le decimos ministerio profético, o ser portador de la Buena Noticia.

Este primer anuncio está abierto al futuro y tiene ulteriores consecuencias. Entonces, la evangelización entendida como globalidad, implica una complejidad que subrayó Pablo VI en la *Evangelii Nuntiandi* cuando, recogiendo la discusión del Sínodo de los Obispos, decía[6]: «La evangelización es un paso complejo, con elementos variados: renovación de la humanidad, testimo-

[5] R. LATOURELLE, *Teología de la Revelación*, Sígueme, Salamanca 1966, pp. 414 ss.

[6] *Evangelii Nuntiandi*, 24.

monio, anuncio explícito, adhesión del corazón, entrada en la comunidad, acogida de los signos, iniciativas de apostolado. Estos elementos pueden parecer constrastantes e incluso exclusivos. Son, en realidad, complementarios y mutuamente enriquecedores. Es necesario mirar siempre cada uno de ellos integrado con los otros».

La evangelización es, pues, un ministerio básico de la Palabra de Dios, dirigida a los no creyentes y a las partes del yo donde no ha llegado la Buena Nueva, para anunciar el Evangelio de Jesucristo —*kerigma y signos*— en el poder del Espíritu Santo y la continuidad apostólica, de cara a fundar la Iglesia, mediante la conversión que conduce al bautismo[7].

Por lo tanto, la evangelización es antes que nada el anuncio de un acontecimiento[8]: Jesús de Nazaret (Hechos 2, 22), hombre acreditado con signos, ha sido crucificado (vers. 23), pero Dios lo ha resucitado (vers. 24) y lo ha constituido Señor (vers. 36). Todo esto es testificado por los Apóstoles (vers. 32). Es decir, evangelizar es anunciar que la persona de Jesucristo es El Señor (*Kyrios*). Es la proclamación del significado del acontecimiento de su muerte y su resurrección, y la invitación a agregarse a la comunidad de los salvados mediante la conversión de la persona y la celebración del bautismo (vers. 38).

El acto de la evangelización tiene unos antecedentes: por un lado el mensaje evangélico y por otro, la experiencia humana de la limitación. El Evangelio es un mensaje dirigido a la salvación de la persona humana. La necesidad de la salvación nace de la experiencia de la limitación física, intelectual, afectiva, interrelacional y socio-política. Es entonces cuando el mensaje de la resurrección aparece como un mensaje luminoso y deseable. El Misterio Pascual da una perspectiva nueva a la liberación humana.

[7] Cf. la definición de P. A. LIÉGÉ en los apuntes multicopiados citados, pp. 63 ss.

[8] En el Nuevo Testamento el *Kerigma* va acompañado de elementos catequéticos. Subrayamos algunos textos esenciales: Act 2, 14-40; 3, 12-26; 4, 8-12; 5, 29-37; 7; 8, 26-39; 10, 34-43; 13-14; 17, 22-31; 22, 1-21; 26, 2-23; Rom 1, 1-8; 1 Cor 15; Tes 1, 9 ss.

La acción evangelizadora tiene también unos condicionamientos. Unos son de orden cultural, es decir, que giran alrededor de la capacidad de entender existencialmente el mensaje de cara a la propia vida. Otro es la experiencia personal, constituyente de los esquemas mentales o guión existencial personal. Otros son de orden social y se refieren a las implicaciones del mensaje de cara a la comunidad y su desarrollo. Finalmente, otros son de orden estructural, refiriéndonos con ello a la profunda división, que podemos observar en el mundo contemporáneo, en la distribución de las posibilidades y medios de autorrealización humana y comunitaria según las áreas de influencia económica, social e ideológica.

La evangelización también comporta y exige actitudes, por parte del evangelizador, a nivel personal y a nivel comunitario. Entre las más básicas podemos señalar las siguientes: la aceptación incondicional del otro como fondo y marco de todo diálogo comunitario, la tolerancia, la amistad, la paciencia, la capacidad de escuchar, la capacidad de avanzar en un diálogo lento y progresivo, la proximidad humana, la confianza, la sencillez, la gratuidad, la empatía o capacidad de ponerse en el lugar del otro y captar no solamente lo que dice sino lo que quiere decir, o lo que es lo mismo, darse cuenta de sus sentimientos.

Los encuestados señalan algunas dificultades características de nuestra situación concreta: el racionalismo, la pedagogía abstracta, la superficialidad, los juegos de poder y dominio, la falta de comunicación y, en general, todo lo que tiende a la desvalorización de la persona y al alejamiento del Evangelio de la cotidianeidad. La falta de autenticidad y el vivir en el rebuscamiento y la trampa es uno de los peligros más graves.

El anuncio del Evangelio ha de ser testificado con signos antropológicos y teológicos. Existe en primer lugar todo un conjunto de signos de orden psicológico-antropológico que son los que ayudan a la reestructuración vital de la persona, mediante lo que podemos llamar el acompañamiento hacia la madurez, y los que proceden de la fuerza comunicativa del mensaje. Existe otro conjunto de signos de carácter más sociológico-antropológico, los cuales ayudan a crear una solidaridad misionera, mediante una dinámica de grupo correcta, de cara a hacer plausible el mensaje y a darle soporte comunitario. Finalmente, hay un conjunto de signos que podemos decir que son estrictamente teológicos, puesto que vienen dados por el Nuevo Testamento y la Tradición eclesial, y son tres: la caridad o el amar a la manera de Jesucristo[9]; la unidad o capacidad de convergencia solidaria alrededor de la Palabra y el Espíritu, al estilo de la unión del Hijo con el Padre[10]; y la pobreza, en el sentido de la imitación de la pobreza de Cristo y en la perspectiva de la evangelización de los pobres de la tierra[11].

Los encuestados, en general, hacen una crítica de la pastoral actual de la Iglesia a la que tildan de «mantenimiento» en oposición a la evangelización. Un cambio de estilo pastoral no es posible teóricamente sino solamente en base a un cambio de la autocomprensión de la misma Iglesia y de sus relaciones con Dios, de sus relaciones intracomunitarias, alrededor de la Palabra, la eucaristía y el amor solidario, y a un cambio de la responsabilidad comunitaria respecto de la vida y ante los problemas del pueblo, al cual la comunidad ha de abrir las puertas de par en par.

El ministerio profético no agota su dinamismo en el primer anuncio del mensaje de la Buena Nueva, sino que continúa su acción mediante el acompañamiento, o iluminación progresiva y pedagógica de la vida nueva que emerge a causa de la conversión, con la luz del Evangelio y la experiencia colectiva de la Iglesia a lo largo de todos los siglos hasta alcanzar la madurez cristiana total. Realizar de una manera adecuada este acompañamiento hasta la madurez, a lo largo de las diferentes etapas de la vida, es el objetivo de la Teología Pastoral catequética.

Una vez alcanzada la conversión cristiana no se puede decir que se haya llegado a la meta. Comienza entonces un camino nuevo y apasionante. Es el camino del desarrollo de la vida y la existencia cristiana en su multidimensionalidad. Este es un proceso que durará toda la vida y que se realiza mediante el testimonio y la palabra de una comunidad viva que transmitirá no

[9] Jn 14, 25.
[10] Jn 17, 21.
[11] Lc 7, 22.

solamente la dimensión catequética sino también todos los otros elementos de la comunidad.

El año 1978 el Secretariado Interdiocesano de Catequesis de Cataluña y Baleares hizo una declaración sobre «Educación de la fe y catequesis»[12]. Este documento es importante porque intenta situar la catequesis en el conjunto de la pastoral. Comienza afirmando que la educación de la fe ha de ser obra de todo el conjunto eclesial y que la función de la catequesis consiste principalmente en «ayudar a establecer una relación viva entre la experiencia de fe personal y el lenguaje de la tradición de la Iglesia. De manera que los creyentes lleguen a ser capaces de encontrar la manera propia de vivir y expresar su fe con fidelidad a la fe de la Iglesia»[13].

Para llevar a cabo esta función —según el documento mencionado— la catequesis ha de ofrecer una presentación global del mensaje cristiano o de la «memoria traditionis» de la Iglesia y ha de posibilitar un aprendizaje mediante dos elementos esenciales: la experiencia vivida y la Palabra de Dios. En este mismo documento, proponen todo un plan catequético adaptado a las diversas edades y etapas de crecimiento en la fe, aportando unos criterios graduales y progresivos. Es un intento coherente y acertado de aportar una visión de conjunto.

Recientemente, este mismo Secretariado Interdiocesano, ha publicado un documento titulado «Itinerario para la formación de catequistas» que intenta concretar la pedagogía de lo que en un folleto anterior habían denominado «itinerario de la fe»[14].

En este documento presentan unas líneas sobre el modelo de Iglesia y de catequesis que hay que tener en cuenta para la formación de los catequistas.

Vale la pena subrayar estas líneas, porque ofrecen un marco en el que situar esta dimensión de la pastoral profética[15]:

[12] Documento signado en diciembre de 1978. Publicado en «Documents d'Església», 285 (1979), cols. 945-956.

[13] Cf. el n.º 3 del citado documento.

[14] Se pueden pedir ejemplares de estas declaraciones en cualquiera de los secretariados diocesanos de Catequesis de Cataluña y Baleares.

[15] *Itinerario para la formación de catequistas*, n.º 31.

1.ª Una catequesis cristocéntrica, es decir, una catequesis que tenga como eje vertebrador la persona de Jesucrisco. 2.ª Una catequesis en la cual se asuma una responsabilidad seria de construir la Iglesia. 3.ª Una catequesis que edifique una Iglesia realmente misionera. 4.ª Una catequesis bien enmarcada en el conjunto de la vida de la Iglesia. 5.ª Una catequesis con una opción prioritaria por la catequización de adultos, entendiendo que la catequesis tiene un lugar en la eucaristía a través de la predicación. 6.ª Una catequesis insertada en la experiencia de las personas. 7.ª Una catequesis que tenga muy en cuenta el hecho de la inculturación de la fe.

Estos puntos de referencia eclesiológicos dibujan un marco adecuado en el que realizar la tarea catequética de una manera coherente y relacionada con las otras tareas de la pastoral general. Por eso creo que el esfuerzo de formulación realizado es verdaderamente importante para la catequesis, pero también para la pastoral en general.

La Teología Pastoral catequética, pues, estudia el ministerio profético en otra de sus manifestaciones, es decir, en el servicio de la Palabra iluminadora (noética) que ayuda al crecimiento de la fe hacia un conocimiento pleno del mensaje y la persona de Jesucristo (doctrina)[16].

Hemos visto la especificidad de cada una de las funciones de la Teología Pastoral profética. La evangelización aparece como el primer anuncio. La catequesis como el acompañamiento hacia una plenitud. Pero la especificidad de la evangelización y la catequesis no es absoluta sino que es interdependiente. Como se puede deducir fácilmente, a partir de la exposición que hemos ido haciendo, hay una relación profunda entre la evangelización y la catequesis. El ministerio profético se manifiesta en las dos dimensiones y mediante dos tiempos: el tiempo del anuncio (*kerigma*) que es el tiempo de la misión automanifestador de la

[16] Actualmente se habla, cada vez más, de la necesidad de una catequesis antropológica, es decir, de encontrar respuestas cristianas a las preguntas que proceden de la persona humana y de su experiencia. Eso está muy cerca del Método de Correlación del teólogo P. TILLICH, *Teología Sistemática*, III vols., Ed. Sígueme, Salamanca 1981-1984. Ver volumen II, pp. 27 ss.

fe y evangelizadora, y el tiempo de la catequesis que es el tiempo del desarrollo de la vida y de la existencia cristiana.

Hay unos nexos entre ambas manifestaciones, de manera que llegan a ser dos tiempos dialécticos en tensión que se remiten mutuamente el uno al otro. El anuncio de la Buena Noticia genera la necesidad de llegar a un conocimiento pleno. Un mayor conocimiento del mensaje cristiano hace descubrir zonas internas de la persona que todavía están por evangelizar. Este doble movimiento no se termina nunca puesto que el dinamismo de la gracia de Dios apunta hacia un horizonte de plenitud escatológica o de plenitud en Dios.

La evangelización y la catequesis, además de esta mutua interdependencia, tienen el mismo fundamento: la Palabra de Dios como acto y como revelación entregada a la Iglesia. En definitiva, son dos manifestaciones del poder de la Palabra de Dios y del ministerio profético de la Iglesia.

Estas reflexiones conducen por ellas mismas a una conclusión teológica y pastoral: la confusión o la separación de estas dos manifestaciones del ministerio profético han creado muchos problemas que se habrían podido evitar. La confusión ha llevado a catequizar personas que no habían estado evangelizadas previamente, con lo cual se ha edificado en falso y sin fundamentos. La separación ha conducido a unos enfrentamientos estériles e inútiles para la causa de la fe y para el bien común de la Iglesia. No obstante, el diálogo teológico y el pacto de cooperación existencial pueden conducir a la maduración integral de las personas y a un servicio pastoral mucho más adecuado.

Con un gráfico podemos explicar esta interrelación entre evangelización y catequesis:

NIVELES DEL MINISTERIO PROFETICO	MANIFESTACIONES DE LA PALABRA DE DIOS	PROCESO DE LA FE
Evangelización	Poder (dinámica)	Conversión
Catequesis	Luz (noética)	Doctrina

A las dos manifestaciones de la Palabra les corresponden las diversas respuestas de la fe. La una remite a la otra y genera el crecimiento de la vida cristiana en sus fundamentos (opción fundamental) y en la maduración.

Además, tanto la catequesis como la evangelización necesitan de una preparación antropológica previa. Esta preparación o preevangelización es cada vez más necesaria a fin de que la persona humana se pueda disponer a escuchar y a entender el mensaje. El elemento clave de la preevangelización es la comunicación, y ésta supone crear un clima que posibilite las experiencias similares. Para alcanzar esto, dado que la sociedad y la cultura son cada vez más seculares, es imprescindible la integración de la comunidad cristiana en el pueblo, mediante unas interrelaciones humanas adultas y maduras. Solamente desde esta «presencia-fermento»[17] es posible el anuncio de la Buena Nueva, arraigada en las necesidades populares. Desde este arraigo en las preocupaciones del pueblo se puede generar una vida comunitaria fraternal (comunicación, lucha por la justicia, sentido de fiesta, oración y eucaristía). Entonces la comunicación se convierte en un pacto de comunión y cooperación para responder a todas las necesidades, internas y externas de la persona humana, de la sociedad y del dinamismo liberador humano[18].

El futuro del cristianismo va unido a la generación de este pacto de cooperación, realizado en unas condiciones de madurez y responsabilidad. Entre las principales condiciones podemos señalar las siguientes: la renuncia claramente formulada de todo tipo de manipulación, el diálogo abierto y sin secretos, la conciencia mutua de la necesidad de cooperación y comunicación, la opción por un proyecto común personalizador y evangelizador, la aceptación de un pluralismo realista, la superación de la excesiva organización y burocratización, el ensayo de un estilo participativo y de reparto del poder, la aceptación de una escala de valores que haya pasado de la heteronomía a la autonomía

[17] Cf. *Per una nova estratègia a la pastoral juvenil eclesial*, «Qüestions de Vida Cristiana», 84 (1976), pp. 68 ss.

[18] J. M.ª ROVIRA, *El Futur del Cristianisme*, «Foc Nou», 90 (1981), 15 ss.

sin haber caído en la anomía, y la primacía del amor abierto, incondicional y gratuito.

El horizonte inmediato de la humanidad viene señalado por los procesos de la juventud. Es importante, pues, conocer este futuro inmediato del que la juventud es la punta de lanza. El conocimiento de esta realidad exige un esfuerzo de lectura de la misma. A nivel cotidiano podemos hacer este esfuerzo de lectura de la realidad mediante los contactos personales reflexionados y elaborados. De una manera más científica podemos hacer un esfuerzo más sistemático y profundo mediante el conocimiento y el análisis socio-cultural[19].

Un proyecto pastoral, pues, en el que queden integradas las necesidades del momento, relacionándolas con la Teología Pastoral profética, se puede realizar metódicamente. Es una metodología que no da soluciones inmediatas, pero que señala un itinerario con el cual se puede hacer el camino a la búsqueda de estas soluciones siempre dinámicas.

Un primer paso a dar es el intento de observar la realidad personal y social. Esta observación se puede hacer anotando en un cuaderno los hechos significativos, los símbolos, las situaciones y las cuestiones que la vida cotidiana plantea. En momentos especiales se puede realizar también mediante un estudio sociológico y pastoral de la realidad ambiental y estructural.

Un segundo paso a dar es el análisis de esta realidad observada. Este paso supone el análisis de las situaciones, de los símbolos, de las cuestiones, de sus motivaciones y repercusiones, a fin de extraer unas constantes o puntos fundamentales a nivel antropológico.

Un tercer paso consiste en hacer una lectura de la situación, observada y analizada, con claves antropológicas y teológicas.

[19] UNESCO, *Perspectivas de la juventud en la década de 1980*, Informe presentado en la 21 sesión de la Conferencia General de la Unesco, Publicaciones Unesco, 1981.

Cf. también GENERALITAT DE CATALUNYA, *La joventut a Catalunya*, Servicio de publicaciones de la Generalitat, Barcelona 1981.

Cf. subcomisión C.E.A.S., *Una experiencia de Pastoral Juvenil*, Madrid 1983.

Cf. S, CARDÚS y J. ESTRUCH, *Les enquestes a la joventut de Catalunya*, Dirección General de Juventud de la Generalidad de Cataluña, Barcelona 1984.

Se trata de detectar qué tipo de hombre va emergiendo, qué horizonte de autocomprensión manifiesta, qué desafíos presenta al Evangelio y al mensaje cristiano, qué puntos de apertura a la gracia de Dios se hacen en él patentes, y en definitiva, qué tipo de persona humana es la que está delante del Evangelio.

Finalmente hay un cuarto paso que trata de la verificación de las conclusiones, hechas en la lectura teológica de la realidad, mediante la acción[20]. Será la acción misma la que suministrará nuevos elementos que enriquecerán poco a poco el proyecto pastoral.

3. *Ejemplos concretos de instrumentos metodológicos*

Existen experiencias importantes realizadas en este sentido. Unas son realizadas a nivel parroquial donde, después de una sensibilización y concientización, han estudiado comunitariamente la propia realidad definiendo unos objetivos y prioridades de cara a la vivencia intracomunitaria y de cara a la evangelización.

Otras experiencias son a nivel más amplio, por ejemplo, a nivel arciprestal, a nivel de un medio determinado, a nivel de una asamblea diocesana, etc.

Es modélico en este sentido el trabajo que va realizando, mediante encuentros mensuales y sesiones anuales más largas, el Departamento de Pastoral Rural del Centro de Estudios Pastorales de Barcelona. Este departamento del C.E.P. reúne representantes de los diversos obispados de Cataluña y Baleares, los cuales realizan una tarea investigadora que, una vez elaborada y reflexionada teológicamente, ofrecen a los agentes de pastoral que desempeñan su labor en el mundo rural. Como este trabajo se podrían hacer muchos que, sin duda, serían de una gran ayuda para la pastoral profética, ya sea evangelizadora, ya sea catequizadora.

Es preciso reconocer también que un marco como éste es el espacio privilegiado en el que un teólogo puede realizar una

20 Cf. *Fe i Universitat d'avui*, pp. 18-19, donde se hace referencia al método teológico empleado.

labor de detectar las cuestones urgentes y candentes de la Iglesia, y una labor de aportar elementos teológicos que ayuden a reflexionar y a avanzar a los componentes del Departamento.

Estos niveles de reflexión teológica incitan a la búsqueda de equipos interdisciplinares, a fin de hacer confluir, al servicio de la persona humana y de la sociedad, todos los hallazgos y avances que haya alcanzado la reflexión. A través de los Consejos de Pastoral, toda la luminosidad, extraída del diálogo establecido entre la Palabra de Dios y la vida humana, puede llegar a estimular pastoralmente la vida del pueblo cristiano y puede llegar a ser un servicio al pueblo en general.

La pastoral profética tiene muchos desafíos planteados a nivel del mundo occidental contemporáneo. En una reunión de los Vicarios de Pastoral de la diócesis del Estado español se señalaron algunos de los más importantes, y al mismo tiempo propusieron unos criterios para responder a estos desafíos. Debido a su importancia los recojo aquí, puesto que creo que dibujan el contexto en el que hemos de realizar la labor pedagógica de la formación de los cristianos hoy[21]:

1.° La libertad como objetivo a alcanzar, ante el cual es necesaria una respuesta pastoral que trabaje la propuesta de liberación cristiana.

2.° La justicia como prioridad social. Esto exige despertar y potenciar a nuestras comunidades cristianas en los valores evangélicos de la justicia, la solidaridad y la caridad, no solamente asistencial, sino también estructural, que es aquella con capacidad de fomentar un conjunto de condiciones económico-políticas, sociales, humanas y morales que hagan posible el pleno desarrollo de toda la persona y de todas las personas.

3.° La paulatina extensión de una cultura urbana y todo lo que el urbanismo representa. Delante de esta situación es nece-

[21] Encuentro de los Vicarios de Pastoral, realizado en Majadahonda, del 2 al 5 de mayo de 1983, para abordar el tema *Respuestas pastorales a los desafíos de la sociedad española actual*.Ver la globalización, realizada por el director del secretariado de la Comisión Episcopal de Pastoral, J. BESTARD, *Panorama pastoral de la Iglesia española actual*, en el Boletín Informativo de los Vicarios de Pastoral «Intercomunión», material n.° 4, tercera época, 24 (marzo 1983).

saria una nueva estructura de la vida eclesial: pequeñas comunidades (no sectas), articuladas eclesialmente.

4.º La marginación del mundo rural, que pide una mayor dedicación de personas y medios.

5.º La socialización de la vida, que exige una intensa personalización de la fe y el cultivo de la dimensión comunitaria de la misma.

6.º La secularización de la cultura, ante la cual es necesario un pensamiento teológico adecuado, abierto a todas las realidades culturales de hoy.

7.º En especial, el desafío de la secularización y relativización de la moral y de toda ética o paganismo práctico, que pide una propuesta de moral evangélica basada en el seguimiento de Jesús y sus exigencias liberadoras.

8.º El profetismo político-secular, que puede encontrar una respuesta en el profetismo evangélico.

9.º El desafío del pluralismo social, político e ideológico, que pide un adecuado planteamiento de la comunión eclesial.

10.º El desencanto social, económico y político, delante del cual es necesario presentar la esperanza cristiana, es decir, la esperanza dinámica y transformadora.

11.º La participación de los ciudadanos en la vida política y sindical. Este estilo de vida supone los ministerios laicales, la corresponsabilidad en la Iglesia, la formación de líderes cristianos que actúen en la vida social, política y sindical.

12.º La participación en la vida social, a través de funciones y sectores especializados, ajenos los unos a los otros, dentro de la unidad urbana, o de la unidad comarcal en el medio rural. Este desafío plantea la necesidad de un desarrollo armónico de las pastorales especializadas, la necesidad de iluminación teológica de estas realidades sectoriales, la importancia de los movimientos especializados y la necesidad de coordinar pastoral territorial y pastorales especializadas.

13.º El desafío de la racionalización del trabajo y de toda actividad humana. Esto exige un adecuado funcionamiento de la Iglesia en todos sus niveles y realidades, una estructura para la misión y para la evangelización.

14.º El desarrollo progresivo de las relaciones públicas y de las relaciones humanas que pide, por parte de la Iglesia, un replanteamiento de las relaciones públicas y de las relaciones en su interior, vividas a la luz del Evangelio a todos los niveles y en todos los aspectos.

15.º La incomunicación humana. Este problema tan vital pide la intensificación del diálogo en el interior de la Iglesia, y de éste con el mundo.

16.º La nueva atmósfera marcada por el pragmatismo, la eficacia y el activismo, invita a la Iglesia a hacer una programación pastoral seria, con objetivos, y a potenciar la oración y la contemplación.

17.º El desafío que plantean las situaciones personales de tensión, de depresión y de complejos de culpabilidad, invita a hacer una pastoral de acogida, de perdón y de reconciliación.

18.º El respeto a la intimidad exige redimensionar el aspecto personal y social de la fe.

19.º La juventud, que forma un mundo y una cultura aparte, solamente puede entender una Iglesia cercana y con capacidad de discernimiento de los valores y contravalores de la situación existencial.

20.º La sociedad mercantilizada y comercializada es un desafío que invita a presentar el Reino de Dios como don gratuito, el compromiso temporal como una oferta gratuita del creyente, motivada por el amor a todos los hombres, en especial a los pobres, y la creatividad del creyente en la búsqueda de un sistema socio-económico nuevo.

21.º El desafío de la sociedad tecnificada exige el antropocentrismo y el cristocentrismo: el valor de la persona humana, el valor de Jesucristo, como fundamento del hombre.

22.º La sociedad organizada plantea la necesidad de una Iglesia organizada en función de la misión y la evangelización.

23.º La sociedad deprimida por la crisis económica, con un alto índice de paro, está pidiendo de la Iglesia una muestra de solidaridad evangélica y la búsqueda de unas estructuras socioeconómicas más justas.

24.º La sociedad no reconciliada, conflictiva, agresiva e incomprensiva, exige por parte de la Iglesia un signo de reconciliación cristiana y una comunidad como espacio de diálogo, de respeto mutuo, de comunión, de superación de las diferencias y de amor a los enemigos.

25.° La sociedad rota: los que poseen y los marginados, invita a la Iglesia a realizar una pastoral de compartir y de proclamar una sociedad solidaria.

26.° Una sociedad interpelada por los medios de comunicación social plantea una pastoral del uso adecuado y de la relativización de los mismos medios de comunicación social.

27.° El desafío que plantea el progresivo aumento de la movilidad (turismo, etc.) exige una Iglesia más dinámica y presente en estas nuevas realidades sociológicas.

Hasta aquí la lista de los desafíos y criterios de respuesta estudiados en la *IX Reunión de Vicarios de Pastoral de las diócesis españolas*. La lista se podría recortar o ampliar. No obstante, la podemos usar como una muestra de la situación en la cual hemos de realizar el ministerio profético y, por tanto, la acción evangelizadora y catequizadora de la Iglesia en el mundo.

En la sesión conclusiva de la mencionada reunión resumieron toda esta problemática alrededor de cuatro bloques fundamentales: el cambio socio-cultural, la crisis económica, la marginación del mundo rural, el mundo de los jóvenes y el Estado de las Autonomías. Buscaron también unas actitudes a alcanzar, por parte de la Iglesia, unas a nivel personal y otras a nivel comunitario. Finalmente entresacaron unas exigencias y unas líneas operativas para responder a la problemática existente.

En este encuentro aparece un modelo práctico y operativo de acción de cara a buscar respuestas pastorales a la problemática del mundo, de una manera participativa y solidaria. Es otro modelo de identificación para aquellos que quieren realizar tareas parecidas desde su propia realidad. Este tipo de encuentros practica un método en el que, en un primer momento, se observa la realidad antropológica; en un segundo momento se analiza la realidad observada con profundidad en una clave antropológica y teológica; y en un tercer momento se realiza una reflexión teológico-pastoral de cara a elaborar un proyecto pastoral. Estos encuentros son de una importancia capital para la vida de la Iglesia, puesto que abren caminos realistas para llevar a cabo la pastoral profética, evangelizadora y catequética. Además, de manera muy frecuente, son el marco en el que se dan vivencias litúrgicas de gran calidad y en el que se descubren estructuras educativas adecuadas para la convivencia comunitaria de la fe.

Las *asambleas diocesanas* realizadas estos últimos años en algunas diócesis españolas han hecho una labor parecida, y con participación de todo el pueblo de Dios, es decir, de sacerdotes, religiosos y laicos. De estas asambleas ha surgido un programa de acción pastoral y las prioridades para la propia realidad diocesana. Es preciso añadir que la misma experiencia en sí es más importante que los resultados materiales e inmediatos, porque dibuja un dinamismo eclesial abierto al futuro.

A imitación de éstos y otros ejemplos, podemos decir que desde una comunidad pequeña, pasando por una parroquia, un movimiento especializado, y cualquier otra institución pastoral, es posible llegar *al pacto de comunión, cooperación y corresponsabilidad*, mediante un trabajo participativo, siempre que las líneas de trabajo respondan a las necesidades vitales de las personas que hacen el pacto y que estas personas aprendan a vivir de acuerdo consigo mismas, ya que solamente cuando estamos reconciliados con nosotros mismos podemos comprometernos en un pacto de cooperación[22]. Este clima participativo es el contexto en el cual es posible la formación de los cristianos. La relación interpersonal adulta supone, no obstante, silencio y creatividad del yo profundo.

Todo programa de formación ha de atender a la persona concreta y la ha de acompañar pedagógicamente, ha de fomentar los pequeños grupos en los cuales sea posible un diálogo personalizador y corresponsable[23], y ha de elaborar y realizar una pastoral popular que establezca un puente entre la labor de las minorías y el trabajo popular. Pero hemos de tener en cuenta que

[22] D. Hyde, *Cómo formar dirigentes*, Ed. Pisando Fuerte, Artesa de Lérida 1968.

[23] Se deben tener en cuenta las leyes internas de la dinámica de grupo, que son: el clima de grupo, la participación, la comunicación, el número de participantes, los «roles» dentro del grupo, las normas, la homogeneidad-heterogeneidad, el control social y la identidad de grupo.

esta tarea es un proceso dialéctico y exige paciencia en la espera de resultados.

Las estructuras organizativas han de estar al servicio de la vida, es decir, al servicio de la persona, de los pequeños grupos y de la pastoral popular. El mundo actual es cada vez más crítico frente al direccionismo y al paternalismo. Por eso, la pastoral que quiera preparar el futuro ha de pasar de trabajar por el pueblo a trabajar desde el pueblo.

El trabajo pastoral por el pueblo es generoso pero difícilmente escapa al peligro del paternalismo al no fomentar el despliegamiento de las capacidades de las personas. A corto plazo es gratificante pero, a largo plazo, las personas permanecen infantiles y dependientes. Sin embargo, el trabajo hecho desde el pueblo es más lento pero, a largo plazo, educa personas para ser protagonistas de la propia vida, del desarrollo comunitario y, en definitiva, personas que saben dar razón de su fe.

Este es el estilo pedagógico de Jesús de Nazaret en la educación de los Apóstoles. No espera que estén formados para confiar en su capacidad de acción, sino que los educa a partir de las acciones que solidariamente realizan. Esta tradición pedagógica del Evangelio se ha perdido en muchas de las realizaciones pastorales de la Iglesia.

Primero, los Movimientos Especializados, mediante la metodología de la Revisión de Vida, y posteriormente muchas otras realidades van incorporando este método activo en la formación de las personas. Este talante pedagógico es clave de cara al desarrollo pastoral del futuro.

4. *Mediación de la cultura y la justicia*

Hemos de subrayar también, además de la necesidad de un talante pedagógico, la necesidad de dos mediaciones para la formación de los cristianos: la cultura y la justicia.

Si queremos que la educación de los cristianos, además de tener la capacidad de acoger la Revelación, de llegar al encuentro total con Dios y de adquirir la capacidad de congregación y reunión, tenga un arraigo en el devenir humano y estimule la capacidad de discernimiento maduro y adulto, es necesario que viva entroncada a la historia, siendo capaz de incidir en la transformación de la misma, mediante el compromiso temporal. Esta integración pide capacidad de crítica y de compromiso a través de dos mediaciones que hacen posible este estilo de vivir la fe: la cultura y la justicia.

Referente a la cultura, como mediación de la evangelización, podemos afirmar que el «decir» la fe, de una manera adecuada e incisiva para la mentalidad moderna, supone «creer» la fe con un profundo arraigo en el yo personal y «hacer» la fe mediante el testimonio sencillo, comprometido y transparente en el interior de los acontecimientos históricos. La comunicación directa y vital de la fe supone experiencia de Dios y compromiso temporal[24].

Ya en el capítulo sobre la cultura en la Constitución Pastoral *Gaudium et Spes* del Concilio Vaticano II hay un reconocimiento de la autonomía de la cultura como realidad temporal. La cultura, en su dimensión de búsqueda científica (ciencias de la naturaleza y ciencias del hombre), búsqueda filosófica y búsqueda política de la verdad, constituye una preparación para el Evangelio. Esta preparación es un proceso desde las verdades parciales humanas a la verdad plena de Dios. En este sentido, la cultura suministra experiencias y lenguaje a la Teología Pastoral, y ambas quedan interrelacionadas.

La acción de la fe, a su vez, ha de resaltar también el aspecto luminoso, sapiencial y revelador, escondido en todas realidades humanas. Esta función de discernimiento supone huir de todo dogmatismo y sincretismo, y entrar en un proceso de comunicación, en la autenticidad, con el mundo.

Este doble movimiento, desde la fe a las culturas o subculturas contemporáneas y desde éstas a la fe, es de una importancia capital a la hora de renovar el lenguaje teológico y catequético, es decir, el lenguaje de la comunicación de la fe[25].

[24] B. PELEGRÍ, *J.E.C.I.-M.I.E.C., su opción pedagógica*, Centro Documentación JECI-MIEC, Lima 1972, pp. 96 ss.

[25] *Fe i Universitat d'avui*, pp. 338 ss., donde hay un estudio teológico titulado «Estudi crític de la *Gaudium et Spes* sota l'aspecte de recerca de la unitat entre la vida i la fe». Puede ayudar a profundizar el tema de la cultura.

La necesidad de inculturar la fe, o adaptarse a las diversas culturas o subculturas, es la condición para que la Iglesia no acabe cerrada en un guetto. Ahora bien, esta tarea es difícil y pide una actitud crítica y selectiva puesto que hay elementos de la cultura que son inaceptables para la vida de fe (por ejemplo, el ateísmo) y, por eso, lo han de hacer personas preparadas, con un profundo arraigo evangélico y con un conocimiento de la cultura, que puedan ejercer una función de discernimiento.

Esta tarea no ha de ser improvisada sino que debe ser un trabajo lento y metódico. Este trabajo lento y metódico supone vivir en el universo mental de la Sagrada Escritura. Si se vive en este universo mental, Jesucristo-Logos de Dios que se ha inculturado en la «carne» y en la historia de un pueblo será el modelo que enseñe la verdadera inculturación en la realidad de cada época.

A pesar de todas las dificultades, la tarea de la inculturación compromete a toda la Iglesia (pastores, teólogos, laicos y fieles en general). Este compromiso se realiza en el coraje y la creatividad, y debe ser realizado a través de la vida y no sólo en los trabajos de laboratorio.

La mediación de la justicia fue objeto de trabajo en el *Sínodo de los Obispos del año 1971*, que trató sobre la temática de «La Justicia en el Mundo». Sin embargo, en el Sínodo del año 1974 sobre «La Evangelización», y especialmente en el documento posterior al mismo publicado por Pablo VI, se trata la mediación de la justicia teológicamente, de una manera definitiva.

En el capítulo III de la Exhortación Apostólica de Pablo VI *Evangelii Nuntiandi*[26] encontramos la doctrina y la reflexión teológica en torno a la justicia como contenido de la evangelización y como mediación necesaria, conjuntamente con la cultura, de cara a la evangelización del mundo contemporáneo.

La Exhortación Apostólica *Evangelii Nuntiandi* es publicada a los diez años de haberse acabado el Concilio Vaticano II y después del Sínodo de los Obispos de 1974, dedicado a la temá-

[26] *Evangelii Nuntiandi*, Exhortación Apostólica de Pablo VI, publicada el 8 de diciembre de 1975.

tica de la evangelización. Pablo VI escribe esta exhortación por encargo del mismo Sínodo de los Obispos.

Antes del capítulo III se pregunta por el fundamento de la evangelización: éste no es otro —dice Pablo VI— que la Iglesia evangelizadora al servicio de Jesucristo evangelizador (cap. I).

Busca, en seguida, una definición de evangelización (cap. II) y en los capítulos posteriores al III se pregunta por los medios de la evangelización (cap. IV), los destinatarios (cap. V), los agentes (cap. VI), y el espíritu de la evangelización (cap. VII).

En resumidas cuentas, es un verdadero tratado teológico sobre la evangelización, en una línea de fidelidad a las grandes directrices del Concilio Vaticano II y, en especial, al documento sobre las misiones. Es un documento teológicamente definitivo y, desde el punto de vista pastoral, es un documento definidor de las tareas operativas eclesiales.

Centrándonos, pues, en el capítulo III, que se titula *Contenido de la Evangelización*, observamos que el texto distingue entre los elementos secundarios y el contenido esencial: éste no es otro sino el amor de Dios y la salvación de Jesucristo, bajo el signo de la Esperanza en el Espíritu[27].

Este mensaje esencial —según Pablo VI— es un mensaje que afecta a toda la vida de la persona, es decir, «a los derechos y deberes de la persona humana, a la familia, a la sociedad, a la vida internacional, a la paz, a la justicia, al desarrollo y a la liberación»[28].

La relación entre el mensaje de la Buena Nueva y la vida cotidiana, en una perspectiva de liberación, no solamente es una responsabilidad individual de los cristianos sino un compromiso de toda la Iglesia que «tiene el deber de ayudar a que nazca esta liberación, de testimoniar a favor de ella y de hacer que sea total»[29].

Hasta aquí la doctrina. Pero Pablo VI no da solamente una doctrina sino que hace también una reflexión teológica cuando dice que entre evangelización y liberación hay lazos de orden

27 *E.N.*, 25-28.
28 *E.N.*, 29.
29 *E.N.*, 30.

antropológico, teológico y evangélico. Hay, en primer lugar, unos lazos de orden antropológico: «El hombre que ha de ser evangelizado no es un ser abstracto sino que está sujeto a los problemas sociales y económicos». Añade que existen lazos de orden teológico: «porque no podemos disociar el plan de la creación del plan de la redención que llega hasta situaciones muy concretas de injusticia que es necesario combatir y de justicia que es necesario restaurar». Finalmente, manifiesta que exigen lazos de orden evangélico, es decir, de vivencia del núcleo de la novedad y de la propuesta de Jesucristo para los creyentes de su generación y para los seguidores de todos los tiempos que quisieran vivir su estilo de vida: «¿Cómo proclamar el mandamiento nuevo sin promover, mediante la justicia y la paz, el verdadero, el auténtico crecimiento del hombre?»[30].

Pablo VI acaba resumiendo su pensamiento con estas palabras: «Es imposible de aceptar que la obra de evangelización pueda o haya de omitir la importancia capital de aquellas cuestiones, hoy tan debatidas, que afectan a la justicia, a la liberación, al progreso y la paz en el mundo. Porque así, se dejaría de lado la doctrina del Evangelio sobre el amor al prójimo sufriente y necesario»[31].

De este análisis podemos sacar unas conclusiones. La evangelización es el anuncio explícito del Reino de Dios, pero a partir de las condiciones reales e históricas de la persona humana. No se confunde con la lucha por la liberación, pero tampoco se separa de ella sino que incide de una manera dialogal en el interior del proceso por la liberación, abriéndolo a la salvación. La confusión conduciría a la pérdida de la identidad. La separación a la negación de la humanidad de la fe. La actitud dialogal abre nuevos caminos para la encarnación real de la fe en la historia.

Estas tres posturas, confusión, separación y actitud dialogal, generan tres tipos de pastoral profética que hoy coexisten en el interior de la Iglesia. La Teología Pastoral debe denunciar las actitudes pastorales defectuosas y ambiguas y ha de anunciar el itinerario teológico correcto. Es esta función de discernimiento práctico uno de los servicios más importantes que la Teología Pastoral puede ofrecer a la teología y, en definitiva, a la Iglesia.

[30] *E.N.*, 31.
[31] *E.N.*, 31 (final).

CAPÍTULO VI

Dinamismo direccional de la acción pastoral

La comunidad de fe ha de estar con el pueblo, ha de partir de la vida del pueblo, para iluminarla al estilo de Jesucristo[1]. La fidelidad a la Palabra de Dios no se ha de separar de la fidelidad a la persona, a la comunidad, y a la historia.

En los capítulos anteriores hemos ido dando estos puntos de referencia. Hemos visto que la Teología Pastoral ha de promover la vida cristiana integral, a fin de que haya madurez personal y equilibrio comunitario. Solamente así, el Ministerio Pastoral es servicio al Misterio de Dios. Sin embargo, en este capítulo replantearemos toda la reflexión teológica hecha, desde una perspectiva más global y unitaria.

No podemos ignorar que la acción pastoral acontece en el interior de las dificultades históricas, y que éstas, en la etapa presente, son frecuentemente muy graves y dramáticas.

Las dificultades para mantener el equilibrio personal y comunitario en la pastoral eclesial han surgido de diversos frentes. Unas veces, el intento de fidelidad a la historia ha conducido a muchos cristianos a la pérdida de su identidad de fe. Otras veces, el miedo a perder la propia identidad cristiana ha conducido a determinados sectores eclesiales a cerrarse en ellos mismos y a perder el dinamismo de la historia. Las consecuencias de esta doble situación son un desafío muy importante para la vida de la Iglesia y para la tarea de la evangelización, condicionando, además, toda la pastoral eclesial.

1 Jn 10.

En medio de este debate, que a menudo se convierte en enfrentamiento y confusión, es normal que afloren actitudes individualistas e insolidarias que bloquean la vida eclesial, pudiendo llegar al sectarismo anticomunitario.

Ante este estado de cosas solamente existe un camino de superación: el diálogo abierto, desde actitudes de autenticidad, realizado en unas coordenadas antropológicas, teológicas, eclesiológicas y espirituales, correctas. Este diálogo, para que se desarrolle adecuadamente, ha de estar conducido y moderado por el ministerio jerárquico de la Iglesia. De otra manera sus resultados son parciales y endebles.

El mundo en el que vivimos es cambiante a causa de la diversificación social y cultural, de la conflictividad histórica, de la falta de alternativas, y de la ausencia de estructuras que permitan un diálogo de autenticidad. Cuanto más cambiantes son las situaciones, más necesitamos de un punto de partida sólido, creativo y libre, para la búsqueda de unos caminos de comunicación.

El punto de partida de esta búsqueda es el principio teológico formulado en la reflexión sobre la Teología Pastoral litúrgica, el cual podemos formular así: la línea generadora de la acción del conjunto de la pastoral es la comunidad eucarística (contemplativa y bautismal), que celebra sacramentalmente el «Paso de Dios» (Misterio Pascual), lo testifica y lo anuncia. Este, podemos añadir, es el objetivo de la Teología Pastoral litúrgica e, incluso, de toda la Teología Pastoral.

Esta línea generadora del conjunto de la pastoral se manifiesta en diversos momentos de un único dinamismo.

El primer momento lo podemos llamar antropológico y radica en la capacidad de mirar a la persona humana en su multidimensionalidad, en su configuración ambiental y en su estructuración social. La parábola del Buen Pastor se refiere a este momento cuando habla de «conocer las propias ovejas»[2]. Este momento pide unas actitudes pastorales: observación madura de

[2] Jn 10, 14. El término «pastoral» procede de Jesucristo Buen Pastor. Se trata del servicio al pueblo a la manera de Jesucristo.

la situación antropológica, penetración y distinción crítica de los hechos específicos, respeto a la realidad y conversión a los signos de los tiempos ocultos en la misma. El resultado de este primer momento puede ser el diseño de un modelo operativo de acción, arraigado en el medio humano concreto.

El segundo momento lo podemos llamar cristológico, y ha de reflejar la realidad antropológica en el Cristo Total, encarnado, muerto y resucitado. La aportación de la teología en este segundo momento, si no está separada de la vida, es fundamental e iluminadora. De este segundo momento depende la capacidad de incidir en la vida del grupo humano, a la manera de «la levadura en la masa», y llevar a cabo la propuesta evangélica.

El tercer momento del dinamismo, es el momento eclesiológico. La unción para la misión la recibimos en la comunión eclesial, la cual, siguiendo la eclesiología del evangelista Lucas[3], tiene la etapa de Galilea o de apertura a la convivencialidad y a la amistad, tiene la etapa de Samaria o de iniciación a las exigencias y a la radicalidad evangélica, y tiene la etapa de Jerusalén o de vivencia de la muerte y la resurrección como síntesis y resultado de las etapas anteriores. La convivencialidad, la iniciación a la profundidad, y la vivencia de la muerte y resurreción son la matriz de la eclesialidad, ya que congregan al pueblo alrededor de la Palabra y del Espíritu. La parábola del Buen Pastor se refiere también a este momento cuando habla de «dar la vida para encontrarla»[4].

El último momento del dinamismo es el momento espiritual, y busca la unidad existencial de los tres momentos anteriores. El dinamismo de la fe tiene un círculo que comienza con la vivencia, que se manifiesta en la expresión de la fe llevando a la comunicación y a la celebración de la misma. Este círculo es siempre dinámico y configura la unidad existencial y espiritual del cristiano, situándolo en el dinamismo santificador de la acción de Dios. El resultado de este cuarto momento es la capacidad de dar los frutos del Espíritu[5]. Es entonces cuando, supe-

[3] Cf. *La praxis, lloc teològic*, en «Qüestions de Vida Cristiana», 93 (1978), p. 115.
[4] Jn 10, 18.
[5] Rom 8, 6.

rando el afán de dominio y los juegos de poder, la acción pastoral de la Iglesia se convierte en un compromiso liberador y salvador puesto que lleva en su interior el empuje transformador del Evangelio y el sello del Espíritu.

Sin quitar importancia a las mediaciones estructurales concretas, es necesario profundizar en el significado de estas cuatro dimensiones —antropológica, cristológica, eclesiológica y espiritual— del dinamismo direccional de la acción pastoral. Existen diversas razones que nos motivan. En primer lugar, la conciencia de no convertir los medios pastorales en finalidades para ellos mismos. En segundo lugar, porque es decisivo recuperar aquello que nos une por encima de aquello que nos separa. En tercer lugar, porque para poder construir unas estructuras educativas sólidas son necesarios unos fundamentos adecuados. Finalmente, porque sólo desde la fe y la identidad cristiana, arraigada en la historia, es posible hablar de una Teología Pastoral sólida.

Podemos formular esta pretensión, consistente en profundizar en el significado de estas cuatro dimensiones del dinamismo direccional de la acción pastoral, de la siguiente manera: La identidad cristiana nace de la confluencia de una visión correcta del hombre y de su entorno, de una experiencia del seguimiento de Jesucristo, Unico y Universal, de un sentido de la solidaridad eclesial y del redescubrimiento de la espiritualidad encarnada. Intentaremos analizar cada una de estas afirmaciones relacionándolas entre ellas mismas.

1. *Una visión correcta del hombre y su entorno*

La renovación de la pastoral supone un esfuerzo de estar con el pueblo y partir de la vida. Desde esta presencia es posible conocer la situación de la persona humana, impactada por la problemática de orden personal, de orden ambiental, de orden estructural y social.

Es la persona humana concreta la que es objeto final de la salvación de Dios, y sujeto de la evangelización. Por otro lado, y mediante esta perspectiva, se hace posible el descubrir los bloqueos y los puntos luminosos abiertos a la liberación y a la salvación. Desde esta actitud es factible establecer un diálogo real con el hombre de la calle, con sus aspiraciones y sus frustraciones.

Estando presentes en la vida nos relacionamos con la persona humana, que es una historia abierta, con un pasado, un presente y un futuro. Nos encontramos con la persona humana entera, en su multidimensionalidad (trabajo, estudio, afectividad, *hobbies*, conciencia, afán de libertad, imaginación de futuro, preocupada por la trascendencia, etc.); la persona humana con sus necesidades básicas (realismo, seguridad existencial, comunicación, afecto, afán de sentirse útil, etc.); la persona humana con sus condicionamientos socio-políticos, la persona humana con sus condicionamientos psicológicos, con sus limitaciones y contradicciones. En definitiva, la persona humana salvada por Jesucristo (Jn 10, 14).

Una pastoral comprometida con la persona humana y con la comunidad, está en situación de experimentar la integración con la naturaleza, con los otros, con la historia y con Dios. Solamente desde esta integración anímica es posible escapar de las actitudes de fuga y miedo delante de la realidad, de la actitud de banalización y trivialización de la vida, y de la actitud de angustia al encontrarnos ante una encrucijada histórica y socio-política en la que es muy difícil plantear alternativas realistas de futuro.

Cuando, estando con el pueblo y partiendo de la vida, vamos aprendiendo a esperar todo de todos, sin renunciar al sentido crítico y teológico, podemos ir alcanzando un sentido más realista y solidario que abra la mentalidad y la capacidad de comunicación. Este proceso es el que fundamenta una autonomía personal que conduce a la heteronomía solidaria. Entre las repercusiones de la autonomía solidaria en la vida personal está la capacidad de coherencia y unidad existencial en los comportamientos ético-existenciales.

2. *Experiencia del seguimiento de Jesucristo, Unico y Universal*

En la adquisición de una visión, cada vez más próxima y correcta de la persona humana y de su entorno, podemos y debemos coincidir y colaborar con todos los que luchan por una renovación de la vida humana en el mundo. No obstante, la vida cristiana se vive en esta contextura pero no se confunde con la misma.

La originalidad del cristianismo no radica exclusivamente en la capacidad de aportar una fuerza de esperanza a la historia, sino en la experiencia del seguimiento de Jesucristo, en el interior de la construcción de la historia, sin separarse de la misma historia ni confundirse con ella. El eje vertebrador de la existencia cristiana en el mundo está en la capacidad de contemplar la presencia de Dios en los acontecimientos humanos y en la capacidad de transmitir y revelar esta presencia.

La Teología Pastoral debe ayudar a formular, en un lenguaje secular, que el seguimiento de Jesucristo y la vocación a la santidad es patrimonio común de todos los bautizados, sean religiosos, sacerdotes o laicos.

Así pues, la renovación de la pastoral pasa por una reidentificación evangélica, es decir, por la experiencia y la confesión de fe en Jesucristo Único y Universal[6] y por la experiencia del Cristo Total, encarnado, muerto y resucitado, revelador de Dios Padre y dador del Espíritu Santo.

De igual manera que la falta de visión antropológica conduce a una falta de solidez ética, la falta de experiencia en el seguimiento de Jesucristo lleva a la falta de solidez evangélica. Esta carencia de solidez origina un cristianismo ideologizado en el cual es muy difícil encontrar la novedad salvadora. Contrariamente a esto, la experiencia cristiana es la fuente de la libertad que permite un diálogo ecuménico y abierto con todas las ideologías contemporáneas. Esta libertad interior da fuerza para denunciar todo lo que signifique una agresión a la dignidad de la persona humana, y para anunciar una esperanza a toda la persona (multidimensionalidad) y a todas las personas (universalidad). Otra consecuencia que se deriva es la capacidad de superación de todas las actitudes de dependencia dando lugar al encaminamiento hacia la autonomía solidaria.

3. *Sentido de la solidaridad eclesial*

La renovación de la Teología Pastoral supone también un esfuerzo de redescubrimiento de la solidaridad eclesial y de re-

[6] J. M.ª ROVIRA, *Qué significa Jesús Único y Universal*, «Sal Terrae», marzo 1980.

conciliación por parte de todos los agentes de pastoral, con la única Iglesia real. El objetivo final de la acción pastoral, es la formación de los cristianos para que lleguen a ser apóstoles. El apostolado o militancia evangelizadora —razón de ser del cristiano en la historia— es un recorrido largo que tiene su punto de partida en la lucha por la liberación y que tiene su punto de llegada en la vida trascendente y en la incorporación a la comunidad de fe[7].

Cuando hablamos de renovación eclesial, fácilmente se piensa en la responsabilidad de la jerarquía en la Iglesia. Ciertamente el obispo en cada diócesis tiene una responsabilidad muy grande. Sin embargo, no es posible la renovación eclesial sin la participación de todos, cada uno desde su lugar, hacia una comunidad corresponsable, participativa y solidaria.

La vida de la fe se desarrolla en el caldo de cultivo de la Iglesia. De manera que nos podemos preguntar si es la crisis de fe la que ha puesto en dificultades a la Iglesia, o bien si es la crisis de la solidaridad eclesial la que ha puesto en situación difícil a la vivencia de la fe cristiana. Cuando falla la solidaridad eclesial, unas veces está en peligro el mantenimiento de la identidad de la fe; otras veces proliferan las sectas, cerradas en ellas mismas, que sustituyen a la solidaridad eclesial. Lo que es cierto es que no es posible vivir la fe en solitario. Es necesario vivir la fe en solidario.

Este círculo vicioso se ha de romper mediante un doble movimiento: por un lado, a través de una renovación intraeclesial, promovida por todos los miembros de la Iglesia (obispos, sacerdotes, religiosos y laicos), por otro lado a través de la renovación de unas estructuras al servicio de la vida del pueblo y de las minorías eclesiales activas.

Esta actitud, antisectaria y solidaria, implica la vivencia del pluralismo en la comunión. Ni el *restauracionismo*, fácil tentación en momentos de crisis a causa del miedo a lo desconocido, ni la *anomía*, resultado de la pérdida de la identidad, pueden ser signo de la universalidad de la salvación[8]. Solamente una Iglesia

[7] *Evangelii Nuntiandi*, 24.

[8] A. Álvarez Bolano, *Una institució que desapareix o una institució que es transforma?*, en «Qüestions de Vida Cristiana», 59 (1971), pp. 7 ss.

atenta a la persona humana y sus problemas, edificada sobre la fraternidad, servidora del mundo, y confrontada constantemente con el Evangelio, puede movilizarse hacia una actitud misionera y abrirse al protagonismo de sus miembros, en especial a las minorías más activas. Esta actitud conduciría a la renovación del protagonismo del laicado en la vida de la Iglesia y, mediante esta revitalización, conduciría a la renovación de la conciencia de la eclesialidad. La Teología Pastoral ha de señalar con claridad esta renovación de la vida de la base eclesial, como uno de los elementos más importantes para la renovación de la Iglesia como tal.

4. *Redescubrimiento de la espiritualidad encarnada*

La visión correcta del hombre y su entorno, la experiencia del seguimiento de Jesucristo, Unico y Universal, y el sentido de la solidaridad eclesial, son los elementos convergentes que pueden configurar una Iglesia renovada. Son los elementos que puden recentrar por dentro y reorganizar por fuera la vida de la Iglesia en una perspectiva de corresponsabilidad.

Ni un idealismo desencarnado, ni un humanismo sin espiritualidad, disponen de fuerza suficiente para revitalizar la vida de los cristianos y la pastoral eclesial. La Teología Pastoral ha de anunciar este horizonte sin ambigüedades. En el caso del idealismo falla el arraigo en la historia. En el segundo caso, falla la identidad de la fe[9].

Una espiritualidad encarnada lleva a la praxis cristiana. La praxis genera la vivencia. La vivencia exige la expresión de la fe, manifestada en la esperanza y realizada en el amor. La expresión de la fe lleva a la comunicación espontánea con los que realizan una experiencia parecida. La comunicación real llena de sentido y comporta un estilo de vida.

Desde la comunicación nos podemos replantear el alcance y la perspectiva de la Teología Pastoral, sin peligro de que las mediaciones lleguen a ser fines, y con la esperanza de que la comunidad

[9] Para una profundización pedagógica, ver la última parte del libro citado de B. PELEGRÍ, *J.E.C.I.-M.I.E.C., su opción pedagógica* (*op. cit.*), p. 143.

pueda hacer frente a toda la problemática que nos plantea la crisis histórica en la que nos encontramos.

Este talante de la espiritualidad encarnada ha de producir, si tiene pretensiones de profundidad evangélica, frutos de caridad teologal[10], de unidad en el pluralismo correcto pero no neutral[11], y de evangelización de los marginados, ya sea en su dimensión social, ya sea en su dimensión más personal[12]. Los hechos han de servir para evaluar la validez de toda espiritualidad que pretenda ser evangélica.

Con estos cuatro puntos referenciales es posibles hacer y realizar un proyecto pastoral encarnado y trascendene. La encarnación hace que se observe la realidad con una atención a la vida y a las personas; que se descubran las constantes vitales de la realidad; las aperturas y las obstrucciones a la Palabra. La trascendencia, por un lado, da discernimiento o capacidad de análisis, de interpretación y de lectura en un horizonte abierto, y por otro lado, da amor o capacidad de realización operativa, de revisión y de constatación de un crecimiento.

La unidad profunda de estos cuatro momentos en un único dinamismo direccional, viene del siguiente hecho: una pastoral entendida teológicamente ha de relacionar, a través de un diálogo de profundidad, la memoria colectiva de Jesucristo, que lleva aneja la esperanza del Reino de Dios, con la historia y el pueblo, en la espera del Reino de Dios, pero al mismo tiempo, preparándolo mediante las tareas pastorales y los ministerios al servicio del bien común, de la comunidad y de la sociedad en general. Esta pretensión no es nada fácil, pero al menos da un objetivo a alcanzar por parte de toda comunidad cristiana que pretenda realizar un proyecto pastoral correcto.

10 La caridad de la que se habla aquí es la que propone Jesucristo en Jn 14, 25, poniendo como medida el amor gratuito e incondicional.

11 La unidad a la que se refiere el texto es la que pide Jesucristo al Padre (Jn 17, 21), la cual es fruto del esfuerzo dialogante de la comunidad, pero, en definitiva, don de Dios.

12 La evangelización de los pobres (Lc 7, 22) es uno de los signos de la venida del Reino de Dios. La Madre de Dios en el *Magnificat* (Lc 1, 51-53) pone también este signo, como una de las señales del Reino de Dios.

El paso de un momento del dinamismo a otro, lo realizamos entre todos, a nivel comunitario, a pesar de todos los bloqueos que tenemos. Es en el encuentro interpersonal y comunitario, mediante un diálogo adulto, donde se puede dar un trasvase de los valores que tenemos entre todos. De otra forma seguiremos las vías del sectarismo. Es, pues, a nivel de práctica comunitaria, donde se produce la unidad del dinamismo.

La Teología Pastoral es el servicio comunitario que formula los avances, reconoce las dificultades reales, y trabaja para facilitar el marco de referencia y el dinamismo direccional que ayuda a ubicar la acción pastoral.

CAPÍTULO VII

Teología Pastoral estructural educativa

Las estructuras pastorales son necesarias siempre que contribuyan a la educación de las personas en el estilo de vida de Jesucristo, y sean mediaciones que permitan testimoniar el Reino de Dios, con palabras, hechos y lenguaje secular, en nuestra sociedad marcada fuertemente por un paganismo práctico.

En este capítulo reflexionaremos alrededor de la necesidad de estas mediaciones estructurales y educativas, alrededor de la renovación de las mismas, y sobre la relación que tienen con la pastoral profética y la pastoral litúrgica[1].

El objetivo de este capítulo es, por tanto, hacer una reflexión teológico-pastoral sobre la vida y la organización de la Iglesia. Serán unas reflexiones de carácter general sobre los diferentes tipos de comunidades y su validez para el aprendizaje comunitario del estilo de vida de Jesucristo. Este aprendizaje del seguimiento de Jesucristo no es otro que la iniciación a la profundidad de la Palabra de Dios, la iniciación a la oración, a la celebración sacramental de la fe y la preparación para dar testimonio en el mundo.

En función de este objetivo, en un primer momento reflexionaremos sobre la situación presente, las diferentes actitudes existentes respecto a la organización de la vida de la Iglesia, y sobre los criterios que pueden orientar los esfuerzos de renovación estructural eclesial. En un segundo momento analizaremos

[1] Las estructuras condicionan la evangelización, tal y como nos mostró el historiador M. LLADONOSA en una aportación, al grupo «Francesc Eiximenis-Pax Romana» de Lérida, que se titulaba *Estructures eclesials i Evangelizació*, Lérida 1983.

las mediaciones estructurales básicas (parroquias, comunidades de base y movimientos apostólicos), las estructuras intermedias (arciprestazgo, etc.), y las estructuras diocesanas.

En la reflexión que haremos nos guiarán dos elementos clave: la fidelidad crítica a la experiencia vivida por la Iglesia a lo largo de su historia, y una libertad de imaginación y creatividad. La primera sin la segunda nos conduciría a una repetición del pasado. La segunda sin la primera no partiría de la memoria histórica y nos podría conducir a un desarraigo. Ambas establecen un diálogo del presente con el pasado para preparar el futuro.

1. Actitudes respecto de la organización de la vida comunitaria

Muchos de los problemas comunitarios, planteados en los estudios sociológicos consultados o en las encuestas mencionadas en el primer capítulo, brotan de unas actitudes existenciales cuyas fuentes son diversas. Es importante, pues, antes de reflexionar sobre las estructuras pastorales como tales, establecer un diálogo a nivel de las diversas actitudes que las originan[2].

Existen, en primer lugar, unas actitudes que podemos denominar reduccionistas que son aquellas que, o bien no atienden lo suficiente a la vida real de las personas o de las comunidades, o bien no atienden suficientemente al mensaje cristiano del amor gratuito de Dios. Estas actitudes son defectuosas por falta de solidez cristológica y antropológica.

Existen también, unas actitudes de fondo que podemos denominar ambiguas, y son aquellas que conducen a hacer cosas al ritmo del momento, pero sin profundidad teológica y antropológica. No son reduccionistas pero están faltas de fundamentación y de horizonte. Esta manera de ser tiene el riesgo de originar una pastoral bien intencionada, incluso en la dirección correcta, pero que fácilmente cae en el defecto de la superficialidad y el activismo.

[2] Cf. la aportación pastoral de J. Batlles, en el «dossier» de las *Jornadas de Pastoral Rural* de la Selva del Camp, Centro de Estudios Pastorales, Barcelona 1978. Contiene un análisis de los diversos estilos pastorales que operan actualmente en la Iglesia. Es un análisis sugerente y profundo.

Finalmente, siempre mezcladas con las actitudes precedentes, existen intentos de profundidad antropológica y teológica en aquellas actitudes que están atentas a la vida real de las personas y el mensaje cristiano, vivido en la solidaridad eclesial, simultáneamente. Esta línea de fondo subraya las mediaciones pedagógicas y eclesiales de cara a realizar un trabajo educativo. Estas actitudes acentúan el servicio a la persona, afirman un proyecto liberador y salvador, y tienden a un trabajo comunitario y conjuntado[3].

Estos estilos pastorales coexisten y —lo que es problemático— a menudo se neutralizan. Por esta razón, pienso que es en este terreno donde se deben plantear muchos de los esfuerzos de la renovación eclesial y de la recuperación pastoral de la Iglesia.

Muchos teólogos han hecho su aportación sobre esta problemática en estos últimos años[4], pero fue el Congreso Teológico, organizado por la Fundación «Concilium», sobre *El Futuro de la Iglesia*, el año 1970, el que inició un diálogo profundo, no cerrado todavía, puesto que muchas de las cuestiones allí planteadas continúan abiertas a ulteriores aportaciones y aclaraciones[5].

Según el modelo de Iglesia con el que se opera, resulta un tipo diverso de organización estructural comunitaria[6], pero hay unos acentos —que ha destacado el profesor Rovira en un artículo suyo— que deberían estar presentes, en todo proyecto pastoral comunitario, para ser fieles al Vaticano II: «Ha de ser un modelo a) universal particular (que incluya hasta pequeñas comunidades); b) un modelo convivencial, de acogida, de servicio y misión; c) más corresponsable que clericalizado; d) de mensaje anunciado y realizado, más que de privilegios ideales y consignas; e) tendente a la formación de cristianos responsables

[3] Ver *Els joves son evangelitzats*, informe de los delegados de pastoral juvenil de los obispados de Cataluña a la Conferencia Episcopal Tarraconense. Ed. «Full Diocesà». Tarragona, Vic, Solsona 1979, p. 17.

[4] Además de las obras citadas de K. RAHNER, B. BESRET y P. A. LIÉGÉ, ver L. BOFF *Iglesia: Carisma y Poder. Ensayos de Eclesiología militante*, Sal Terrae, Santander 1982.

[5] Cf. el número extra de diciembre de 1970 de la revista «Condelium» donde hay aportaciones teológicas valiosas sobre el futuro de la Iglesia. En concreto, ver las ponencias de B. VAN IERSEL, A. M. GREELEY e Y. M. CONGAR, que giran alrededor de las estructuras para la Iglesia del futuro.

[6] A. DULLES, *Modelos de la Iglesia*, Sal Terrae, Santander 1975.

en el mundo y en la Iglesia, sin que este modelo deje de ser un signo visible para las masas; f) tendente a la formación de cualidad de vida nueva para el hombre: cualidad contemplativa y ética que corresponda a la capacidad de respuesta libre, que es la fe, como forma de vida parecida a la de Jesús, Señor; g) seguro de que es la fuerza de la Palabra y del Espíritu, sobre todo a través de la celebración de la fe, la que forma la comunidad, y no los medios de este mundo»[7].

Estas actitudes pastorales, que acabamos de describir, informan las mediaciones y los proyectos organizativos pastorales, de manera que, la misma mediación organizativa pastoral (como por ejemplo la parroquia, el movimiento, la comunidad de base, etc.) tendrá manifestaciones muy diversas, según las actitudes que haya detrás. Frecuentemente, en los diálogos pastorales, no se tiene muy en cuenta todo esto y, en estos casos, la conversación gira alrededor del mismo tema, y queda a nivel de palabras, puesto que el significado de éstas es diferente o, incluso, opuesto. El diálogo en estos casos es un diálogo estéril puesto que se está hablando teóricamente de lo mismo pero en la práctia se habla de realidades diversas.

Muchas veces, por una falta de profundidad, o bien por entender la unidad como un valor que es necesario salvar por encima de todo, no se hace un diálogo a nivel de estas actitudes por el miedo que, al descubrir puntos de partida diversos, se pueda romper la comunión. Es comprensible este miedo y la voluntad de conservar la unidad en la comunión. Ahora bien, si no se plantean los problemas en su momento, más tarde o más temprano, saldrán a la superficie y, entonces la solución es mucho más complicada porque, con el tiempo, los problemas tienden a deteriorarse.

2. Criterios orientadores

Esta problemática urge la necesidad de un planteamiento directo y claro. Este planteamiento no ha de llevar a una confron-

[7] J. M.ª Rovira *La catequesis en el marco de la Iglesia del Vaticano II*, «Teología y Catequesis», 1 (1982), pp. 78 ss.

tación sin diálogo comunicativo, ni ha de intentar asumir un irenismo sin diálogo de autenticidad. En el primer caso, los resultados son todavía más negativos porque se alejan más las posturas. En el segundo caso, el resultado es inútil porque no se han abordado los verdaderos problemas y los sentimientos desde los cuales se viven estos problemas.

El planteamiento correcto es aquel que busca unos criterios intelectuales y afectivos que permitan un diálogo desde la profundidad de las vivencias que cada uno ha tenido. Evidentemente este diálogo no es fácil, pero es el único que puede aglutinar todos los elementos positivos de las diferentes experiencias vividas.

Intentaremos formular algunos de estos criterios que pueden servir para el inicio de un diálogo en profundidad, y para pasar de unas actitudes de oposición a unas actitudes de convergencia. Con toda seguridad existen más criterios de los que aquí describimos, pero solamente pretenden iniciar el camino.

Un primer elemento es la convicción, según la cual, la unidad de acción de la Iglesia no se puede alcanzar mediante la organización sino mediante la respuesta vital de la Iglesia a las necesidades concretas de las personas y de la humanidad. Esto supone una conversión al Evangelio ya que «quien quiera salvar su vida la perderá, pero el que esté dispuesto a perderla por el Evangelio la encontrará»[8]. Este texto no sólo tiene una interpretación personal sino también, y fundamentalmente, comunitaria. Sin embargo estos últimos años nos hemos dedicado demasiado a cuestiones internas, normalmente intrascendentes y neutralizadoras, cuando realmente el mundo de hoy está reclamando, de la comunidad cristiana, aportaciones concretas a favor de la humanidad como signo de la esperanza teologal. De hecho existen comunidades cristianas que se dedican a servir al mundo y, como consecuencia de este servicio humilde se han reencontrado internamente ellas mismas. En el futuro las cosas tendrán que ir cada vez más en esta dirección.

Un segundo elemento se da en el hecho de que no podemos dar respuesta a las necesidades existenciales si no hacemos que

[8] Mt 10, 39.

la aportación sea una respuesta de todo el Pueblo de Dios, a la manera del fermento en medio de la masa[9]. La pastoral de conjunto no es lo mismo que un conjunto de pastorales. No es tampoco una idea nueva, sino una idea que ha pasado por el fracaso. Debido a este fracaso, actualmente unos han vuelto al trabajo individualista, otros han pactado con el desencanto, y finalmente, otros están desconcertados. El futuro lo están abriendo aquellos que no han caído ni en el individualismo ni el desencanto. Esto se puede hacer en la medida que recuperemos la conciencia y la perspectiva de la misión encomendada por Jesucristo a la Iglesia[10].

Un tercer elemento está en el reencuentro de la fraternidad y de la radical igualdad bautismal de los presbíteros, religiosos y laicos en el proyecto común de la Iglesia, aunque con las respectivas tareas específicas de cada uno al servicio del bien común. Donde se da este elemento se va produciendo una reconstrucción comunitaria. A pesar de que no abunda mucho la práctica comunitaria, en aquellos lugares donde se realiza nos muestra que es un factor decisivo.

Un cuarto elemento es la necesidad del grupo concreto y real. La existencia del grupo realiza una función autocrítica o de profundización de los pensamientos e intenciones, como resultado de un diálogo abierto y crítico. Realiza también una función terapéutica o de recuperación emocional y afectiva de los miembros de la comunidad, como resultado de vivir la experiencia de la comunicación en profundidad. Finalmente, el grupo realiza también una función operativa, o de relanzamiento, una y otra vez, al mundo de las realidades cotidianas, a fin de dar testimonio desde la confianza y la alegría salvadora que dan la Palabra de Dios, la oración y la eucaristía.

Un quinto elemento es la necesidad de releer la experiencia de la pequeña comunidad y de la iglesia local a la luz de la experiencia de Jesucristo, encarnado, muerto y resucitado. Los momentos de encarnación comunitaria han de ser iluminados a la luz de la teología de la encarnación del Hijo de Dios. Los mo-

[9] Decreto sobre el apostolado de los laicos, n.º 2, del Vaticano II. Cf. también P. VERBRAKEN, *Llevat dins la pasta*, Saurí 1978.

[10] 1 Cor 12. *Lumen Gentium*, 31. *Ad Gentes*, 1.

mentos de fracaso y crisis pueden superarse gracias a la luz que proyecta sobre la vida la teología de la cruz. Los momentos de superación de la crisis, encuentran su horizonte a la luz de la teología del Cristo glorioso. La historia de la comunidad, muy a menudo, vive en la propia carne este camino de Jesucristo. Esto es muy positivo teológicamente puesto que da sentido y seguridad en la vivencia de la fe comunitaria hacia la madurez, a la que apunta el Evangelio integral. Este acompañamiento cristológico y la lectura teológica correspondiente, hacen que los momentos de encarnación comunitaria y los de superación de las crisis, no se conviertan en falsamente eufóricos, y que los momentos de crisis no se conviertan en fatalistas o depresivos. En definitiva, estos elementos aportan a la comunidad de fe la sabiduría de la cruz y la ponderación[11].

Un sexto elemento es la necesidad de realizar una reflexión teológica sobre la propia experiencia de la comunidad. Esta teología ha de partir, en un primer momento, de un análisis antropológico y teológico sobre la propia comunidad, desde los aspectos positivos y desde los desafíos que planean sobre ella. En un segundo momento hay que buscar criterios teológicos para avanzar. Estos criterios han de ser de orden antropológico, cristológico, eclesiológico, pastoral y espiritual. A la luz de estos criterios es necesario replantear la acción en general, los servicios comunitarios a fin de que no le falle nada a la comunidad; es necesario replantear también la experiencia de la vida trascendente, la mística comunitaria y la pastoral de conjunto, de cara a avanzar en la praxis cristiana y poder hacer la verdad[12].

Un séptimo elemento es la necesidad de una espiritualidad. Por supuesto no nos referimos a las escuelas de espiritualidad —que son legítimas pero libres— sino a un nivel mucho más profundo: el de la urgencia del arraigo comunitario en el Espíritu Santo, mediante la contemplación y la oración. Las escuelas de espiritualidad son legítimas pero no se pueden imponer a toda la comunidad. Sin embargo, la comunidad y su acción han

[11] *A.A.*, 10; *L.G.*, 43.

[12] Cf. *Reflexiones teológicas sobre nuestra comunidad*, Documento de trabajo del Consejo de Pastoral, Fraga 1975.

de estar arraigadas en el Espíritu, puesto que sin el Espíritu «Dios queda muy lejos, Jesucristo permanece en el pasado, el Evangelio es letra muerta, la Iglesia es una simple organización más, la autoridad es un despotismo, la misión una propaganda, el culto un puro recuerdo y la praxis cristiana es una moral de esclavos... pero en El, y con una colaboración indisociable, todo el mundo gime y sufre dolores de parto para alumbrar el Reino, el hombre lucha contra la carne, Jesucristo resucitado está aquí, el Evangelio es poder de vida, la Iglesia significa la comunión trinitaria, la autoridad es un servicio evangelizador, la misión es un Pentecostés, la liturgia es memorial y anticipación, la acción humana queda divinizada»[13]. Solamente, pues, una espiritualidad entendida así, puede dar cualidad a la vida y al desarrollo organizativo y pedagógico de la comunidad en una perspectiva global.

Un octavo elemento es la necesidad de dar primacía a la caridad. Es verdad que la comunidad, tal como indica 1 Corintios, capítulo 12, está constituida por diversos carismas y servicios. Ahora bien, también es cierto que la misma carta, y a continuación, añade —en el capítulo 13— que la primacía no la tiene ningún carisma sino la caridad (ágape). El mismo texto hace una descripción detallada sobre cómo se debe entender la caridad a la luz de la revelación. Este elemento puede dar la clave a muchas situaciones comunitarias que están bloquedas o bien no aciertan a encontrar el camino del futuro. Sin duda, una reconversión comunitaria al amor gratuito e incondicional, tal y como lo describe 1 Corintios, puede ofrecer caminos y una salida creadora a la autoedificación comunitaria.

En el análisis crítico que haremos de las diferentes estructuras pastorales, tendremos en cuenta estos criterios y los que hemos formulado al hablar de la Teología Pastoral fundamental. Estos últimos nos dan el marco teológico y nos sitúan en la gran tradición de la Iglesia. Los primeros nos ofrecen un marco operativo, nos sitúan en la fidelidad al momento presente y nos dan ponderación para poder seguir adelante.

[13] Son palabras pronunciadas por I. HAZIM en la conferencia inaugural del Consejo Ecuménico de las Iglesias, reunida en Uppsala en 1968.

3. Las mediaciones pastorales estructurales educativas

Las mediaciones estructurales educativas son necesarias para vehicular la pastoral profética, la pastoral litúrgica y la acción caritativa de la comunidad de fe. Su condición de validez es que respondan al deseo de Dios, a unos criterios pastorales, y estén al servicio de la vida.

A pesar de la renovación que se ha producido en las estructuras de la Iglesia, en especial a partir del Concilio Vaticano II, es necesario afirmar que todavía son inadecuadas. Aunque, ciertamente, la reforma no se puede hacer a partir de un cambio radical, sino que debe ir respondiendo a las nuevas situaciones de la comunidad cristiana, a partir de una reflexión teológico-pastoral sobre la experiencia vivida. También es cierto que se hace necesario aprender del pasado, porque cada generación no puede, ni debe, inventarlo todo de nuevo. La fidelidad da solidez, pero la imaginación creadora da capacidad de respuesta a las nuevas situaciones que se viven. Esta actitud abierta al futuro es aún una fidelidad mayor, ya que da respuesta a la vida y a las nuevas necesidades de la persona humana y de la comunidad.

Es necesario, pues, que dos criterios operativos nos ayuden a reflexionar sobre el significado y el valor de la organización eclesial, al servicio del Evangelio y de la vida humana. El primero es el espíritu de catolicidad y la pastoral de conjunto. El segundo es el criterio de la fidelidad a la vida de la base eclesial y a las necesidades urgentes del mundo. El primer criterio nos conduce a pasar de una pastoral rutinaria, o en el mejor de los casos existencialista, a una pastoral estructurada en función del bien común. El segundo nos conduce a edificar la comunidd desde sus fundamentos. Ambos criterios conducen a participar en la elaboración de los proyectos pastorales comunes, a elaborar la tarea pastoral de los otros, y a trabajar, contemplar y celebrar conjuntamente, es decir, eclesialmente.

Comencemos, pues, una reflexión sobre las estructuras organizativas básicas que configuran la Iglesia de hoy, es decir, alrededor de aquellas mediaciones que son cotidianas en la vida de la Iglesia.

a) *La parroquia, estructura básica de la pastoral*

La parroquia es una casa abierta a todo el pueblo, que acoge al conjunto humano que habita en un territorio, sin distinción de edades, culturas, ideologías, etc. En el caso del mundo rural es una estructura natural. En el caso de las ciudades se plantean más problemas, pero, no obstante, también puede llegar a ser una casa abierta y acogedora, reflejo de la comunión universal y trascendente, a partir de la vida del pueblo y las necesidades de la comunidad. Aunque se puede, y tal vez se debe buscar alternativas más diversificadas y amplias, mediante centros de culto, centros de catequesis y diaconías o lugares de acogida[14], es necesario reconocer que, con unas bases psicológica, sociológica y teológicamente correctas, las posibilidades de la parroquia-comunidad continúan abiertas y puedan realizar un trabajo provechoso al servicio de la pastoral de la Iglesia.

En su vertiente positiva y abierta al futuro, la parroquia aparece no tanto como un territorio, sobre el que se ejerce un dominio, sino como la casa de la fe, abierta a todos: lugar de oración, de celebración sacramental de la fe y de aprendizaje del estilo de vida de Jesucristo. En ella se puede aprender y se puede vivir el seguimiento de Jesucristo, y podemos iniciarnos al testimonio cristiano en el mundo.

En la parroquia también se realizan todas las dimensiones de la pastoral (pastoral profética, litúrgica y educativa): se reúne una comunidad para la contemplación de la Palabra de Dios, para la oración, una comunidad eucarística, una comunidad de ministerios y servicios diversificados, una comunidad de comunidades.

En su vertiente positiva, la parroquia es, pues, una oferta abierta y universal de la oferta de la vida cristiana. Asegura la posibilidad de recibir el anuncio cristiano, de compartirlo, de crecer en la iluminación catequética, de celebrar la eucaristía y los sacramentos, de relacionarse con la sociedad en general, a

[14] Ver el análisis de la propuesta de Pere TENA en la circular n.º 84 del *Centro de Pastoral Litúrgica de Barcelona*, Revista de Serveis Cristians, 84 (1974), pp. 7-15.

través de la apertura de sus puertas a todos, y en este sentido es un espacio que subraya la comunión.

El problema de la estructura parroquial está en la dificultad de integrar toda la vida de la base, los grupos diversos que la componen y la diversidad de medios. En algunos casos se integra esta realidad plural, pero se hace superficialmente. Es necesario añadir otra dificultad: se trata de la complejidad de ir a la búsqueda de caminos auténticamente evangelizadores, adecuados a la realidad de los diversos medios.

Estas dificultades, y las que se derivan de las mismas, pueden ser superadas mediante la corresponsabilidad real y operativa de los presbíteros, religiosos, religiosas y laicos, que forman la comunidad. Para ello es importante *poner en marcha los Consejos de Pastoral* y, lo que es más difícil, mantener el dinamismo correcto de este instrumento de diálogo pastoral, aconsejado por el Concilio Vaticano II a nivel diocesano y, posteriormente aconsejado también a nivel parroquial[15].

Esto supone un cambio de mentalidad. Muchos, cuando piensan en la parroquia, están pensando en un territorio. El Concilio Vaticano II se refiere a la comunidad parroquial cuando habla de las asambleas locales de los fieles[16].

Esta visión positiva de la parroquia no siempre ha funcionado en la práctica. Unas veces se confunde la parroquia con el territorio. Otras, se han consumido las energías en los elementos organizativos y se han olvidado las necesidades de las personas. En otros momentos los elementos ideológicos han estado por encima de las necesidades pastorales.

También, ha habido instantes que, por falta de profundidad teológica, ha sido un lugar de actividades más que un lugar de educación de la vida. Finalmente, algunas veces, ha ejercido más un dominio que un servicio. Cuando las cosas han funcionado de esta manera, la parroquia en lugar de ser una célula viva de la Iglesia, o comunidad cristiana estable y abierta al mundo, se

[15] *Comunidad en marcha. Nuestra realidad parroquial*, Consejo de Pastoral, Fraga 1975.

[16] *L.G.*, 28; *A.A.*, 10; *Ad G.*, 15.

ha convertido en un espacio administrativo, incluso burocrático y esclerotizado.

La renovación de la parroquia pasa por un pacto de *cooperación comunitario* entre todo el pueblo cristiano, los grupos de vida y los grupos de acción intraeclesial, coordinado por un Consejo de Pastoral y el equipo de presbíteros, a través del cultivo de la corresponsabilidad. La parroquia renovada es esencial para la renovación de la Iglesia en general.

b) *Las comunidades de base, elementos dinamizadores de la vida eclesial*

Las comunidades de base son pequeñas comunidades que pretenden establecer una relación, concreta y existencial, entre la vida real y la fe de los que la forman.

Por ellas mismas no son una contraposición a la parroquia, comunidad de comunidades, pero sí son una alternativa a la parroquia de signo burocrático y administrativo.

Históricamente algunas de las comunidades de base han tenido un fuerte componente de contestación a la situación establecida, y se han mantenido más por una crítica de la situación ideológica (de poder económico, de dominio, etc.), que no por la alternativa positiva que significaban para el bien común de la Iglesia Universal.

Otras comunidades de base han nacido como un intento de encontrar respuesta ante los diversos desafíos planteados por la realidad. Aunque estas comunidades de base se han desarrollado por todo el mundo, es en Latinoamérica donde han adquirido un desarrollo cuantitativo significativo para la vida de la Iglesia Universal.

La clave teológica para la viabilidad de las comunidades de base está en la capacidad de realizar todos los elementos de la vida cristiana en el interior de la pequeña comunidad. El estatuto, pues, de las comunidades de base es el estatuto teológico de la Iglesia (LG, 26). Este estatuto no es otro que el que hemos formulado al hablar de la Teología Pastoral fundamental, de la Teología Pastoral especial y en los criterios orientadores que hemos descrito al empezar este capítulo.

Puestas estas condiciones, que son generales para todas las estructuras pastorales, hemos de afirmar la validez de las comunidades de base para la renovación de la pastoral.

Las parroquias responden a una necesidad de vivir la fe y el seguimiento de Jesucristo en apertura a toda la comunidad, sin distinción de edades, sexo, ideologías y situaciones sociales. En este sentido ponen de relieve la catolicidad de la fe.

El arraigo de las comunidades de base en la Iglesia Local y en la Iglesia Universal ha de ser un elemento constitutivo y definidor de las mismas.

Las comunidades de base pueden realizar esta integración al igual que las parroquias territoriales o personales. Realizada esta integración, reúnen las condiciones para ser consideradas como estructuras básicas de la pastoral.

Las comunidades de base también responden a una necesidad vital de la persona, principalmente en las grandes ciudades, donde el anonimato de las personas ha hecho que cada uno se convierta en una isla. Es la necesidad de concretar la comunidad y la necesidad de compartir afectiva y efectivamente.

Así como la parroquia tiene una larga tradición histórica, las comunidades de base son unas estructuras sociológicamente más recientes, aunque eran muy normales y habituales en la primera Iglesia. En la versión actual, las comunidades de base responden a problemáticas muy diversas. Por eso, existe una gran variedad de modelos, que no podemos analizar en este trabajo, pero que son el signo de una gran vitalidad y desarrolo de este instrumento pastoral al servicio de la vida. En el número 58 de la *Evangelii Nuntiandi* podemos encontrar una descripción y una valoración teológica de los diversos modelos.

El valor fundamental de las comunidades de base es la acentuación de la comunión, a nivel de relaciones interpersonales, la posibilidad de elaborar unas actividades evangelizadoras adecuadas y la capacidad de traducir estas actividades en proyectos operativos humanamente evaluables.

El problema de esta estructura pastoral puede venir de la falta de autocrítica y apertura a la catolicidad. En este caso, la comunidad de base, más que en una estructura pastoral, se convertiría en un grupo de terapia.

Esta posible dificultad puede ser superada mediante la relación con las otras comuniddes y con la Iglesia Local, reunida alrededor del obispo.

Las contradicciones que hemos vivido, como consecuencia de considerar a la parroquia o a la comunidad de base como alternativas absolutas, han limitado la vida de la parroquia y la vida de las comunidades de base. La experiencia que hemos acumulado sugiere un cambio de actitudes que, dejando la confrontación o la coexistencia sin diálogo, inicie un análisis objetivo de las dos estructuras en la línea de la convergencia y la complementariedad. Este diálogo, que no ha de ser abstracto sino concreto y a partir de la realidad vivida, será beneficioso para estas dos estructuras básicas de la pastoral.

c) *Los movimientos apostólicos, mediaciones educadoras y evangelizadoras*

Los movimientos apostólicos son organizaciones pastorales de base para educar la fe de sus miembros, a partir de la vida, y para testimoniar el Evangelio en el mundo, a partir del compromiso de los mismos. Su intuición fundamental procede de la Acción Católica y de la Juventud Obrera Católica que fundó el presbítero belga Joseph Cardijn.

Históricamente no son estructuras que nacen al margen de la Iglesia, sino que surgen de la vitalidad cristiana y de la clarividencia pastoral de algunos pastores ante el proceso de secularización del mundo. Responden, pues, a la necesidad urgente de construir unos puentes de comunicación entre la comunidad cristiana, las diversas situaciones y los diversos medios del mundo secular.

En su dimensión más profunda pretenden realizar una doble labor: aportar al interior de la Iglesia los problemas y las expectativas del mundo, y aportar al interior del mundo la luminosidad y la esperanza del Evangelio eclesial.

Si el mundo fuera cristiano, quizás, esta mediación educadora no haría falta, ya que habría bastante con las comunidades de vida cristiana. Sin embargo, las circunstancias presentes urgen la necesidad de estas estructuras pastorales de manera que, si no existieran, hoy se tendrían que inventar.

No es que las parroquias y las comunidades de base no puedan realizar una tarea evangelizadora. Sería totalmente injusto afirmar que estas estructuras pastorales no dan frutos evangelizadores. Pero, la comunidad cristiana no puede esperar que el mundo venga a su encuentro, es ella la que ha de ir al encuentro del mundo contemporáneo.

Este ir al encuentro del mundo contemporáneo, ha de realizarlo cada cristiano en su vida cotidiana, con plena libertad y creatividad. Pero la pastoral que quiera ser educadora, ha de suministrar a los cristianos en general, y en especial a aquellos que se quieran comprometer en contextos sociales más difíciles, unos medios pedagógicos que acompañen esta labor de evangelización de los ambientes.

Hemos vivido, y continuaremos viviendo, una fuerte polémica que pretende enfrentar a los movimientos apostólicos con las parroquias y viceversa. Esta polémica, de manera frecuente, es más visceral que racional. No obstante, no faltan críticas a realizar respecto a los movimientos apostólicos porque la experiencia que hemos vivido, al igual que las parroquias y las comunidades de base, es una experiencia ambigua, como lo es toda realización humana.

En cuanto a los aspectos positivos podemos señalar, entre otros, los siguientes: el haber situado el cristianismo en medio del mundo; la capacidad de vivir la fe en el flujo de la vida y haber establecido un diálogo real entre la vida concreta y la fe; el haber educado personas solidarias y críticas; la creación de un lenguaje teológico nuevo; la acentuación de la dimensión pedagógica de la organización, etc.

Entre los desafíos o contradicciones de los movimientos apostólicos podemos subrayar éstos: el número de sus miembros; la pérdida de la identidad cristiana que a veces se ha producido; la dificultad de encontrar los momentos catecumenales adecuados; la acusación de falta de espiritualidd; la absolutización de la propia experiencia; la dedicación que supone, etc.

Así como la parroquia es una estructura pastoral con una larga experiencia histórica, los movimientos apostólicos tienen una experiencia corta y es todavía difícil el hacer una valoración pastoral objetiva, crítica y sistemática de los mismos.

La dificultad de los movimientos apostólicos puede venir de la carencia de relación y comunión con otras realidades eclesiales. En este caso podrían perder una serie de elementos fundamenles de la vida cristiana, y podrían perder el arraigo teológico de la propia experiencia en el conjunto de la eclesialidad.

Esta dificultad puede ser superada mediante la coordinación interna diocesana, nacional, estatal e internacional. Es importante darse cuenta del instrumento pedagógico que esto representa cuando es vivido de una manera correcta y madura[17].

Los movimientos apostólicos son necesarios en la situación de pluralidad que vive el mundo, dividido en culturas y subculturas. Pero es sobre todo, en la búsqueda de una relación abierta con el mundo obrero, con el mundo rural, con el mundo universitario y con la juventud en general, cuando la necesidad pastoral de los movimientos apostólicos se hace más urgente. De otro modo, la Iglesia corre el peligro de hacerse sectorial en el mundo que se está configurando.

Los movimientos apostólicos acentúan el protagonismo del laicado, la dimensión corresponsable y evangelizadora, dentro de una pastoral misionera, por parte de todos los componentes de la Iglesia. Hemos visto, en los capítulos anteriores, que esta dimensión misionera constituye la prueba, para la correcta validez, de la vida interna de la comunidad cristiana. Dicho de otra forma, la comunidad que se reúne para orar y para celebrar la fe, es enviada al mundo para testificar la Buena Nueva y para comunicarla a toda la humanidad. Esta no es una labor de unos pocos, sino que es la responsabilidad de todos los bautizados.

Los movimientos apostólicos son una mediación pastoral, educadora y evangelizadora, que ha realizado su finalidad con más o menos acierto, pero no cabe ninguna duda de que, esta mediación, lleva en su interior una intuición y una llamada a toda la Iglesia, para que, toda ella, sea evangelizadora.

[17] *Els joves a l'Església i al Món*, editado por la Coordinadora de Movimientos Juveniles de la Diócesis de Lérida, Delegación de Pastoral de Juventud, Lérida 1982.

d) *Parroquias, comunidades de base y movimientos apostólicos*

En los apartados anteriores hemos descrito y valorado las posibilidades y dificultades de cada una de estas mediaciones pastorales. Hemos de afirmar también que, actualmente, estas mediaciones estructurales básicas de la acción pastoral son necesarias y complementarias porque ayudan a la vivencia de la fe y al aprendizaje del estilo de vida de Jesucristo. Lo que ocurre es que lo hacen respondiendo a situaciones diversas. Podemos decir que las contradicciones que hemos vivido, manifiestan que la situación está madura para una búsqueda de la complementariedad.

Las mediaciones estructurales educativas, cuando se convierten en un fin para ellas mismas, dan lugar a la confrontación y a la neutralización. Por esta razón, la realidad de la base eclesial, que gira alrededor de estas estructuras, necesita un replanteamiento en función de la especificidad y, al mismo tiempo, en función de la complementariedad.

A menudo se plantean como un dilema, por falta de profundidad antropológica y teológica, muchas alternativas que son complementarias. Es necesario, pues, analizar la realidad de estas tres mediaciones organizativas de la comunidad cristiana, en función de la especificidad y la complementariedad. El tema teológico de fondo es la relación entre la comunión y la evangelización.

Las parroquias, las comunidades de base y los movimientos apostólicos son tres estructuras que responden a situaciones diversas y acentúan aspectos diversos. En una perspectiva global, y de bien común son complementarias. Un diálogo que no sea ni irenista ni autoritario puede ayudar a profundizar esta complementariedad.

Detrás de las estructuras puede haber un mismo espíritu pastoral, y un mismo trabajo pedagógico, si se sabe distinguir entre las necesidad de unos equipos de base, que tienen como finalidad la formación de los cristianos, en su multidimensionalidad y solidaridad, y la necesidad de unos equipos de acción eclesial, que se preocupan de que no le falte nada a la comunidad global.

Los equipos de base eclesial pueden existir en el interior de las tres mediaciones. Tienen como finalidad, establecer un diálogo entre la vida concreta, con todas las cuestiones existenciales que ella suscita, y la fe cristiana. Son equipos gratuitos, en el sentido de que tienen como valor supremo la persona humana vista a la luz del designio de Dios. En principio, no pretenden nada más que ayudar a la persona a ser ella misma en su crecimiento. Normalmente, y fruto de este crecimiento personal, se deriva la exigencia de un compromiso, asumido consciente y personalmente, de servicio y transformación de las estructuras, al servicio de las personas, y un compromiso eclesial o de disponibilidad comunitaria.

Estos equipos se pueden dar en las tres mediaciones, pero no siempre se dan. En este caso las personas que forman el grupo pueden desarrollar un servicio durante cierto tiempo. Sin embargo, al estar detenidos en cuanto a su crecimiento personal se refiere, corren el peligro, a la larga, de agotarse, cansarse, e incluso quemarse.

Frecuentemente esto no pasa. La Teología Pastoral estructural educativa ha de ser crítica respecto de toda organización, a fin de que la organización esté al servicio de la persona, y consecuentemente, ha de ayudar a potenciar estos equipos de base o de solidaridad. La experiencia pastoral puede ayudar mucho a valorar la importancia de esta afirmación.

Los equipos de acción eclesial tienen como finalidad la función de cubrir las necesidades que el desarrollo de las comunidades comporta, como por ejemplo, los equipos de *catequesis*, de las diferentes edades, el grupo de *preparación de la liturgia*, el grupo de *cáritas*, grupos de *acción social*, la *comisión económica*, etc.[18].

Estos equipos de acción son funcionales y de servicio. Su marcha depende, en gran parte, de que los equipos de base funcionen correctamente y de una manera adulta.

Tanto las parroquias, como las comunidades de base y los movimientos, necesitan de este doble instrumento organizativo, a fin de cuidar la viabilidad de la comunidad cristiana en una perspectiva de futuro. Aunque tengan diferentes nombres, el espíritu que anima estas mediaciones ha de ser el mismo.

[18] *Comunidad en marcha. Nuestra realidad parroquial*, pp. 18-19.

Estas tres mediaciones de base se necesitan mutuamente puesto que, teniendo especificidades diversificadas, se complementan mutuamente. La parroquia, si quiere ser eficaz, necesita de las comunidades de base y de los movimientos de evangelización. La comunidad de base necesita de una relación comunitaria más amplia, que puede encontrar en la parroquia-comunidad abierta, y necesita de una solidaridad evangelizadora más amplia en los diversos medios, y esto lo puede encontrar en los movimientos evangelizadores. Los movimientos de evangelización necesitan de la comunidad abierta, de la asamblea de todos los hijos de Dios; y pueden hacer experiencia de comunión a través de la solidaridad con las comunidades de base y las parroquias.

Esta complementariedad supone un cambio de actitudes interiores por parte de todos. En especial, supone un crecimiento en la corresponsabilidad de todos los miembros de la Iglesia, la promoción de agentes de pastoral con base teológica y una reconversión del presbítero de la comunidad, el cual ha de ejercer una función de síntesis comunitaria en vez de una síntesis de todas las funciones de la misma comunidad.

e) *El arciprestazgo, nueva dimensión de la unidad pastoral*

La conexión entre la vida de la base cristiana —parroquias, comunidades de base y movimientos apostólicos— y los organismos eclesiales, requiere una estructura intermedia que enlace ambas realidades pastorales: el arciprestazgo. El arciprestazgo no es una mediación substantiva sino funcional, no obstante, es de vital importancia para las comunidades.

El arciprestazgo, sea territorial o sea funcional, puede realizar una labor integradora de la comunidad a un nivel más amplio, pero todavía de dimensiones humanas. Su objetivo es hacer converger la vida de la base eclesial, y todo su dinamismo apostólico personal, grupal e institucional, hacia un proyecto común.

Es a nivel arciprestal cuando se puede realizar un plan conjunto sintiendo su necesidad, reflexionándolo, asimilándolo, adaptándolo, ejecutándolo y revisándolo[19].

[19] Ver la obra del obispo J. DELICADO BAEZA, *Pastoral diocesana al día*, Ed. Verbo Divino, Estella (Navarra) 1966, pp. 43-46.

Las estructuras de base se pueden relacionar entre ellas, puesto que una parroquia puede aglutinar al pueblo en general, a las comuniddes de base que haya, a los movimientos evangelizadores, relacionándolos a nivel de Consejo de Pastoral y situándolos al servicio de la asamblea dominical de todos los fieles y del pueblo en general. De esta manera las minorías activas están al servicio de la masa a la manera del fermento.

Ahora bien, eso no siempre es fácil por diversas causas. En los ambientes rurales, a causa del control social que critica todo intento de hacer algo que destaque respecto a los demás. En los ambientes urbanos, a causa de las limitaciones que supone la masificación de la ciudad, con las repercusiones que esto genera de cara a la parroquia, para dar soporte a todas las iniciativas, que no siempre son convergentes.

Es a nivel arciprestal, mediante una dinámica de grupo correcta y personalizadora, donde se puede dar soporte a todas estas iniciativas vivas de la base eclesial, y se pueden encontrar medios de relación, comunicación y convergencia. De esta manera, un equipo arciprestal integrado por presbíteros, religiosos y laicos, puede dar curso y situar en un proyecto de conjunto, más amplio y ordenado racionalmente, a la vida de la base.

Hay una objeción de entrada a esta propuesta. Muchos afirman que no estamos educados para la colaboración. Otros dicen que en la práctica esto no ha funcionado. Finalmente, otros dicen que el trabajo conjuntado frena la fuerza de las individualidades. Son objeciones existentes y reales. Sin embargo, una manera de actuar, a pesar de la fuerza de la inercia, siempre se puede cambiar. Lo que falta es estar convencidos de que con el cambio mejoraremos. El cambio siempre da miedo porque supone entrar en el terreno de lo desconocido, pero la grandeza de la persona humana se manifiesta, entre otras cosas, en su capacidad de mejorar a todos los niveles. La historia es un álbum de situaciones en las que se alternan mejoras con regresiones, pero va adelante gracias a los que tienen la osadía de mirar hacia el futuro y de perder el miedo. Por eso, el estilo individualista que ha imperado hasta ahora puede ser transformado mediante la práctica de un nuevo estilo más participativo.

La segunda objeción contra el trabajo de conjunto, procede del fracaso que muchas veces ha supuesto. Eso también es cierto. No es lo mismo hablar de trabajo de conjunto por primera vez que hacerlo después de haber tenido experiencias que no han tenido éxito. Así como la primera objeción se puede superar con la convicción de que las cosas son como son hasta que dejan de serlo, esta segunda dificultad supone una terapia. Es una objeción que no se puede superar con teorías. Solamente se puede superar con experiencias de signo positivo. No existe otro camino.

La tercera dificultad es positiva. El trabajo de conjunto, no es una defensa del individualismo, pero tampoco del gregarismo apersonal. Solamente un intento que recoja todas las potencialidades de cada persona y de todos los componentes del colectivo, tiene un camino abierto al futuro. El trabajo comunitario es siempre multidimensional, y por lo tanto, supone siempre un diálogo crítico y participativo. En principio, es mucho más limitado que el trabajo individual puesto que éste no exige ninguna adaptación. Ahora bien, el trabajo individual, exceptuando el caso de los genios y de los santos, está lleno de peligros. El primer peligro es la falta de crítica y autocrítica, lo cual genera muchos errores que se podrían haber evitado. El segundo peligro es el cansancio emotivo y afectivo que genera un tipo de personalidad, tal vez muy eficaz, pero frecuentemente corrosiva. El tercer peligro es la falta de operatividad, puesto que el que trabaja en solitario, mientras tiene capacidad de imaginación creadora va aportando, pero cuando se agota, no tiene suficientes elementos estimulantes de cara a la renovación y al propio reciclaje.

Sería necesario, pues, a pesar de la experiencia de fracaso que ha experimentado la pastoral de conjunto, iniciar de nuevo unos intentos de recuperación. Existen razones psicológicas que abonan este estilo pastoral. Las hay también de orden sociológico, porque la complejidad de la vida actual hace que no haya nadie tan autosuficiente como para dar respuesta a toda la problemática. Pero la razón fundamental que ratifica esta recuperación es de orden evangélico. La misión es encomendada a la Iglesia, y el signo que puedc avalar, ante el mundo de hoy, la autenticidad de esta misión es la acción conjuntada de la comunidad. Esta acción ha de superar el individualismo sin caer en el gregarismo apersonal. Este aprendizaje será sin duda difícil, pero el futuro nos llama a caminar en esta dirección.

Existen experiencias, aunque todavía no muchas, que atestiguan esta posibilidad. Sin citar ninguna por su ubicación geográfica, ya que no quiero personalizar, pienso que es conveniente hacer alguna referencia a estas experiencias que, con su realización, señalan el futuro.

A nivel rural la *comarca natural* puede dar soporte a este estilo pastoral. El instrumento clave es doble: por un lado la configuración del grupo mediante el pacto de la cooperación, y por otro lado, el Consejo de Pastoral Comarcal como instrumento comunitario al servicio de la solidaridad. En los casos en los que se dan estas dos condiciones, el Consejo de Pastoral, u otros instrumentos parecidos, vigilan la marcha de la evangelización, de la catequesis, de las celebraciones litúrgicas; dan soporte a los movimientos de niños, de jóvenes y de adultos, más amplios que la parroquia; enlazan el arciprestazgo con la vida de la diócesis; convocan asambleas generales comarcales en las cuales abordan el balance de la situación, se revisa y se planifica de cara al futuro. Esto supone un rodaje largo que no siempre es creciente, puesto que existen las crisis correspondientes, pero es un camino viable.

El éxito de estas experiencias pastorales depende en gran medida del soporte que tengan desde las estructuras diocesanas y, en especial, del obispo local. En su funcionamiento cotidiano, dependen también, en gran parte, de la labor integradora que realicen los presbíteros de los diferentes núcleos del arciprestazgo. No obstante, cada vez más la comarca condicionará la vida de los pueblos que la integran porque habrá más servicios centralizados en el núcleo comarcal principal. Por eso, la vida sociocultural conducirá cada vez más a que, sin perder la iniciativa espontánea de cada pueblo, se tienda a compartir la realidad, la fe y la vida eclesial de todos los núcleos parroquiales de la comarca.

Algo parecido podemos decir de los arciprestazgos de las poblaciones urbanas. Cada parroquia es una casa de puertas abiertas para todos y por tanto, tiene pleno sentido pastoral, pero, para realizar una tarea más creadora y autosatisfactoria, se hace cada vez más necesario el compartir y el trabajar más racionalmente, puesto que un conjunto de parroquias de una misma zona pastoral puede realizar un análisis de la realidad más profundo, puede hacer una escala de prioridades adecuada, puede distribuir responsabilidades entre las diversas parroquias que lo componen, puede integrar a las comunidades de base y a los movimientos apostólicos de una manera solidaria y correcta, puede simplificar la burocracia, puede distribuir de una manera más eficiente los agentes de pastoral disponibles; puede, en definitiva, preparar, realizar y revisar un proyecto conjuntado de pastoral que sea mucho más atrayente y que suscite vocaciones consagradas al servicio pleno y total de la comunidad.

Al igual que los arciprestazgos rurales, estas realidades urbanas necesitan del apoyo de la diócesis y de un equipo de presbíteros que trabajen armónicamente y en solidaridad. En caso de no darse estas condiciones, casi diría que es imposible un trabajo de conjunto.

El elemento clave de la vida del arciprestazgo es el equipo de presbíteros que trabajan en el mismo. El instrumento es el Consejo de Pastoral integrado por representantes de todo el Pueblo de Dios, de la base popular, de las comunidades de base, de los movimientos apostólicos y de los servicios pastorales.

Estas diversas realidades, teológicamente expresan toda la riqueza del Pueblo de Dios, antropológicamente expresan la fuerza del diálogo, del compartir y de la unidad basada en la caridad, y afectivamente pueden ofrecer las bases internas para la comunión, la solidaridad, y la infraestructura para la misión evangelizadora y el servicio del pueblo.

No todos los arciprestazgos han de tener una base territorial. También puede haber arciprestazgos funcionales, a partir de situaciones pastorales especiales y de compromisos colectivos eclesiales que piden una especial dedicación. Aunque no se han de multiplicar sin necesidad, se deben promover siempre que la vida y la realidad lo exijan de cara al bien común.

El objetivo de esta estructura intermedia es el servicio a la persona humana, la búsqueda de interrelaciones humanas adultas entre todos los agentes de la pastoral, y entre ellos y el pueblo cristiano.

Los presbíteros tienen la función de evangelizar y catequizar, proclamando el Evangelio, actualizándolo en las condiciones personales y socio-culturales de la comunidad, y tienen la función de acompañar a los agentes de pastoral en su desarrollo integral y en su vida cristiana. Esto lo pueden realizar mediante el estudio de la Palabra, siempre atentos a la vida y a los problemas mas vitales, denunciando las injusticias y los pecados, anunciando la esperanza teologal que brota del Evangelio. Esta es la primera labor de los presbíteros[20]. Esta tarea supone la formación de los cristianos y la guía de la comunidad, abriéndola a la Iglesia Local y Universal. Eso supone una unidad madura entre los propios presbíteros, entre los presbíteros y el obispo, y una disposición de servicio pastoral cuando sea y donde sea. Con estas bases se pueden crear las condiciones objetivas para una celebración litúrgica teológicamente correcta. La razón está en que la Iglesia de la Palabra tiende a ser la Iglesia del Sacramento, es decir, a la constitución de una comunidad bautismal, eucarística y de oración.

Dado que una comunidad eucarística es siempre misionera, la última evaluación de la cualidad comunitaria y de la cualidad de un arciprestazgo, es necesario buscarla en la capacidad de dar testimonio de la resurrección de Jesucristo, de las bienaventuranzas y de la práctica de la caridad teologal o de las obras de misericordia.

f) *Las delegaciones y las estructuras diocesanas*

Hemos visto cómo el arciprestazgo puede estar al servicio de la vida de la base eclesial, es decir, de las parroquias, las comunidades de base y los movimientos apostólicos. Sin embargo, la Iglesia plenamente constituida es el Pueblo de Dios reunido alrededor del obispo: comunidad que escucha la Palabra, celebra la eucaristía y los sacramentos, que está al servicio del mundo y abierta a la universalidad.

[20] *L.G.*, 28; *P.O.*, 4.

Por eso, juntamente con la vida que brota de la base eclesial y es movida por el Espíritu, hay que dar la máxima importancia al impulso de vida que brota del obispo como sucesor de los Apóstoles, con sus delegaciones diocesanas, con el Consejo Presbiteral y el Consejo Pastoral Diocesano.

Una lectura teológica muestra cómo estas realidades no son superestructuras, sino expresión de la vida de la Iglesia Local y de su dinamismo apostólico. Una lectura crítica nos indicará si funcionan mejor o peor; si están al servicio de la vida o bien se aprovechan de ella; si llevan a cabo una actuación profunda o superficial. Sin embargo hay que hacer esta lectura crítica simultáneamente con la lectura teológica y pastoral, porque no podemos separar la fe de la vida.

Hay un doble movimiento que dinamiza la pastoral: el que nace de la base y llega al núcleo de la Iglesia Local; y el que nace del obispo, el presbiterio y el pueblo, el cual, dinamiza la base eclesial, abriéndola a la comunión universal. Las estructuras pastorales han de dar curso a este doble dinamismo. Ni todo es de arriba a abajo en pastoral, ni todo es de abajo a arriba, sino que es el encuentro de ambos dinamismos convirtiéndose en historia viva.

Ya hemos visto cómo la vida de la base puede, mediante el arciprestazgo, vitalizar la vida diocesana. Ahora tenemos que ver cómo la vida diocesana puede dinamizar la realidad de la base eclesial. Esto supone una reflexión teológica sobre la función pastoral del obispo, la búsqueda del sentido de las delegaciones diocesanas y de los máximos organismos diocesanos, el Consejo Presbiteral y el Consejo Pastoral.

El obispo, al ser sucesor de los Apóstoles y testigo cualificado de la resurrección de Jesucristo, tiene la misión pastoral de confirmar en la fe, velar por la comunión de la Iglesia Local reunida en torno de la Palabra y el Sacramento, y de anunciar, con el presbiterio y el pueblo, el Evangelio a toda la humanidad. En esta labor es corresponsable con el Colegio Episcopal y el Obispo de Roma.

Si el presbítero, en la parroquia, tiene la función pastoral de la síntesis comunitaria, y no la síntesis de todas las funciones, el obispo dc la Iglesia Local es por antonomasia el vínculo de la unidad evangélica en la diócesis. Realiza esta misión acogiendo, asumiendo y confirmando en la fe la vida del pueblo por un lado, y por otro lado impulsando la misma vida hacia la solidaridad y la comunión católica y apostólica.

Este carisma personal, y esta función pastoral no son delegables, pero, como es evidente, necesita de unas mediaciones para hacer operativa esta dimensión esencial de su ministerio pastoral.

Las delegaciones diocesanas son mediaciones pastorales que ayudan al obispo en el ejercicio de su ministerio episcopal, a fin de que la misión se realice en todas las dimensiones de la vida de la Iglesia Local y llegue a todas las situaciones y necesidades del pueblo. Unas delegaciones son permanentes: los ministerios, la liturgia, la catequesis, la asistencia social y la caridad, el apostolado seglar, la delegación de los religiosos, la economía y la administración, los medios de comunicación social, la pastoral sanitaria, etc. Otras delegaciones pueden ser ocasionales y en función de las necesidades coyunturales de la vida de la diócesis: una campaña determinada, una asamblea diocesana, etc.

La clave del funcionamiento de las delegaciones está en la capacidad de establecer un diálogo maduro con el obispo y el Consejo Presbiteral y Pastoral por un lado y, por otro lado, en la capacidad de respetar, asumir e impulsar la vida de la base eclesial, principalmente mediante un contacto permanente con los arciprestazgos, siempre que éstos funcionen y acojan las realidades parroquiales, las comunidades de base y los movimientos apostólicos.

Esto supone un pacto de cooperación en todos y cada uno de los niveles. Esta actitud se puede ir asumiendo en la medida que se den las condiciones objetivas que lo hagan real, efectivo y viable.

Toda la vida de la Iglesia Local necesita, pues, de un proyecto común a fin de desplegar una pastoral de conjunto realista y operativa. Aquí se ve la urgencia del funcionamiento adecuado del Consejo Presbiteral y del Consejo Pastoral.

El Consejo Presbiteral es la junta o senado de los presbíteros representantes del presbiterio diocesano, que con sus consejos ayudan al obispo en la conducción de la diócesis, es decir, en su ministerio profético, santificador y de gobierno de la diócesis. En este consejo, el obispo escucha a los presbíteros, les consulta, y trata con ellos sobre las necesidades del trabajo pastoral para el bien de la diócesis[21].

Dada la falta de entrenamiento para un diálogo maduro, todavía no podemos decir que se hayan alcanzado los resultados deseables. Sin embargo, el Consejo Presbiteral señala la vía pedagógica para un mayor crecimiento de la vida de la Iglesia Local, y la vía teológica para la concreción de la corresponsabilidad eclesial. Esto requiere una mentalidad participativa nueva y una capacidad de comprensión y crítica maduras para avanzar hacia la consecución del bien común.

El Consejo Pastoral Diocesano representa al Pueblo de Dios en la diversidad de sus condiciones y en la unidad de la misión redentora; tiene la finalidad de ayudar al obispo en la constatación de la realidad, en el análisis y estudio de la misma, en la proposición de caminos que promuevan la conformidad de la vida y la acción del Pueblo de Dios con el Evangelio[22].

El Decreto del Concilio Vaticano II sobre el oficio pastoral de los obispos en la Iglesia dice: «Es muy deseable que se instituya en cada diócesis un Consejo Pastoral, presidido por el mismo obispo diocesano, en el cual tomen parte clérigos, religiosos y laicos especialmente escogidos. Será propio de este Consejo estudiar todo lo que se refiere al trabajo pastoral, examinarlo y formular conclusiones prácticas sobre estas materias»[23].

No hay demasiadas experiencias en cuanto a la institución de Consejos Pastorales Diocesanos. Ciertamente, suponen una coordinación previa de la vida de la base eclesial, a fin de asegurar la representatividad del laicado en los Consejos, lo que no es siempre fácil. Pero, en una perspectiva de futuro, será un organismo fundamental que se tendrá que promover para defender y

[21] *P.O.*, 7; *Ecclesiae Sanctae*, 16.

[22] *Christus Dominus*, 27; *Ecclesiae Sanctae*, 16.

[23] Cf. J. Batlles, *El Consell de Pastoral, Centre de Estudis Pastorals*, Barcelona 1981, donde el autor hace un análisis detallado de los Consejos de Pastoral y su viabilidad en los diferentes niveles de Iglesia Local.

potenciar la vida de la Iglesia. Es preferible, pues, hacer una realización imperfecta —aunque es necesario asegurar que esté hecha con autenticidad— que no diferir la constitución del Consejo de una manera indefinida porque, a través de un diálogo maduro, podemos aprender de los errores, pero nunca de la inoperancia.

El Consejo Diocesano de Pastoral es, pues, un instrumento operativo para asumir la vida de la base eclesial, para establecer un diálogo de profundidad que ayude a superar las dificultades y contradicciones, y, como resultado de este diálogo evangélico, para proyectar la vida del pueblo cristiano al servicio pastoral del mundo. De esta manera, el Consejo Diocesano de Pastoral es un instrumento operativo al servicio del ministerio episcopal y de la vida cristiana del pueblo.

4. Valoración

Al finalizar esta reflexión sobre la teología pastoral estructural educativa, podemos concluir que las estructuras pastorales son necesarias para la vida del Pueblo de Dios que vive en el interior de la historia. También podemos afirmar que las estructuras pastorales no son una finalidad en sí mismas, sino mediaciones antropológicas y teológicas, al servicio de la vida cristiana.

La necesidad de las estructuras nos ha de ayudar a valorar los esfuerzos que hacemos entre todos para crearlas y mantenerlas, puesto que son caminos y vehículos al servicio de la vida comunitaria, configurada alrededor de la Palabra de Dios y el Espíritu para caminar hacia el Reino de Dios y para servir al mundo.

La función mediadora de las estructuras pastorales nos ha de hacer descubrir la necesidad de ser flexibles. Esta flexibilidad nos debería llevar a vivir una gran fidelidad a nuestra historia y a nuestras raíces pero, al mismo tiempo, una gran capacidad de adaptación a las nuevas necesiddes de la vida contemporánea.

Como paso previo hemos iniciado también una reflexión sobre las actitudes de fondo que han de acompañar el funcionamiento práctico de estas mediaciones. Las estructuras, por muy adecuadas que sean, dependen siempre de las personas que las utilizan. Las actitudes autoritarias conducen, a la corta o a la larga, siempre al fracaso y a la inoperancia. Las actitudes paternalistas rápidamente esconden la problemática o la confunden, llevando a la comunidad al desconcierto y a un diálogo inviable, y generando a la vez reacciones de resentimiento cuando la persona descubre la manipulación a la cual había estado sometido. Solamente las actitudes humanísticas y evangélicas acompañan hacia una situación, tal vez a corto plazo difícil, que permite hacer brotar los problemas existenciales, que hay en el interior de la comunidad, de una manera clara; pero a largo plazo estas actitudes abren un camino de realización comunitaria que se hace respetar por el mundo secular y crítico que nos ha tocado vivir, y generan un bienestar comunitario, al posibilitar la comunicación en profundidad.

Podemos decir finalmente, que la renovación de la pastoral pide la conversión, por parte de todos, presbíteros, religiosos y laicos. Una conversión a la solidaridad eclesial, operativa en la autenticidad a fin de poder reflexionar y actuar unidos, a partir de la valoración mutua y la participación corresponsable en las decisiones colectivas. Esta solidaridad requiere intimidad, en cada uno de los miembros de la comunidad, a fin de que el diálogo comunitario y la relación solidaria sea el resultado de una vida personal adulta.

A partir de aquí, es operativa la reflexión sobre las principales mediaciones estructurales básicas: la parroquia comunidad, las comunidades de base, los movimientos apostólicos, el arciprestazgo como célula básica de la pastoral de conjunto, y las delegaciones y organismos diocesanos como mediaciones del obispo local, sucesor de los Apóstoles, a fin de poder reunir en asamblea al pueblo cristiano, en torno de la Palabra, el Sacramento y la caridad, e impulsarlos hacia la evangelización del mundo.

Teología de la acción eclesial: Tesis teológicas

Para concluir el análisis realizado en esta primera parte del tratado, resumiremos ahora las afirmaciones teológicas fundamentales que han ido emergiendo a lo largo del camino recorrido. Suponen, pues, una reflexión previa como ocurre con toda síntesis. Pretenden también hacer unas sugerencias básicas y fundamentales al lector, a fin de que él, con iniciativa y creatividad, inicie un esfuerzo de elaboración de su propia síntesis.

No recogen todos los elementos que han ido saliendo, porque eso era objeto del análisis realizado. Intentan ofrecer una visión de conjunto, que pueda fundamentar la acción pastoral que se realice, en la perspectiva de la gran tradición eclesial.

Las tesis teológicas son las siguientes:

1. La Teología Pastoral es la ciencia teológica del «quehacer pascual», dentro de la Iglesia, de cara a la edificación del Cuerpo de Cristo, para el servicio del mundo.
2. La Palabra de Dios es el nexo de unión entre el discurso teológico como especulación (razón teórica) y el discurso teológico como comunicación (razón práctica).
3. La Teología Pastoral no es la dimensión tecnocrática de la teología, sino que es una eclesiología operativa que estudia la estructura y la función de la Iglesia en el mundo.
4. La Teología Pastoral, a fin de asegurar la autenticidad de la comunidad de Jesucristo glorioso, tiene unos criterios generales que nacen de Pascua y Pentecostés.
5. La Teología Pastoral fundamental estudia el paso del Misterio de la Palabra de Dios al Ministerio Eclesial, actualizador del quehacer pascual.

6. La Teología Pastoral se especializa en Teología Pastoral profética (kerigmática y catequética), en Teología Pastoral litúrgica y en la Teología Pastoral estructural educativa.

7. La Teología Pastoral profética estudia el anuncio del kerigma (evangelización) de cara a la conversión, y el acompañamiento catequético de cara a la iluminación hacia la madurez de fe.

8. Entre las mediaciones antropológicas básicas de la Teología Pastoral profética, es necesario subrayar la importancia de la cultura y la justicia.

9. La línea generadora de la acción del conjunto de las pastoral es la comunidad eucarística (contemplativa y bautismal), que celebra sacramentalmente el «Paso de Dios», lo testifica y lo anuncia. Este es el objetivo de la Teología Pastoral litúrgica, e incluso de toda la Teología Pastoral.

10. La teología pastoral estructural-educativa analiza las mediaciones eclesiales, antropológicas y teológicas, del quehacer pascual, desde las claves interpretativas de la encarnación, el discernimiento teológico y la solidaridad eclesial, para poder aprender y seguir el estilo de vida de Jesucristo.

11. La convivencialidad cotidiana en el amor de Jesucristo es el objeto final de la Teología Pastoral.

12. El resultado de la Teología Pastoral ha de ser la salvación de la persona entera: la inserción de esta persona dentro de la comunidad eclesial y en el mundo, es decir, la *comunión* de los hombres entre sí y con Dios.

SEGUNDA PARTE:

Criterios de acción
El ser y la acción de la Iglesia

Introducción a la segunda parte

En la primera parte de la Teología Pastoral hemos intentado reflexionar sobre la acción eclesial y su significación teológica y antropológica. Ha pretendido ser una teología académica sobre los elementos centrales de la Teología Pastoral. Las tesis finales han formulado las afirmaciones teológicas básicas del tratado.

En esta segunda parte, a partir de la doctrina teológica elaborada, vamos a reflexionar sobre la presencia de la Iglesia en el pueblo y en la cultura popular, porque los destinatarios de la acción pastoral son las personas y la comunidad popular, en su situación dinámica e histórica concreta.

De entrada, hay unas preguntas clave que pueden orientar este intento: ¿Qué hemos de hacer? ¿Cómo lo hemos de hacer? Son las preguntas que todos los proyectos comunitarios operativos, sean del tipo que sean, se han de plantear para enfocar la acción.

La Teología Pastoral también se ha de plantear un proyecto comunitario transformador, pero lo ha de hacer a la luz que nace de la Pascua y de Pentecostés.

El nuevo Derecho Canónico ha fijado muchas de las concreciones que configuran este proyecto pastoral. Estas concreciones, son los mínimos que se han de realizar a nivel de Iglesia Universal, sin que agoten toda la creatividad eclesial.

No se trata de buscar unas concreciones inmediatistas para todas las situaciones. Tampoco se trata de hacer un manual de las actuaciones pastorales que se han de llevar a término, puesto que cada situación eclesial, cultural y popular, pide una diversificación de actuaciones, una planificación diversa y unas prioridades adecuadas. El marco teológico de estas actuaciones viene configurado por la Teología Pastoral, y los mínimos de actuación vienen señalados por el Derecho.

Se trata pues, de relacionar los grandes objetivos de la Teología Pastoral con algunos de los problemas concretos más candentes de la comunidad cristiana, con las necesidades sentidas por la Iglesia en acción, por los agentes de pastoral, y con algunas de las cuestiones más vivas planteadas por las comunidades cristianas.

En esta segunda parte, nos proponemos trabajar algunos elementos *metodológicos* y *pedagógicos* de cara a un tratamiento correcto de la relación entre las necesidades sentidas y los objetivos del *quehacer pascual* dentro de la historia.

En el primer capítulo de esta segunda parte, reflexionaremos sobre la gestión participativa de la comunidad de fe. Esta gestión comunitaria tiene unos fundamentos, de los que es necesario ser consciente, y unas actitudes interiores que la han de guiar por caminos de crecimiento, de serenidad y de paz, hacia un horizonte comunitario solidario. En el trasfondo de este capítulo hay una pregunta clave que se tendría que poner todo agente de pastoral antes de comenzar a actuar: *¿Por dónde comenzamos a actuar?* No basta con tener una buena teoría y unas buenas intenciones. Es necesario encontrar un punto de partida correcto. En caso contrario se puede edificar en falso o sin perspectivas de futuro.

En el capítulo segundo, intentaremos describir el interior del agente de la pastoral. Nos hemos referido repetidas veces a los destinatarios de la acción pastoral, pero hemos de reflexionar también sobre los rasgos fundamentales y básicos que han de caracterizar el interior de los agentes de la misma acción pastoral. La pregunta que está en el trasfondo de este capítulo se da de manera implícita o refleja en torno de la acción: *¿Cómo y con qué actitudes he de realizar la labor pastoral?* No basta con hacer actividades pastorales. Es necesario educar la acción y la vida. Nos pararemos, de una manera especial, en la reflexión sobre el «rol» del presbítero, pastor de la comunidad.

La fidelidad al proyecto pastoral nos descubre la necesidad de unas bases operativas que hagan de soporte de la acción. En el capítulo tercero, trabajaremos estas *bases operativas de la comunidad*. La primera es la necesidad de alcanzar un estilo de acompañamiento de las personas en su crecimiento integral. La segunda, es la necesidad de hacer pactos de cooperación para trabajar en solidaridad. Estos dos elementos básicos generan fluidez en la dinámica de la comunidad, son el soporte antropológico de los agentes de la pastoral, y dan consistencia y profundidad al diseño de las tares pastorales.

En un cuarto capítulo, y a partir de los dos elementos que habremos trabajado en el capítulo anterior, iniciaremos una reflexión metodológica sobre *el diseño de las tareas pastorales*.

Al pasar a la acción, de ninguna manera podemos dar por supuesta la vida interior de la comunidad de fe que es esencialmente contemplativa y sacramental. Por eso, nos dedicaremos en esta introducción a subrayar los elementos básicos de esta vida interna comunitaria. En esta vida interna radican los campos de incidencia de la acción pastoral (pastoral profética, litúrgica y estructural educativa), y la posibilidad de profundizar en las cuestiones operativas que condicionan la labor cotidiana. Desde aquí podemos ir a la búsqueda de unos objetivos operativos y de una metodología concreta que pueda acompañar la realización de estos objetivos prácticos.

El hogar de la Iglesia, centro y fundamento de la acción pastoral

La condición de posibilidad de la misión es la comunidad cristiana entendida como hogar de filiación y de fraternidad. Cuando no se da esta condición, se pierde fácilmente el sentido autocrítico y entonces se desdibuja el horizonte, se pierde el sentido de solidaridad, no se realizan las necesidades básicas de la persona humana, y se pierde la fidelidad y la constancia; entonces los resultados de la acción son parciales sin conducir a una verdadera renovación.

Hay comunidad siempre que existe un colectivo de personas que tienen algo en común. La Iglesia es comunidad porque hay un colectivo de personas que tienen en común la fe y la fraternidad solidaria y apostólica que brota de la fe compartida.

La comunidad cristiana no es el resultado de la sabiduría humana, no es el resultado de una diplomacia sutil, no es el resultado de liderazgos humanos, no es el resultado de la acumulación de poder, sino que es engendrada por la Palabra de Dios (y esto pide contemplación); es alimentada y perfeccionada por la eucaristía (y esto pide celebración sacramental y simbólica); es orientada por el Espíritu (y esto pide oración incondicional y radicalmente abierta); y, solamente desde aquí, se exterioriza mediante la misión (y esto pide la acción como manifestación de la esperanza y como realización del amor teologal).

A la luz de estos elementos que acabamos de describir, nos damos cuenta que la condición de posibilidad de la Iglesia en acción es el «hogar de la Iglesia» donde contemplamos el «Paso de Dios» (Pascua), donde compartimos lo que hemos contemplado, donde celebramos simbólicamente y sacramentalmente esta presencia de Dios, y desde donde testificamos esta presencia, ante el mundo de las personas y las realidades cotidianas comunitarias y dinámicas.

Sin el «hogar de la Iglesia», la acción pastoral se convierte en un activismo y, entonces, no es posible la cualidad y la continuidad. En gran parte, la crisis que vivimos actualmente radica en esta carencia. Por eso, la verdadera renovación comienza por la reconstrucción del hogar eclesial. El Concilio Vaticano II comenzó sus esfuerzos renovadores por la renovación de la liturgia. Esta renovación fue el entorno vital de la renovación de la Iglesia, como Pueblo de Dios y Sacramento universal de salvación, al servicio de la persona humana, de la comunidad y del dinamismo de la historia. Hemos expresado esta convicción en la tesis n.º 9 de la primera parte (cfr. *supra* p. 150).

El «hogar eclesial» es un hogar pascual, es decir, una comunidad gozosa que sabe que ha pasado de la muerte a la vida.

Es un hogar *sencillo*, es decir, que sabe que está edificado sobre la pobreza humana enriquecida por la salvación de Jesucristo.

Es un hogar *dialogante*, es decir, una comunidad experta en comunicación y solidaridad.

Es un hogar *adulto*, es decir, una comunidad edificada sobre unas interrelaciones humanas maduras y una comunidad experta en humanismo trascendente.

Es un hogar *esperanzado*, es decir, una comunidad que no ha perdido sus raíces, pero que no mira al pasado sino al futuro de la historia, que es el futuro de Dios.

Es un hogar *corresponsable*, es decir, una comunidad donde todos somos protagonistas y sujetos.

Es un hogar *ministerial*, es decir, una comunidad donde todos tenemos nuestro lugar concreto y donde la grandeza es medida por la capacidad del servicio a todos, y, especialmente a los más débiles.

Es un hogar *misionero*, es decir, una comunidad que existimos no para nosotros mismos sino para realizar el encargo de Jesucristo de difundir la Buena Nueva hasta los confines de la tierra.

Podemos decir, pues, que el hogar eclesial es el ser interno de la Iglesia del que brota el obrar. El obrar sigue al ser interno, pero el obrar también perfecciona y da profundiad a este ser interno, puesto que es la realización del mismo.

No podemos dar por supuesto este ser interno. En esta segunda parte reflexionaremos en torno a esta dinámica interna de la comunidad, y en torno a los elementos pedagógicos que la configuran.

CAPÍTULO I

La relación y la gestión participativa en la comunidad

La validez de la Teología Pastoral emerge no de las teorías en sí mismas sino del servicio que pueda hacer a la Iglesia, Pueblo de Dios y Sacramento del Mundo, en su desarrollo práctico cotidiano. Es la vida de la Iglesia la que verifica el servicio teológico. Ambas, vida de la Iglesia y servicio teológico, han de avanzar unidas en un diálogo constante[1].

Pero en el momento presente, tal y como ha pasado en otras etapas históricas, hay el peligro de vivir separadamente la Iglesia que piensa (teología) y la Iglesia que actúa (pastoral). Es cierto que es difícil de alcanzar un equilibrio perfecto, de la misma manera que es siempre dificultoso encontrar un equilibrio entre la teoría y la práctica. Sin embargo, teoría y práctica, teología y pastoral, se necesitan mutuamente para avanzar en una perspectiva de futuro.

Dada esta dificultad, inherente a la condición humana, se dan diferentes actitudes. Hay una salida fácil que es la falta de valoración mutua entre teología y pastoral. Otra salida es la aceptación de la parcialización de la verdad que se piensa y la que se hace. Otra salida fácil es la ignorancia mutua.

Estas actitudes, ante la falta de comunicación entre teología y pastoral, generan unas consecuencias de las que es necesario hacerse consciente. Unos realizan una pastoral rutinaria en la que, aunque dedican muchas energías a la acción, domina el hacer siempre lo que se ha hecho, la inercia y la carencia de

[1] Ver *La praxi, lloc teològic*, «Qüestions de Vida Cristiana», 93 (1978), pp. 110-119.

creatividad. Otros dedican mucho esfuerzo a reflexionar y teorizar, sin llegar a producir resultados, y a la larga hay el peligro de vivir solamente a nivel de las ideas y confundir éstas con la realidad. Otros, también por falta de profundidad, creen que ante la complejidad de las cosas es necesaria una autoridad fuerte que decida a fin de evitar la fragmentación y las divisiones de la comunidad, lo cual genera un peligro de autoritarismo inaceptable para el hombre contemporáneo. Otros, simplificando la necesaria reflexión y planificación previas, tienden a construir unas estructuras comunitarias de tipo más organizativo que personalizador. Otras buscan ideologías que les ofrezcan un marco de seguridad, convirtiéndose a la larga en esclavos de la propia ideología. Otros, finalmente, inician las tareas y los servicios a realizar, pero lo hacen de una manera paternalista que, a la larga, no permite el crecimiento de la comunidad.

Detrás de estas afirmaciones, emergen unos problemas como: la falta de relación entre la fe personal y la comunitaria; la separación entre la pastoral de minorías y la popular; la falta de actualización de las instituciones al servicio de la persona; la carencia de líneas diocesanas consensuadas; un cierto miedo al mundo que nos ha tocado vivir; la relación entre el pluralismo y la comunión; la no afrontación de los problemas reales a nivel de calle; la falta de agilidad y de estructuras de diálogo que agoten todas las posibilidades, etc.

Hay también unas necesidades que pueden ser el punto de partida para una renovación del mundo: la necesidad de reencuentro personal; la necesidad de integración social; la necesidad de seguir a Jesucristo liberador en este mundo autónomo; la necesidad de una Iglesia cercana a la realidad integral de las personas; la necesidad de un protagonismo popular; la necesidad de un talante cristiano que sea arriesgado y seguro pero que no caiga en la autosuficiencia, en el dogmatismo o en la pusilanimidad; la necesidad de potenciar el sentido misionero; la necesidad de una organización sencilla al servicio de la vida; la necesidad de tener unos principios generadores de vida que sean críticos y solidarios.

Estas necesidades coinciden con las fundamentales y básicas de la persona humana: la seguridad, el afecto, la consideración, la inclusión en el grupo, la responsabilidad y la comunicación[2].

De esta realidad surgen muchas cuestiones que aparecen formuladas en el estudio sociológico de Modest Reixach, en las asambleas diocesanas, en las grandes cuestiones que se planteaban los vicarios de pastoral, y en los grandes temas que han sido objeto de reflexión estos últimos diez años en revistas especializadas de pastoral, como por ejemplo «Quaderns de Pastoral», «Qüestions de Vida Cristiana» y «Pastoral Misionera»[3].

En el número 190 de la revista «Concilium», dedicado a hacer un balance y una prospectiva de la revista teológica, hay un artículo titulado *Etapas de la Teología Pastoral*[4]. En este artículo los autores resumen los temas y las preocupaciones que han sido objeto de la reflexión de la Teología Pastoral desde antes del Concilio Vaticano II hasta nuestros días. También enumeran los temas monográficos pastorales tratados por la revista desde el año 1971 hasta el 1984. La temática tratada, que coincide con las grandes líneas de las revistas especializadas de nuestro país, gira alrededor de dos polos de atención: los problemas del mundo, especialmente de los marginados, y los problemas intraeclesiales y de la transmisión de la fe al mundo contemporáneo.

Estas son las cuestiones que he ido viviendo personalmente en mi experiencia pastoral directa a lo largo de quince años, desarrollada primero en el mundo rural, viviendo un proceso de renovación pastoral, en la comunidad parroquial de Fraga (Huesca) y, posteriormente, en la coordinación de la pastoral juvenil de la diócesis de Lérida. Esta experiencia directa ha sido compartida a nivel de pequeña comunidad, a nivel diocesano, interdiocesano e internacional.

[2] Podemos indicar alguna bibliografía básica: A. VERGOTE, *Psicología religiosa*, Taurus, Madrid 1969; D. CORKILLE BRIGGS, *El niño feliz*, Granica Ed., Buenos Aires 1972; A. BLAI, *Creatividad y plenitud de vida*, Ed. Iberia S.A., Barcelona 1973; del mismo autor, *Tensión, miedo y liberación interior*, Ed. CYNYS, Barcelona 1972; *Caminos de autorrealización*, Ed. CEDEL, Barcelona 1973; J. M.ª MAQUIRRIAIN, *El arte de vivir*, Ed. Dosbe, Madrid 1982.

[3] Escogemos estas revistas de pastoral para tener una visión del contexto catalán, español e internacional.

[4] V. ELIZONDO - N. GREINACHER, *Etapas de la Teología Pastoral*, «Concilium», 190 (1983) pp. 496-508.

Existe una fuerte coincidencia, pues, en los temas y las preocupaciones pastorales que nos afectan en el momento presente. De estos temas y preocupaciones surge una serie de cuestiones. Podemos subrayar algunas: ¿Cómo relacionarnos con la cotidianidad? ¿Cómo participar en la vida de la Iglesia sin traicionar la propia conciencia? ¿Cómo hacer que los pobres, los sencillos y los oprimidos se encuentren bien en la Iglesia? ¿Cómo relacionar la fe y el testimonio, la oración y el estudio, la catequesis y la liturgia? ¿Cómo reencontrar la unidad integral de la persona? ¿Cómo reencontrar un diálogo maduro entre la Iglesia jerárquica y la Iglesia de base? ¿Cómo alcanzar un temple misionero? ¿Cómo abrir caminos en el presente para preparar el futuro? Podríamos continuar la lista de cuestiones, pero con éstas hay bastantes para situarnos correctamente.

Este es el contexto en el que hemos de realizar nuestra acción pastoral. Por un lado, este gran número de cuestiones es tal vez abrumador, pero por otro lado estas carencias son una llamada a vivir en positivo el crecimiento real de la Iglesia.

La respuesta a estas cuestiones no es teórica sino que es radicalmente práctica. No es una respuesta individualista ni impersonal, sino que es una respuesta personal y comunitaria. Es una respuesta que quiere ser fiel simultáneamente al *quehacer pascual* y a las necesidades urgentes del mundo contemporáneo y de nuestro entorno cotidiano.

A la hora de pasar a la acción es necesario encontrar un punto de partida correcto y, entonces, nos preguntamos: ¿Qué hemos de hacer? ¿Por dónde empezamos? ¿Desde dónde empezamos? Todos nos hacemos estas preguntas, el presbítero en la parroquia, el consiliario en el movimiento, el dirigente laico en su labor, el catequista en su acción, el religioso en su ubicación eclesial y, en definitiva, el bautizado en su vivencia cristiana, en el mundo y en la comunidad. Antes de pasar a la acción es muy importante proponerse uno mismo estas preguntas puesto que en ellas está en juego la correcta orientación de toda la acción pastoral. Un error en los planteamientos, incluso cuando es pequeño, conduce a resultados negativos.

La Teología Pastoral es un intento de respuesta sistemática a los problemas que vive la comunidad y a las necesidades que plantea la realidad. No ha de proponer vivencias aisladas, ni elementos ideológicos alejados de la vida, sino que ha de proponer un sistema realista de respuesta a las múltiples preguntas de la realidad.

En este capítulo intentaremos contestar a esta pregunta básica: ¿Cuál es el punto de partida? ¿Por dónde comenzamos? Intentaremos mostrar que el punto de partida consiste en situarse en el interior de la comunidad, establecer unas interrelaciones teológica y antropológicamente correctas, y depositar la propia suerte en el bien común de la comunidad cristiana y del pueblo. Esta correcta ubicación conduce a superar el individualismo, a potenciar el desarrollo de la comunidad y a poner las condiciones para el crecimiento integral de la propia vida en toda su multidimensionalidad. Analizaremos estas afirmaciones.

En la acción pastoral no partimos nunca de cero, sino que hemos de ser conscientes que estamos situados en el interior de las interrelaciones y estructuras humanas. Hay dos elementos que nos vienen dados previamente a toda acción: la *eucaristía* y la *vecindad*. Ambas son unas estructuras de relación, que llevan el sello de la participación y que pastoralmente están en correlación.

La relación a la que nos referimos es la cotidiana, aquella que se vive con los vecinos de la escalera, de la calle, del barrio, del trabajo, y con los amigos; aquella que vivimos en la eucaristía dominical, en el equipo de catequistas, en los grupos de base, en el consejo de pastoral; aquella que se establece entre la parroquia, la comunidad de base y los movimientos apostólicos con las otras instituciones ciudadanas...

Esta relación nos viene dada por la vecindad y por la eucaristía. Asumida conscientemente nos puede dar el sentido de la realidad, una experiencia de comunicación sencilla, el reconocimiento de una comunidad potencialmente cristiana, la capacidad de superar el individualismo y no trabajar solos sino con los que nos relacionamos para ser compañeros de camino. El situarse correctamente en el interior de la trama interrelacional y estructural de la vecindad eucarística y cívica es el punto de partida de la acción pastoral.

Este punto de partida implica el reconocimiento de la comunidad como potencialmente cristiana, exige depositar la propia suerte en la comunidad, supone participar con el fin de que el tejido de la relación sea firme, y lleve al compromiso consciente y consecuente para hacer de la vecindad comunidad de oración y de misión.

Antes de planificar las actuaciones pastorales hemos de tomar conciencia de estos dos datos previos que nos vienen dados. Desde esta conciencia debemos decir que hemos de comenzar por no trabajar solos, sino al menos de «dos en dos» (Lc 10,1), y comenzar por buscar compañeros de camino entre la vecindad eucarística y cívica.

La relación lleva a la participación, y la participación conduce hacia la solidaridad. Compartir con los que nos relacionamos, para ser compañeros de camino, es el punto de partida correcto para vivir adecuadamente la fe, para dar respuesta a los problemas de la realidad inmediata y más global, y para hacer entre todos un proyecto pastoral apropiado y verdaderamente comunitario.

Si miramos el estilo de vida de Jesucristo en el Nuevo Testamento, veremos que ésta es su manera de ser. En su vida privada de Nazaret vive esta relación con el pueblo, y también en la sinagoga. En el desierto supera las tentaciones y hace las opciones fundamentales. En la vida pública está con el pueblo y parte de la vida, inicia a los discípulos en la profundidad, hasta que, habiendo pasado por la experiencia de la muerte y la resurrección, alcanzan una actitud plenamente evangelizadora y pastoral el día de Pentecostés[5].

El punto de partida de la acción pastoral es, pues, la superación del aislamiento individualista mediante la relación, la búsqueda de compañeros de camino en el interior de la eucaristía y la vecindad, y en definitiva, lo que técnicamente podemos expresar como realizar una gestión comunitaria participativa.

[5] Cfr. la eclesiología de San Lucas que aparece en el Evangelio y en los Hechos de los Apóstoles.

En un primer momento reflexionaremos sobre la dimensión más teológica del problema. En un segundo momento propondremos algunas concreciones o sugerencias de cara a la acción.

1. La corresponsabilidad teológica de la Iglesia en acción

La fe genera unas nuevas relaciones de los creyentes entre sí y de los creyentes con Dios. Estas nuevas relaciones generan un significado común que es el fondo de la comunidad. La comunidad de fe es la experiencia que conduce al hombre solitario a la solidaridad[6].

Esta solidaridad no puede ser el resultado de ningún autoritarismo, ni de la manipulación, ni del paternalismo, sino del compartir el proyecto común de la evangelización, del escuchar la Palabra de Dios, de la guía que procede del Espíritu y del perfeccionamiento que viene de la eucaristía. Así como podemos decir que no hay comunidad sin comunicación, podemos decir que no hay comunidad sin Palabra de Dios, sin acción del Espíritu y sin la celebración eucarística. La misión brota de este ser interior.

Esta realidad teológica nos hace tomar conciencia de que toda la actividad eclesial ha de estar impregnada del espíritu solidario, corresponsable y participativo que surge del interior del proyecto pascual. En caso contrario se produce una esquizofrenia entre el ser interior eclesial, esencialmente relacional, solidario y corresponsable, y la acción exteriorizada pastoral.

La Iglesia, teológicamente considerada, es una asamblea de comunión abierta a la universalidad. La comunión cristiana lleva a la universalidad. La universalidad sin comunión es un «eslogan» puramente verbal[7].

El talante participativo de la labor pastoral es teológico. No son las razones técnicas o de eficacia las que interpelan a la Iglesia hacia este estilo, sino la vida interior que brota de la fe.

[6] Cfr. el capítulo 14 de la obra de B. Lonergan, *Method in Theology*, titulado *Communications*, Darton, Longman and Todd, London 1972, pp. 356 ss.

[7] *L.G.*, cap. 2.

La fe nos hace descubrir que la salvación no es una organización exterior, sino un ser nuevo y un nuevo estilo de vida relacional, participativo, corresponsable, de comunión y colaboración. De otro modo estamos edificando una Iglesia normativa y y externa, desligada de las llamadas que nos hacen la Palabra de Dios, las necesidades básicas de la persona humana y el mundo en que vivimos.

Existen unas razones de orden antropológico que abonan este talante. La persona humana es vida interior pero, al mismo tiempo, es relación. El elemento relacional es constitutivo del ser humano profundo. Esto es válido para todas las dimensiones de la persona (trabajo, familia, amigos, sociedad, política, etc.) y, consecuentemente, es válido también para la vivencia de la fe y para la tarea evangelizadora y pastoral.

Una de las necesidades básicas de la persona humana es la comunicación. Sin comunicación, la persona humana se convierte en una isla, su interioridad se empobrece y su acción tiene el peligro de no ser ni personalizadora ni transformadora[8].

Si siempre ha sido así, podemos añadir que, el desarrollo de la persona humana en el mundo contemporáneo, ha puesto esta necesidad al nivel de una urgencia ineludible.

En todos los campos, y también en la acción pastoral, los francotiradores y las actitudes individualistas están condenadas al fracaso. Sin embargo, la actitud corresponsable no es una eliminación de la personalidad individual, sino que es la concurrencia de la personalidad de todos los componentes que quieran llevar a término una gestión participativa, en un diálogo de responsabilidad.

Existen otras razones que son de orden cristológico. El estilo de Jesucristo, que es el modelo de toda pastoral, no es individualista, ni aislado, sino que tiene dos dimensiones: la oración, la intimidad y la vida interior por un lado, y por el otro, la relación incondicional y gratuita con todas las personas que se encuentra por el camino.

[8] E. H. ERIKSON, *Identidad*, Ed. Taurus, Madrid 1980.

De esta manera, el estilo de Jesucristo anticipa un estilo comunitario que las ciencias modernas del hombre han presentado como camino hacia la madurez.

El resultado del estilo de Jesucristo será la siembra dentro de la historia, del hecho más importante y transformador que se haya producido en todos los siglos.

Jesucristo no realiza este estilo de vida con una élite, cultural o económicamente aristocrática, sino con unas personas del pueblo que, sin dejar de ser ellas mismas, llegarán a ser unas personas autónomas y solidarias[9].

La primera comunidad cristiana entiende este mensaje y, a pesar de haber hecho frente a muchos problemas, funcionará de una manera relacional, participativa, con gran creatividad y espontaneidad. Las bienaventuranzas serán las grandes catequesis comunitarias, generadoras de este estilo de vida, en la primera comunidad, y en las comunidades cristianas vivas a lo largo de todos los siglos.

Existen también unas razones de orden eclesiológico que abonan este talante relacional y participativo. El Concilio Vaticano II las ha resumido en la definición de la Iglesia como Pueblo de Dios. Esta afirmación no es un «eslogan», sino que es una llamada general a la renovación y a la conversión evangélica en la línea de la solidaridad[10].

En un pueblo no todo el mundo ejerce la misma labor, pero todos son iguales en dignidad, en derechos y obligaciones, y todos están llamados a aportar la propia especificidad. A veces, e incluso frecuentemente, hay unos sectores que se quieren hacer valer más que los otros, pero eso es el resultado de una etapa primaria y subdesarrollada de la conciencia crítica popular y de la vida humana. La madurez es solidaridad.

Cuando el pueblo entero se mueve, las élites o bien descubren la llamada al servicio, y entonces pueden realizar su aporte significativo, o bien toman posturas reaccionarias e integristas.

[9] Jesús de Nazaret no escoge a las élites dominantes, sino que se sitúa entre todos los hombres, pero desde los más pobres.

[10] El Vaticano II define a la Iglesia como *Pueblo de Dios* y como *Sacramento Universal de Salvación.*

En la Iglesia no ha de haber categorías sociales, sino que hay servicios diversificados e iguales en dignidad. Nadie puede pretender silenciar al pueblo sin traicionar las raíces del Evangelio. Quien quiera ser el más grande ha de ser el servidor[11].

Desde esta perspectiva, todo el mundo es diferente, por tanto, original y enriquecedor, y simultáneamente, todo el mundo necesita del otro puesto que es complementario de su propia originalidad. Este hecho exige una conversión al diálogo, en la profundidad y a corazón abierto. Evidentemente no es fácil, pero es una exigencia que brota del ser cristiano eclesial. La dificultad no elimina ni la exigencia ni la necesidad.

Existen también unas razones de orden espiritual. La espiritualidad viene del Espíritu Santo, y la pastoral, más que un proyecto humano y técnico, es una experiencia religiosa de fidelidad al Espíritu. No puede haber participación si se pierde de vista este hecho teológico.

Sin esta dimensión todos van a la búsqueda de metodologías pastorales, pero olvidan de que éstas han de estar en sintonía con el Espíritu[12].

Cuando este intento se hace real, y se da una sintonía con el Espíritu, los métodos aparecen como algo secundario, o por lo menos relativos, y la única instancia crítica de todos los comportamientos es la *fidelidad*: la fidelidad a la persona humana sin ningún tipo de discriminación; la fidelidad al seguimiento de Jesús según el Evangelio y la fidelidad a la vivencia de la solidaridad eclesial e histórica.

El Espíritu da la gracia a cada uno por el bien de todos. Existen muchos servicios —obispos, presbíteros, religiosos, catequistas, evangelizadores, programadores, teólogos, militantes insertados en el compromiso temporal, social y político, etc.— pero hay un solo motor que es el Espíritu y la gracia de Dios[13].

Los destinatarios de la acción pastoral se hacen sujetos activos de la misma pastoral, y los agentes activos de la pastoral

[11] Mc 9, 33-37.
[12] Rom 8, 26-30.
[13] 1 Cor 12.

también se hacen destinatarios de la acción pastoral. Es en la condición de miembros del Pueblo de Dios que se encuentran todos juntos y son colaboradores y corresponsables del quehacer pascual.

Este análisis es real, y tiene consecuencias pastorales importantes. Cuando hay gente implicada en las tareas pastorales hacen organizaciones y proyectos, pero cuando hay gente que quiere vivir en sintonía con el Espíritu surge la vida nueva y unos proyectos pastorales creadores de vida.

Los proyectos pastorales son necesarios, pero el motor eclesial es la gestión participativa de la comunidad que intenta ser dócil al Espíritu, el cual nos comunica el amor interno de Dios.

Existen, finalmente, unas razones de orden trinitario. La tarea de la Iglesia es preparar y esperar el reinado de Dios. El reinado de Dios es la participación de la vida de Dios. Podemos añadir que difícilmente se puede preparar y esperar esta participación en la vida de Dios sin admitir la participación de todos en la vida de la Iglesia. Desde esta perspectiva, la Iglesia no es una empresa, sino que es una comunión. Esta comunión se vacía de contenido y es un «eslogan» más, si no se valora la originalidad de cada persona y no se traduce esta valoración en un diálogo sobre todas las cuestiones que afectan a la vida de la comunidad[14].

Desde este marco de fondo, las diversas tareas pastorales y los diversos carismas, avanzan hacia un horizonte trascendente y significativo para la vida de la humanidad.

Estas diversas razones antropológicas, cristológicas, eclesiológicas, espirituales y trinitarias, abonan la necesidad urgente de renovar el talante de la Iglesia que ha de pasar de ser autoritario y paternalista a ser relacional, participativo, corresponsable y comunitario.

Solamente así, la Iglesia, en la manifestación personal de sus miembros y en las actuaciones y proyectos públicos de la comunidad como tal, se hace un signo ante el mundo secular y una casa abierta a todo el mundo. Entonces, las personas se pueden

[14] 1 Cor 13.

acercar sin miedo a ser manipuladas y con la esperanza de encontrar el camino de la salvación.

Hay un largo camino a recorrer para renovar la comunidad en esta perspectiva. Más que una tarea de sabios, eruditos y astutos, esto será una tarea de profetas. Más que una sabiduría humana, es sabiduría del Espíritu. Más que un manual, es poesía religiosa.

2. La relación y la participación, bases para la gestión comunitaria

La acción pastoral ha de dar respuesta a las necesidades urgentes del mundo contemporáneo, ya sea del entorno inmediato, ya sea de la situación mundial, y ha de ayudar a superar los problemas que obstaculizan la autoconstitución eclesial para poder transmitir la fe al mundo de nuestros días. Para poder realizar esta labor es necesario comenzar por situarse y relacionarse correctamente en la comunidad y la sociedad, a fin de poder encontrar compañeros de camino. La relación y la participación son las bases para una gestión comunitaria evangélica y humanística.

Al empezar una labor pastoral el camino fácil —fácil a pesar de sus escollos— es lanzarse a organizar actividades. No hace falta decir que las actividades son necesarias, puesto que realizan las intenciones pastorales mediante unos proyectos operativos.

Ahora bien, existe un paso previo a la organización de las actividades, y es la constitución de una primera célula viva cristiana. De hecho, Jesucristo envió a los discípulos a realizar las primeras acciones pastorales de dos en dos[15].

Esto supone la ascesis de superar el activismo y la eficacia inmediatista para potenciar una actitud más pedagógica y evangélica. Esta ascesis requiere una conversión del individualismo a la solidaridad y a la comunicación.

El primer paso a dar es la búsqueda de compañeros de camino en la fe y la acción pastoral. Es el primer paso que da Jesu-

[15] Ver la obra realizada en colaboración *De dos en dos. Apuntes sobre la fraternidad apostólica*, Sígueme, Salamanca 1980. Especialmente la aportación de M. Legido, pp. 73 ss.

cristo en el Evangelio y es el primer paso que la moderna pedagogía sugiere de cara a toda actuación que quiera ser personalizadora y generadora de vida.

Las organizaciones existen mientras haya alguien que las aguante. La transformación de las personas, en una perspectiva concientizadora y evangelizadora, supone empezar un itinerario viviente y un camino que no se para. Este camino personalizador es de unas repercusiones imprevisibles.

Analicemos esta afirmación. El objetivo de la pastoral es la salvación de la persona integral y la formación de apóstoles o misioneros eclesiales en medio del mundo. El resultado de la acción pastoral ha de ser éste. Todo lo demás son mediaciones pedagógicas y teológicas para alcanzar este objetivo.

El itinerario para alcanzar este objetivo no es nada fácil. No conduce hasta él ni la rutina, ni el idealismo, ni el activismo, ni el autoritarismo, ni el paternalismo. Conduce el crecimiento integral de la persona y de la comunidad[16].

Este crecimiento integral de la persona supone, por una parte, dar respuesta a todas las necesidades básicas de la persona. Entre éstas podemos destacar la necesidad de seguridad, afecto, consideración y valoración, la necesidad de sentirse incluido en el grupo, la necesidad de responsabilidad y la necesidad de comunicación. Por otro lado, supone empezar un proceso de maduración en el que se pase de las actitudes a-personales a las interpersonales, del aislamiento a la solidaridad, de la dependencia a la interdependencia, de la crítica insolidaria a la crítica creadora.

a) *Nivel personal*

En esta perspectiva pedagógica hay un primer nivel pastoral a alcanzar: la convivencialidad cotidiana en la comunicación. Las relaciones a-personales generan frialdad y distanciamiento. Las relaciones de dependencia generan actitudes infantiles y, al tomar conciencia, llevan a la confrontación y al rechazo. Las

[16] D. HARGREAVES, *Las relaciones interpersonales en la educación*, Ed. Narcea, Madrid 1977.

relaciones a-críticas llevan al estancamiento. Solamente una relación basada en la comunicación es personalizadora[17].

Esto que es válido a nivel de todas las relaciones humanas, es un elemento esencial para la acción pastoral. La vida pastoral es un espacio privilegiado para las relaciones interpersonales. Las cuales, solamente si están edificadas sobre la convivencialidad cotidiana en la comunicación, conducen a un crecimiento de las personas y, por tanto a la posibilidad de compartir la gestión comunitaria.

Un modelo perfecto de este primer nivel de participación lo encontramos repetidamente en el Evangelio. La narración de los primeros discípulos en el cuarto Evangelio (Jn 1, 35 ss), el caso de Nicodemo (Jn 3), la Samaritana (Jn 4), el ciego de nacimiento (Jn 5), etc., nos dan unos puntos de referencia para formular el itinerario teórico de la participación según el pensamiento evangélico.

Un primer elemento es partir de la vida real y no de la teoría. Es en la acción y en el interior de las personas donde están latentes las fuerzas positivas del crecimiento. El partir de la teoría conduce a la abstracción. El partir de la vida lleva a la concreción y a la comunicación.

Un segundo elemento es la reflexión compartida —al menos «de dos en dos»— a la luz de la persona de Jesucristo y del Evangelio. En esta reflexión compartida ha de haber una acogida mutua incondicional, pero también un espíritu crítico. Si solamente hay acogida, se crea un clima positivo pero un crecimiento débil. Si solamente hay crítica, no se dan las condiciones para cubrir las necesidades básicas de la persona. La acogida y la crítica generan la confianza y el crecimiento de la persona.

De la reflexión compartida, acogedora y crítica, a partir de la vida, emerge un compromiso transformador desde la realidad y con la realidad. El ritmo de este descubrimiento es diferente en cada persona y en cada situación, pero sólo un compromiso que surja de la maduración personal es positivo a la larga.

[17] T. Harris, *Yo estoy bien. Tu estás bien*, Grijalbo, Barcelona 1973.

Estos tres elementos son básicos para que la interrelación cotidiana en el despacho parroquial, en las reuniones, en la calle, etc., pueda llegar a ser una primera mediación en la búsqueda de compañeros de camino en la fe. Es una siembra lenta, sin término, que genera comunicación y participación.

En la vida de la Iglesia siempre ha existido este nivel pastoral. Ha tenido diversos nombres (dirección espiritual, trato pastoral, despacho parroquial, centros de acogida, etc.), pero actualmente es necesario verlo en una nueva dimensión más participativa. La conciencia colectiva rechaza todo tipo de relación que no se edifique sobre la igualdad.

Puede expresar muy bien este estilo de interrelación el término «acompañamiento». Acompañante es el que va al lado del otro, pero sin suplantar su protagonismo. No hace del otro un objeto, sino que le deja ser sujeto. En la tarea de acompañamiento continúa la intuición pastoral de la gran tradición, pero madurada en un talante humanístico y evangélico más participativo y solidario[18].

Esto no se puede programar, sino que es el resultado de cultivar una nueva sensibilidad más atenta a la persona, no directiva sino acogedora y crítica.

Lo que sí hemos de decir es que debemos practicar esta interrelación cotidiana en la convivencialidad y la comunicación con los que tenemos cerca. Hemos de partir de los que somos y tal como somos. No podemos situarnos en un idealismo que espera unos tiempos en los que las cosas serán diferentes. Este idealismo hace que nunca llegue el momento y, en cambio, mientras tanto, hemos perdido las posibilidades que nos ofrecía nuestro entorno. Es necesario partir, pues, de los que tenemos cerca, tal y como son, en su marco cultural y social.

En esta tarea de interrelación personal, no basta con la buena voluntad. Es necesaria una preparación. Esta preparación ha de venir de la lectura del Evangelio, que nos dará las actitudes

[18] B. PELEGRÍ, *Carta a los asesores*, «Newletter», Boletín informativo del Movimiento Internacional de Estudiantes Católicos (M.I.E.C.), Sección de Pax Romana, 3 (agosto) 1977.

cristianas, y de una preparación pedagógica y psicológica que nos dará las mediaciones humanas[19].

b) *Nivel estructural*

Hay un segundo nivel que es más estructural, sin dejar de ser interpersonal, y es la gestión participativa en la vida de las instituciones de la Iglesia.

Esta participación puede darse en la diócesis (parroquias, comunidades de base, delegaciones, movimientos apostólicos, consejos de pastoral) y puede darse también en las estructuras interdiocesanas e internacionales.

La gestión participativa a la que nos referimos no es una manera de infravalorar la autoridad pastoral, ni a nivel antropológico ni a nivel eclesial, puesto que la autoridad pastoral es necesaria y querida por Jesucristo.

Tampoco ha de ser una técnica administrativa usada por la autoridad pastoral a fin de alcanzar una participación práctica en todos los proyectos y huir de los conflictos. La manipulación y la carencia de autenticidad conducen siempre al fracaso[20].

No ha de ser ni rechazo de la autoridad pastoral ni utilización de la comunidad, sino el ejercicio de la autoridad en una perspectiva evangélica. Es un talante padagógico y evangélico que quiere aproximar los proyectos a la persona, a la que no se considera como un objeto sino como un sujeto, con una dinámica y unas energías internas, y a la comunidad que es considerada como expresión viva del Pueblo de Dios. Esta participación supone compartir las decisiones pastorales, fruto de un análisis de los objetivos, de las necesidades, de los intereses y de las competencias. También implica una participación en la gestión práctica de las decisiones tomadas.

Todo esto conlleva el paso de una dirección unipersonal a una gestión comunitaria. Este cambio afecta a todos los agentes de pastoral en general y a los responsables de las diversas comu-

[19] C. ROGERS, *El proceso de convertirse en persona*, Paidós, Buenos Aires 1981. Del mismo autor, *Psicoterapia centrada en el cliente*, Paidós, Buenos Aires 1981.

[20] Jn 13, 1-20.

nidades de una manera especial. Ha de ser el resultado de un proceso solidario en el que todos juntos analicen la realidad, detecten los signos de esperanza de esta realidad, hagan una lectura evangélica, busquen unos objetivos y unas mediaciones pastorales, y se repartan las responsabilidades en función del servicio, las necesidades y las aptitudes.

c) *Diversos niveles de gestión participativa*

La gestión participativa está configurada por diversos niveles. De menor a mayor podemos destacar los siguientes: compartir la información real, la consulta, la elaboración en común, la gestión participativa como tal, la delegación y la autogestión.

Un primer paso a dar, en la línea de la gestión participativa, es compartir la información real de la situación de la comunidad. Esta información ha de ser clara, concreta y objetiva. Ella hace que los pastores y el pueblo estén al corriente de la situación de la comunidad y, al explicar las razones de las decisiones tomadas, deja lugar a la reacción comunitaria.

Un segundo elemento configurador de una gestión participativa es la consulta. En este caso no se dan hechas las decisiones sino que los pastores y los dirigentes presentan un proyecto pidiendo a las personas y a los grupos su opinión, la cual podrá ser tenida en cuenta o no a la hora de la decisión final.

Un tercer paso es la elaboración común. En esta manera de participar, los dirigentes y la comunidad se plantean los problemas y buscan juntos las soluciones más adecuadas. Este nivel es ya mucho más comprometido porque supone un compromiso moral de llegar a un consenso e implicarse en las resoluciones.

Un cuarto elemento es la gestión participativa como tal. Los anteriores niveles suponen unos grados de participación. Sin embargo es a la hora de tomar decisiones cuando podemos hablar de una auténtica participación. Este nivel comporta, por parte de los pastores y del pueblo, plantearse los problemas juntos, estudiar las soluciones a las necesidades, y tomar corresponsablemente, en comunión, las decisiones. Es un nivel que compromete a todos a asumir los riesgos y las responsabilidades. Supone un aprendizaje comunitario y una madurez evangélica.

Un quinto paso es la delegación. En ella el pastor y el dirigente definen unos límites en cuanto a su actuación, y los diferentes grupos, de acuerdo con los pastores, toman sus propias decisiones. De cuando en cuando se encuentran y comparten la marcha de los diferentes organismos, teniendo en cuenta el bien común de la comunidad. Este nivel de participación es muy ventajoso porque responsabiliza, multiplica las fuerzas e inicia un camino de maduración comunitaria. Tiene sus riesgos pero, con unas estructuras de diálogo adulto, abre un horizonte de crecimiento de cara al futuro.

Un último paso, el que supone más madurez por parte de todos, es la autogestión. Esta es la situación en la que, dentro de unos límites o puntos de referencia básicos y evangélicos, se da lugar a la creatividad y a la iniciativa de todos en la gestión participativa comunitaria. La clave de este nivel está en haber hecho un diálogo comunitario a fondo; en dejarse criticar por el Evangelio; por la vida de la Iglesia y del mundo; en fijar muy bien los límites y los puntos de referencia; y en que los pastores, renunciando a ser una síntesis de todas las funciones, realicen una función de síntesis comunitaria en las mediaciones estructurales y fundamentalmente en la eucaristía.

Hemos descrito, de menor a mayor intensidad, los niveles que configuran una gestión participativa de la comunidad. Todos ellos comportan el nivel personal que hemos analizado antes. Hemos de reconocer que esta gestión participativa es difícil. De hecho es uno de los puntos más conflictivos que tenemos planteados a nivel intracomunitario. El hombre contemporáneo no quiere ser dependiente. Los intentos de hacer depender a los otros provocan una reacción de independencia que todavía es más problemática porque conduce a la disgregación. La gestión participativa quiere evitar la dependencia y la independencia, y quiere poner las bases para una actitud inter-dependiente[21].

La actitud inter-dependiente no es fácil de alcanzar, pero en la medida que se va forjando, potencia la colaboración, la complementariedad, la satisfacción vital, favorece el trabajo en equipo,

[21] A. DE PERETTI, *Libertad y relaciones humanas*, Marova, Madrid 1971.

la creatividad, la iniciativa, crea un calor humano, una integración de las personas, genera un crecimiento hacia la madurez, la libertad, la justicia y la alegría. En definitiva, potencia la autoridad pastoral, en el sentido más genuino de la palabra, que quiere decir, ser autor de la vida y generador de la comunidad cristiana.

Pero hemos de reconocer, que este camino participativo no es fácil puesto que ha de contar con las situaciones personales y eso hace que frecuentemente el ritmo inicial de trabajo sea lento, que afloren las tensiones que están latentes en una situación autoritaria, y que los afanes de protagonismo individualista bloqueen los procesos. Todos estos inconvenientes se pueden superar mediante el diálogo en la autenticidad, acompañado por el servicio de la autoridad pastoral[22].

Este estilo participativo comporta también algunas equivocaciones en la práctica. No obstante, es más educativo aprender a superar los errores en la libertad, que carecer de errores no teniendo libertad. Sobre esto nos puede enseñar, de manera óptima, la pedagogía de Jesucristo en el Evangelio. El dejó cometer errores a sus discípulos, pero los acompañaba siempre en la superación de los mismos y en el aprendizaje de la madurez[23].

A nivel pastoral no tenemos demasiada tradición en cuanto a llevar a término una gestión participativa. Hay pocas experiencias y quizás no han salido bien del todo. Es comprensible, pues, que muchos se planteen la participación como algo imposible, o bien como una complicación más, o como un idealismo irreal, pero estas objeciones comprensibles han de someterse a la crítica del Evangelio y a la crítica de la evolución de la pedagogía contemporánea.

El Evangelio invita a algo más que a una gestión participativa puesto que es una llamada a la comunión, al estilo de la vida trinitaria de Dios mismo. La profundización en esta verdad teológica puede contribuir a deshacer muchos miedos y puede dar el coraje y la confianza para una conversión profunda de las actitudes.

[22] Mt 7, 28 ss.
[23] Lc 10, 17 ss.

Por otra parte, la evolución del hombre contemporáneo, en una perspectiva democrática, cada vez aceptará menos las actitudes autoritarias o paternalistas, de manera que exceptuando el caso de que se quiera mantener la comunidad en un estadio infantil será necesario ensayar estos caminos participativos por exigencia de nuestro tiempo.

Todo esto es teoría hasta que se vayan realizando, de una manera más habitual, experiencias significativas de este nuevo estilo. No se puede pedir que todo el mundo realice este proceso simultáneamente pero es muy importante que haya gente, clarividente y arriesgada, que inicie este estilo participativo. De hecho ya se van dando con más a menos aciertos. En unos es una intuición y en otros una realidad vivida y verificada. Para la Iglesia es una necesidad que se convierte en esperanza activa en la medida que trabajamos aquello que queremos alcanzar. Razones antropológicas y teológicas no faltan. Es necesario promover experiencias significativas en esta dirección y continuar las que ya existen.

La convivencialidad cotidiana en la comunicación y la gestión participativa son las mediaciones que pueden ayudar al agente de la pastoral a buscar compañeros de camino en la fe y a encauzar la primera célula eclesial —en las parroquias, movimientos, comunidades, etc.— que es el soporte de cualquier programa o actuación pastoral que quiera tener futuro. Responde a la pregunta pastoral «¿por dónde empiezo?», que los agentes de pastoral, pastores y laicos, se han de poner a fin de que la acción pastoral tenga profundidad.

Podemos acabar este análisis sobre la relación y la gestión participativa en la comunidad con una sugerencia dirigida a todos: el punto de partida en la acción pastoral es superar el aislamiento individualista siendo fiel a la realidad de la vecindad y de la eucaristía, potenciando unas interrelaciones adultas con el pueblo, a fin de encontrar compañeros de camino con quienes compartir la gestión de la comunidad para ir realizando y viviendo la solidaridad.

Este punto de partida tiene repercusiones en todo planteamiento pastoral y en la acción cotidiana. Permite edificar desde la realidad de una manera humilde y sencilla pero sólida. Desde aquí es posible hacer frente a los problemas del mundo, a la búsqueda de una integración correcta de la Iglesia en el interior de la humanidad, a la potenciación de todo aquello que pueda contribuir a la valoración de la dignidad de la persona humana, y a la necesidad de cooperar en el interior de la comunidad cristiana para realizar la transmisión de la fe al mundo de hoy. Estos son los problemas básicos de la pastoral, y solamente es posible un intento de respuesta sólido desde estas bases.

Todo el mundo puede tomar iniciativas desde esta perspectiva. El obispo como apóstol de la Iglesia Local, los vicarios generales, los delegados diocesanos, los animadores de las comunidades, los dirigentes y responsables, los catequistas, y todo el pueblo cristiano en general, han de replantear este punto de partida para renovar la acción pastoral. Los cambios de actitud no producen resultados inmediatistas, pero a más largo plazo comportan una transformación profunda de la realidad. En las revistas especializadas de pastoral la descripción de muchas experiencias positivas de renovación pastoral han partido de un cambio de actitudes de fondo en la perspectiva que acabamos de mencionar[24].

Los niveles son diversos, las limitaciones y las situaciones también, pero la actitud de fondo ha de ser la misma para todos. Es la práctica la que critica la teoría, y es ésta la que ilumina y sugiere caminos cada vez más operativos de cara a una acción más personalizadora, transformadora, evangelizadora y eclesial.

[24] Ver el apartado de experiencias pastorales que aparecen en las revistas de pastoral citadas.

CAPÍTULO II

El agente de la pastoral

Hemos dedicado un esfuerzo importante a reflexionar teológicamente sobre la Iglesia en acción y sobre los destinatarios de esta acción pastoral. Esta labor supone unos hombres y unas mujeres dispuestos a llevarla a término bajo la acción del Espíritu. Estos hombres y estas mujeres son denominados los agentes de la pastoral[1].

En este capítulo reflexionaremos sobre estos agentes activos de la pastoral. Intentaremos reflexionar desde el interior del agente de la pastoral. Nos preguntaremos sobre qué tipos de agentes de pastoral necesita la Iglesia y el mundo de hoy, cuáles son sus rasgos básicos y fundamentales, cuáles son sus «roles» específicos, y cuál es la espiritualidad que los ha de animar.

En repetidas ocasiones nos hemos referido a la situación presente. Hemos observado que no es nada fácil: que está desafiada por muchos interrogantes, por problemas graves de planteamiento pastoral, por divisiones internas de la misma Iglesia, y por la perplejidad ante la tarea que es necesario realizar.

En un primer momento partiremos de la visión de conjunto expresada magistralmente en la *Evangelii Nuntiandi* de Pablo VI. Nos situará en las grandes corrientes del pensamiento y de la conciencia colectiva de la Iglesia Universal.

1 Cf. VARIOS, *Ministerio y ministerios según el N.T.*, Cristiandad, Madrid 1975; VARIOS, *Los ministerios laicales como cauce de responsabilidad en la pastoral de la Iglesia Local*, VIII Reunión General de Vicarios de Pastoral, Secretariado de la Comisión Episcopal de Pastoral, Madrid 1982; D. BOROBIO, *Ministerios laicales*, Sociedad de Educación Atenas, Madrid 1984.

En un segundo momento intentaremos profundizar en torno al fondo que configura al agente de pastoral interiormente. Detrás de ello hay una necesidad de superar una dedicación a la pastoral que sea excesivamente formalista, separada del ser de la persona, de sus intereses, de sus necesidades y de una perspectiva de liberación y salvación del propio agente.

En un tercer momento reflexionaremos sobre las actitudes que ha de tener el agente de pastoral a la hora de realizar la acción. Estas actitudes han de estar arraigadas en su ser interior, pero a la vez han de establecer un diálogo de profundidad con el mundo interior eclesial, con el mundo social e incluso secular.

En un último momento reflexionaremos sobre los diferentes «roles» o ministerios que realiza el conjunto de la acción pastoral. De una manera especial, analizaremos la labor específica del presbítero de la comunidad.

1. Las líneas maestras de la *Evangelii Nuntiandi*

El trasfondo teológico de la *Evangelii Nuntiandi* describe al agente de pastoral como un «elegido» (Gál 1, 15), que fruto del seguimiento de Jesucristo y de su identificación personal con El (Jn 12, 42), es «enviado» a la misión (Jn 20). El agente de pastoral, pues, es un miembro activo de la Iglesia que anuncia, celebra y testifica la Buena Nueva. Esta acción del agente de pastoral coincide con la misma misión de la Iglesia en la historia.

El capítulo sexto de la exhortación pastoral de Pablo VI analiza esta doctrina teológica. Comienza el análisis con la constatación de la importancia de los agentes de pastoral para realizar la misión de la Iglesia[2], constatando también la importancia de la solidaridad eclesial para la vida y la acción de los agentes de pastoral a nivel de Iglesia Universal y de Iglesia Particular[3].

A partir de este fondo eclesiológico introduce un elemento nuevo, muy importante por su significación histórica: es la necesidad de que el agente de pastoral, dentro de la fidelidad a la

[2] *Evangelii Nuntiandi*, 59.
[3] *Ibid.*, 60-62.

gran tradición de la fe, haga un esfuerzo de adaptación e inculturación del mensaje cristiano en el interior de las diversas culturas, razas y condicionamientos sociales[4]. Esta adaptación afecta a todos los campos de la pastoral: la liturgia, la catequesis, las estructuras secundarias, las formulaciones teológicas y los ministerios. Comporta una encarnación en las diversas lenguas, en sus signos y símbolos. Es verdad que esta labor es difícil y, por tanto, se ha de realizar con discernimiento, fidelidad total al mensaje cristiano y competencia. Pero debemos tener en cuenta «las aspiraciones mas profundas de los pueblos y de las comunidades humanas a encontrar cada vez más la propia fisonomía». Esta inculturación ha de ser realizada en un clima de apertura a la Iglesia Universal y al magisterio eclesial[5].

A partir de aquí, el documento habla de una diferenciación de tareas[6], y se plantea el «rol» del sucesor de Pedro[7], de los obispos y los presbíteros[8], de los religiosos[9], de los laicos[10], de la familia[11], de los jóvenes[12], y de los ministerios diversificados[13].

Esta diferenciación de tareas por un lado ha de ser fiel a los orígenes de la Iglesia, pero también ha de ser fiel a las necesidades actuales de la humanidad y de la misma Iglesia. Este pluralismo de ministerios está en función de la unidad de la Iglesia.

Concluye el análisis con una llamada a la creatividad cuando afirma que «estos ministerios, aparentemente nuevos pero muy vinculados a experiencias vividas por la Iglesia a lo largo de su existencia —por ejemplo los de catequistas, animadores de la oración y cantos, cristianos dedicados al servicio de la Palabra de Dios o a la asistencia de los hermanos necesitados y, finalmente, los responsables de pequeñas comunidades, de movimientos apostólicos o de otro tipo—, son preciosos para la

4 *Ibid.*, 65.
5 *Ibid.*, 64-65.
6 *Ibid.*, 66.
7 *Ibid.*, 67.
8 *Ibid.*, 68.
9 *Ibid.*, 69.
10 *Ibid.*, 70.
11 *Ibid.*, 71.
12 *Ibid.*, 72.
13 *Ibid.*, 73.

implantación, la vida y el crecimiento de la Iglesia, y para su capacidad de irradiar en torno de ella y hacia aquellos que están lejos»[14].

Este breve recorrido por el documento nos da una fundamentación teológica del ser del agente de pastoral, de su importancia para la vida de la Iglesia y para servir al mundo, de la pluralidad de los diferentes servicios, y de la necesidad de creatividad para responder a las nuevas necesidades del mundo de hoy.

2. El interior del agente de pastoral

La *Evangelii Nuntiandi* afirma, pues, la importancia y la trascendencia que tienen los agentes de pastoral para la Iglesia en acción. Su preparación no se ha de improvisar ya que las deficiencias repercuten en la marcha de la Iglesia y su labor en el mundo.

Los encuestados se refieren repetidamente a la necesidad de una adecuación entre los agentes de pastoral y las necesidades históricas del momento presente.

Afirman que el agente de pastoral ha de realizar su labor en un mundo de estrés, de comodidades y facilidades para algunos, de falta de lugares de trabajo para otros, un mundo de soledad, incomunicación, falta de interrelaciones humanas maduras, un mundo cada vez más programado y sin espacios para la reflexión, el silencio y la intimidad, un mundo bombardeado por las imágenes, un mundo que de manera frecuente ha perdido la esperanza histórica y la capacidad de admiración, un mundo positivista y que busca la eficacia como valor supremo, un mundo dinamizado por la ciencia y la técnica, controlado por el hedonismo y el consumo, un mundo de injusticias a nivel planetario, un mundo interpretado por el materialismo y los nuevos mesianismos ideológicos, un mundo a menudo deshumanizado, y un mundo que por otro lado está lleno de expectativas nuevas, de signos de esperanza fruto del esfuerzo de muchos y de miradas abiertas al futuro.

[14] *Ibid.*, 73, parágrafo 4.

Ante esta situación, los encuestados afirman también que es necesario fundamentar la organización más sobre los valores humanos que sobre bases exclusivamente económicas; es necesario edificarlo sobre el afán de libertad y autonomía; sobre el respeto a los derechos humanos y los derechos sociales; sobre el valor único e irrepetible de la persona, y sobre un realismo que acepta la racionalidad de la sociedad a la vez que realiza una labor profética de denuncia de todo aquello que vaya contra la dignidad de la persona o la comunidad, y que anuncia explícitamente la Buena Nueva a la humanidad.

Esta situación del mundo repercute sobre el agente de pastoral y condiciona su acción. Esto explica, en gran parte, la perplejidad en la que vivimos. Asimismo el agente de pastoral también realiza su labor condicionado por la situación interna de la Iglesia.

Todo eso abona la importancia de la preparación y la constitución interior del agente de pastoral. Una tarea tan importante y tan comprometida exige una adecuación interior apropiada y un equipamiento suficiente para la realización de la misma.

1. Un primer elemento configurador del interior del agente de pastoral es la asimilación de todo lo que hemos profundizado en el capítulo de la primera parte correspondiente al dinamismo direccional de la acción pastoral. La asimilación de este dinamismo aporta una *identidad interior* al situar las grandes preguntas internas que condicionan la solidez del ser interior y la capacidad de respuesta a los desafíos del mundo y de la historia.

Estas grandes cuestiones, que debemos tener planteadas y enfocadas giran alrededor de estas preguntas —aparecen repetidamente en la encuestas— y de estas interpelaciones: «¿quién soy yo para mí mismo?», «¿quién soy yo para la comunidad cristiana?», «¿quién soy yo para los otros?».

Estas cuestiones pueden ser planteadas y vividas a nivel de abstracción (en ese caso serían estériles), pero pueden ser también planteadas a nivel de concreciones cotidianas y, entonces, dan la clave de la identidad cristiana.

2. Un segundo elemento configurador del agente de pastoral es la *espiritualidad encarnada*. Por espiritualidad encarnada entendemos la capacidad de asunción de la vida cotidiana a la luz del Espíritu. Nos pararemos a analizar esta afirmación.

El agente de pastoral es una persona humana en crecimiento, es un creyente, es un cristiano, y es eclesial en su vivencia existencial. Eso pide, por una parte ir tejiendo su realización personal y, por otra, ir tejiendo su ser religioso en un diálogo constante entre ambas dimensiones de su existencia. Esto es muy exigente, tanto en su desarrollo interior como en el compromiso con los otros mediante la acción.

Este diálogo interior requiere una asunción de la realidad tal como es, y una docilidad a la guía del Espíritu. Esto es lo que entendemos por espiritualidad encarnada. Dicha espiritualidad supone concienciarse, y vivenciar en la práctica de cada día una serie de elementos entre los cuales podemos destacar los siguientes[15]:

a) *La realización de la persona humana comporta la realización de unos elementos activos o de creatividad, y la realización de unos elementos pasivos o de capacidad de encajar los acontecimientos externos*

Una lectura superficial de la existencia humana llega a hacer creer que la alegría y la paz interior son directamente proporcionales a la posibilidad de llevar a término las aspiraciones creativas de la persona humana. La experiencia hace ver, poco a poco, que siendo verdad este principio no es toda la verdad. De hecho, la maduración personal no solamente se realiza cuando vivimos temporadas de creatividad activa sino también cuando tenemos luminosidad y coraje para vivir creativamente y en paz aquellos desafíos que no hemos elegido pero que, al afectarnos directamente, nos condicionan.

Estas experiencias nos hacen descubrir que nadie es el centro del mundo o de la historia. Entonces, aunque condicionados, podemos llegar a ser protagonistas de la propia vida, mediante la conciencia crítica y el arraigo en Dios y en la comunidad.

b) *La creatividad humana requiere acción, y la pasión humana requiere contemplación y silencio*

La acción y la contemplación son los dos momentos del dinamismo interno del espíritu humano. La creatividad y la pasión potencian las dos dimensiones. De hecho no existe ninguna si-

[15] Manuscrito elaborado al terminar la etapa de 8 años de actividad pastoral en el mundo rural, titulado *Exigencias del ser cristiano*.

tuación creativa que no contenga elementos de pasión, y no hay ninguna situación de pasión que no pueda ser creativa.

La acción que surge de un espíritu contemplativo es creadora de verdad puesto que, al ser profunda, abre futuro y libertad para todos. La contemplación que llega a la acción marca a ésta con aquel tono que impide que las cosas sean banales, porque las imbuye de aquel grado de madurez que les da plenitud.

Este equilibrio interno no siempre es fácil, más bien es un aprendizaje que dura toda la vida. Es en un clima comunitario donde es posible ir haciendo la síntesis.

c) *El desafío más grande que pesa sobre la personalización está en la capacidad o incapacidad de asumir aquello que a primera vista parece inútil pero que es inevitable*

Vivimos un momento histórico en el cual el tercer mundo constituye una acusación a la humanidad sobre la urgencia de superar los problemas del hambre y las necesidades más primarias de la persona humana. El mundo acomodado ha superado el hambre física pero al mismo tiempo ha conducido a la persona humana a una situación de sufrimiento intelectivo y emocional considerables.

Después de vivir una etapa de optimismo, fruto de la aplicación tecnológica, los caminos de la humanidad se caracterizan más por la provisionalidad que por un horizonte de comprensión en el que predomine la esperanza.

Debemos asumir esta realidad y este desafío. La limitación biológica, la limitación intelectual, la limitación afectiva, y la limitación estructural nos resitúan como elementos minúsculos de un mundo infinito, en el cual es difícil ser sujetos de la historia. La asunción de estas realidades, en un planteamiento objetivo de la existencia, es la condición para el desarrollo personal y para abrir caminos de esperanza realistas.

Aquellos que tienen el coraje de hacer frente a los desafíos de la realidad y que van abriendo caminos de esperanza están haciendo un servicio muy importante a la humanidad.

d) *La fe cristiana siempre ha pretendido asumir los elementos activos de la realización personal, anunciando «unos cielos nuevos y una tierra nueva», y los elementos pasivos, al señalar el nacimiento del «hombre nuevo» constituido según la justicia y el amor verdaderos*

La espiritualidad encarnada asume la cotidianeidad a la luz del Espíritu. Esta es la aportación de la fe a la construcción del mundo.

Esta asunción supone vivir la vida de Dios a partir de todos los factores existenciales, y reorientarlo todo hacia el reinado de Dios. Implica que esta vida de Dios recentre el interior del creyente y lo reoriente hacia el exterior. Este recentramiento se hace patente en la valoración de la dignidad de la persona humana y de la comunidad. Esta valoración de la dignidad de la persona y de la comunidad debe vivirse en el presente como un fluir de la vida y como una experiencia de la providencia de Dios que anuncia al mundo, en su horizonte científico y humanístico, la necesidad de la humildad por parte de la persona humana ante la irradiación del cuidado de Dios sobre la historia.

La cristología de Jesús es la realización, plena en El, y germinal para la humanidad, de esta pretensión de integración anímica. El seguimiento de Jesucristo es la reproducción en la propia experiencia de la experiencia de Jesucristo.

e) *El desplegamiento del amor —realización práctica del ser cristiano— tiene una vertiente de eficacia o de transformación operativa del mundo, y una vertiente de gratuidad o de aceptación de las renuncias y los fracasos que a menudo acompañan al amor*

Aunque es necesario insistir en que el amor, para ser auténtico, ha de llegar a solucionar los problemas y que, por tanto, tiene dimensión de eficacia, no siempre esta pretensión se hace real. No por eso deja de ser amor, puesto que el amor es una autodonación que se justifica por ella misma.

Para llevar a término el amor eficaz es necesaria la acción, pero para mantener la fidelidad cuando el amor se hace «inútil» es necesaria la contemplación.

La espiritualidad encarnada es el hilo conductor de esta realización y desplegamiento del amor, y la condición de posibilidad de su permanencia en la fidelidad.

f) *La acción contemplativa o la contemplación activa hacen avanzar simultáneamente la realización interior y la realización exterior de la persona humana*

La realización de la persona humana es dialéctica, es decir, al ritmo de la exteriorización, objetivación e interiorización. La persona humana realiza acciones que, una vez hechas, son independientes de las intenciones que habían animado a su realización, y que como fenómenos objetivos son una llamada a la interiorización por parte del mismo sujeto que las había realizado.

A la luz de este hecho y de esta dinámica podemos entender la relación entre la conversión del corazón y el cambio de las estructuras. La conversión del corazón repercute en el cambio de estructuras y, a la vez, el cambio de estructuras condiciona la emergencia del hombre nuevo. No se pueden separar estas dos dimensiones sin desarticular el desarrollo de la persona humana.

La persona humana es intimidad y relación, y no hay realización personal sin la integración de las dos dimensiones. De esto depende el desarrollo del potencial de la vida y la creatividad humanas.

Acción y contemplación han de ir unidas como una columna vertebral de la vida cristiana en el mundo. La falta de acción encarnada conduce a una espiritualidad sectaria. La falta de contemplación conduce a la frivolidad.

g) *Los elementos que dan consistencia a la vida cristiana en el mundo son: la vivencia personal, la expresión de esta vivencia con signos y palabras, la posibilidad de compartir esta vivencia, y la celebración espontánea. La consistencia viene del hecho que permite ir estableciendo una relación madura entre la fe y la vida*

La vivencia personal en la autenticidad es el punto de partida de una vida humana que no quiere ser hipócrita o, por lo menos, convencional. Supone el cambio de una vida negativa o pasiva, a una vida en positivo y de cara al futuro.

La vivencia comporta la necesidad de la expresión exterior de lo que se vive. Es difícil establecer los cánones de esta expresión puesto que se deberá de analizar, interpretar y valorar a partir de cada situación concreta. Lo que sí podemos afirmar es que la expresión se hace mediante signos y palabras.

La expresión pide compañeros de camino que puedan compartir la experiencia desde dentro, y que puedan escuchar y recibir aquello que la expresión de la fe manifiesta.

Estas son las condiciones antropológicas en las que puede tener lugar, de una manera privilegiada, la celebración sacramental de la fe, la lectura de la Palabra de Dios, la oración, y la relación madura entre la fe y la vida, a nivel personal y a nivel comunitario.

h) *La espiritualidad encarnada da como fruto la paz y el sentido interior al agente de pastoral y, como irradiación del mismo, transmite un servicio adecuado a la comunidad y al mundo*

Uno de los encuestados dice que, ante la complejidad del momento histórico que vivimos en el mundo y en la Iglesia, se ha hecho una escala de valores. Esta escala de valores pone en primer lugar la búsqueda de la paz y la alegría interior. En segundo lugar, sitúa la realización de esta paz mediante la vivencia cotidiana del Evangelio en los hechos concretos ordinarios. Dice, finalmente, que solamente desde estas dos condiciones se puede realizar una acción que sea verdaderamente transformadora y evangelizadora.

Podemos decir que este encuestado está diciendo con palabras directas y sencillas toda la reflexión teológica sobre la espiritualidad cristiana. Los agentes de pastoral siempre, y más que nunca en estos tiempos de cambio, han de ser hombres y mujeres que, al mismo tiempo que quieren transmitir la Buena Nueva a los otros, estén haciendo ellos mismos la experiencia de la Buena Nueva del reinado de Dios. De esta manera se convierten en acompañantes de una experiencia atrayente y gozosa, con realismo y lucidez, en medio del mundo.

La espiritualidad encarnada no se puede vivir aisladamente ni gregariamente. Solamente se puede vivir personalmente y comunitariamente, realizando las dos dimensiones de fondo de la persona humana que son la intimidad y la relación.

Es esta cualidad de vida la que da sentido a la cantidad de realizaciones pastorales. Preparar y posibilitar esta cualidad interior de los agentes de pastoral ha de ser una de las dedicaciones fundamentales de la pastoral en general.

La Iglesia siempre ha sido consciente de esta importancia en la preparación al ministerio sacerdotal, y ha dedicado muchos esfuerzos a la misma. En la nueva visión de Iglesia, Pueblo de Dios, sin dejar de hacer esta labor en la preparación de presbíteros, tendrá que hacer lo mismo con la preparación de los laicos.

A partir de esta constatación reencontramos toda la reflexión que hemos hecho en le capítulo anterior cuando hemos hablado de la gestión participativa y de la necesidad mutua que tenemos los unos de los otros en el interior de la comunidad, en la vivencia de la fe y en el servicio pastoral. Sin embargo el último fundamento teológico lo encontramos en todo el cuerpo doctrinal de la primera parte del tratado.

3. Características de los acompañantes en la fe[16]

A la luz de las líneas maestras de la *Evangelii Nuntiandi* y de la exploración que hemos hecho por el interior del agente de pastoral, podemos dar ahora un paso nuevo y preguntarnos por las actitudes o caracteres fundamentales del acompañante en la fe, que es la labor básica del agente de pastoral.

Son unas actitudes que han de brotar del ser interior, han de ser vividas en la autenticidad, en un proceso de aprendizaje constante, y se han de ir autoeducando a partir de la acción y la contemplación.

No podemos señalar todas las actitudes, sino sólo destacar algunas de las más importantes. Las iremos enumerando y haremos un breve comentario de cada una de ellas.

16 Valoración extraída de la praxis pastoral a lo largo de 15 años.

a) *Ser conscientes del mundo en que vivimos*

Esta actitud nos hace *realistas*. Supone una información sobre la situación del propio medio pero enmarcada en la estructura o las estructuras sociales, políticas, económicas y culturales. Comporta también una capacidad de observación de la realidad, de los diferentes sectores que la configuran, de los valores imperantes, de las pautas de comportamiento. Tiene como objetivo el conocimiento de las coordenadas antropológicas en las que se ejerce el misterio o servicio pastoral. En caso contrario se da la actitud ingenua o voluntarista, que a la corta simplifica las cosas pero a la larga conduce a la frustración.

La información y la observación de la realidad ha de conducir a la adquisición de una formación equivalente a la capacidad de análisis objetivo de la realidad, con todas sus implicaciones, así como a una asimilación de criterios para saber comprometerse de manera consciente y consecuente.

Entre los criterios que la conciencia crítica de la realidad hace emerger hay unos valores a destacar: la superación del fatalismo y la ingenuidad; la urgencia de defender a la persona humana de las manipulaciones; el descubrimiento de la necesidad de arraigo en los movimientos colectivos de liberación; la posibilidad de potenciar los elementos de cambio y solidaridad; la apertura a las posibilidades de transformación del mundo por pequeñas que sean; la exigencia de hacer una opción clara por los marginados, por los pobres y oprimidos, la armonía interior al poder hacer un compromiso consciente y consecuente y el descubrimiento de los signos de los tiempos o llamadas del Espíritu.

b) *Sentido comunitario y corresponsable*

Esta actitud nos hace *solidarios*. La situación del mundo es tan compleja que es muy difícil mantenerse en la paz, y mantener un compromiso largo en solitario. Si falta el acompañamiento de la comunidad y de la responsabilidad compartida, el agente de pastoral tiene el peligro de perder los puntos de referencia al faltar la autocrítica, tiene el peligro de quemarse al carecer de un acompañamiento afectivo, y tiene el peligro de retirarse del trabajo pastoral que es siempre una donación de sí mismo en la gratitud y la incondicionalidad.

Sin este sentido comunitario y corresponsable, el agente de la pastoral puede hacer su labor de una manera correcta, pero tansmitiendo actitudes que no corresponden a los valores más evangélicos, como son la comunicación en la profundidad, la solidaridad, el sentido de actuar en y desde la Iglesia, y el compartir.

El agente de pastoral no realiza una profesión liberal sino esencialmente comunitaria puesto que la Iglesia es el servicio público de la fe, tal y como la conciencia colectiva de la Iglesia ha expresado bellamente con la formulación de Pueblo de Dios y Sacramento del mundo.

c) *Partir de lo que somos*

Esta actitud nos hace *positivos*. Todos llevamos una historia personal a la espalda, a veces gozosa, pero a veces marcada por un cierto desencanto. Todo trabajo educativo, si quiere ser válido, ha de partir de este hecho. En caso contrario está edificando sobre la arena. Solamente a partir de lo que somos podemos crecer si trabajamos con actitudes positivas. Esto que se puede decir de todo proceso educativo, también lo hemos de decir del proceso de crecimiento de la fe. Nunca partimos de cero, sino que siempre partimos de lo que somos.

Lo que hemos dicho de la persona individual también lo podemos decir de la comunidad. Siempre tiene una historia detrás, de la que es necesario partir para construir positivamente su futuro. Las experiencias pastorales que parten de esta realidad son las que tienen la posibilidad de crear un marco educativo de las personas, evitar las actitudes ingenuas o negativas, y potenciar el sentido eclesial.

d) *Comprensión y crítica*

Estas actitudes, vividas simultáneamente, manifiestan el *compromiso* solidario. En esta búsqueda de actitudes prácticas del agente de pastoral, la comprensión y la crítica constructiva emergen como la concreción de las tres actitudes que hemos descrito anteriormente.

La comprensión es una actitud que quiere tomar un compromiso con el otro pero desde el otro. Es la clave de la comunicación. Pero la comprensión, sin crítica, puede conducir a unas relaciones de dependencia y, por tanto, a unas relaciones estériles.

La crítica es una actitud que quiere tomar un compromiso con el otro pero desde un esfuerzo de objetividad. Es una de las claves del crecimiento de las personas, puesto que es la capacidad de ponerse nuevas preguntas que desbloqueen la situación, que inviten a caminar y, por tanto, a madurar. Sin embargo una crítica, sin comprensión, puede conducir a unas relaciones de confrontación negativa, es decir, a unas relaciones agresivas.

Ambas, la comprensión y la crítica, vividas simultáneamente, ponen las bases para la comunicación, para la edificación de la persona y la comunidad. Esta edificación es la traducción práctica del compromiso solidario.

Favorece la comprensión y la crítica el hecho de ser conscientes sobre el mundo en que vivimos, el hecho de tener un sentido comunitario y corresponsable, y el hecho de partir de lo que somos. Estas son las condiciones que permiten vivir simultáneamente las dos actitudes abriendo horizontes de futuro y esperanza.

e) *Capacidad de acompañamiento*

El agente de pastoral, mediante esta actitud, realiza una tarea educativa. El peligro de un educador está en una doble vertiente: O bien en la suplantación de la personalidad del otro, o bien en la dimisión y la falta de compromiso con el otro.

La suplantación de la personalidad del otro tiene como consecuencia la creación de una dependencia que impide el crecimiento integral de la persona. Hemos de decir, pues, que toda ayuda que no conduzca a que el otro sea protagonista de su vida es siempre inoportuna. La ayuda educativa ha de contribuir a crear las condiciones para que el otro pase de ser un objeto a ser sujeto. Solamente en este sentido es positiva.

La falta de compromiso con el otro es un extremo en el que puede caer el educador y el acompañante de la fe. A veces puede darse como reacción al miedo de dominar al otro, y en ese caso se debe hacer una autocrítica para reencontrar el propio equilibrio. Pero otras veces, puede darse como consecuencia de la dimisión de la propia responsabilidad, y en ese caso es necesario reencontrarse interiormente en el propio ser. Esto solamente se puede hacer con una ayuda comunitaria.

La clave de la tarea educativa está en un compromiso con el otro, pero para potenciar su protagonismo y su originalidad genuina. Esto lleva a crear las condiciones que hagan emerger todas las potencialidades de la persona, y a hacer experiencia de la realidad de la persona humana creada a imagen de Dios. Esta tarea es la que en términos pastorales llamamos el acompañamiento.

La labor de acompañamiento supone evitar unas actitudes y potenciar otras. Entre las que es necesario evitar podemos señalar, por ejemplo, la superficialidad y la frivolidad, el afán de poder, la abstracción y teorización excesivas, la manipulación aunque esté dirigida a hacer el bien, el paternalismo, el juicio sobre el interior de la persona, etc.

Entre las actitudes que es necesario potenciar podemos destacar éstas: la tolerancia, el clima de amistad, la capacidad de escuchar, la aceptación de la lentitud de los procesos humanos, la humildad, la espiritualidad de las bienaventuranzas, del Padre Nuestro y del *Magnificat*, etc.

f) *Asumir el Evangelio entero*

Esta actitud manifiesta la fe. Uno de los peligros del agente de pastoral es ir a buscar al Evangelio aquello que le interesa, marginando lo que no le agrada. En ese caso, se da un predominio de su ideología por encima de la fe. Este peligro se ha agravado en unos tiempos como los presentes, marcados fuertemente por las diferentes ideologías.

Hemos de decir que todos estamos marcados por nuestra ideología y que, por tanto, todos tenemos filtros a la hora de leer el Evangelio y a la hora de anunciarlo. Una actitud químicamente pura no es posible para nadie. Sin embargo, si uno es consciente de este peligro, tiene más posibilidades de captar la realidad integral del Evangelio que otro que no sea consciente.

La respuesta a este peligro está en asumir el Evangelio sin mutilaciones. Eso supone asumir tanto los textos que, de entrada, puedan ser más significativos, como los restantes. Será necesario hacer un esfuerzo más grande para asumir aquellos textos que cuestionen la propia ideología y los propios planteamientos operativos.

Por ejemplo: una pastoral que busque un compromiso social, buscará una iluminación evangélica a través de fragmentos evangélicos que inviten a un compromiso colectivo, y encontrará muchos en la Biblia y en el Evangelio. La acción pastoral puede ser incorrecta si, al mismo tiempo, no hace un esfuerzo de integración de otros textos bíblicos y evangélicos que realizan una llamada a la conversión del corazón y una llamada a la oración. Lo mismo podemos decir de la actitud contraria, cuando solamente selecciona textos que invitan a la conversión individual sin asumir al mismo tiempo las llamadas a la transformación social. Detrás de las actitudes existe el peligro de una mutilación evangélica. La actitud de fe exige la asunción entera del Evangelio.

La asunción entera del Evangelio, no quiere decir que no tenga que haber prioridades según el momento histórico del mundo y de la Iglesia. La opción por unas prioridades, siempre que no se mutile el Evangelio, es legítima. El mismo Cristo, en la parábola del juicio final (Mt 25, 31 ss) da prioridad al amor sobre los demás, en especial a los pobres y pequeños, cuando pone criterios de valoración de la existencia cristiana en el mundo. El agente de pastoral también tiene que hacer sus prioridades, y eso no significa una mutilación del Evangelio.

Entre las prioridades que es necesario subrayar en este momento histórico, está la urgencia del compromiso de los cristianos por la libertad, la justicia y la paz. Estas prioridades se encuentran dentro de la gran prioridad que es el respeto a la dignidad de la persona humana, tal y como el Papa Juan Pablo II manifiesta continuamente en todos sus discursos, en su magisterio dirigido a toda la Iglesia. Estas prioridades responden a una jerarquía de verdades y de valores.

g) *Admitir la dificultad como un elemento normal en el camino de la fe*

Esta actitud da serenidad y constancia. El agente de pastoral ha de superar la tentación de los nuevos mesianismos. Solamente hay un redentor: Jesús, el Cristo. El camino del discípulo es como el del Maestro. Entonces el discípulo ha de contar con todos los obstáculos que le saldrán por el camino.

Las tentaciones de Jesús se reproducen en todos los que quieran seguirle. La tentación de la unidimensionalidad, la tentación de la superficialidad o frivolidad, y la tentación de hipotecar la propia libertad, a fin de buscar salidas fáciles a los caminos de la evangelización, son maneras de diluir el Evangelio. Así como Jesucristo no tentó a Dios Padre, sino que respondió totalmente a su voluntad, el agente de pastoral y el acompañante de la fe, han de asumir toda la realidad del mal y de pecado que envuelve su tarea pastoral. El origen de este mal no es Dios, sino que es el entorno, marcado por el egoísmo, y las actitudes personales marcadas por la autosuficiencia, por el afán de poder y por la explotación de los otros.

Uno de los momentos clave en el que se manifiesta la capacidad de aceptación de las dificultades está en la relativización de la eficacia. De manera muy frecuente, y después de grandes esfuerzos, uno se da cuenta de que el resultado es el fracaso. Este fracaso ha de ser relativizado en función del reinado de Dios y de la conciencia de las propias limitaciones. Este tipo de relativización lo es sólo a corto plazo. No significa la relativización de la esperanza que brota de la fe, sino que significa la aceptación de las dificultades inherentes al estilo de vida del cristiano. La eficacia del acompañamiento de la fe es la fidelidad que brota de la paz. Esta sí que ha de ser vivida a corto plazo, y se hace posible cuando se ha profundizado en el humanismo contemporáneo, cuando se va experimentando el Evangelio en la propia vida y cuando se es consciente de las propias limitaciones.

h) *La necesidad de inculturar la fe*

Esta actitud nos hace *concretos*. El Evangelio no se difunde a través de medios publicitarios al estilo de la sociedad de consumo, sino que se difunde en voz muy baja y por contagio. Esta actitud supone pasar de una mentalidad abstracta a una mentalidad concreta. Esta concreción se pone de relieve en la capacidad de partir, no de unos esquemas mentales prefabricados, sino de la situación de la persona.

Dado que la persona humana no es una isla, sino que vive enmarcada en el contexto cultural, el agente de pastoral, por fidelidad a la persona, ha de ser capaz de alcanzar una sensibilidad cultural de su entorno y un lenguaje para anunciar el mensaje evangélico con las categorías intelectuales y vitales de las personas que le rodean.

La inculturación de la fe a nivel global, tal vez es una tarea de especialistas y, por tanto, escapa a las posibilidades de muchos de nosotros. No obstante, la inculturación de la fe aquí y ahora es una actitud básica de todos los acompañantes de la fe.

La manera de llevarla a término es la observación, el análisis y la comprensión de las palabras, los hechos, los símbolos y las situaciones de las personas en el universo cultural en el cual viven.

Es obvio y patente que ésta es una labor que no se puede improvisar en poco tiempo, sino que comporta un trabajo de muchos años mediante una experiencia que se acumula a través de conversaciones, de hechos, de símbolos, y de situaciones que se dan en la vida de cada día.

También hemos de señalar que cada persona ha de implicarse en esta labor, pero en definitiva es el resultado de un esfuerzo comunitario compartido y hecho consciente.

Una de las actitudes básicas para realizar esta tarea de inculturación de la fe, es la capacidad de escuchar al otro desde él mismo. Honestamente hemos de decir que, generalmente, estamos muy lejos de ser capaces de escuchar la vida, desde la misma vida. Esta actitud implica la renuncia a la rigidez, exige flexibilizar los esquemas mentales, y requiere un grado de amor al otro que sólo puede surgir de una realización existencial de la propia vida en la paz, y de una espiritualidad encarnada, tal como la hemos descrito cuando hemos hablado sobre el interior del agente de la pastoral.

La otra actitud básica para la realización de este primer nivel de inculturación de la fe, es la capacidad de escuchar el Evangelio desde el mismo Evangelio. Cuando leemos el Evangelio es muy importante escuchar lo que dice, pero es mucho más importante escuchar «quién» lo dice. También hemos de reconocer que estamos muy lejos de esta actitud. Implica una fuerte convicción sobre la necesidad de la humildad para ser cristiano, siendo consciente de la propia pequeñez, y también implica el acompañamiento comunitario, puesto que la comunidad es el lugar privilegiado desde el cual podemos leer el Evangelio.

Estas dos actitudes, escuchar al otro desde el otro, y leer el Evangelio desde el Evangelio, ponen las bases para una inculturación de la fe, a nivel primario, en la acción que realiza el agente de pastoral en la vida cotidiana.

i) *Caridad, gozo y paz*

Estas actitudes manifiestan la espiritualidad. El acompañante de la fe ha de revisar su actuación. Una manea de hacerlo es constatar los resultados que se dan como consecuencia del proyecto pastoral. La evaluación de estos resultados es muy importante porque permite subrayar los aciertos y corregir los defectos, por consiguiente, ayuda a aprender a partir de la misma práctica.

Otra manera de revisar la acción pastoral, que no se ha de separar de la revisión comunitaria, es la auto-revisión mediante la constación de los resultados que la acción pastoral produce en el interior del propio agente de pastoral. Aquí es donde reencontramos la importancia de autoevaluarse a partir de los frutos del Espíritu.

La caridad, el gozo y la paz son los frutos del Espíritu que testimonian una realización correcta del compromiso cristiano en el mundo. Estas actitudes manifiesan que la persona que ha tomado un compromiso mantiene los pies en el suelo, reconoce las dificultades y el mal sin dejarse avasallar; dándose se reencuentra a sí mismo, vive la solidaridad sin renunciar al propio crecimiento, y constata en él mismo la Buena Nueva que quiere transmitir a los otros.

En la celebración de la eucaristía la comunidad puede verificar, de una manera precaria pero real, la vivencia colectiva y comunitaria de la caridad, el gozo y la paz, poniendo así de relieve la corrección o la necesidad de retoques en el proyecto pastoral comunitario.

j) *Asumir el propio carisma*

Esta actitud compromete personalmente. Nadie sirve para todo, pero todo el mundo tiene su capacidad. A partir de este principio, es necesario que cada agente de pastoral, a través de un proceso de maduración, vaya descubriendo su propia capacidad. De este descubrimiento, y del apoyo comunitario que tenga, depende en gran parte el desarrollo correcto de la acción pastoral.

El discernimiento que acompaña a este descubrimiento del propio carisma, es una dedicación personal y comunitaria de importancia capital. Del acierto en la decisión dependerá el bien de la persona y el bien de la comunidad. Es necesario que cada uno encuentre su lugar en el interior de la Iglesia, por fidelidad a las necesidades de la comunidad cristiana y a las urgencias del mundo.

Existen tres elementos a considerar a la hora de realizar el discernimiento del propio carisma partiendo de la vocación cristiana. El primer elemento viene dado por las *aptitudes* de cada persona, que son una indicación de los talentos que ha recibido para el bien común. El segundo elemento emerge de las *disposiciones personales* o preferencias opcionales. El tercer elemento lo encontramos en las *necesidades de la Iglesia y del mundo*. Estos tres elementos no se han de separar, sino que se han de considerar simultáneamente. Al considerarlos conjuntamente entran en conflicto ya que no siempre se corresponden uno a otro. En el clima comunitario y en la oración personal pueden llegar a un acuerdo para realizar una opción.

Fundamentalmente existen las tres grandes opciones básicas: el sacerdocio, la vida religiosa y el laicado. Las tres son iguales en dignidad y en exigencia. Las tres son necesarias para el bien común. Las tres han de ser potenciadas con la misma energía y la misma dedicación de esfuerzos.

La pregunta clave, de cara a descubrir el propio carisma, no es qué opción es la más importante, sino la concreción de la vocación cristiana mediane la adecuación de la propia voluntad con la voluntad de Dios. Esta adecuación pasa por la pregunta religiosa «¿Qué quiere Dios de mí?», y esta pregunta se debe plantear en la intimidad, pero necesita de la relación comunitaria, puesto que, de la confluencia de los elementos personales y de los elementos comunitarios, surgen las condiciones objetivas para el descubrimiento del propio carisma y, por tanto, para la realización de la opción.

k) *Valorar los objetivos y las actitudes cristianas por encima de las mediaciones*

A manera de resumen de todas las actitudes que hemos ido describiendo, podemos decir que se han destacado unos caracteres que han de acompañar la acción del agente de pastoral. Como hemos dicho antes, ni están todas ni hay la pretensión de tratarlas con todo el análisis que se debería hacer. Solamente hemos pretendido destacar dos convicciones.

La primera convicción es la necesidad de equipar al agente de la pastoral con unas actitudes que permitan una acción pastoral realista, solidaria, positiva, comprometida, educativa, creyente, serena, constante, concreta, espiritual, y autorrealizadora de su propio ser personal.

La segunda convicción es la voluntad de manifestar que en la acción pastoral es muy importante lo que hacemos, pero que en gran parte depende de las actitudes que transmitimos. Estas actitudes son transmitidas mediante la acción, y frecuentemente dan el tono pastoral del proyecto que estamos realizando. De no tenerse en cuenta, podemos estar realizando una tarea pastoral, y al mismo tiempo, estar negándola con las actitudes que vivimos.

Solamente desde estas convicciones, el acertar en las mediaciones que escogemos adquiere toda su importancia. De otra manera, las mediaciones pasan a ocupar el lugar de los objetivos y, a la larga, dejan de tener sentido o bien se convierten en una carga que se soporta sin alegría.

Hemos de acabar estas reflexiones invitando a cada lector a que él mismo se convierta en protagonista de la búsqueda de unas actitudes prácticas y operativas para el reencuentro de él mismo y para el bien de su comunidad concreta.

4. Los presbíteros de las comunidades

Cada miembro de la comunidad cristiana tiene su «rol» específico para el bien de todos. Nadie es más que los otros. En todo caso hay dos criterios de valoración: es más importante aquel que ama más, y es necesario dar prioridad a los pequeños y a los marginados.

Para evaluar la vivencia de la caridad puede servir este *test* que una comunidad de base, siguiendo la indicación de Pablo en la primera carta de los Corintios (cap. 13, 4-7), se plantea para valorar su vivencia cristiana. Este test responde a la pregunta «¿qué he de hacer?» y por su cualidad lo copiamos textualmente[17]:

> «Si eres paciente y comprensivo;
> Si dejas hablar a los otros y los escuchas de verdad;
> Si procuras entender su mensaje y te pones en su lugar;
> Si no te consideras maestro, sino caminante;
> Si te sientes tan pobre que todo lo esperas de todos;
> Si no te crees destinado a dar el último toque, antes bien, consideras que la verdad no se dice, sino que se construye entre todos;
> Si no te importa que tus planes sean rechazados, es decir, que sean los otros los que te hagan los planes;
> Si no quieres tener todos los cabos atados, antes bien, crees que caminando se hace camino;
> Si no buscas tu perfección individual (esto no es posible alcanzarlo), antes bien, crees que nadie se salva solo, ni se condena solo;
> Si te sientes solidario de los que sufren y no son casi personas (hay muchas maneras de no vivir como persona), y luchas por liberaros comunitariamente;
> Si no te irritas ni te exasperas porque los otros ven las cosas de una manera diferentes, antes bien, los justificas siempre;
> Si a los que no te comprenden no les guardas rencor, antes bien, los acoges con ternura;

[17] Lérida 1978.

Si eres capaz de excusarlo todo, de disculparlo todo, pero te esfuerzas por crear a tu alrededor un clima de inteligente crítica;

Si eres capaz de creer en todos;

Si eres capaz de esperar en las posibilidades de cambio que hay en ti y en los demás;

Si eres capaz de confiar en Dios, aunque no entiendas su caminos;

Si eres capaz de amar siempre...

¡HAZ LO QUE QUIERAS!

Y bienaventurado serás si tienes la manía de hacer felices a los otros, mejor dicho, si tú te sientes feliz siendo acompañante en la búsqueda de su propio camino y de su propia felicidad...

(La experiencia no se puede transmitir. Cada uno la tiene que hacer)».

Es más importante, pues, aquel que ama más. Sin embargo, en el Evangelio hay otro criterio de valoración: la opción por los pequeños y los marginados. Esta opción no excluye a nadie, pero busca el lugar privilegiado desde el que se puede realizar el seguimiento de Jesucristo, y éste no es otro que la situación de los pequeños y los marginados. Hemos vivido muchas discusiones alrededor de esta afirmación, y tal vez, es uno de los factores que expliquen la situación de división interna de la Iglesia. A la luz del Evangelio debemos decir que el agente de pastoral no ha de marginar a nadie, puesto que en este caso faltaría al amor, pero ha de buscar al mismo tiempo que ama, el lugar preferencial, porque si no lo hace fallaría en el dinamismo direccional. Y este lugar preferencial es la situación de los marginados sociológicos y los marginados existenciales. La fórmula que puede expresar esta opción es la siguiente: el agente de la pastoral ha de realizar su labor entre las personas, pero *desde los pobres*.

Estos criterios de valoración implican a todos los cristianos por encima de sus roles específicos. A partir de aquí será necesario, sin embargo, reflexionar alrededor de la especificidad de cada rol.

Corresponde al laicado, como tarea más específica, la transformación evangélica de los quehaceres temporales (la sociedad, la economía, la política, la cultura...). Su compromiso en el mundo, a través de la lucha por la personalización y por la justicia, crea las condiciones para la inculturación de la fe y para la evangelización de la familia, del propio ambiente o medio, y de las esctructuras sociopolíticas.

Esta especificidad, sin embargo, implica, al mismo tiempo el derecho y el deber de participar en la construcción de la comunidad cristiana desde la condición laical. Eso supone la integración comunitaria como rol específico en todos los niveles de gestión y decisión. La superación de las tensiones en las que vivimos actualmente pasa por un diálogo comunitario y un aprendizaje colectivo que concluye abriendo caminos reales de participación[18].

El «rol» de los religiosos es el testimonio de las bienaventuranzas y de los consejos evangélicos. Ellos ocupan un lugar muy importante puesto que anuncian la radicalidad de la trascendencia de Dios. Su compromiso específico puede ser realizado asumiendo tareas laicales o asumiendo la tarea del presbítero, pero siempre con el talante propio de la consagración religiosa. Cuando se vive el testimonio de una manera desarraigada, respecto de la comunidad cristiana, este «rol» específico puede entrar en contradicciones y en crisis. Pero, cuando se vive integrado en la marcha de la Iglesia es una aportación eminente para el bien de todos. Por ejemplo: los religiosos y religiosas que han asumido tareas parroquiales o de animación de los movimientos apostólicos, o servicios de ámbito diocesano, aportan un enriquecimiento a la pastoral de conjunto. No obstante, el bien del conjunto de la Iglesia, exige que realicen su tarea pastoral desde el testimonio de las bienaventuranzas y los consejos evangélicos, que es su ser específico en el interior de la comunidad[19].

Después de afirmar que el agente de pastoral ha de buscar un «rol» específico en el interior de la comunidad, y que no hay nadie que sea más importante que los otros, hemos de concluir afirmando que toda la Iglesia debe ser ministerial, lo cual comporta que los mecanismos para la participación de todos no han

[18] *L.G.*, 31, 33, 34-36.
[19] *L.G.*, 43.

de ser ni decorativos, ni burocráticos, ni «mortificadores» de nadie, sino que han de promover una entrega de responsabilidades mutuas, y una exigencia de revisión conjunta[20].

Este es el contexto en el que reflexionaremos sobre la tarea específica de los presbíteros en las comunidades y sobre su *status* teológico en el interior del Pueblo de Dios.

Es uno de los temas problemáticos que aparecen en las encuestas. Según los laicos se da una falta de participación, y una absorción excesiva por parte de los presbíteros. En los presbíteros hay una queja de falta de responsabilidad por parte del laicado. Como consecuencia de esta situación, al faltar un diálogo auténtico y en profundidad, se produce una dimisión del laicado en las tareas comunitarias, y un escarmiento o desencanto en la actitud de los presbíteros. Es una situación que hemos de constatar, reconocer y analizar, sin dejarnos abatir.

Esta situación tiene una historia previa que no se puede ignorar, puesto que los cambios no se producen ignorando el pasado, ni con actitudes voluntaristas, sino con un trabajo lento, fruto de la comprensión del problema y de una esperanza activa.

Hace unos años, la figura del presbítero era una figura «separada». Hoy se le pide que sea el hombre de la unidad, vaciado de poder y lleno de la sobreabundancia de Dios. *Este paso de la separación a la capacidad de centrar la convivencia comunitaria en Jesucristo* no es fácil. Es un aprendizaje que costará mucho realizar, suponiendo que caminemos en la dirección correcta[21].

Existen dos peligros a evitar. El primero es la confusión entre ser un generador de comunidad y ser un hombre social. El hombre social básicamente ha de ser un *líder*. El generador de comunidad ha de ser fundamentalmente un educador y un coordinador de la vida que va surgiendo entre todos. El generador de comunidad no lo debe hacer todo, ni ha de ser hábil para todas las funciones, sino que ha de compartir las responsabilidades, ha de revisarlas conjuntamente, ha de celebrar la fe a partir de la vida que va surgiendo y a partir de la fidelidad a Jesucristo

20 *L.G.*, 39 y 41.

21 *L.G.*, 28; *P.O.*, 2, 9.

en la Iglesia, y ha de ir formulando teológicamente toda esta vida comunitaria.

El segundo peligro a evitar es el retorno a las formas ya superadas. Es comprensible que ante las dificultades notables que plantea el problema, algunos vuelvan la mirada al pasado, prefiriendo las viejas seguridades al riesgo que supone preparar el futuro. Motivos para ser críticos con el presente no faltan. Sin embargo, la vuelta al pasado está condenada al fracaso. Solamente es posible el camino de ir aprendiendo a partir de los aciertos y los errores. La vuelta al pasado, tal vez podría retrasar el problema —y posiblemente ni siquiera eso— pero ciertamente no lo resuelve.

Para ir haciendo el camino en la dirección correcta son necesarios puntos de referencia tanto teológicos como espirituales. Estos puntos de referencia enmarcan la experiencia que se va viviendo, la hacen viable y la interpelan para mejorarla.

Entre los puntos de referencia teológicos podemos enumerar los siguientes: la dedicación plena a la predicación del Evangelio con palabras significativas; la presidencia de la comunidad reunida en la eucaristía; la animación de la comunidad hacia la ministerialidad; el servicio teológico de poner palabras a la experiencia vivida por la comunidad; el ser un signo de la comunión intracomunitaria; el vínculo de comunión con la Iglesia Local; el testimonio del Evangelio como fruto de la contemplación y la vivencia del misterio de Dios. Estos son algunos de los puntos de referencia más importantes para no perder la identidad teológica en la búsqueda de caminos nuevos y renovadores.

Estos puntos de referencia configuran una imagen de presbítero —hermano entre hermanos— como un ministerio sacramental específico, colaborador del ministerio episcopal, miembro de un colegio presbiteral, y abierto a la Iglesia Universal.

Por otro lado, estos puntos de referencia sitúan el ministerio del presbítero al servicio del quehacer pascual, sirviendo al reinado de Dios, contribuyendo a la edificación de una Iglesia trascendente y encarnada, relacionando la vida interior con la acción pastoral de la comunidad, y escudriñando los caminos para el aprendizaje de una acción conjuntada por parte de todos.

Entre los puntos de referencia espirituales, podríamos enumerar muchos, pero nos limitaremos a subrayar algunos, los más urgentes y destacables. Hay una línea *contemplativa de la Palabra de Dios*, la cual implica leer el Evangelio, contemplarlo, hacer oración de él estando atento al Espíritu, y celebrarlo en la eucaristía. Esta línea llena el interior del presbítero.

El otro eje vertebrador del ser y la acción del presbítero es la vivencia de la fraternidad universal, estando al lado del pueblo, escuchando la vida cotidiana, pidiendo su propia humanización, realizando la tarea reconciliadora a partir de los hechos de la vida de cada día y de las situaciones de las personas: asumiendo el dolor del mundo hasta hacerse pobre por solidaridad; viviendo en positivo y aprendiendo a dar sin retener nada; dando siempre una nueva oportunidad a cada uno. Esta línea encarna la primera[22].

La actitud educativa y la actitud contemplativa en el corazón de la vida de la humanidad, dan unidad al ser del presbítero, y dan sentido a su acción.

Con estos puntos de referencia, teológicos y espirituales, hemos de dar tiempo al proceso de renovación iniciado respecto a la concreción de la labor de los presbíteros en las comunidades. El sistema del postconcilio todavía está en rodaje. No ha habido el tiempo suficiente para realizar una experiencia que se pueda evaluar con todos los elementos necesarios.

Es necesario reencontrar un punto de partida, que permita un diálogo positivo en la búsqueda de caminos de renovación respecto a las relaciones entre los presbíteros de las comunidades y el laicado. La confrontación insolidaria y cerrada, no es válida, puesto que, como sabemos muy bien por la experiencia vivida, es un estilo que conduce a la dimisión, al escarmiento y al desencanto. Tampoco es válida una actitud de ignorancia mutua puesto que tiene unas repercusiones muy graves en lo que se refiere a la felicidad de todos y a la misión de la Iglesia en el mundo. Tampoco es válida una actitud redentora, por parte de

22 A. CHEVRIER, *El Verdadero Discípulo*, Desclée, Bilbao 1984. M. LEGIDO, *Fraternidad en el mundo*, Sígueme, Salamanca 1982.

algunos, puesto que genera juegos de poder y hace sentir muy mal a los demás. Tampoco es correcta la actitud individualista, porque conduce a una división más grande. Todos estos caminos no son evangélicos[23].

La renovación, según el Evangelio, pasa por la búsqueda de una respuesta a las necesidades de las personas, sean presbíteros o sean laicos, pasa por una autocrítica por parte de todos en la que reconozcamos cada uno la necesidad de la renovación y la conversión, y pasa por un diálogo institucional en el que afrontemos los problemas reales y concretos a partir de las necesidades del mundo y de las llamadas del Evangelio.

En definitiva, podemos decir que la renovación no pasa por la teoría, sino por el diálogo comunitario vivido en la sinceridad, la veracidad, la autenticidad, la claridad y la gratuidad. Este diálogo se puede realizar directamente sobre el problema, pero el mejor camino para llevarlo a cabo es compartiendo la vida y la acción. Pensando juntos, decidiendo juntos, y revisando juntos la acción pastoral, se van dando ya, y se irán dando todavía más en el futuro, las condiciones comunitarias para un reencuentro existencial del lugar que han de ocupar los diferentes ministerios en la vida de la Iglesia y, en definitiva, en el interior del agente de pastoral.

23 J. BESTARD, *La relació dels preveres amb els altres agents de la pastoral en una Església tota ella corresponsable*, Boletín Oficial del Arzobispado de Barcelona, noviembre 1982.

Capítulo III

El diseño de las tareas pastorales: Bases operativas de la comunidad

El objetivo de este capítulo y del siguiente es preguntarnos sobre la elaboración del proyecto pastoral a partir de una situación concreta. Esta pregunta pretende plantear cuáles son los elementos que intervienen en la acción operativa. Por eso titulamos este capítulo: «El diseño de las tareas pastorales». Quiere huir de dos extremos. Por una parte, de la rutina, que actúa sin preguntarse el «porqué» y el «para qué» de la acción. Por otra parte, quiere huir del inmediatismo coyuntural, puesto que no siempre responde a las exigencias profundas de la realidad, ni asume las mismas exigencias de una manera adulta.

Intentaremos potenciar un talante creativo, que traduzca las nuevas intuiciones en proyectos comunitarios operativos. Las opciones teológicas son fundamentales, pero llega un momento en el que se debe pasar de las opciones a la operatividad. Este momento es importante porque verifica las opciones y critica la validez de las mismas. En definitiva, más que anticipar modelos de futuro, es necesario ir produciendo resultados operativos que hagan avanzar el presente hacia el futuro.

El diseño de las tareas pastorales, o elaboración de un proyecto comunitario operativo, implica dos elementos: la formulación de un proyecto concreto y la metodología para llevarlo a cabo. Estos dos elementos comportan un tercero: la búsqueda de unos principios clave de tipo estructural-educativo que lleguen a ser las bases operativas de la comunidad.

Las bases operativas de la comunidad son aquellos factores que se convertirán en el soporte real del proyecto a desarrollar y que dan consistencia a las diversas actuaciones. La formulación de un proyecto concreto es la condición de posibilidad para pasar de los deseos a la realidad, a fin de que la comunidad vaya madurando y creciendo. La metodología para llevarlo a término es el itinerario para que los aciertos aumenten el patrimonio comunitario y para que los fracasos abran nuevas cuestiones, vivas y capaces de estimular el progreso.

En este capítulo analizaremos cuáles son los elementos clave de tipo estructural-educativo, que sirven de soporte y de base al proyecto comunitario. En el siguiente capítulo, trabajaremos los objetivos y la metodología.

Las bases operativas de la comunidad

El soporte del proyecto comunitario concreto, pasa por dos factores: el acompañamiento de las personas, y la formulación de un pacto de comunión y cooperación.

El proyecto comunitario o el diseño de tareas, no se sostiene sobre el papel sino sobre las personas. Solamente cuando hay unos hombres y unas mujeres dispuestos a realizarlo, se convierte en un hecho operativo. Eso exige: a) una atención radical a la persona humana, para que no se «quemen» los individuos, y b) la concreción de la convicción comunitaria mediante unos pactos diversificados y precisos de cooperación, puesto que solamente así la gente no se dispersa ni diluye. Ambos elementos no precisan ser conscientes. Pueden ser vividos a nivel pre-consciente de una manera plenamente válida.

Estos dos factores, simultáneamente realizados, dan soporte al proyecto comunitario, generan un clima de alegría y esperanza, y realizan una labor hacia afuera que, al mismo tiempo, es labor pastoral de edificación interior de la comunidad. La exteriorización y la interiorización comunitarias, han de ir unidas, con el fin de que el proyecto operativo y el diseño de las tareas pastorales, abran un camino de fidelidad al presente proyectándolo hacia el futuro.

1. *El acompañamiento de las personas*

Tan sólo para poder acompañar en la fe a una persona, ya valdría la pena realizar un proyecto pastoral[1]. Jesucristo en el Evangelio pretende transformar toda la historia, para realizar este objetivo llegando a la profundidad de cada persona que se encuentra por el camino. No son necesarias muchas demostraciones para afirmar esto, puesto que todo el Evangelio es un álbum de acompañamiento de personas en la fidelidad y el amor.

Esta convicción es básica para el sostenimiento de la comunidad. Cuando no se da, surgen muchos problemas. Unos se sienten manipulados, otros utilizados, todos experimentan la frialdad, la soledad, la incomunicación, el aislamiento, la falta de motivaciones para el trabajo y la sensación de que la comunidad no funciona.

Los encuestados señalan este problema como uno de los que más paralizan la vida comunitaria. Los laicos manifiestan que con frecuencia tienen la sensación de ser un número dentro de la parroquia o de las otras instancias pastorales. Los religiosos manifiestan que no se sienten integrados en la diócesis, y que eso repercute negativamente en su inserción pastoral. Los presbíteros ponen de relieve su desencanto, al tener la sensación de que han de cuidarse de todos, y que nadie cuida de ellos. A partir de estas quejas, las críticas mutuas se pueden ir multiplicando. El resultado es que esta deficiencia, al valorar la dignidad de cada persona, subyace en muchos de los problemas intracomunitarios. Es necesario, pues, superar objetivamente esta deficiencia, para poder iniciar una vivencia más positiva de la participación, referida a la acción pastoral de la comunidad.

No se trata de ver quién tiene la razón, ya que seguramente está muy repartida. Se trata de buscar unos caminos de superación para todos. Estos caminos pasan por la recuperación del valor y la dignidad de cada persona, sea laico, religioso o presbítero, y por el acompañamiento mutuo en el crecimiento integral de cada uno.

[1] Esta es una de las claves para leer el Evangelio. Jesucristo no viene a dar ideas, sino a dar la vida; no viene a salvar ideas, sino a salvar personas.

Estos caminos no son fáciles. Pero podemos apuntar algunos rasgos de su desarrollo. Como siempre, hemos de decir que las experiencias van por delante de la teoría[2].

Un primer rasgo, es la convicción de que nadie puede ser protagonista de la vida de otro. Cada uno es sujeto de su propia vida. Los otros sólo pueden ser acompañantes respetuosos y expectantes ante el itinerario personal de cada cual. Este acompañamiento requiere una aceptación incondicional del otro y una interpelación inteligente desde la propia autenticidad.

Un segundo rasgo, es el descubrimiento de que no hay nadie con el que podamos coincidir plenamente, pero tampoco existe ninguno con el que no podamos coincidir en algún aspecto. Este descubrimiento da serenidad y realismo. El acompañamiento mutuo nunca será fácil, pero siempre es posible.

Un tercer rasgo, es la conciencia crítica, según la cual el mejor servicio que podemos prestar a los compañeros de camino es desarrollar el propio crecimiento en la madurez personal creyente. Para poder ser pastores de los otros, antes hemos de ser discípulos, hemos de ser buscadores de Dios y testigos, o sea, contemplativos de la presencia de Dios en el corazón de la vida de la humanidad sobre todo en las personas que nos rodean. Sólo desde aquí podemos ser educadores de las potencialidades de los demás, y acompañantes en su crecimiento. Eso supone estar con el pueblo, partir de la vida, y realizar una experiencia espiritual contemplando la presencia de Dios en la vida cotidiana y poniendo palabras sencillas a los hechos contemplados.

El cuarto rasgo, consiste en descubrir que el acompañamiento siempre es mutuo, es decir, que al mismo tiempo que acompañamos a los otros en su desarrollo, también somos acompañados. Normalmente, si de la solidaridad con los otros no hemos sacado nada para nuestro propio desarrollo, eso quiere decir que, o bien no hemos escuchado atentamente o bien hemos ejercido un paternalismo. Este tipo de acompañamiento siempre es deficiente. Uno de los signos positivos para valorar el acom-

[2] C. STEINER, *Libretos en que participamos*, Diana, México 1980. Es un texto que puede ayudar a profundizar sobre las interrelaciones humanas y el acompañamiento.

pañamiento, es la constatación del propio crecimiento. Nos hace falta siempre cordura y humildad para vivir positivamente el acompañamiento mutuo. Solamente vivido así es positivo.

Con estos rasgos, y a la luz de la fe, podemos indicar también unos objetivos más concretos del acompañamiento de las personas en el interior de la comunidad. Más que un análisis, haremos un elenco, a fin de que todos se puedan plantear, más en concreto, la labor que ha de llevar cada uno y la que puede realizar para el bien de los demás.

Entre los objetivos del acompañamiento de las personas, podemos indicar los siguientes: la ayuda mutua para descubrir la realidad y su complejidad; la educación de la fe que capacita la lectura de la realidad como sacramento de Dios; el descubrimiento de la presencia activa de Dios en esta realidad y la lectura de la misma realidad a la luz de la Palabra de Dios; la aceptación de Dios como verdad suprema, presente en el corazón de la historia, al mismo tiempo que la trasciende; la solidaridad como camino de realización de la vida y de la fe; el descubrimiento progresivo de Jesucristo como camino, verdad y vida; la conversión constante a Jesucristo; el crecimiento en la conciencia eclesial; y, por último, el aprendizaje de la explicitación de la fe y las exigencias de la evangelización.

Este acompañamiento mutuo, requiere claridad en los objetivos, paciencia, humildad, respeto al pluralismo, confianza en la persona, coherencia de vida, capacidad de sacrificio por los otros, capacidad de asumir los conflictos, fidelidad a la vida concreta, respeto a las diferentes etapas en general y al proceso de los otros, finalmente respeto al «tiempo» de cada persona y al «tiempo» de Dios sobre cada persona. Solamente se puede alcanzar este acompañamiento si se renuncia a todo dominio sobre el otro, y a las maneras sutiles de ejercerlo, como pueden ser el paternalismo, el dirigismo, la superprotección, el ejercicio de una falsa seguridad, y los complejos de superioridad.

El acompañamiento es un proceso que tiene unas etapas: el descubrimiento del mundo en que vivimos, la conciencia de la necesidad de transformación de ese entorno, el descubrimiento de Jesucristo como «la fuerza y la luz» capaz de transformarlo, y el descubrimiento de la Iglesia como el marco donde podemos hacer esta experiencia y este proceso[3].

El primer paso es el descubrimiento de la realidad personal, ambiental y estructural. Este descubrimiento es un proceso lento que requiere mucho tiempo. Comenzamos por descubrir la situación personal, las propias necesidades, la problemática que nos rodea, y las urgencias de la realidad. Poco a poco, vamos ampliando el horizonte al ver que los problemas que tenemos nosotros también afectan a los que están cerca, es decir, a aquellos que están en nuestro medio ambiente. Fruto de un análisis vamos descubriendo la universalidad que se oculta detrás de cada problema concreto, y descubrimos las interrelaciones que hay entre los diversas problemáticas.

En la medida que vamos descubriendo la realidad, va creciendo la conciencia de transformar esa realidad a fin de que la persona humana deje de ser un objeto y pase a ser sujeto de su propia vida; que supere el miedo e inicie un proceso de liberación; que supere el individualismo y camine en pos de la solidaridad; que pase de la unidimensionalidad hacia la multidimensionalidad; que deje de vivir como una isla y comience a vivir relacionada; que pase de la frivolidad a la esperanza; es decir, que inicie un camino nuevo y realista de protagonismo personal en la edificación de la propia existencia.

En este proceso de personalización, y en el interior del mismo, alcanza una importancia definitiva el descubrimiento progresivo de la persona de Jesucristo. Jesucristo es la revelación del amor de Dios Padre y la revelación del Hombre Nuevo. El, en su humanidad, ha dicho un «sí» total a Dios y un «sí» total a la persona humana, y por eso, ha asumido la conflictividad de la historia y todas las pobrezas del mundo. En El, por El y con El se hace posible la conversión a la vida nueva. En un diálogo constante con El, desde la vida concreta y real, se hace posible iniciar un nuevo camino de personalización, según la justicia y la verdad. En ésta vida nueva, en el amor, y según el Espíritu, se realiza la plenitud de toda la persona y todas las personas.

[3] D. HYDE, *Dedication and Leadership*, Sands and C. Ltd., London 1968.

El acompañamiento de las personas, no se termina con el descubrimiento de la realidad, ni con la progresiva conciencia de la necesidad de transformar esta realidad, ni con el descubrimiento de la Persona de Jesucristo como «luz y fuerza» para realizar esa transformación. Es necesario dar un paso más. Se trata de buscar un marco en el cual este crecimiento sea posible. Entonces emerge la Iglesia como marco necesario para este proceso central de nuestra existencia en el mundo. La Iglesia, en una primera instancia, se descubre mediante el pequeño grupo en el que uno aprende a caminar en este nuevo estilo de vida. Después, poco a poco, se va descubriendo que la Iglesia no se agota en el pequeño grupo, sino que existe una solidaridad más amplia que pasa por otros grupos, comunidades de base, movimientos apostólicos, parroquias, servicios eclesiales... Finalmente, se descubre que la solidaridad eclesial no ha comentado con nosotros ni acabará con nosotros, sino que ha comenzado con el Cristo histórico, encarnado, muerto y resucitado, y apunta hacia el horizonte final de la historia, la cual vamos haciendo entre todos.

Es importante que el acompañamiento de las personas tenga presente estos cuatro elementos del crecimiento de la fe vivida en solidaridad. No son etapas cronológicas, sino que son un itinerario consciente para la maduración de la fe[4].

El cuaderno de Vida y el cuaderno de Evangelio

Para acabar esta reflexión sobre el acompañamiento de las personas, nos detendremos un momento a considerar dos instrumentos que nos pueden ayudar a hacerlo de una manera metódica y consistente.

El primer instrumento es el *Cuaderno de Evangelio*. El cuaderno de Evangelio intenta ser un esfuerzo metódico, sistemático y cotidiano, que busca, en la lectura del Evangelio, las actitudes y señales necesarias para el seguimiento de Jesucristo. Se trata de ir trabajando, a la luz del Evangelio, los temas vitales

[4] Ver el anexo de la obra citada de A. CHEVRIER, pp. 509 ss.

que nos plantea la acción pastoral en general, y el acompañamiento de las personas en particular[5].

Este trabajo, realizado de una manera constante, evangeliza las potencias del alma (la memoria, la inteligencia y la voluntad) evangeliza las actitudes profundas, y aporta el lenguaje del Evangelio a la vida normal: emerge con toda espontaneidad ante los hechos y las situaciones y, en ellas, sabemos usarlo.

El cuaderno de Evangelio puede ayudar, notablemente al acompañamiento de las personas según el talante de Jesucristo.

El segundo instrumento es el *Cuaderno de Vida*. El cuaderno de vida es un esfuerzo metódico, sistemático y cotidiano que busca en la vida de cada día los hechos, las palabras, los símbolos y las situaciones que, en su interior, contienen llamadas del Evangelio. Se trata de ir observando en el lenguaje y en la vida de las personas, las expresiones de doble sentido que pueden ser objeto de una interpretación evangélica y comunitaria.

Este trabajo, realizado también de una manera constante, potencia la capacidad de acompañamiento, puesto que hace asimilar el lenguaje de la vida; da capacidad de penetración en la realidad que se oculta detrás de los hechos o las situaciones; impulsa hacia una verdadera madurez; y pone las bases para realizar la labor de revelar la presencia de Dios, a partir de la vida de las personas, diseminada en todas las situaciones y para descubrir las luces y las sugerencias que esa presencia de Dios manifiesta, de cara a la transformación radical de la persona humana.

Estos dos instrumentos, el cuaderno de Evangelio y el cuaderno de vida, son dos medios que pueden ayudar al acompañante de la fe a pasar de un acompañamiento primario a un acompañamiento más sistemático y maduro. Con los años, cada uno puede encontrar el itinerario más adecuado, el estilo más propio y una pedagogía reveladora de la presencia de Dios en la vida concreta y cotidiana.

[5] Método usado por los miembros de la asociación de sacerdotes del Prado. Tiene una validez general.

Asumir el lenguaje del Evangelio y asumir el lenguaje de las personas da, pues, capacidad de realizar un acompañamiento cristiano de la vida del pueblo.

2. *El pacto de comunión y cooperación*

La maduración de las personas exige el estímulo positivo de la comunidad. La razón de fondo de esta necesidad, está en la complementariedad que existe entre al dimensión de intimidad de la persona y la dimensión de relación. Intimidad y relación han de avanzar unidas a fin de que el desarrollo de la persona sea armónico e integral.

El acompañamiento de las personas es el soporte de la intimidad. De la misma manera, la dimensión de relación demanda otro soporte comunitario: la comunión.

La comunión es la concreción de las relaciones intracomunitarias edificadas en la fraternidad. Esta fraternidad es la consecuencia y la realización de la vida nueva del cristiano, es decir, de la vivencia de la filiación.

Sin embargo, hay un peligro en la vivencia de la comunión. Este peligro es el idealismo. El idealismo consiste en pensar que una expresión teórica, por el solo hecho de ser formulada y comentada, ya es una realidad. Y eso no es así. Las formulaciones que no pasan de tales, a la larga, se convierten en tópicos y pierden toda la significación.

La comunión, que es el elemento central del soporte comunitario, no ha de ser un simple enunciado teórico, sino que ha de ser un hecho convivencial que estimule a las personas a las vivencias de la fraternidad y de la misión.

El diseño de las tareas pastorales encuentra su fundamento operativo en el pacto de comunión. El pacto de comunión, llega a ser un hecho activo para poder compartir y para poder cooperar. La cooperación huye del peligro del idealismo en la realización de la comunión eclesial. Desde la comunión y la cooperación, es posible hacer un proyecto pastoral comunitario, en el que el servicio a los otros no suponga un agotamiento de la vida de las personas que componen la comunidad. Al contrario, la cooperación hace que el servicio a los otros y la autodonación lleguen a ser una plataforma de realización personal y de reforzamiento de la vida interna de la comunidad[6].

Vamos a analizar lo que es un pacto de cooperación; cuáles son sus leyes y cuáles sus dificultades. Con este análisis profundizaremos en el otro factor, que es el soporte del proyecto comunitario concreto. Desde estas bases operativas de la comunidad, podremos reflexionar alrededor del diseño de las tareas concretas.

¿Qué es un pacto de comunión y cooperación?

El pacto de comunión se concreta mediante el pacto de cooperación. La comunión es el espíritu y el objetivo final. La cooperación es el camino y la concreción real.

Un pacto es un acuerdo o interrelación personal explicitada, que hacen dos o más personas, a partir de sus necesidades, para dar mutuamente un soporte. Nace de la conciencia de mutua necesidad y complementariedad.

Un pacto exige una formulación que explicite las expectativas, el ritmo y el tiempo de su realización, además de las aportaciones específicas de cada uno, y exige un compromiso de participación activa por parte de todos los que constituyen el pacto.

Se construye a partir de un análisis de las necesidades comunes, de un esfuerzo de objetividad, y de una ordenación de las prioridades más adecuadas al bien común.

El pacto debe hacerse en un clima de aceptación de los otros y en una perspectiva de crítica creadora. En este contexto, toda persona puede esperar un beneficio; todos se sienten implicados en la mejoría de los demás, y todo el mundo se compromete a dar y a recibir, ya que el éxito depende de todos.

El punto de partida es el análisis y el conocimiento de las necesidades personales que se sienten. El punto de llegada es la mejora de la situación de cada una de las personas que constituyen el pacto y, también, la consecución de los objetivos que se proponen en común.

6 Las interrelaciones humanas maduras son la base de los pactos de cooperación.

El lenguaje en el que se formula el pacto, ha de ser sencillo, positivo, observable, concreto en el campo de incidencia y en la duración; consciente de las dificultades que pueden surgir por el camino; transparente y auténtico; y ha de precisar también los medios necesarios para poder alcanzar los objetivos comunes.

La vida cotidiana, está llena de pactos. Unos lo son por motivos económicos, otros por motivos sociales, otros por motivos culturales, otros por motivos políticos, otros por motivos deportivos, de ocio, de estudio, trabajo, familia, etc.

La dimensión religiosa de la vida, también exige estos pactos de cooperación. La especificidad de los pactos de cooperación entre cristianos, que quieren realizar un proyecto pastoral, viene dada por las pautas y el talante evangélico.

Un pacto de cooperación pastoral es, pues, el acuerdo de interrelación personal que hace un grupo de cristianos, a partir de sus necesidades, para darse mutuamente un apoyo de cara a la maduración personal y cristiana de cada uno de sus miembros, y de cara a la realización de la misión evangélica.

Cooperar evangélica y pastoralmente es abrirse a compartir con otros, desde el propio yo; es trabajar por uno mismo y por los otros, de cara a hacer realidad el mandamiento evangélico del amor fraternal. Supone dar y recibir, escuchar y hablar, alcanzar un nivel de autenticidad en las relaciones mutuas, poner sobre la mesa los problemas y las expectativas reales, aceptar a los otros y ser crítico al mismo tiempo, provocar y saber esperar.

El diseño de las tareas pastorales no puede dar por supuesto, de manera idealista, la existencia de esta base comunitaria. Muchos de los problemas de falta de entendimiento intracomunitario, tienen sus raíces en esta deficiencia. Entonces, cuando se hacen las reuniones para superar las dificultades que van surgiendo, al no ir a las raíces, resultan ineficaces, y en lugar de arreglar los problemas lo que hacen es deteriorarlos.

Es necesario, pues, esta base comunitaria para poder alcanzar un diseño de las tareas comunitarias que sea adecuado a las necesidades de las personas y a las finalidades del proyecto pastoral que se quiere realizar entre todos. De otro modo, se pueden montar muchas actividades, se pueden evitar los problemas que supone hacer un pacto de comunión, y se puede tener la sensación de que se va directamente a la faena pero, a la corta o a la larga, se pondrá de relieve esta necesidad de fondo y será necesario hacerle frente con muchas más dificultades. Hay un principio de lógica que afirma que las cosas que comienzan mal en los detalles, acaban mal en la realización de sus contenidos y objetivos más importantes.

Del acierto en la formulación, en la realización y vivencia personal de este pacto en profundidad, dependerá la felicidad de los agentes de pastoral que se disponen a llevar a cabo el proyecto pastoral comunitario, dependerá la capacidad de respuesta a los diferentes desafíos que irán surgiendo por el camino, y dependerá la fuerza para mantener la fidelidad y la constancia de cara al futuro.

Hay una relación dialéctica entre la formulación del pacto de cooperación pastoral y la realización del proyecto pastoral. La formulación previa hace que cada uno se sienta y se experimente amparado en la realización de la labor pastoral que le corresponde, con lo cual, se elude el peligro de la soledad y del aislamiento, que es uno de los dramas más grandes que puede vivir un servidor de los otros, y que es una de las explicaciones del porqué hay gente que abandona su compromiso pastoral.

A la vez, la realización satisfactoria del compromiso pastoral que uno ha asumido, hace que vaya descubriendo la validez y la importancia de la cooperación. De esta manera, y a pesar de todas las dificultades, esta relación dialéctica entre la formulación de un pacto de cooperación o comunión, y la realización paciente del proyecto pastoral comunitario, pone una base muy sólida para la encarnación de la Iglesia en el mundo, para la paz y la satisfacción de los agentes activos de la pastoral, y para el futuro de la fe.

Esta base comunitaria es válida en todos los niveles. Una parroquia, una comunidad de base, un movimiento apostólico, un arciprestazgo, una delegación, un servicio… necesitan formular, a partir de su propia realidad por pobre que sea, estas bases de la cooperación para poder edificar de manera sólida. Cada situación tendrá matices diversos, a causa de los diferentes objetivos, ámbitos e intensidad, pero la actitud de fondo ha de ser la misma: la cooperación desde la comunión, y la cooperación como camino que fortalece la comunión.

El punto de partida de un pacto de cooperación es la propia realidad, la conciencia de los déficits y necesidades personales, la conciencia de las dificultades que tenemos para superar los diversos problemas que nos afectan, y la opción de no caminar en solitario sino en solidario. A partir de aquí, uno puede comenzar a hacer un pacto de cooperación, que poco a poco irá madurando, y que con el tiempo, irá fortaleciéndose para superar las dificultades que surjan[7].

Leyes que rigen el pacto de cooperación

La cooperación no es fácil de alcanzar. Supone superar el individualismo y la competitividad que son unas actitudes muy arraigadas en los comportamientos humanos. Sin embargo, nos jugamos mucho desde el ángulo de la realización personal y desde el ángulo de la operatividad pastoral. Por eso, debemos conocer a fondo las leyes que regulan el funcionamiento de la cooperación de cara a alcanzar unos resultados que sean positivos.

La primera ley es la convicción de que *como individuos aislados* no somos autosuficientes, pero *entre todos* tenemos lo que necesitamos para el bien de cada uno y para el bien comunitario. Eso supone, como hemos indicado antes, superar el individualismo y la competitividad, e iniciar un diálogo a partir de las necesidades de las personas. Al empezar son normales las discrepancias, pero si hay cooperación podemos hacer brotar de nuestra pobreza una solidez comunitaria, porque entre todos hay recursos suficientes para abastecer las necesidades de todos.

La segunda ley es *la convicción de que toda persona es valiosa, importante, indispensable y original.* Esto parece que entre cristianos no debería ser nada difícil, puesto que afirmamos la dignidad de la persona humana a partir del hecho de que es imagen de Dios. No obstante, también aquí la abstracción idealista hace mucho daño, ya que creemos que es suficiente la

7 Jesucristo en el Evangelio educa a los Apóstoles para realizar un pacto de cooperación. Después de Pentecostés se convierte en un proyecto comunitario operativo, es decir, misionero.

afirmación teórica. La vivencia práctica de esta verdad, implica una conversión radical a la persona, implica dejar de juzgar el interior, e implica el desarrollo de la capacidad de admiración respetuosa ante la autorrealización de los otros.

La tercera ley es *la igualdad de derechos y responsabilidades*. Esto supone, por una parte la renuncia a los privilegios y prejuicios y, por otro, el anuncio de que toda persona tiene el derecho a pedir y a esperar la ayuda que necesita. Esto requiere humildad y sencillez, porque es una invitación a renunciar a la idea de que uno es imprescindible y que el éxito depende exclusivamente de uno. Nadie sirve para todo, y toda persona sirve para algo.

La cuarta ley es la *prioridad de generar unas relaciones abiertas en las que uno esté seguro de que los otros tienen interés por él y se sienten cercanos a sus necesidades*. Esto se puede ir alcanzando cuando el valor supremo no son las cosas, sino la persona humana y todas su potencialidades. Cuando se ha generado este clima, todos los problemas son superables.

La quinta ley es la *convergencia en el pensar de cara a buscar las soluciones para el bien y la felicidad de cada uno*. El poder del pacto de cooperación radica en la sintonía de pensamiento, a partir de las potencialidades de cada miembro del pacto, a fin de afrontar las necesidades personales. Fruto de la satisfacción que eso da es la cooperación hacia los objetivos comunes. Cuando se da todo esto, el resultado no es puramente una suma de las potencialidades de todos, sino que es una multiplicación.

La sexta ley del pacto de comunión y cooperación es el *vivir conscientemente la presencia de Jesucristo:* cuando «dos o más están reunidos en su nombre», El está en media de ellos. Cuando esto se vive, la Palabra de Dios engendra la comunidad y, de esta manera, el reinado de Dios va creciendo como el grano de mostaza (Mt 13, 31-32). Entonces, no hay peligro de que el grupo se cierre en sí mismo; más bien, por el contrario, es siempre expansivo, humilde, esperanzado y servidor de todos, comenzando por los que viven más cerca.

La séptima ley es *la claridad en los planteamientos*. Eso supone huir de la mentira o de las verdades a medias; huir del secretismo; dar una información para que los otros puedan hacerse cargo de la situación personal; no obligar a nadie a hacer aquello que no desea: no hacer lo que no está en condiciones de hacer; explicitar los resentimientos que uno vive a fin de que los otros puedan reaccionar. Las actitudes que se deben potenciar son: el diálogo en la verdad, la confianza, la atención concentrada, la proximidad, la ayuda incondicional y sincera.

Cada grupo que realiza un pacto de comunión y cooperación, a partir de estas leyes generales, tendrá que concretar más las leyes internas de su funcionamiento. Contribuirá de una manera notable al descubrimiento de estas concreciones necesarias, el acompañamiento personal que se vaya realizando entre todos, y las revisiones periódicas que el grupo establezca para evaluar los resultados del trabajo y del camino recorrido. Es un aprendizaje que nadie puede hacer por otro, y que cada grupo deberá de hacer a base de vivir positivamente su propia experiencia[8].

Las dificultades del pacto de comunión y cooperación

Hemos señalado que no es fácil realizar un pacto de cooperación, y hemos de añadir que no es nada fácil mantenerlo. En el camino van apareciendo los conflictos, y se ha de partir de la base de que son inevitables aunque —si se viven positivamente— son estímulos hacia la maduración.

Los conflictos son de dos tipos: los bloqueos personales y las luchas de poder. Los bloqueos de la persona surgen a causa de las deficiencias que todos tenemos: de los condicionamientos inherentes a la persona y de los sentimientos de miedo, culpabilidad, marginación e inflexibilidad.

La *lucha de poder* surge cuando a alguien se le obliga a hacer algo que no quiere; o bien cuando obliga a los otros a hacer aquello que ellos no quieren realizar. Entonces nace una confrontación y una competitividad que, entre otras consecuencias, puede llevar a la ruptura del pacto. La lucha por el poder, vivida en una comunidad jerarquizada, genera diferentes estrategias. Por parte de los que mandan, lleva a intentar hacer claudicar a los otros o por lo menos a mantenerlos a raya. Por parte de los que no mandan, conduce a hacer perder el tiempo y las energías

[8] Dado que el pacto de cooperación es siempre dinámico, es necesario adecuarlo a las necesidades de cada lugar.

de los que tienen autoridad, a herirlos en sus sentimientos más profundos y a socavar su acción.

Cuando la lucha por el poder se vive entre iguales, genera toda suerte de actitudes de manipulación. Conduce a menospreciar a los otros, a quitar importancia a sus problemas, no reconociéndolos o desenfocándolos, y a vivir pasivamente las posibilidades de encontrar soluciones adecuadas y convenientes para el bien de todos.

Ante los conflictos es necesario evitar la *fuga* de la realidad, la *trivialización* del problema y la *angustia*. Son caminos inadecuados porque no sólo no resuelven el problema, sino que en definitiva, lo agravan. La actitud a tomar es el realismo. El realismo positivo, en primer lugar, trata de objetivizar el problema, después trata de no tomar posturas negativas que conducen a malversar la energía y, finalmente, se dedica a mejorar la situación con actitudes positivas.

El realismo, vivido en positivo, exige explicitar el problema entre todos los interesados, analizar las consecuencias que implica y las causas que lo han generado. Ver el problema desde la perspectiva correcta generalmente conduce a descubrir los desafíos que se le plantean a cada uno o al bien común y, al mismo tiempo, a descubrir, los valores o puntos luminosos que sugiere la misma realidad. Si el grupo encuentra aquello que le faltaba, dará un paso adelante en su madurez. Si no lo encuentra, y eso sucede cuando no hay un diálogo auténtico en lo que se refiere a los sentimientos y pensamientos, entonces es necesario que el grupo se dé tiempo para sedimentar las actitudes de cada uno y, después de ese tiempo de sedimentación se respetarán y aceptarán las diferentes decisiones, continuando con el pacto aquellos que quieran.

Nadie ha de ser obligado a hacer un pacto de comunión y cooperación, pero toda persona tiene derecho a realizarlo cuando ha descubierto su necesidad. Solamente se debe evitar un peligro, cuando después de un conflicto hay alguien que queda al margen, y es la *cerrazón*. Eso se puede superar con la clarividencia que da la humildad, al hacernos conscientes de que todos nos equivocamos; esto se puede superar con la lucidez que da el amor, al hacernos conscientes de que continuamente hemos de dar una nueva oportunidad a los otros, siempre que no salga mal parada la justicia o la verdad.

Los *bloqueos personales* piden un trato diferente. En estos casos, la atención y el reconocimiento de la comunidad es el camino que lleva a la liberación de la persona. Esta atención y reconocimiento, no pasa por la manipulación, aun cuando ésta se realizara con una finalidad positiva; tampoco pasa por el paternalismo, que no hace nada más que mantener al otro en un estadio infantil y de dependencia; tampoco pasa por una actitud de rechazo, porque no establece un diálogo con el otro desde el otro. El reconocimiento comunitario pasa por un acompañamiento positivo que estimula al otro, a fin de que sea protagonista de su propio proceso de liberación.

Esta liberación supone un crecimiento de la capacidad de pensar críticamente, de la capacidad de amar evangélicamente y de la capacidad de disfrutar de la vida como un don personal y original que se ha recibido de Dios. Esta liberación requiere un acompañamiento personal algunas veces; siempre, el estímulo de la comunidad.

El acompañamiento de las personas y la realización de un pacto de comunión o cooperación, son los elementos previos del soporte comunitario que dan consistencia a la formulación de un proyecto pastoral operativo. A partir de estas bases, el diseño de las tareas pastorales es la concreción del compromiso creyente y la búsqueda de unos caminos o una metodología para llevarlo a término. De esta manera, la acción de la comunidad es la manifestación del ser interno de la misma, y el servicio público, que como comunidad creyente, realiza para el mundo, en fidelidad a la misión recibida de Jesucristo.

CAPÍTULO IV

El diseño de las tareas pastorales: Objetivos y metodología

Hemos formulado la última tesis de la primera parte de la siguiente manera: «El resultado de la Teología Pastoral, ha de ser la salvación de la persona entera, y la inserción de esta persona dentro de la comunidad eclesial». A partir de esta inserción, también hemos afirmado en la tesis 9 que «la línea generadora del conjunto de la pastoral, es la comunidad eucarística (contemplativa y bautismal) que celebra sacramentalmente el 'Paso de Dios', lo testifica y lo anuncia».

Para diseñar las tareas pastorales, hemos de concretar estos objetivos del programa de la fe y buscar unas mediaciones y una metodología para llevarlo a término.

En este capítulo profundizaremos en torno a estas concreciones, a fin de dar unos puntos de referencia prácticos, que permitan elaborar un proyecto pastoral operativo. Desde esta perspectiva, la Iglesia se convierte en un servicio público de la fe. Pero es preciso indicar que ésta es la especificidad de la Iglesia en el mundo, y éste es el servicio que han de realizar los cristianos en la historia.

En un primer momento, trabajaremos los *objetivos operativos* de la pastoral. Los objetivos operativos de la acción pastoral básicamente son tres: *la promoción de grupos de base, la realización de las tareas* o campos de incidencia de la pastoral, y la *coordinación de la vida* que va surgiendo fruto de la cooperación.

En un segundo momento trabajaremos *la metodología o proceso a seguir*. La metodología de la acción pastoral, tiene un círculo hermenéutico que es preciso desentrañar a fin de que, a partir de la acción, se vayan mejorando los caminos de la realización comunitaria. Este círculo hermenéutico ha de acompañar el proceso, para que se pueda vivir de una manera consciente.

1. Los objetivos operativos de la acción pastoral

A la hora de diseñar la acción pastoral, se han de concretar los objetivos generales en unos objetivos más específicos. En función de los objetivos específicos, se deberán buscar unos caminos adecuados. Los objetivos específicos permiten pasar de la anticipación teórica de modelos de futuro a la producción de resultados operativos y, fruto de la evaluación de los mismos, a una mejoría progresiva de la comunidad y de su inserción en el mundo.

Los objetivos específicos de la acción pastoral, han de girar en torno a la promoción de grupos de base; a la realización de las tareas o campos de incidencia de la pastoral; y a la coordinación de la vida que va surgiendo a nivel interno y a nivel de la Iglesia, sea local o universal.

a) *La promoción de grupos de base*

Sin disminuir la autonomía y la libertad del cristiano, el diseño de la pastoral --en las parroquias, en las comunidades y movimientos apostólicos-- ha de fomentar y promocionar la existencia de grupos cuya finalidad primaria sea compartir la vida y la fe, es decir, aprender y madurar en la vivencia cristiana integral.

Los grupos de vida cristiana superan un problema que se da con frecuencia en la práctica pastoral: viene ocasionado por el hecho de que existen personas que se dedican a hacer servicios pastorales de cara a los otros, pero ellas mismas no tienen un espacio vital en el que puedan ir creciendo personalmente, en el que puedan superar las dificultades que les van surgiendo, y donde vayan haciendo una lectura cristiana de su propia realidad.

Un grupo de vida cristiana ayuda a no compartimentar la fe y a establecer unos lazos comunitarios reales. Simultáneamente, ayuda a ir descubriendo la necesidad de un compromiso en el propio ambiente: un compromiso en la sociedad y un compromiso en el interior de la Iglesia. En definitiva, son una escuela o seminario de formación de cristianos conscientes y consecuentes.

No hay un modelo único de grupos de vida cristiana. Hay una gran variedad y pluralidad. No se trata aquí de dar una lista de estos modelos o variedades metodológicas, sino que se trata de subrayar el elemento común, que consiste en la vivencia de la vida real desde la fe. Eso comporta un conocimiento mutuo; valorar la dignidad de la persona; aceptación y respecto, ayuda y complementariedad mutua en el desarrollo de las cualidades y en la satisfacción de todas las necesidades. Todo esto, vivido a la luz de la Palabra de Dios, desarrolla la amistad y la comunión interpersonal, la comunicación cristiana de los bienes, y la comunión de acción.

El trabajo de los grupos depende de una dinámica externa, es decir, de la relación con la comunidad general y con la cultura, pero principalemnte depende de la dinámica interna del grupo.

El *dinamismo interno* del grupo, está relacionado con diversos factores, entre los cuales podemos subrayar los siguientes: el clima o atmósfera del grupo, la comunicación, la identidad, la participación, las normas, el control social, los «roles», la homogeneidad-heterogeneidad, y el número de miembros que lo componen[1].

El *clima* es la disposición del ánimo y de los sentimientos que están difusos en el grupo. El comportamiento de un miembro del grupo está condicionado por la percepción de la reacción del grupo hacia él. En este sentido es fundamental superar el miedo, la desconfianza, la agresividad, la apatía, el autoritarismo, y potenciar un clima de calidez, de compañerismo y de sentimientos, tal como lo hemos descrito cuando hemos hablado del «pacto de cooperación». Un clima positivo mantiene la creatividad y permite el tránsito de un yo aislado a un nosotros solidario.

[1] Cf. toda la obra de P. FREIRE y, en especial, *La educación como práctica de libertad*, Tierra Nueva editores, Montevideo 1960.

La *comunicación* es el proceso mediante el cual transmitimos los sentimientos, los pensamientos y necesidades a los otros a través de todos los medios de expresión, formales o informales. Es un factor determinante a la hora de la integración de todos los miembros en la vida del grupo. Cuando falla, el grupo inevitablemente entrará en una crisis; cuando está presente, el grupo camina.

La *identidad es* el sentimiento, vivido en solidaridad, de permanecer unidos en los objetivos, en las actitudes y en las mediaciones pedagógicas. Está estrechamente unida a la participación y a la comunicación. Cuando no existe identidad, las dificultades son un elemento corrosivo de la vida del grupo. Cuando existe identidad, las dificultades estimulan la solidaridad de una manera extraordinaria.

La *participación* es la intervención directa de los miembros del grupo en las reflexiones o actuaciones que se realizan, y la inclusión personal efectiva de los miembros en los quehaceres del grupo. Esta participación se da cuando hay oportunidades para todos, cuando los otros tienen interés por aquel que interviene, y cuando no hay acepción de personas. La participación da como resultado una menor resistencia al cambio, aumenta la responsabilidad, y aumenta el grado de satisfacción personal.

Las normas internas del grupo, explícitas o implícitas, son el nivel de rendimiento que acepta el grupo, y la autovaloración que el grupo hace de sí mismo. Depende de lo que el grupo espera de sus miembros, y de lo que cada miembro espera del grupo. El fracaso aparece cuando estos niveles no están suficientemente definidos o cuando no han surgido de la participación de todos. Por eso cuando hemos hablado del pacto de cooperación, señalábamos que debería estar formulado de una manera clara y evaluable. De otro modo, los miembros del grupo esperan unos resultados que el grupo no está dispuesto a dar y, entonces, se origina la frustración.

El *control social* es uno de los medios por el cual, el grupo, asegura la conformidad de la conducta de sus miembros. En este nivel, los grupos de vida cristiana han de ser discretos, aceptando el proceso de cada cual y acompañándolo con la incondicionalidad y la interpelación positiva. Esta flexibilidad no pretende minusvalorar las exigencias del grupo, sino adecuarlas al amor evangélico. La concreción de esta flexibilidad comporta claridad y aceptación incondicional del otro.

La *homogeneidad-heterogeneidad* se da en la confluencia de las diversidades personales con los intereses comunes. Si la homogeneidad es extrema, el grupo tiene el peligro de cerrarse en él mismo y convertirse en un gueto. Si la heterogeneidad es extrema, no hay muchas posibilidades para hacer un pacto de cooperación y, por tanto, para hacer un grupo. La situación óptima se da cuando hay personalidades heterogéneas y una homogeneidad de intereses y objetivos. Los grupos de vida cristiana, han de buscar de una manera especial, un equilibrio en este factor, puesto que es un elemento clave de cara a evitar el sectarismo y de cara a potenciar la vivencia del pluralismo en la comunión.

El *tamaño del grupo* es un factor que limita la cantidad y la cualidad de la comunicación. Un grupo demasiado pequeño puede tener carencias de cara a su desarrollo. Un grupo demasiado grande bloquea la comunicación y la participación, pudiendo generar frustraciones, tensiones e inhibiciones. El número ideal es de siete u ocho miembros.

Los *«roles»* son los diferentes papeles que juegan cada uno de los miembros en las interrelaciones del grupo y, generalmente responden a las personalidades de cada uno. Unos responden a las tareas del grupo (el iniciador o el que propone nuevas ideas; el que busca la información: el que la da; el que pide la opinión de los otros y el que la da; el que elabora, el que organiza y sistematiza la reflexión hecha; el que orienta, el que evalúa, el que estimula, el que aporta método, el que anota las proposiciones y decisiones, etc.). Otros «roles» responden al mantenimiento y progreso del grupo (por ejemplo, el animador que es solidario y acepta las propuestas de los otros; el conciliador que alivia las tensiones; el que sabe transigir; el que sabe estimular la participación; el observador que está atento a las intervenciones de los otros etc.).

Estos roles son importantes y positivos. Pero puede haber dificultades cuando los roles individuales son insolidarios (por ejemplo, el que obstruye el diálogo del grupo, el que es excesivamente agresivo, el dominador, el que defiende intereses particulares, etc.). En este momento es necesario realizar una revisión de grupo, buscando las causas que originan la situación, y unas nuevas actitudes para reconstruir, si ello es posible, la solidaridad[2].

b) *La atención a los campos de incidencia de la pastoral*

La promoción de los grupos de vida cristiana, que van madurando a partir de la experiencia del compartir la vida a la luz de la Palabra de Dios, es un objetivo específico e importante en el diseño de las tareas pastorales. Dedicar energías a hacerlo posible y viable, es fomentar el desarrollo de células vivas para una auténtica comunidad.

Asimismo, el diseño de la acción pastoral ha de atender a los objetivos específicos que vienen dados por la Palabra de Dios y por la vida global de la Iglesia; más concretamente, podemos decir que ha de responder a todas las necesidades básicas de la vida de fe del pueblo y, consecuentemente, ha de programar una acción de cara a atender todas estas necesidades.

Entre las tareas fundamentales para atender a estos objetivos, es necesario destacar las siguientes: la preparación y celebración de la vida litúrgica en la comunidad; la preparación de un plan catequético comunitario, que sea adecuado a las diversas edades y a las diversas necesidades; la preparación y realización de un programa de «Caritas» que proyecte a la comunidad al servicio al mundo, respondiendo a las necesidades de los otros, especialmente de los marginados; y por último, la preparación de sus miembros para una proyección misionera y evangelizadora que implique a toda la comunidad.

Para apoyar estas tareas fundamentales, el diseño, tendrá que dedicar una atención específica a los diferentes sectores de la comunidad: la infancia, la adolescencia, el mundo de los jóvenes y el de los adultos, por razones de edad; o bien, acompañar a otros sectores como la emigración, el mundo de los enfermos,

[2] Muchos problemas grupales surgen a causa de la inmadurez de las personas. Muchos problemas de fe tienen las mismas raíces. Es necesario estar muy atento a este hecho.

etc., por razones de su situación; o bien, deberá plantearse una pastoral especializada de cara a la familia, el mundo obrero, el mundo intelectual, el mundo rural, etc., por razones de la incidencia del medio. Para apoyar también esta estructura pedagógica, que la comunidad se da a sí misma, será necesario dedicar una atención a las mediaciones económicas y administrativas.

En definitiva, podemos decir que la comunidad ha de atender todas las tareas necesarias que sean precisas para que no falte nada al desarrollo armónico de la misma comunidad y a su inserción en el mundo real y cotidiano.

Cuando reflexionemos alrededor de la metodología aportaremos el camino concreto, o proceso a seguir, para trabajar prácticamente cada uno de estos apartados o tareas a realizar que, en conjunto, constituyen el diseño de la acción pastoral de la comunidad.

Lo que hemos de añadir ahora es que la realización de estas tareas pastorales exige la promoción de unos equipos de servicio comunitario, que se cuiden de su realización. Estos equipos han de estar formados por miembros que tengan su espacio de vivencia cristiana. Este factor es muy importante, porque de otra manera, esperarán del grupo de servicio los objetivos que habrían encontrado en el grupo de base. En este caso los equipos de servicio han de realizar la doble tarea (no siempre es fácil) de encontrar un equilibrio entre la atención a la persona y la concentración en el servicio que han de llevar a cabo[3].

Los equipos de servicio comunitario se han de organizar en función de las posibilidades reales, en función de los diversos carismas personales, y en función de las necesidades o prioridades que la comunidad se ha planteado. Unos equipos pueden ser permanentes si el servicio a realizar es permanente. Otros equipos pueden ser ocasionales, y eso se da cuando surge una necesidad eventual. Será necesario ser lúcidos para no multipicar las estructuras sin necesidad, y para saberse dar las estructuras que realmente son necesarias.

[3] Cf. la declaración programática del Consejo de Pastoral de la comunidad parroquial de Fraga, *Comunidad en marcha. Nuestra realidad parroquial*, «Suplemento de la Hoja Parroquial», Fraga 1975, pp. 18-20.

Los equipos de servicio eclesial son necesarios de cara a la edificación interna de la comunidad, como Pueblo de Dios, y de cara a la realización del servicio público de la fe, como Sacramento de la salvación. De su existencia, del servicio que realizan para el bien común, y de su acierto en la gestión, depende la viabilidad de la comunidad y el paso de la abstracción teórica, la pasividad y la anticipación de modelos de futuro, a una comunidad activa que va produciendo resultados operativos.

Los grupos de vida cristiana y los equipos de servicio, son los medios más dinámicos y activos para el crecimiento progresivo y la maduración de la comunidad. Han de mantener entre ellos un respeto profundo a la originalidad de cada uno y una valoración positiva de las diversas aportaciones. Cada grupo o equipo, a su vez, ha de esforzarse en aportar a la comunidad más amplia, según su finalidad específica y sus aptitudes, todos los elementos que puedan contribuir a una evangelización más eficaz.

c) *La coordinación de la vida y los servicios eclesiales*[4]

El diseño de las tareas pastorales ha de tener presente, como uno de sus objetivos específicos, la coordinación eclesial de la vida cristiana de la comunidad (o comunidades) en todas sus manifestaciones y en su pluralidad.

Esta coordinación no ha de ser idealista. La coordinación idealista es irreal, porque o bien se hace sobre el papel, o bien confunde los deseos con la realidad. Tampoco ha de ser voluntarista. El voluntarismo puede caer en el peligro de forzar la coordinación sin tener en cuenta los condicionamientos personales, ambientales o estructurales y, si eso se da, conduce a la frustración y al fracaso. Tampoco ha de ser una coordinación exterior y formal. Cuando se pretende una coordinación formalista, se deja al margen la riqueza más grande de la vida de la comunidad, que es interior y espiritual.

La coordinación ha de ser pedagógica y evangélica. Lo que implica edificar la estructuración comunitaria a partir de la realidad de las personas y su vida de fe. Eso lleva a hacer un proceso,

[4] Cf. la declaración citada p. 16.

en el que es necesario: a) exponer toda la problemática evangélica de la comunidad para buscar la comunión de vida y acción; b) profundizar en esta realidad a la luz de la Palabra de Dios y la fe del pueblo; c) interiorizarla en la contemplación y la oración comunitaria; d) llevar este espíritu a toda la comunidad mediante diversos mecanismos de diálogo, en especial mediante el consejo de pastoral, y principalmente a través de las celebraciones eucarísticas dominicales.

La coordinación del espíritu y vida comunitaria, tiene un primer nivel en la coordinación del *equipo sacerdotal*. Este equipo ha de cuidar la comunión con su obispo y la unidad de la comunidad en la Palabra revelada y en los Sacramentos. Este primer nivel, con frecuencia, es determinante para poder avanzar. La división o falta de coordinación de los presbíteros, siempre genera división comunitaria. La comunión entre los presbíteros es el gran signo de coordinación comunitaria y eclesial.

Un segundo nivel de coordinación es la tarea del *consejo de pastoral*. El consejo de pastoral es un organismo que tiene sus límites, y cuando se le pide más de lo que puede dar de sí, como pasa con todas las cosas, conduce el desencanto —tal vez es lo que ha pasado estos últimos años, y por eso es una mediación que ha experimentado en ocasiones el fracaso— y se deja de valorar como importante. Al consejo de pastoral no se le puede pedir la solución de todos los problemas. Sin embargo, se le puede pedir que realice la tarea de creación de condiciones de posibilidad para que los grupos activos se interrelacionen y, aprendiendo los unos de los otros, avancen en la comunión. También se le debe pedir al consejo de pastoral la tarea de impulsar la evangelización, abriendo los pequeños horizontes de cada uno a un horizonte más amplio.

Un tercer nivel de coordinación es la *asamblea periódica* de la comunidad. A la asamblea comunitaria han de ser convocados todos los grupos de vida cristiana y los equipos de servicio, a fin de que, de una manera abierta y solidaria, se realicen retiros espirituales, se revise y se analice la realidad, se intercomuniquen los grupos y las personas, se dé una formación teológica, se busquen nuevas pistas de evangelización, y se celebre la eucaristía.

Todos estos niveles de coordinación han de estar abiertos al más importante: *la eucaristía dominical*. La eucaristía dominical es la asamblea de los hijos de Dios, que rezan comunitariamente; celebran el día del Señor o la fiesta de Jesucristo resucitado; presentan a Dios la vida de cada día, denunciando lo que va en contra del plan de Dios en la historia, y anunciando la esperanza de su reinado. Por eso, el Concilio Vaticano II ha dicho que la eucaristía es el principio y el fin de la vida cristiana.

La coordinación de la vida y de los servicios pastorales ha de ser el fruto de la cooperación. La cooperación surge como una manifestación del aprendizaje del estilo de vida de Jesucristo. Entonces, la estructuración de la comunidad, es más teológica que formal; más pedagógica que una finalidad en sí misma. Ese es un arte que requiere mucha lucidez, un gran respeto a la persona, y una capacidad paciente de resistencia a las dificultades. Es un arte que se aprende en la escuela de la sencillez y de la comunicación del Evangelio[5].

Los tres objetivos específicos son los elementos configuradores de un programa pastoral operativo. El laicado, los religiosos y religiosas, y los presbíteros, mediante este programa pastoral operativo, realizan el servicio público de la fe en el mundo. De esta manera el Pueblo de Dios sale de él mismo para reencontrarse; se da a sí mismo para recibir; y se hace corresponsable del quehacer pascual.

2. La metodología de la acción pastoral

Los objetivos específicos de la acción pastoral, piden una metodología, o proceso a seguir, a fin de iniciar un camino concreto. Cada actuación precisará de una metodología determinada. Sin embargo, hay unos elementos metodológicos que se han de tener en cuenta en todas las actuaciones para que sean correctas y positivas.

Estos elementos metodológicos comunes, constituyen el círculo hermenéutico de la metodología de la acción pastoral. El

[5] Cuando hablamos de coordinación lo entendemos en sentido inductivo. Es un servicio al pueblo, de ninguna forma un poder.

círculo metodológico tiene estos momentos: parte de la información y la participación; continúa con la reflexión y planificación; sigue la etapa de la realización, la de revisión de la acción; y, posteriormente, la lectura teológica de la experiencia pastoral vivida. Analizaremos brevemente este círculo metodológico.

El primer paso a dar es *no trabajar solo*. Hay que buscar compañeros de camino y formar el equipo de servicio. El equipo de servicio ha de tener una información sobre el proyecto que se intenta llevar a cabo, y ha de participar en la recogida de los datos necesarios para poder iniciar el camino. La información ha de abarcar el arco entero, que va desde la realidad de la que se parte hasta los objetivos que se tratan de alcanzar. Eso permite situarse, comprender el sentido de la acción que se realizará, y hacer una opción que sea un compromiso consciente y consecuente. Este primer paso genera el clima adecuado para poder trabajar, y constituye el equipo de servicio.

El segundo paso es la etapa de *reflexión y planificación*. Se trata de una etapa en la que se analiza la realidad, sus causas y consecuencias, sus valores y contravalores. También es una etapa de reflexión en torno a los contenidos y a los objetivos. Es una etapa, finalmente, de programación de un itinerario a corto plazo y a más largo plazo. El análisis de la realidad, la reflexión sobre los contenidos y la planificación, van dando cuerpo a un proyecto realizable y operativo. Se ven las posibilidades, las dificultades, se toma conciencia de la importancia y el sentido pastoral, se van diseñando los caminos y las prioridades. Esta etapa permite que el proyecto general pase a ser un proyecto particularizado, en el que cada miembro del equipo de servicio ve el conjunto y la parte de responsabilidad que le toca. Este segundo paso genera solidez y solidaridad.

El tercer paso es la *realización* del proyecto. Consiste en poner en práctica las decisiones que ha tomado el equipo. En esta etapa será necesaria la espontaneidad para ser flexibles e ir adaptando el proyecto a la realidad. No obstante, esta espontaneidad y flexibilidad, sólo es posible cuando no se improvisa. En los momentos de adaptación a la realidad, la improvisación conduce a la disolución del equipo y al fracaso de la acción. Por eso lo esencial de este paso —que es el decisivo— radica en el trabajo realizado en la etapa de reflexión y planificación. Cuando esa etapa se ha hecho bien, la realización es la verificación de una hipótesis pastoral operativa. Las dificultades que surgen, si uno no es pedagógicamente dogmático e inflexible, se convierten en desafío que invita a crecer y a ir madurando la hipótesis pastoral con la que se trabajaba. Además, las dificultades unen al equipo y lo conducen a un grado de comunicación más intenso.

El cuarto paso es la *revisión de la acción*. Se trata de la fase en la cual el equipo de servicio interioriza los resultados objetivos que ha producido la acción. El camino más sencillo consiste en preguntarse por los objetivos que se proponían, cuáles se han alcanzado y cuáles no, las causas que explican lo que ha sucedido, a fin de iniciar una autocrítica positiva que permita descubrir nuevos elementos teológicos, pedagógicos y operativos. Es necesario revisar también las actitudes personales con las que uno ha vivido el trabajo, las actitudes del equipo que han acompañado el trabajo de cada uno y que han integrado las actuaciones individuales en el proyecto común, y finalmente el grado de satisfacción, tanto personal como del grupo, que se ha alcanzando como resultado del esfuerzo de cada uno y del conjunto. Una revisión de la acción que se haga de una manera correcta, es decir, que sea objetiva, positiva, y solidaria, subraya los resultados positivos de la acción, enriqueciendo por un lado el patrimonio vital del grupo, y por otro, convirtiendo los fracasos en lecciones positivas de cara al futuro de la acción y de cara al futuro del equipo de servicio eclesial.

El último paso es la *lectura teológica de la experiencia pastoral vivida*. Este paso consiste en situar la actuación pastoral en el conjunto del plan de la redención y del «quehacer pascual». Es el esfuerzo de reflexionar teológicamente sobre el tipo de persona que surge como consecuencia del trabajo pastoral; sobre la presencia de Jesucristo en el interior de la misma acción; sobre la imagen de Iglesia que se va configurando; sobre la esperanza teologal que emerge; y sobre el crecimiento del reinado de Dios en la historia concreta que envuelve a los miembros del equipo.

Este tipo de teología —que se denomina reflexión teológico-pastoral— no es siempre una teología académica, pero es muy importante para la renovación de la teología. En un primer momento analiza la realidad antropológica desde dos ángulos: los puntos de apertura al Reino de Dios y los desafíos que dificultan la venida del Reino de Dios. En un segundo momento, inicia una reflexión crítica de la situación: desde la fe vivida, desde la cristología, desde la eclesiología, desde la vida trascendente, es decir, desde la Gran Tradición de la fe eclesial. Esta reflexión crítica aporta nuevos elementos a la autocomprensión comunitaria y le da consistencia. En este momento, el teólogo académico puede hacer su aportación valiosa y considerable al bien común de la Iglesia, y puede tomar conciencia de su ministerio específico para el bien de todos. Aportando información, lenguaje y método, da viabilidad a la reflexión teológica comunitaria. El tercer momento de la reflexión teológico-pastoral es el retorno a la praxis histórica con el fin de que, a la luz de los nuevos elementos teológicos y pastorales alcanzados, se pueda mejorar la acción pastoral y la calidad del equipo de servicio eclesial.

La constitución del equipo de servicio, la etapa de reflexión y planificación, la etapa de realización, la de revisión de la acción y la lectura teológica, son los cinco momentos del círculo metodológico para el diseño de las tareas pastorales. El lector puede aplicarlo a cualquier proyecto pastoral que haga referencia a la pastoral profética, a la pastoral litúrgica, a la pastoral estructural-educativa, o bien a la misma pastoral de conjunto.

Este círculo metodológico puede servir de pauta y de guía para la realización operativa de un proyecto pastoral concreto, y para la planificación de un conjunto de proyectos pastorales. Hace que las actuaciones no se pierdan en ellas mismas, sino que colaboren al bien común. Hace que los aciertos se conviertan en patrimonio colectivo, y que los fracasos lleguen a ser una interpelación positiva que invita a abrir el horizonte y a ir más allá en los planteamientos comunitarios. Hace, finalmente, que el compromiso pastoral realizado conduzca, a los que lo han llevado a cabo, a un crecimiento personal consciente.

La teología de la acción eclesial ha de acompañar a la comunidad en el diseño de las tareas pastorales. Lo hace poniendo las bases de la comunidad, y ayudando en la formulación de los objetivos operativos y metodológicos[6].

Con el diseño de las tareas pastorales la comunidad cristiana realiza su ministerio al servicio del «Misterio» de Dios. Entre lo que aporta la actuación de la comunidad y lo que aporta la acción de Dios es mucho más importante esta última aportación de Dios; sin embargo, la actuación de la comunidad consiste en crear las condiciones en las personas, en los grupos y colectivos, para que se dispongan a acoger el don de Dios. Esta tarea es muy humilde, no siempre está acompañada por la eficacia, y es un compromiso que frecuentemente nos sobrepasa; pero es la realización histórica de la instrumentalidad de la gracia de Dios y, consecuentemente, un compromiso que supone la autorrealización de la persona dentro de la historia, y una manera de caminar hacia la plenitud trascendente.

[6] Muy frecuentemente es vivido de una manera pre-consciente. Sin embargo es necesario hacerlo consciente para mejorarlo.

CAPÍTULO V

Lectura creyente de la realidad

(Un método teológico para el diálogo entre la vida y la fe)

INTRODUCCIÓN

La metodología de la lectura creyente de la realidad es una metodología tradicional en la historia de la fe, incluso podemos afirmar que es muy antigua, pero ha sido redescubierta de una manera existencial y vital en la experiencia eclesial contemporánea[1].

Es una metodología que, con las debidas adaptaciones, puede ser utilizada no solamente por los cristianos, sino también por los creyentes de las otras confesiones religiosas e, incluso, por aquellos que Erich Fromm llamaba «gente religiosa no-teista»[2].

Un campo concreto de aplicación de esta metodología a las situaciones y a los hechos concretos de la existencia humana es la práctica de la «revisión de vida»[3]. La metodología de la lectura

1 Los evangelistas Mateo y Lucas introducen el concepto de «signos de los tiempos» —«las señales de los momentos que vivimos» y «qué momentos estáis viviendo»— y con esta expresión entienden el discernimiento de la presencia del Reino de Dios en la situación social concreta vivida por la gente del pueblo. Cf. Mt 16, 1-3; Lc 12, 54-56. Sin embargo, el mismo evangelista limita el alcance y la claridad de estas señales, cuando afirma que no sólo los «signos» sino que también el «reinado de Dios» están mezclados con la «cizaña». (Mt 13, 24-43).

2 Erich Fromm publicó un artículo en la revista Concilium en el que aportó esta reflexión de cara a un diálogo con el cristianismo. Según Fromm la razón de este diálogo y de la búsqueda en común, aunque sea por caminos diversos, es la necesidad de luchar juntos contra la idolatría. Cf. «Reflexiones postmarxistas y postfreudianas sobre religión y religiosidad», en Concilium 76 (1972) 456 ss.

3 La Revisión de Vida (RdV) es un método pastoral, quc fue introducido por Joseph Cardinj, fundador del movimiento «Juventud Obrera Cristiana - JOC» en su

creyente de la realidad aplicada a los hechos concretos —que es la revisión de vida— ha ayudado a mucha gente a vivir la fe relacionada con la experiencia y la vida de cada día y, de esta manera, ha contribuido a construir puentes de diálogo entre la fe y la increencia en el mundo contemporáneo.

El descubrimiento metodológico de la lectura creyente de la realidad ha sido el resultado de muchos factores de orden político, económico, social, psicológico, cultural y filosófico, pero también de orden estrictamente teológico[4]. Sin embargo, uno de los factores más importantes ha sido de orden práctico, es decir, es el resultado de la investigación teológica que ha emergido del diálogo de la fe con las personas concretas de la calle, con los grupos ideológicos concretos de nuestro tiempo y, en definitiva, con toda la problemática y todas las corrientes de pensamiento de la modernidad.

Otro factor importante que, también, hay que destacar es el impacto de la ciencia y de la técnica en la mentalidad general contemporánea, que ha subrayado la importancia de los hechos y de la experiencia empírica como punto de partida de toda investigación intelectual humana[5].

Efectivamente, en este diálogo con la modernidad, la fe ha entrado en contacto con el análisis de la realidad efectuado desde la economía, la sociología, la psicología, la antropología y la filosofía y, por consiguiente ha tenido que dar respuestas concretas a preguntas concretas que nacen de la realidad cotidiana. La investigación teológica, al mismo tiempo que realizaba este esfuerzo, ha redescubierto que la tradición bíblica, patrística y teológica de los primeros siglos no discurría por los caminos de una abstracción

---

acción pastoral con los jóvenes trabajadores y que, actualmente, es usado por todos los movimientos de Acción Católica.

[4] Ver la lección inaugural del profesor Josep M. Rovira Belloso en la Facultad de Teología de Catalunya *Fe y cultura en nuestro tiempo*, colección Saurí, Publicacions de l'Abadia de Montserrat, Facultat de Teologia, Barcelona, 1987.

[5] El impacto de la ciencia ha configurado no solamente la estructura mental de los científicos y de los técnicos, sino también la mentalidad de todas las personas de nuestra generación. La teología también participa de este contexto.

racionalista, sino a través de la iluminación de la realidad concreta del pueblo a la luz de la Palabra de Dios[6].

La asunción concreta de esta doble realidad —la experiencia de vida y la experiencia de fe— es el desencadenante y el origen del desarrollo de esta metodología tradicional. La Palabra de Dios se dirige a la persona humana. Esta persona no es un ser abstracto y atemporal, sino concreto e histórico. Vive en la realidad humana y desarrolla su experiencia de vida y de fe en el interior de la realidad. Por tanto, podemos afirmar que la reflexión sobre la fe, a partir de la vida cotidiana y de las situaciones concretas que vive la humanidad, no es solamente una exigencia de la persona que quiere vivir el mensaje de la salvación, sino también una exigencia que nace de la misma Palabra de Dios[7].

El Concilio Vaticano II subrayó esta necesidad de muchas maneras a lo largo de las Constituciones, Decretos y Declaraciones, pero donde esta actitud de diálogo con el mundo se pone de relieve con más claridad antropológica, teológica, espiritual y pastoral es en la Constitución Pastoral «Gaudium et Spes»[8].

6 En la primera mitad del siglo XX, antes de la celebración del Concilio Vaticano II (1962-1965), emergieron en la Iglesia unas grandes corrientes y movimientos renovadores, entre los cuales hay que destacar la importancia del movimiento litúrgico, bíblico, patrístico, ecuménico, social, sacerdotal y laical. Son las corrientes que prepararon el terreno para la búsqueda abierta que se vivió en el debate conciliar y que se sedimentó con la aprobación de los documentos conciliares, que son muy luminosos para el futuro de la Iglesia y su misión en el mundo.

7 Como otros muchos teólogos, he participado en esta investigación mediante algunas publicaciones que han sido fruto del diálogo de la fe con la vida concreta de las personas. Como muestra de la investigación puede servir la comparación de la tesis doctoral *Fe i Universitat d'avui. Informe teològic* (Edit. Nova Terra, col. l'Home Nou 44, Barcelona, 1977, 452 pp.) con el último libro publicado veinte años más tarde, a partir de la experiencia de relator en el Concilio Provincial Tarraconense, *...Y les lavó los pies. Una antropología según el evangelio*, (Milenio, Lleida, 1997, 365 pp.). La tesis doctoral consistió en un diálogo de la fe con los estudiantes universitarios de la Universidad de Barcelona del final de los años sesenta e inicio de los setenta; el libro *...Y les lavó los pies* es un diálogo de la fe con la situación de las personas del final del siglo XX.

8 El Concilio Vaticano II tiene siempre muy presente la relación entre la creación y la redención, como punto del encuentro entre la vida humana y la Palabra de Dios. En esta perspectiva es especialmente iluminador el número primero de la Constitución

El Concilio Provincial Tarraconense también elaboró las resoluciones a partir de un discernimiento, mediante el diálogo entre la vida y la fe[9]. Efectivamente, en la etapa preparatoria, a partir de una encuesta y de unos materiales de trabajo y, posteriormente, mediante la participación de miles de personas y grupos que hicieron sus aportaciones, se sintetizaron algunos de los problemas y de las necesidades más candentes de la comunidad cristiana y de la sociedad. Las sesiones de debate en el aula conciliar realizaron un discernimiento evangélico de esta problemática con la ayuda de unos documentos de trabajo, elaborados con la metodología de la lectura creyente de la realidad. Las resoluciones finales aprobadas por los obispos fueron adoptadas a partir de las proposiciones aprobadas por los miembros del concilio.

Sin embargo hay que decir que en la práctica no es fácil vivir esta fidelidad entre la vida y la fe, entre la experiencia humana y la Palabra de Dios. Las personas generalmente hablamos demasiado y escuchamos poco. Incluso cuando nos acercamos a la realidad para analizarla en concreto resulta más fácil teorizar que implicarse existencialmente en el esfuerzo de comprensión de la realidad y de transformación de la misma realidad analizada. La acción pastoral y la reflexión teológica con frecuencia tampoco escapan del peligro de la abstracción y la generalización.

El evangelio, en cambio, nos invita a una vivencia integral de la fe que abarca los pensamientos, las palabras y la acción, como respuesta al proyecto de Dios sobre la historia. No podemos separar la fe creída de la fe profesada y de la fe realizada. La lectura creyente quiere ser fiel al proyecto de Dios sobre la historia y a la fe vivida en su totalidad[10].

Gaudium et Spes. La razón de esta interrelación consiste en que «todas las cosas están dotadas de consistencia, verdad y bondad» (AG 12) y porque «tanto las realidades intramundanas como las realidades de la fe tienen su origen en el mismo Dios» (GS. 36). El Concilio afirma también que esta tarea de discernimiento de los signos de los tiempos es propia de todo el pueblo de Dios, pero especialmente es una tarea de los pastores y de los teólogos (GS.44).

[9] Ver todas las resoluciones conciliares y, especialmente, la primera resolución, que de hecho es una introducción a todas las restantes. Esta resolución conciliar es un modelo de lectura creyente de la realidad.

[10] Mt 25, 31-46; Lc 10, 25-37.

El análisis de la realidad intenta observar los hechos concretos de cada día y globalizarlos, para poder descubrir las causas profundas que los originan y los explican y, de esta manera, poder incidir en la transformación de la misma realidad. La lectura creyente de la realidad intenta elaborar una metodología adecuada para relacionar la vida cotidiana y la historia con el proyecto de Dios con la vida y sobre esta misma historia.

En este artículo, en un primer momento, intentaremos aproximarnos a una definición de la metodología teológica de la lectura creyente de la realidad, a su finalidad específica y, también, las dificultades que se plantean en la práctica.

En un segundo momento, profundizaremos en algunos modelos bíblicos de lectura creyente de la realidad del Antiguo y del Nuevo Testamento, para extraer los elementos esenciales de la misma a la luz de la Palabra de Dios y de la historia de la salvación.

En un tercer momento, reflexionaremos sobre la actualidad de la lectura creyente de la realidad para dar respuesta a los problemas de la sociedad contemporánea y de la Iglesia de nuestro tiempo. Nos detendremos especialmente en la descripción de la utilización práctica de esta metodología, así como de sus condiciones de posibilidad[11].

Finalmente, realizaremos una valoración crítica a la luz de los tratados de la teología, es decir, de la antropología, la cristología, la eclesiología y la espiritualidad. La metodología de la lectura creyente de la realidad es una reflexión teológico-pastoral.

Todo el discurso nos conducirá a extraer algunas conclusiones y directrices operativas que puedan ser verificadas en la práctica.

1. ¿QUÉ ES LA LECTURA CREYENTE DE LA REALIDAD?

La definición de la lectura creyente de la realidad, en primer lugar, intenta explicar el sentido y la finalidad de esta metodología que

[11] El año 1989 elaboré un estudio sobre la lectura creyente de la realidad. Ahora no repetiré la reflexión realizada que, entonces iba dirigida a la formación de catequistas y de agentes de pastoral, pero tendré en cuenta los elementos básicos de aquella reflexión. Cf. *La misión de la Iglesia en el mundo*, tema 8, Editorial S/M, Madrid, 1989.

va encaminada a potenciar la vida de fe personal y comunitaria. En un segundo momento, también pretende presentar las dificultades reales de esta práctica para que seamos conscientes de sus límites.

a) *Sentido y finalidad de la lectura creyente de la realidad*

La lectura creyente de la realidad es la acción personal, grupal y eclesial encaminada a observar la realidad a partir de los hechos concretos, en sus interrelaciones y en sus causas más profundas, para diagnosticar si esta realidad se encamina hacia el proyecto de Dios sobre la historia y, como consecuencia de este diagnóstico, transformar la realidad mediante una acción consciente y consecuente, comprometida y evangelizadora[12].

La lectura creyente de la realidad presupone estos elementos: la *observación* de la realidad, el *análisis* de la misma realidad, el descubrimiento de los *retos y de los signos de esperanza* que la realidad plantea a la fe, la *interpretación* de la realidad a la luz del evangelio, la búsqueda de un *proyecto operativo transformador y evangelizador* y, finalmente, la asunción de un *compromiso* consciente y consecuente.

La *observación de la realidad* es un esfuerzo encaminado a descubrir lo que afecta a las personas concretas situadas en su medio ambiente, descubrir la escala de valores que rodea esta situación de las personas, y las estructuras culturales, sociales, políticas, económicas y religiosas que organizan la vida personal y comunitaria. Esta observación la hacemos con nuestros ojos físicos, pero también con los «ojos de la inteligencia, los ojos de la afectividad y el amor, y los ojos de la fe». La observación nos permite ir asumiendo un lenguaje, unas situaciones, unos símbolos, unas constantes y unos retos.

El *análisis de la realidad* es el esfuerzo de comprensión de los hechos en el contexto de las relaciones humanas, las interconexiones sociales, las causas y las raíces más profundas que hay

[12] Cf. *La misión de la Iglesia en el mundo*, capítulo 8, p. 4.

detrás de la situación de las personas, de los ambientes, y de las estructuras socio-económicas y socio-políticas.

La lectura creyente de la realidad, en su tarea de observación y de análisis de la realidad, a parte de la fidelidad a sus propias constataciones y de la reflexión personal y comunitaria, también es deudora en gran parte a las ciencias de la persona, es decir, a la psicología, a la sociología, a la antropología, a la política y, en definitiva, al esfuerzo colectivo humano para comprender el mundo, la cultura y la organización social que nos rodea.

El *descubrimiento de los retos y de los signos de esperanza* que emergen del análisis de la realidad es el esfuerzo intuitivo y, al mismo tiempo, racional para descubrir los puntos candentes y las posibilidades de cambio que hay en todas las realidades humanas, por muy complejas que parezcan. En este descubrimiento tiene un papel muy importante la filosofía, que se pregunta por las causas últimas de la situación vivida a la luz de la razón y, también, tiene un papel importante la fe que añade a la observación y al análisis de la realidad la luminosidad de la revelación, que ayuda a ver más claro y más a fondo.

La *interpretación de la realidad a la luz del evangelio* es el juicio crítico teológico que intenta descubrir si la realidad observada y analizada está orientada correctamente en la dirección del proyecto de Dios sobre la historia —la filiación divina y la fraternidad universal— el sentido de la comunidad y la trascendencia de la historia. A parte de este diagnóstico teológico, la interpretación de la realidad busca también unos fundamentos y unos principios evangélicos que ayuden a situar y a orientar correctamente la dinámica personal y comunitaria.

La *elaboración de un proyecto operativo transformador y evangelizador* es la reflexión teológico-pastoral encaminada a diseñar unos criterios, un itinerario, unos caminos concretos y unas directrices operativas para convertir la interpretación evangélica y teológica en un proceso renovador a favor de la dignidad de la persona humana, de la vitalidad de la comunidad, del respeto a la naturaleza y del compromiso con la historia.

La asunción de un *compromiso consciente y consecuente* es la verificación en la práctica del diagnóstico, de la interpretación teológica, del proyecto operativo transformador y de la misión evangelizadora. En definitiva, el compromiso consciente y consecuente es la capacidad de dar una respuesta a los retos que plantea la realidad a la fe y de potenciar los signos de esperanza que hay en la misma realidad.

Alguien puede pensar que este itinerario de la lectura creyente de la realidad es complejo y complicado. Sin embargo, podemos decir que a veces la práctica se adelanta y supera a la teoría, porque muchas veces realizamos una lectura creyente de la realidad de una manera preconsciente. Incluso podemos afirmar que muchos creyentes en algunas circunstancias de la vida, sin ninguna formación teórica sobre esta metodología, realizan perfectamente una lectura creyente de la realidad de calidad y con profundidad. Podemos observar esta calidad en la reacción de determinadas personas delante de algunos acontecimientos personales que les afectan y en el itinerario de renovación evangélica de algunas comunidades cristianas.

La reflexión teológica que intentaremos hacer sobre la metodología de la lectura creyente de la realidad no pretende perder el frescor de la vida cristiana sencilla ni la transparencia de la vida evangélica de las comunidades. Sin embargo, es conveniente realizar una reflexión teológica académica para poder valorar la práctica de la lectura creyente de la realidad que realizamos las personas y las comunidades y, de esta manera, poder purificar los defectos de esta práctica, poder potenciar los descubrimientos positivos e, incluso, poder desarrollar algunos elementos antropológicos, bíblicos, teológicos, espirituales y pastorales nuevos que pueden enriquecer la experiencia vivida y potenciarla de cara al futuro.

b) *Dificultades prácticas de la lectura creyente de la realidad*

La lectura creyente de la realidad plantea unas dificultades a primera vista. Por una parte, esto es muy normal, no existe ninguna metodología que no plantee dificultades, ya que ninguna metodología es neutral. A parte de estas dificultades normales propias de toda metodología, la lectura creyente de la realidad plantea algunas dificultades específicas que hay que tener en cuenta, no para dejarla de practicar, sino para usarla con respeto, con prudencia y sin perder de vista el sentido crítico y autocrítico.

Entre estas dificultades propias podemos subrayar, en primer lugar, la dificultad que plantea la realidad en si misma. La realidad es diversa y compleja. Es diversa porque confluyen en ella todas las personas, los ambientes y las estructuras que configuran la sociedad en sus diversos sectores, edades, culturas y subculturas. Es compleja porque en cada caso concreto intervienen muchos factores biológicos, psicológicos, económicos, culturales, ideológicos, políticos, religiosos, etc. La dificultad de fondo viene del intento de querer respetar esta diversidad y esta complejidad, es decir, de querer respetar la originalidad de las personas y en tejido interno que une e interrelaciona todos estos factores, todos estos sectores y todas estas variables.

La segunda dificultad viene del análisis de la realidad. Este análisis va ligado a la observación de la realidad, al descubrimiento de los ambientes, de las interconexiones de los mismos y de las causas estructurales. Esta tarea no es neutral, incluso cuando queremos actuar rectamente, con respeto y con sentido autocrítico. La razón de esta falta de neutralidad radica en que, a parte de los criterios más objetivos, todos estamos condicionados por los prejuicios, por los criterios subjetivos preconscientes y por las actitudes que tenemos en nuestra vida diaria.

El tercer bloque de dificultades nace de la necesidad de interpretar la realidad a la luz del evangelio de una manera teológica y espiritual correcta. Esta voluntad de honradez y rectitud, por una parte, exige una formación teológica y espiritual sólidas y, por otra parte, presupone una madurez para saber aceptar con paciencia la lentitud del proceso normal de la lectura creyente, la provisionalidad propia de esta metodología, la parcialidad de los resultados que podemos ir adquiriendo y, con frecuencia, la pobreza de las conclusiones de todo el proceso.

Sin embargo, estas dificultades no eliminan la validez de esta metodología antropológica, teológica y práctica, que es la lectura creyente de la realidad. Lo que hace falta es no tener ninguna prisa y, de esta manera, realizar un buen aprendizaje de la metodología para poder ir avanzando a partir de los propios errores y aciertos.

Para este aprendizaje, también, es conveniente la renovación de la mentalidad y un nuevo talante que nos haga capaces de vivir la fe y nuestras convicciones cristianas, sin relativismo ni sincretismo, en el interior de una investigación abierta y compartida con todas las personas que buscan la verdad. Esta nueva mentalidad y este nuevo talante es lo que he intentado elaborar y describir en un artículo de investigación teológica titulado «Meditación sobre la teología» en el cual planteo la conveniencia de utilizar, al lado de las metodologías teológicas tradicionales, la que en el artículo citado he llamado «la metodología de la hipótesis multidimensional»[13].

2. Algunos modelos bíblicos

La Sagrada Escritura es un álbum de situaciones religiosas humanas y de experiencias de lectura creyente de la realidad a la luz de la revelación de Dios. El conjunto de todas estas situaciones antropológicas, vividas a la luz de la revelación, es lo que llamamos la Historia de la Salvación, que es la lectura creyente de la realidad revelada y el modelo paradigmático de todas las lecturas creyentes de la realidad desde la perspectiva cristiana. Podemos poner muchos ejemplos de estas experiencias bíblicas donde se realiza una lectura creyente de la realidad. De hecho, hay tantas lecturas creyentes como son todas las situaciones concretas narradas a lo largo de la Biblia. Como muestra de esta afirmación, podemos poner algunos ejemplos prácticos que ilustren esta constatación y nos aporten los elementos esenciales de la interpretación bíblica de la realidad.

Ejemplos del Antiguo testamento

La primera lectura creyente de la realidad es la que realiza el libro del Génesis cuando interpreta, a la luz de la revelación, la

[13] El artículo, que será publicado en la Revista catalana de Teología de la Facultad de Teología de Cataluña, es una meditación teológica que intenta valorar la investigación realizada en el campo de la teología pastoral a lo largo de los últimos 25 años. Como resultado de la investigación teológica, el artículo reformula la hipótesis de trabajo que elaboré en la tesis doctoral y la amplía en una perspectiva antropológica y teológica más abierta y multidimensional (en prensa).

misma existencia y el sentido de la naturaleza, de los seres vivos y de las personas humanas. Es una observación, un análisis, un diagnóstico, una interpretación y un proyecto de futuro operativo y salvador, abierto ala comprensión trascendente del mundo material, vital y humano. El libro del Génesis no es el tratado de una cosmología, sino la interpretación de todo lo que existe a la luz de la fe. No es un tratado abstracto, sino la interpretación a la luz de la fe de la belleza de la naturaleza, del misterio de la persona humana en su racionalidad y en su espíritu, de la experiencia del mal físico, psíquico, social y espiritual. El Génesis es un canto a la esperanza que emerge de la promesa de Dios que, desde su amor interno, ha dotado todas las cosas que existen de consistencia, verdad y bondad. Especialmente, ha dotado la persona de libertad y, a pesar de todos los elementos corrosivos que brotan del pecado, se ha comprometido en el acompañamiento de las personas, de la comunidad y la historia hacia la salvación[14].

Abraham es un modelo perfecto de lectura creyente de la realidad. Su historia es la de una persona que, en medio de las circunstancias ordinarias de la vida, observa y analiza su propia realidad personal y familiar, interpreta esta situación existencial a la luz de la revelación y de la presencia de Dios en medio de su vida, descubre unos nuevos puntos de referencia existenciales como resultado de esta lectura creyente de la realidad, y asume un nuevo proyecto de vida que le hace salir de su tierra, sin saber a donde iba, por pura fe y la vivencia de una confianza absoluta en Dios. La vida de Abraham no es la biografía de un personaje o la aventura personal de un hombre inquieto, sino el resultado de un diálogo entre su vida personal y el proyecto de Dios sobre la historia. Este diálogo culmina con un encuentro interpersonal entre Dios y Abraham. Este encuentro conduce Abraham a tomar una opción de fe, absolutamente confiada y totalmente comprometida, que marcará el futuro de su vida y el de la humanidad.

La historia de Moisés, de la alianza y la liberación del pueblo desde la esclavitud hacia la libertad, es una tercera diapositiva

[14] Rm 8, 18-23 describe este proceso como la gestación de un mundo nuevo.

práctica de la lectura creyente de la realidad bíblica, que une profundamente la lucha por la dignidad de la persona humana y la libertad del pueblo con la relación y el diálogo con Dios. El Éxodo no es un tratado de política, sino la interpretación a la luz de la fe de la grandeza y el misterio de la persona humana creada a imagen de Dios, del misterio de la fraternidad comunitaria creada también a imagen de Dios y del misterio de la libertad como reflejo de la creación de la persona y la comunidad a imagen de Dios. La transformación personal de Moisés y la lectura creyente de la situación del pueblo de Israel a la luz del Éxodo pasa por al observación de la realidad, el análisis de esta situación, el diagnóstico a la luz de la revelación, la interpretación creyente y el diseño de un proyecto liberador que conducirá el pueblo de la esclavitud a la libertad[15].

La experiencia de Elías es otro modelo bíblico paradigmático de lectura creyente de la realidad. La historia de Elías es una lectura creyente que relaciona la necesidad de vivir con madurez la libertad humana con la experiencia de Dios. Esta madurez humana consiste, por una parte, en la superación de la idolatría y, por otra parte en la sintonía personal y comunitaria con el Dios vivo[16]. La historia de Elías no es un tratado de psicología o antropología, sino que es la lectura creyente de la realidad personal y comunitaria que descubre en la experiencia de la idolatría la causa más profunda del fracaso de la persona y, no precisamente porque Dios sea celoso sino porque cuando nos instalamos en cualquier tipo de idolatría vivimos en el vacío, perdemos la armonía y la paz social y, en definitiva, perdemos la ternura y la luminosidad de Dios. El sentido de la vida, la libertad y la paz radican en el reencuentro de la experiencia de Dios. La experiencia de Elías es la experiencia de todos los profetas. Las circunstancias socioculturales y psico-afectivas varían mucho, pero la experiencia de fondo es siempre la misma, la superación de la idolatría. De esta manera los profetas son teólogos de la historia.

15 Ex 33, 18; 34, 6-9.

16 1R 19, 1-18.

La doctrina de los Sapienciales es una lectura creyente de la realidad a partir de las consecuencias antropológicas y sociales de vivir al margen de la Palabra de Dios, es decir, el resultado de vivir sin hacer lectura creyente de la realidad de la vida del pueblo y conformar los hechos de la vida de cada día con la Palabra de Dios. Los Sapienciales no son unos libros ideológicos, doctrinarios y moralistas, sino una interpretación de la realidad, a la luz de la Palabra y de la fe, y una búsqueda del sentido trascendente de la vida. El resultado de la lectura creyente de la realidad hecha por los Sapienciales es fruto de la observación y análisis de la realidad de la vida, del diagnóstico y de la interpretación a la luz de la Palabra. Esta lectura, en definitiva, culmina con la propuesta del retorno a la Palabra de Dios como el elemento clave de la renovación de la vida personal, social, política y religiosa. Muchas reflexiones, proverbios y sentencias de los Sapienciales parece que estén hechas a partir de la realidad que vivimos actualmente. El decorado exterior y el entorno social son diferentes, pero las cuestiones de fondo y las alternativas no están lejos de las que tendríamos que aplicar actualmente para encontrar el sentido de la vida y edificar una convivencia social serena y esperanzada.

Los Salmos de la Biblia convierten en oración el trasfondo personal y social visto a al luz de la lectura creyente de la realidad. Los Salmos no son un tratado de espiritualidad, sino la experiencia de la vida real y concreta convertida en espiritualidad, plegaria y poesía. Un análisis global de la temática de los salmos nos hace descubrir que convierten en oración todas las circunstancias posibles de la vida. Por esta razón hay salmos de alabanza, penitenciales, de petición, de narración de la acción providente de Dios en la vida de las personas, en la vida del pueblo y en el sentido último de las instituciones que sustentan a las personas y a la comunidad. Los salmos han observado la realidad, la han analizado, la han diagnosticado y, por consiguiente, la interpretan y la convierten en el lugar del encuentro contemplativo y esperanzado con Dios. En la plegaria de los salmos, a la luz de la Palabra, podemos vivir y transformar en positivo y en poesía todas las experiencias de nuestra existencia personal y comunitaria.

La literatura apocalíptica bíblica también es una lectura creyente de la realidad realizada en tiempos de crisis institucional. El diagnóstico de la realidad que realiza la literatura apocalíptica corresponde a diversas experiencias de situaciones-límite. Las situaciones-límite son aquellas circunstancias que no nos permiten aplazar la respuesta personal y comunitaria frente a los retos de la realidad que vivimos porque la situación es candente y urgente. Algunas veces estas circunstancias son unos retos o desafíos, es decir, unas situaciones de peligro de destrucción comunitaria y, otras veces, pueden ser unos signos de esperanza, es decir, de experiencia de un cambio importante en la vida comunitaria. La interpretación de la realidad y las propuestas alternativas de la literatura apocalíptica siempre son la vivencia de la realidad a la luz de la revelación y de la fidelidad de Dios al cumplimiento de las promesas en favor de su pueblo.

Ejemplos del Nuevo Testamento

El nuevo testamento, también, nos ofrece muchos ejemplos de lectura creyente de la realidad. El más importante y definitivo de todos estos modelos de lectura creyente es el anuncio del Reino de Dios hecho por Jesucristo como la alternativa definitiva de Dios que da sentido a la persona y a la sociedad, a la salud y a la enfermedad, a la acción y a la contemplación, al cuerpo y al espíritu, a la vida y a la muerte, al tiempo y a la eternidad.

Las parábolas son el modelo pedagógico de Jesucristo para explicar esta alternativa[17]. El lenguaje de las parábolas, utilizado por Jesús para anunciar el Reino de Dios, es un lenguaje transparente y sencillo que presupone una observación y un análisis de la realidad de las personas y del pueblo, un diagnóstico clarividente del fondo de esta realidad observada y analizada, una interpretación del sentido de la vida a la luz de la ternura de Dios que ha creado los seres humanos para que vivan su filiación divina de tal manera que llegue a ser una fraternidad universal. Como una

[17] Podemos observar este lenguaje poético en el evangelista Mateo cuando describe el Reino de Dios como «semilla, luz, sal, grano de mostaza, tesoro, etc.» actuando en el campo de la vida (cf. Mt 13).

realización concreta, realidad y signo de la fraternidad/filiación universal, las parábolas diseñan la existencia y la vida del nuevo pueblo de Dios —la Iglesia— edificado en la verdad, la justicia, la libertad, la paz y el amor.

Esta lectura creyente de la realidad formulada por el mismo Jesucristo es la que continúan realizando los apóstoles en los evangelios, en las cartas, y el libro del Apocalipsis. Mateo, por ejemplo, interpreta la realidad de la vida del pueblo y la orienta hacia el Reino de Dios anunciado por Jesucristo mediante la alternativa de las bienaventuranzas que se concretan en las obras de misericordia[18]. Marcos realiza la misma propuesta a partir del seguimiento de Jesucristo como piedra angular de la nueva interpretación del sentido de la vida[19]. El evangelio de Lucas, especialmente en el pasaje de los discípulos de Emaús, ofrece como elementos esenciales para la lectura creyente de la realidad del camino de la vida, la asunción sincera de la problemática vivida en el camino de la vida diaria, la iluminación de esta problemática a la luz de la Palabra de Dios —Moisés y los profetas— la comunicación de los bienes y la celebración de la eucaristía[20]. El IV evangelio ofrece unos «signos» para poder descubrir la presencia de Jesucristo en la realidad y, como consecuencia de este descubrimiento, poder vivir la fe en las diversas situaciones y circunstancias de la vida[21].

Este anuncio evangélico es el principio y el fundamento que ilumina la búsqueda y la solución de los problemas vividos y, también, la fuerza que orienta el desarrollo de las expectativas positivas de la vida de las primeras comunidades cristianas en su existencia cotidiana delante de las circunstancias concretas de la vida. Pedro, Jaime, Juan y Pablo son unos discípulos de Jesús que, mediante la palabra y los hechos, verifican en su vida personal

[18] Comparar Mt. 5, 1-12 con Mt 25, 31-47.

[19] Mc 1, 1.

[20] Lc 24, 13-35.

[21] Para comprender el sentido preciso del término «signo» en el IV evangelio merece la pena comparar el sentido concreto del término en las bodas de Caná (Jn 2, 11) con la globalización del sentido del mismo término que realiza el evangelista en la primera conclusión de todo el evangelio (Jn 20, 30-32).

y en la vida de las comunidades cristianas la validez de la interpretación de la realidad a la luz de la propuesta del Reino de Dios realizada por Jesucristo. Las cartas apostólicas son unas aplicaciones concretas de la lectura creyente de la realidad a las diversas situaciones concretas de la vida. El Apocalipsis propone esta alternativa como piedra angular del sentido de la historia y como anticipación esperanzada de la salvación final.

Con los Hechos de los Apóstoles se inicia la larga marcha de la Iglesia en la historia. La lectura creyente de la realidad que hizo Pedro, hace dos mil años, ha de ser realizada por la Iglesia de cada generación. Esta lectura, efectuada correctamente, conducirá a la Iglesia de nuestro tiempo, de la misma manera que lo hizo Pedro, a descubrir la presencia activa de Dios en la vida y, como resultado de esta fe, a dar la vida por los demás.

Toda la Biblia es, por tanto, un álbum paradigmático de experiencias de lectura creyente de la realidad en todas las diversas circunstancias de la vida de las personas y del pueblo. La diferencia entre la Sagrada Escritura y la lectura creyente de la realidad que efectuamos nosotros es que aquella fue inspirada por Dios y la nuestra goza de la inspiración divina en la medida que nos dejamos iluminar por la Palabra de Dios, leída en la comunión eclesial.

3. Actualidad de la lectura creyente de la realidad

Actualmente podemos encontrar modelos diversos de lectura creyente de la realidad. Estos modelos se manifiestan y se pueden observar en la vida de las pequeñas comunidades cristianas, en la tarea de los movimientos apostólicos[22], en los diversos proyectos comunitarios de las parroquias evangelizadoras, en las diócesis que han asumido los retos del mundo actual y elaboran planes de

[22] En las asambleas y encuentros de formación de los movimientos apostólicos siempre se parte de la realidad vivida. Esta realidad se analiza antropológicamente, se ilumina teológicamente y, como resultado de los criterios teológico-pastorales que emergen de esta iluminación, se toman unas resoluciones y compromisos de cara a la transformación de la sociedad.

evangelización[23], en los escritos del ministerio pastoral de la Iglesia cuando intenta iluminar la vida de fe del pueblo, en el esfuerzo de los teólogos para conectar la reflexión teológica con las preguntas de nuestro mundo contemporáneo[24], en la revitalización de la catequesis y de todos otros servicios y carismas. El Espíritu sigue suscitando gente que, fruto de su lectura creyente de la realidad, se compromete en el mundo y en la Iglesia. Solamente hay que tener «ojos para ver y oídos para escuchar» la vida y, especialmente la de los pobres y los desheredados de la tierra[25]. Esta es una voz que ha de estar presente en toda lectura creyente de la realidad.

a) *La metodología de la lectura creyente de la realidad*

Los elementos básicos metodológicos prácticos de la lectura creyente de la realidad son los que hemos ido describiendo a lo largo de las reflexiones anteriores y que están presentes en los diversos modelos que hemos expuesto a manera de ejemplo.

Podemos resumir esta metodología en cuatro grandes momentos: la observación de la realidad, el análisis global de la realidad, el discernimiento teológico-pastoral y la concreción de unas directrices operativas y una praxis transformadora. Estos cuatro momentos no forman un círculo cerrado sino un espiral

23 A partir del Concilio Vaticano II en muchas Iglesia Locales se han realizado asambleas y sínodos que siempre parten de la realidad vivida, y una vez iluminada esta realidad teológicamente, se toman resoluciones de cara a la renovación de la Iglesia diocesana. La Conferencia Episcopal Latinoamericana-CELAM ha trabajado siempre con esta metodología. El Concilio Provincial Tarraconense también trabajó de esta manera.

24 La teología actual ha estado muy marcada por el diálogo con las corrientes ideológicas contemporáneas y, de esta manera, realiza el diálogo entre la vida y la fe. De todas formas, hay que reconocer que ha sido la teología de la liberación la que ha realizado este diálogo de una manera más concreta y enraizada en la vida del pueblo sencillo.

25 Hay que destacar la calidad de los documentos de la CEE *La Iglesia y los pobres*, que es una lectura creyente de la realidad de la pobreza en el mundo y *La caridad en la vida de la Iglesia* que son unas propuestas transformadoras de la realidad a la luz de los criterios teológico-pastorales del documento anterior (EDICE, Madrid, 1994).

que, una y otra vez, va penetrando y profundizando en el fondo del diálogo de la vida con la fe.

La *observación de la realidad* presupone tener los ojos abiertos, los oídos atentos y la inteligencia emocional bien despierta para detectar los retos y los signos de esperanza que hay detrás de los hechos y las situaciones de la vida de cada día. Esta observación concreta, continuada y concentrada permite ir descubriendo con la inteligencia unas constantes de la realidad que se van repitiendo continuamente porque están presentes en el fondo de los acontecimientos de la vida diaria.

El *análisis global* de la realidad intenta ver las interconexiones que hay entre los acontecimientos de la vida humana personal y social. El análisis parte de las constantes observadas y busca las causas personales, ambientales y estructurales de estas constantes. Este análisis de la realidad se inicia cuando se toma conciencia de la importancia del mismo y no se concluye del todo nunca, porque en la experiencia diaria hay siempre unos nuevos retos y unos nuevos signos de esperanza que hay que saber acoger con admiración. De todas formas, con el paso del tiempo y más todavía si compartimos nuestro análisis con los otros miembros de la comunidad, este análisis va madurando y va adquiriendo una comprensión y una visión clara de la dinámica de fondo de todo lo que va aconteciendo en la vida de cada día.

En el análisis de la realidad hay que aprovechar los resultados de la investigación realizada por los especialistas en las ciencias humanas. Esta recepción de información proveniente de las ciencias humanas no está en contradicción con la percepción de la realidad que podemos captar con la mirada de la fe. Por esta razón, al mismo tiempo que valoramos positivamente las aportaciones de las ciencias, no perdemos la intuición ni la capacidad de sorpresa —admiración e indignación— que nos dan los «ojos de la fe»[26].

El *discernimiento teológico-pastoral* es la interpretación creyente de la realidad a la luz de la alternativa evangélica del

26 Lc 24, 31.

Reino de Dios, de la reflexión crítica de la teología sistemática y de la experiencia de la praxis transformadora sugerida por la teología pastoral. La alternativa del Reino de Dios es la vivencia de la filiación divina y de la fraternidad universal a la luz de la encarnación, la muerte y la resurrección de Jesucristo que nos revela la ternura de Dios y nos da el Espíritu de amor.

El servicio de la reflexión teológica sistemática consiste en la búsqueda de criterios orientadores a partir de la luminosidad que emerge de los grandes tratados de la teología académica, como son: el misterio de Dios, la Cristología, la Eclesiología y la antropología. De estos criterios teológico-pastorales orientadores, aplicados a la comprensión de los problemas de la vida, nace una espiritualidad que emerge de la integración anímica de la persona a la luz del Espíritu Santo (Pneumatología) y de la visión teológica del destino final de la naturaleza, de la persona, de la comunidad y de la historia (escatología).

La *praxis transformadora* sugerida por la teología pastoral es la posibilidad de transformar la realidad a partir de la experiencia crítica práctica vivida por las comunidades cristianas. Esta experiencia comunitaria constituye una memoria colectiva que, a partir de los aciertos y de los errores, va aprendiendo y adquiriendo unas directrices prácticas de acción. De esta manera, no hay que partir una y otra vez del punto cero, sino de la sabiduría experimentada y sedimentada en la vida de la comunidad.

La praxis transformadora consiste en la verificación de la validez de los principios fundamentadores y de los criterios orientadores mediante la elaboración de unas directrices prácticas que ayuden a trabajar para la transformación de la sociedad, para que esté al servicio de la dignidad de la persona humana, de la liberación de los pobres, de la transformación de la sociedad en comunidad y, en definitiva, al servicio de la salvación.

b) *Condiciones de posibilidad*

La práctica de la lectura creyente exige unas condiciones de posibilidad para que no se quede en la superficie sino que vaya al fondo del misterio de la vida. Estas condiciones son las propias de la madurez humana. Entre las más importantes podemos destacar las siguientes: el silencio activo, la reflexión crítica, la fe esperanzada, el amor comprometido, la capacidad de trabajar en equipo y la constancia.

El *silencio activo* supone reducir el ruido exterior en la medida de lo posible y, también, el ruido interior para poder escuchar la vida. Entre los ruidos exteriores más importantes, a parte de los materiales, hay que subrayar otros más sutiles como son la dependencia de los poderes dominantes, de la publicidad, de los eslóganes, de las modas pasajeras y de las consignas manipuladoras que circulan en la coyuntura social que vivimos. Entre los ruidos interiores podemos subrayar la superficialidad, la esclavitud de las emociones pasajeras, los resentimientos, el egocentrismo, el afán de poder y de prestigio social. El silencio activo es, por consiguiente, la antítesis de la pasividad. Es la creación de aquellas condiciones que nos permiten vivir con autenticidad, asumir la propia autonomía y responsabilidad, ser solidarios a partir de la propia originalidad y dejar emerger en la vida diaria la imagen de Dios que hay dentro de cada uno de nosotros.

La *reflexión crítica* es la superación del miedo a pensar para poder contemplar con libertad los acontecimientos, para descubrir su trama social, para poder buscar alternativas al orden establecido y poder llegar a ser sujetos de la propia vida. Esta libertad de pensamiento genera un doble movimiento: el que va de la vida al evangelio y que plantea las verdaderas cuestiones de la vida a la fe, y el que va del evangelio a la vida y que aporta la luz de la revelación de Dios a la vida concreta, verifica el sentido de los planteamientos de la fe y contempla los signos de la creación de Dios en todos los acontecimientos humanos.

La *fe esperanzada* es la capacidad de mirar la vida con transparencia y con apertura al futuro. La transparencia nos permite ver lo que hay detrás de las apariencias y para ello hace falta haber recuperado una «segunda ingenuidad». Esta segunda ingenuidad no es la actitud infantil propia de la gente inconsciente sino aquella actitud del adulto que, después de haber analizado críticamente la realidad, no ha perdido la capacidad de disfrutar de la vida en su profundidad y autenticidad porque conserva la intuición y la capacidad de sorpresa. La apertura al futuro nos permite dar tiempo al tiempo y trabajar para hacer realidad aquello que se puede considerar como esencial, es decir, aquello en lo que creemos de verdad. El silencio activo y la reflexión crítica conducen a la fe esperanzada, es decir, a tener una escala de valores, un proyecto de transformación de la sociedad y una voluntad decidida de llevar a cabo el proyecto.

El *amor comprometido* es el centro de la escala de valores propia de la lectura creyente de la realidad y el alma del proyecto transformador que emerge de la lectura. Este amor es multidimensional. En primer lugar es apertura al amor de Dios que, mediante su autodonación de amor, nos hace capaces de amar. En segundo lugar es la autoestima o aceptación realista de la propia vida y de la propia historia con todos sus valores y límites. En tercer lugar es un amor incondicional a los otros tal como son, es decir, el amor a la familia, a los amigos, al prójimo, a los de lejos y, también, a los enemigos. En cuarto lugar es amor a la naturaleza y a la historia como el marco global y el dinamismo propio de la salvación.

La capacidad de *trabajar en equipo* es una condición necesaria para hacer una lectura creyente de la realidad objetiva. Si trabajamos solos tenemos el peligro de ir de buena fe pero también de caer en un personalismo y una subjetividad exclusiva y excluyente. Trabajar en equipo va ampliando la objetividad de la persona, de su análisis crítica e interpretativa de la realidad. Trabajar en el ámbito comunitario es el camino más apto para ampliar la objetividad de la observación, el análisis, la interpretación y la verificación práctica. Trabajar en Iglesia es la certeza de que mi lectura creyente de la realidad, compartida en equipo, sea objetiva porque estará enriquecida por todas las comunidades, interpelada por el ministerio pastoral y estimulada por el testimonio carismático de los místicos y los santos.

La *constancia* es la dedicación de un tiempo largo y continuado a fin de que la lectura creyente de la realidad sea madura y profunda. Los obstáculos más importantes que bloquean la constancia son la precipitación y la falta de paciencia. La precipitación hace que al ir demasiado deprisa olvidemos aspectos importantes de la realidad y de la Palabra de Dios y, como consecuencia, la observación es pobre, el análisis incorrecto, el diagnóstico precipitado, la interpretación superficial y el compromiso transformador no es eficaz. La falta de paciencia hace que no demos todo el tiempo necesario al proceso para que pueda ser vivido correctamente. Esta falta de respeto al ritmo de las personas y al ritmo de Dios acaba quemando las posibilidades de cambio que hay en la realidad y, de esta manera, no permite avanzar en la dirección correcta.

El ejemplo mayor de constancia y paciencia es la de Dios que actúa y se revela en la Sagrada Escritura. La salvación de Dios incide en la realidad humana pero, al mismo tiempo que actúa decididamente en la historia personal y colectiva, respeta siempre los procesos de las personas y los ritmos de la historia.

Si la historia de la salvación es así, la lectura creyente de la realidad que intenta leer desde la fe la historia de la salvación, ha de actuar de la misma manera. Es entonces cuando nos damos cuenta de que el silencio activo, la reflexión crítica, la fe esperanzada, el amor comprometido, la capacidad de trabajar en equipo y la constancia son imprescindibles en la tarea de leer la realidad cotidiana desde la fe.

4. Valoración crítica

La calidad de la lectura creyente de la realidad, al mismo tiempo que intenta ser fiel a la observación, al análisis y a la interpretación de la realidad, necesita de unos criterios teológicos y pastorales que aseguren la fidelidad a la Palabra de Dios. Solamente así la interpretación de la realidad puede responder al proyecto de Dios sobre la historia y, sólo entonces, el proyecto transformador puede ser maduro y creyente. Estos criterios son los que puede ofrecer el servicio de la teología sistemática y, especialmente, la antropología teológica, la Cristología, la Eclesiología y la espiritualidad. Mediante estos criterios la teología ofrece a la comunidad un «brújula» que le permite mantener una orientación correcta y un dinamismo direccional adecuado[27].

[27] Ver el capítulo «El dinamismo direccional de la acción pastoral» del *Tratado de teología pastoral. Compartir la alegría de la fe*, 2ª edición, Colección Koinonia 25, Edit. Secretariado Trinitario, Salamanca 1995.

Los criterios antropológicos que ayudan en el discernimiento teológico de la lectura creyente son aquellos puntos de referencia que nos ofrece la antropología teológica. La antropología teológica define la persona humana como una historia abierta, original, única e irrepetible, que es multidimensional en su crecimiento, es estructurada en su inserción social, es libre pero está condicionada por las circunstancias externas e internas, es imagen de Dios y, aunque está herida por el pecado original, está salvada.

La entraña del cristianismo proclama la salvación de la persona en un diálogo de absoluta libertad entre Dios que tiene la iniciativa de salvar la persona humana por medio de Cristo y la respuesta de la misma persona que responde desde su libertad, como gracia y, por tanto, por la fe. Esta salvación consiste en encontrar el sentido último de la vida humana que, más allá del tiempo y del espacio, se realiza en la visión beatífica de Dios.

Los criterios teológicos nos ayudan a tener en cuenta a Cristo, en su identidad antropológica y teológica, de cara a comprender la situación existencial que vivimos y que queremos interpretar a la luz del mismo Jesucristo encarnado, muerto y resucitado. La Cristología muestra como la fe cristiana cree en el Cristo total, que es verdaderamente Dios y verdaderamente hombre, en una sola persona, sin confundirlo ni separarlo.

Si en la lectura creyente interpretamos la realidad solamente desde la divinidad de Jesucristo, sin tener en cuenta su humanidad, tenemos el peligro de caer en un «integrismo» reduccionista de la fe. Si interpretamos la realidad solamente desde la humanidad de Cristo sin referencia a su divinidad, tenemos el peligro de caer en el «gnosticismo» que, también, es un reduccionismo de la fe. Solamente la fidelidad a la divinidad y a la humanidad, sin confundirlas ni separarlas, abre una perspectiva válida a la lectura creyente de la realidad.

Los criterios eclesiológicos son aquellos puntos de referencia que sitúan la lectura creyente de la realidad en la perspectiva de la comunión y la misión. La comunión es la vivencia de la fraternidad fruto de la filiación que se va extendiendo desde el círculo más cercano de personas con las que vivimos hasta alcanzar a la humanidad entera. Esta comunión se construye a partir de la lectura de la Palabra de Dios, de la oración, de la eucaristía y de compartir los bienes materiales y espirituales. La lectura creyente ayuda a interpretar y a transformar la realidad en esta perspectiva mediante una actitud de acogida abierta, real y concreta.

La misión consiste en el compromiso transformador de la realidad a la luz de la vivencia de la comunión. Esta transformación implica la edificación de la sociedad en la justicia mediante una opción preferencial por los pobres y los excluidos de la sociedad. Esta transformación exige una acción consciente y consecuente, el testimonio de los valores evangélicos y la voluntad de compartir las riquezas de Cristo con todas las personas sin ninguna distinción.

Los criterios espirituales son aquellos que han de ayudar a unificar la vida de la persona humana en el Espíritu, de manera que la antropología, la Cristología y la Eclesiología estimulen la formación y el acompañamiento de las personas para que busquen a Dios a lo largo de toda su vida mediante la acción comprometida y transformadora de la sociedad en el amor[28], y la contemplación humilde y esperanzada del evangelio que abre el corazón de las personas a la confianza absoluta en Dios[29].

Esta unificación de la vida, hoy es más urgente que nunca, porque el «primer mundo», a pesar de la abundancia de medios que dispone, no ha podido construir una sociedad justa y ha segregado un «cuarto mundo» de marginación y de personas excluidas de la sociedad. Por otra parte, a causa de la injusta distribución de las riquezas de la humanidad, el «primer mundo» es responsable de la situación del «tercer mundo» que vive una situación de injusticia, quizás más extrema y antihumana que nunca.

El servicio de la teología pastoral enseña a utilizar esta brújula antropológica y teológica en la práctica concreta y acompaña

[28] La parábola del «buen samaritano» es un modelo perfecto de este compromiso de amor, liberador y transformador. Cf. Lc 10, 25-37.

[29] El mismo texto de Lucas sobre el «buen samaritano» se complementa con el pasaje de Marta y María que sigue a continuación, donde el evangelista ofrece la clave para que el compromiso, al mismo tiempo que es liberador, no genere nerviosismo ni preocupación, sino serenidad y gozo. Cf. Lc 10, 38-42.

la comunidad a lo largo del proceso de aprendizaje que exige la realización correcta de la metodología de la lectura creyente de la realidad. Para este aprendizaje de la lectura creyente de la realidad puede ser útil el tema octavo del tratado sobre la misión de la Iglesia en el mundo, que preparé para la formación de agentes de pastoral. El título del capítulo es, precisamente, «Lectura cristiana de la realidad». Me he referido a este capítulo en una de las notas al pie de página de la introducción a este trabajo[30]. En este tratado y, especialmente, en el capítulo citado, el lector puede encontrar unos diagramas, esquemas y cuestionarios que pueden ayudarle a realizar la observación de la realidad, el análisis, la interpretación y el diseño de unos caminos de transformación de la misma realidad a la luz de los principios y los criterios elaborados.

CONCLUSIÓN

La lectura creyente de la realidad es un instrumento pedagógico y teológico válido para realizar un doble movimiento: iluminar los grandes retos y expectativas de nuestro tiempo desde la revelación del amor interno de Dios y relacionar los problemas de la vida diaria con la fe. En este doble movimiento está en juego la búsqueda del sentido último de la vida y, en definitiva, de un nuevo horizonte de esperanza para toda la humanidad. La lectura creyente de la realidad no ahorra la tarea de la investigación científica y antropológica, pero hace que esta investigación no se quede en la respuesta penúltima del sentido de la existencia humana, sino que pueda llegar a encontrar la respuesta última, que solamente es posible como gracia y por la fe.

30 Notas 11 y 12.

TERCERA PARTE:
Cuestiones actuales

Introducción a la tercera parte

(Algunas cuestiones urgentes de nuestro momento histórico)

La tercera parte es una reflexión sobre poblemas pastorales que nos afectan en el momento presente. Escogeremos solamente algunos con el fin de mostrar cómo se aplica la metodología recién expuesta a las situaciones concretas del momento histórico en el que vivimos.

No pretendemos dar soluciones ni recetas. Nuestro proceder quiere buscar una vía media entre la crítica que nace del análisis de la realidad y la utopía que nace de la contemplación teológica y de la esperanza teologal. Intentaremos ofrecer algunos puntos de referencia básicos que lleven a la interiorización y que permitan dar respuestas comprometidas a la situación histórica.

Ofreceremos interrogantes e inicios de respuesta conceptual a los mismos. Haremos este esfuerzo partiendo de la reflexión teológico-pastoral ya hecha, partiendo de mi propia experiencia pastoral vivida estos últimos quince años, y partiendo de las reflexiones realizadas en algunas revistas especializadas de pastoral.

Pero estos elementos que ofreceremos, son elementos inacabados, de cara a posibilitar la creatividad personal y el proceso de búsqueda del lector. Creemos que el pensamiento ha de ser siempre creativo y ha de llevar a que toda persona pueda pensar por su cuenta y con autonomía[1].

[1] La sensibilidad contemporánea no quiere las cosas acabadas, porque quiere ser también protagonista y sujeto de la búsqueda. Cfr. U. ECO, *Obra abierta*, Ariel, Barcelona 1979.

La acción pastoral ha de contribuir a devolver la esperanza a la persona, y la solidez al Pueblo de Dios. Eso supone captar hacia dónde van los movimientos históricos, y buscar la respuesta pastoral correcta.

La metodología de estos capítulos tendrá tres momentos. El primero irá dirigido a recoger la problemática de la realidad vivida. El segundo intentará establecer un diálogo crítico entre la realidad observada o vivida y el marco teológico, a fin de elaborar unos puntos de referencia para potenciar un horizonte de comprensión que sugiera un itinerario de renovación. El tercer momento propondrá algunos compromisos, objeto de verificación práctica, que puedan realizarse en la labor pastoral cotidiana[2].

En el capítulo primero, que titularemos *La coyuntura pastoral*, reflexionaremos sobre el marco histórico, los interrogantes y elementos que sugiere. Eso permite hacer una reflexión situada aquí y ahora.

En el capítulo segundo aplicaremos todas las reflexiones hechas, a algunas cuestiones pastorales que plantea la vida de la parroquia en el momento actual. Trataremos de iniciar una reflexión positiva, a partir de la problemática que vivimos, y trataremos también de hacer algunas sugerencias metodológicas.

En el capítulo tercero haremos lo mismo respecto de la pastoral de juventud. No podemos pretender realizar un estudio completo sobre la pastoral de juventud, pero sí que podemos hacer unas sugerencias, que se desprenden de la Teología Pastoral en general, de cara a la renovación de este sector de la pastoral y de cara a la transmisión de la fe a la generación próxima.

En el capítuo cuarto reflexionaremos sobre el lugar específico que ocupan los religiosos y las religiosas en la pastoral diocesana. Es una cuestión de gran trascendencia para la integración real y eficiente de este sector tan vital de la Iglesia en el proyecto comunitario operativo.

En el capítulo quinto iniciaremos una reflexión teológico-pastoral sobre las relaciones que existen entre la acción pastoral

[2] Esta tercera parte quiere situarse en el momento histórico presente, para observarlo, analizarlo, y buscar propuestas transformadoras.

y la contemplación. De esta integración depende el equilibrio comunitario, la alegría y la paz de los agentes de pastoral y del pueblo cristiano en general.

Finalmente, dedicaremos un último capítulo a la pastoral de los ambientes. La pastoral de los ambientes es la punta de lanza de la acción misionera de la Iglesia. La renovación de la comunidad, ha de dar como fruto prioritario la presencia misionera en el mundo. La Iglesia ha de salir de ella misma para reencontrarse.

Esta tercera parte queda inacabada. No puede ser de otra manera. La Iglesia es un fenómeno vivo, y como todos los fenómenos vivientes no se puede esquematizar. Esta tercera parte pretende sumar un esfuerzo más al conjunto de esfuerzos renovadores que está realizando la Iglesia de hoy. Muchos de estos esfuerzos quedan en el anonimato, puesto que se viven en una sencillez transparente. Otros son monográficos y adaptados a situaciones concretas. Finalmente, otros pretenden reflexionar la realidad global vivida con el propósito de conseguir un alcance más amplio. Todos juntos, entre fracasos y aciertos, constituyen la pastoral viva de la Iglesia.

CAPÍTULO I

La coyuntura pastoral

La acción pastoral eclesial se desarrolla en un contexto histórico concreto. Contexto histórico y acción pastoral se condicionan mutuamente. En este capítulo intentaremos reflexionar sobre el contexto que hemos vivido en la historia reciente, y las repercusiones que esto ha tenido en los planteamientos pastorales[1].

Comenzaremos con un análisis de la realidad vivida a partir de los problemas cotidianos, de la temática tratada en las revistas especializadas de Teología Pastoral, y de la experiencia que surge del común denominador de la práctica.

En un segundo momento, formularemos una hipótesis pastoral que nos ayude a globalizar toda la problemática concreta, y las grandes expectativas de la situación en que vivimos.

En un tercer momento, formularemos las actitudes que esta situación ha generado a nivel de comportamientos pastorales, tratando de ver la dinámica de fondo que contienen.

A continuación formularemos un conjunto de interrogantes pastorales que surgen de la situación. Son unos interrogantes que orientan hacia el horizonte de búsqueda.

Finalmente, entresacaremos unos puntos de referencia, o condiciones de posibilidad, que son necesarios para tener un marco general en el cual podamos ubicar las actuaciones concretas.

[1] Secretariado de la Comisión Episcopal de Pastoral. IX Reunión de Vicarios de Pastoral, *Respuestas pastorales a los desafíos de la sociedad española actual*. Madrid 1983.

En los capítulos que seguirán, aterrizaremos sobre algunos problemas concretos y más significativos, dentro de este contexto histórico en el que está situada la acción pastoral en el mundo contemporáneo.

1. Análisis de la realidad en la historia reciente

Es una realidad patente que en los últimos diez años se ha realizado un gran esfuerzo de renovación pastoral a muchos niveles. Pero no es menos cierto que los resultados que se han producido no se corresponden con el esfuerzo realizado. Este esfuerzo realizado y la falta de resultados proporcionales al mismo, explican el estado de hibernación en el que nos encontramos actualmente. Estamos a la búsqueda de una nueva actitud de fondo y de un nuevo horizonte de comprensión que favorezcan unos planteamientos más realistas y posibilitadores de un cambio.

Una serie de problemas cotidianos ponen de manifiesto esta afirmación. Son problemas que venimos discutiendo desde el final del Concilio Vaticano II, y que, de alguna manera, estamos en el buen camino para resolverlos, pero no podemos decir todavía que se hayan resuelto. Pongamos algunos ejemplos: el paso de la confesionalidad al pluralismo; las cuestiones en torno de la evangelización; las relaciones con la nueva cultura que va emergiendo y con la nueva sensibilidad; la relación de la pastoral con las clases sociales, con las diferentes edades, con los diversos medios y preocupaciones sociales; las relaciones entre la parroquia y las entidades cívicas; la valoración de los movimientos especializados; toda la cuestión de los ministerios; los nuevos modelos de estructuración de la comunidad; el contencioso integrismo-progresismo; la inseguridad, la incomunicación, y en definitiva, la falta de respuesta a los problemas que están detrás del trabajo de cada día.

Hay unas causas que explican esta situación. Unas vienen de la sociedad y otras proceden del mismo interior de la Iglesia. El proceso de secularización de la vida, el paso de la dictadura a la democracia en nuestro país, la situación económica internacional, el conflicto generacional, la problemática alrededor de la justicia y la paz, etc., son un conjunto de causas tan complejas, que explican el que la situación de nuestro mundo no se pueda reducir a un análisis simplista. Detrás de todas estas causas, está la llamada urgente de valorar la autonomía y el protagonismo de la persona humana, y la de potenciar caminos de solidaridad entre las personas, los países y las relaciones internacionales.

Otras causas tienen su origen en el mismo interior de la Iglesia. El impacto histórico del Concilio Vaticano II, con sus grandes propuestas de renovación en profundidad; la falta de preparación psicológica para el diálogo; la falta de estructuras de participación y comunicación; el arraigo de la fe en la problemática del proceso histórico; las dificultades de evangelización y de catequización; la falta de un lenguaje y una simbología comprensible para el hombre de hoy, etc., son también un conjunto de causas tan complejas que hacen que no sea fácil realizar un análisis del interior de la comunidad cristiana y de su dinamismo[2].

Nos puede ayudar a hacer este análisis, la búsqueda de la temática que ha preocupado a las revistas especializadas de pastoral, y la experiencia que surge del común denominador de la práctica.

a) *Análisis temático de algunas revistas de pastoral*

Hemos seleccionado cuatro revistas: «Concilium», «Pastoral Misionera», «Quaderns de Pastoral», y «Qüestions de Vida Cristiana»[3]. La exposición de la temática que contienen los números de los últimos doce años nos hace descubrir el común denominador de las preocupaciones de la situación internacional, de la situación española y catalana. Al mismo tiempo nos ofrece la idiosincrasia teológico-pastoral.

La revista «Concilium» ha tratado estos temas[4]:

La democratización de la Iglesia (1971); La reforma de la Iglesia (1972); El compromiso político de la parroquia cristia-

[2] VARIOS, *Iglesia y sociedad en España. 1936-1975*, Ed. Popular, Madrid 1977.

[3] Hemos seleccionado estas cuatro revistas a fin de tener una visión desde Cataluña, desde el Estado español y desde la situación internacional.

[4] Revista internacional de teología, publicada a partir del final del Concilio Vaticano II. Edición en castellano en la Ed. Cristiandad, Madrid.

na (1973); La muerte y el cristianismo (1974); Las comunidades de base (1975); La Iglesia en crisis (1976); La pobreza (1977); La evangelización en el mundo de hoy (1978); La Iglesia y los derechos humanos (1979); El lugar de la mujer en la Iglesia (1980); Tensiones entre las Iglesias ricas y pobres (1981); Religión e Iglesia en Europa oriental (1982); Iglesia y paz (1983); y La transmisión de la fe a la próxima genreración (1984).

La revista «Pastoral Misionera» ha tratado esta temática[5]:

El compromiso cristiano adulto (1972); La desintegración: verdaderas y falsas respuestas, Problemas teológicos que inciden en la pastoral (1973); La religiosidad popular, la reconciliación, compromiso con el pueblo y pertenencia a la Iglesia (1974); La Iglesia creadora de pueblo, La evangelización, Fe y clase obrera (1975); Fe y lucha social, Pastoral y movilización popular, La enseñanza de la religión, La iniciación cristiana, Pastoral de jóvenes (1976); Iglesia y nacionalidades, ¿Democracia en la Iglesia?, Participación política de los cristianos, Pastoral del turismo, Pastoral en el mundo rural, Hacia una nueva alternativa de la organización eclesial (1977); Problemas actuales, Política, ética y educación popular, La crisis socio-económica, El pluralismo de opciones, La parroquia y ministerios, El cambio social y la nueva conducta sexual, Los jóvenes (1978); La Iglesia y la enseñanza, La convivencia democrática, La economía de la Iglesia, Los marginados, La involución (1979); Los niños, Los jóvenes, La misión obrera, La unidad de acción de los grupos cristianos, Celebraciones litúrgicas en clave misionera (1980); La mujer, La parroquia popular, El futuro de la democracia, Secerdocio, ministerios laicales y seminarios, Pastoral de militantes y pastoral de masas, Evangelización y lucha de clases en los años 80 (1981); Identidad católica y fidelidad a Jesús, Participación popular en la democracia, La innovación social, La Iglesia latinoamericana, Educar para la paz, La contemplación (1982); Grupos cristianos ante el cambio, Evangelio, utopía y nuevos movimientos sociales (1983).

[5] Revista de pastoral publicada por la Ed. Popular, Madrid.

La revista «Quaderns de Pastoral» ha tratado esta temática[6]:

Fe y juventud catalana, Cómo reestructurar un obispado, Catequesis de adultos, Hacia una nueva pastoral urbana, Los consejos de pastoral, La misión obrera, El secretariado de universitarios cristianos (1973); Las comunidades de base, Informe de la realidad catalana, La Juventud Obrera Cristiana, La crisis de los hijos de practicantes, La economía de la Iglesia, Nuevos caminos de la vida religiosa (1974); Opción política y liberación, Iglesia y ciudadanía, El ministerio en la Iglesia, El laicado hoy, Católicos y política, Cambio en la Iglesia (1975); Los cristianos ante los conflictos sociales y políticos, La sacramentalización, La evangelización, Análisis de la realidad social, Relaciones Iglesia y Estado (1976); La transmisión de la fe, Equipos pastorales de presbíteros, Confirmación y primera comunión, Programar la pastoral, Después de las elecciones, Fiestas cristianas y religiosidad popular (1977); La Iglesia en la recuperación de Cataluña, El cardenal Vidal i Barraquer, Cristianos en el mundo creyentes y responsables, Los marginados (1978); Pareja y matrimonio, El simposio de reflexión pastoral del Centro de Estudios Pastorales, Entre el desencanto y la esperanza (1979); Taizé, Asambleas en la Iglesia de Cataluña, La lengua, Presencia en el mundo (1980); Orar con el pueblo, Iglesia Sociedad y Estado, Informe sobre la pastoral de juventud, Los consejos pastorales (1981); Cristianos en el tercer mundo, Pastoral del bautismo, Cuestiones sobre la parroquia, El servicio de la caridad (1982); Cardijn y la evangelización del mundo obrero, Pastoral de enfermos, Incredulidad y agnosticismo (1983).

La revista «Qüestions de Vida Cristiana» ha tratado esta temática[7]:

La sexualidad, Fe y sacramentos, Eucaristía y compromiso (1972); La seguridad, El profetismo, La cultura catalana, La no violencia, La mujer (1973); La fidelidad, La penitencia, La profesión (1974); La Iglesia en la Cataluña contemporánea, La

[6] Revista de pastoral publicada por el *Centro de Estudios Pastorales* de Barcelona. Recoge experiencias y reflexiones realizadas en Cataluña y Baleares.

[7] Revista de pensamiento cristiano, publicada por la Abadía de Montserrat y dirigida por el Padre E. VILANOVA. Publica temas monográficos sobre problemas de actualidad.

crisis económica, Las bienaventuranzas (1975); Esperanza y configuración del presente, Autoridad y poder, Práctica científica y actitud de fe, Ecología, Nuestra juventud (1976); El tiempo libre, Matrinomio y divorcio, Ley y Evangelio, La universidad, Transmitir la fe (1977); El hombre manipulado, Creer en Jesucristo, La experiencia religiosa, El lenguaje de la fe, Responsabilidad pública de la fe (1978); La viudez, El placer, Los ministerios, El miedo al fracaso, El aislamiento del cristiano en el mundo moderno (1979); El Dios de los cristianos, El aborto, Crisis social y delincuencia juvenil, Expresarse en parábolas (1980); La vida religiosa en Cataluña, Cristianos sin Iglesia, La marginación social, La Iglesia y la nacionalidad catalana (1981); Dios, La conciencia moral, Las religiones (1982); El paro, El Concilio Vaticano II: veinte años después, Oración, Dios y el mundo, Los niños.

Como se puede apreciar, hay una coincidencia en las preocupaciones pastorales y también en el talante teológico de las revistas. La preocupación por los problemas del mundo, las cuestiones intraeclesiales, y la transmisión de la fe, están muy presentes en el denominador común de la búsqueda. Además, los criterios teológicos y pastorales son convergentes y complementarios. Dibujan una Iglesia que —como ha expresado Joan Bestard—[8] «Ha de recobrar la confianza en la fuerza humanizadora de lo que es religioso en el valor humanizador y liberador de la fe. Ha de ser promotora y defensora de los derechos fundamentales de la persona humana, desde una actitud profética coherente. Ha de estar anclada en las entrañas del pueblo. Ha de ser descubridora y dadora de sentido. Ha de estar abierta a los valores de la modernidad, sin absolutizarlos. Ha de educar para la paz. Ha de ser promotora de comunicación y de interrelación humana. Ha de ser acogedora. Ha de adoptar una postura crítica ante la sociedad de consumo. Ha de educar para la tolerancia, una tolerancia que haga posible la convivencia democrática. Ha de ser independiente respecto de los partidos políticos, pero no neutral en la defensa de la justicia. Ha de estar dispuesta a pagar un precio para que su acción evangelizadora sea creíble y convincente».

[8] J. BESTARD, *Present i projecte de futur de l'Església de Mallorca*, «Documents d'Església», 379 (diciembre 1983), cols. 1.291-1.322.

b) *La experiencia pastoral*

Para exponer, de una manera global, la experiencia pastoral vivida, se debería elaborar la historia de la renovación litúrgica, la historia de la renovación parroquial y la historia de los movimientos evangelizadores[9]. La historia de la renovación litúrgica ha sido elaborada por el profesor Juan Bellavista[10]. Para la historia de los movimientos y las parroquias es necesario consultar los archivos del Centro de Estudios Pastorales[11], y especialmente el trabajo de los departamentos de Pastoral de Juventud[12], y de Pastoral Rural[13].

Durante los últimos quince años he sido espectador del proceso vivido en Cataluña, los primeros ocho años como vicario de una parroquia rural, y los últimos siete años como delegado diocesano de juventud y de pastoral universitaria, habiendo colaborado también en el seminario diocesano durante cinco años. La lectura pastoral global de esta experiencia vivida, la he podido constrastar con otras realidades compartidas en encuentros realizados en Cataluña y Baleares, en el País Vasco, en Castilla, y con algunos movimientos internacionales. Me parece que puedo entresacar algunos elementos que constituyen el denominador común de la práctica vivida.

La valoración es una valoración ambigua y compleja, puesto que, por una parte he sido testigo de una gran creatividad y fidelidad en la labor cotidiana, por parte de muchos sacerdotes, religiosos, religiosas y laicos, y por otro he sido testigo también de las dificultades que impregnan esta misma realidad. Esta afirmación es válida tanto para las parroquias, como para los movimientos apostólicos, o para las estructuras pastorales de ámbito más amplio.

9 Estos tres temas monográficos podrían componer la Historia de la Pastoral.

10 Profesor de la Facultad de Teología de Barcelona.

11 *Centro de Estudios Pastorales*, c/. Rivadeneyra, 6 - 3.º, Barcelona 2.

12 El archivo de pastoral de juventud más completo pertenece al Padre A. SERRAMONA, delegado de pastoral de juventud del arzobispado de Barcelona. Oratorio de San Felipe Neri, Plaza de San Felipe, s/n., Barcelona 2.

Pero a pesar de todo, creo que hay algunos elementos que se han ido afirmando como válida orientación para el futuro. Entre estos elementos podemos destacar los siguientes: la necesidad de partir de la realidad, es decir, de lo que somos y tal como somos; la necesidad de disponer de un análisis de esta realidad social; la urgencia de generar unas interralaciones humanas positivas en la vida intraeclesial y en la vida cívica; la necesidad de una gestión participativa y solidaria; la necesidad de promover grupos de vida y grupos de acción; la necesidad de coordinar la vida desde la base e inductivamente; la necesidad de estar presentes en los núcleos vitales de la comunidad; la necesidad de realizar una tarea educativa y promotora de un crecimiento integral, armónico y solidario de la persona humana; la urgencia de estar atentos a cada persona en su originalidad; la atención a la identidad cristiana; la conveniencia de unas opciones pedagógicas, cristológicas, eclesiológicas y prácticas; la atención diversificada a los medios, edades y sectores; la preocupación por la misión; el crecimiento espiritual en la dificultad; el aprendizaje a partir de la acción; la potenciación del protagonismo del laicado; la inserción comunitaria de los religiosos en la acción pastoral; la continuidad de los esfuerzos; la elección de las prioridades adecuadas; y el trabajo en equipo.

Por lo tanto, si el sujeto crece por dentro de una manera armónica incorporando estos criterios, la realidad cotidiana —si bien no deja de manifestar las grandes dificultades con las que nos encontramos— se puede vivir de una manera positiva y creadora. Los aciertos se van incorporando al proyecto pastoral y los fracasos se viven como una interpelación para mejorar ese mismo proyecto y poder avanzar.

Valorando la experiencia vivida, un agente de la pastoral con quien compartí el trabajo durante unos años la formulaba así: «El proyecto pastoral que hemos realizado, me ha ayudado a vivir la alegría de un trabajo hecho en profundidad, en comunidad, y en un clima de comprensión de los unos hacia los otros. Me ha hecho madurar en la perspectiva de la corresponsabilidad, al ayudarme a comprender que hoy no se puede trabajar solo. Me ha aumentado las ganas de continuar porque, a pesar de los sufrimientos que han sido considerables, es un trabajo positivo que aproxima más al Evangelio. También me he dado cuenta de la complejidad del mundo actual y que es necesario vigilar para no ser un simplista. La vida de los prebíteros en comunidad ha sido un testimonio para mí, y tiene repercusiones importantes en la pastoral puesto que evita la dispersión».

Por otra parte añadía: «Esta acción pastoral compartida ha permitido que me dé cuenta de mis límites al no encontrar siempre respuesta a la situación, marcada por la cruz que proviene de la disparidad de criterios entre los cristianos, de la crítica que a veces aleja, del espíritu sectario que tenemos en conjunto. Las propuestas conciliares son válidas, pero hay que profundizar mucho más en las dimensiones teológicas y espirituales de la pastoral, leyendo teológicamente la experiencia y reflexionándola a la luz del Evangelio, puesto que eso ayuda a vivir en paz y, desde la paz, los problemas se resuelven mucho mejor».

«A la luz de la experiencia vivida —recalcaba— y de cara al futuro, subrayaría la importancia de impregnar la práctica pastoral de reflexión y profundidad espiritual. La importancia de estar más cerca de las personas, de potenciar el sentido comunitario y corresponsable de todo el pueblo de Dios, de elaborar los proyectos desde el diálogo con todos, de huir del egocentrismo, de estar más atento a lo concreto que a las abstracciones y discursos genéricos, de tener en cuenta el ritmo de las personas, a base de mantener una actitud pedagógica de atención a las necesidades básicas de las personas».

Creo que estas palabras pueden representar los sentimientos de muchos de los agentes de pastoral. En definitiva, la experiencia vivida por la gran mayoría de los agentes de pastoral está en la línea de la temática planteada en las revistas de pastoral. Muchas veces no se formula, y se vive a nivel pre-consciente, pero cuando se hace un verdadero esfuerzo de conceptualizar lo que uno ha vivido, surgen expresiones parecidas ya sea en positivo o bien en negativo, es decir, como elementos asumidos o como carenciales[13].

[13] Ver las conclusiones de la *Asamblea conjunta de Obispos y Presbíteros*, realizada en Madrid del 13 al 18 de septiembre de 1971. Conferencia Episcopal Española, 1971. BAC, Madrid.

2. La hipótesis de fondo

Es un intento de formular una hipótesis que nos ayude a globalizar la problemática concreta y las raices últimas que sostienen las grandes expectativas de la situación en la que vivimos. La podemos enunciar así:

La historia reciente de la pastoral ha puesto de relieve la necesidad de integrar, en el proyecto pastoral, *los elementos evangélicos trascendentes y los elementos humanísticos cotidianos*. Es decir, la necesidades básicas de la persona humana y de la comunidad. Eso ha provocado la necesidad de hacer un replanteamiento de toda la acción pastoral a fin de que, evitando el dualismo, la confusión y la superficialidad, se haga una nueva propuesta pastoral, a nivel consciente, crítico, y verdaderamente solidario, en un horizonte y una perspectiva de esperanza.

La voluntad de dar respuesta a los problemas del mundo, a las necesidades intracomunitarias, y a la búsqueda de caminos para transmitir la fe, pasa por una integración de los elementos de vida evangélicos en la existencia cotidiana. Sólo así es posible vivir la vida sin compartimentos separados. Sólo así es posible superar la confusión ideológica, la privatización de la fe y los diferentes tipos de reduccionismo.

Esto, es válido a nivel personal, pero lo es también a nivel comunitario; a nivel de proyecto pastoral y a nivel de la acción[14].

En el mundo actual se han producido un gran número de cambios, de orden económico, técnico, científico, político, filosófico y cultural. Algunos de estos cambios han desafiado a la fe en sus aspectos secundarios, pero otros han interrogado a la fe en sus raíces.

Unos han resuelto la tensión eliminando uno de los dos polos de la misma fe. De esta manera un sector la ha superado refugiándose en un espiritualismo que margina los problemas culturales de la vivencia de la fe. Otro sector ha abandonado la fe.

[14] Ver las conclusiones de las *Asambleas Diocesanas* realizadas en diversas diócesis de Cataluña, entre 1977 (la Asamblea sobre el ministerio de los presbíteros de Barcelona) y 1981 (Asambleas Diocesana de Barcelona, Tarragona, Urgel y Gerona).

Los primeros pierden un elemento fundamental del cristianismo: la evangelización o convivencia de los creyentes con el mundo. Los segundos se quedan ante la vida sin la Buena Nueva de Jesús de Nazaret. Ninguna de estas dos posturas ayuda a resolver el problema.

Crisis parecidas se han producido en la historia siempre que se han originado transformaciones culturales. Un ejemplo concreto lo tenemos en la época de Tomás de Aquino, en la que el descubrimiento de Aristóteles y de su pensamiento filosófico trastornó el lenguaje de la fe. El genio de Tomás estuvo en no renunciar a ninguno de los dos polos de la tensión. El resultado fue la *Summa Theologiae*. Eso ayudó a reencontrar la paz a muchos, que descubrieron que una cosa es una crisis teológica y otra cosa es una crisis de fe[15].

Hoy el mundo es mucho más complejo que en la época de Tomás de Aquino, y por eso, la superación de la crisis no puede ser el resultado de unas personas aisladas, sino que será el resultado de un esfuerzo comunitario y eclesial. La pasión por la verdad total, la paciencia y la constancia son las actitudes que pueden conducir a abrir el horizonte comunitario[16].

Esta superación de la tensión, que el Concilio Vaticano II se planteó y resolvió a nivel de propuesta (plasmada en las líneas de fondo de los grandes documentos conciliares), la acción pastoral la ha de resolver a nivel concreto, diversificado, adaptado a las situaciones, a nivel real y operativo[17].

La superación de cuestiones como la relación entre *profetismo* (evangelización y catequesis) y *sacramentalización* pasa por esa integración. La puesta al día de instituciones y estructuras pastorales, como la parroquia y los movimientos apostólicos, también supone esa superación. La respuesta a los diversos medios a las diversas edades y sectores también implica esa doble fidelidad. Sin ella continuaremos viviendo en la confusión, en

[15] M. D. CHENU, *St. Tomàs d'Aquino, avui*, Publicaciones de la Abadía de Montserrat, 1974.

[16] *Fe i Universitat d'avui*, Nova Terra, Barcelona 1977, pp. 301-338.

[17] *L.G.*, 8. Unas y otras han de avanzar en la perspectiva de la misión y en un horizonte ecuménico.

el enfrentamiento sectario y, en definitiva, en la inseguridad personal o comunitaria.

Avanzar en esta perspectiva no es nada fácil, y no siempre los resultados corresponderán a los esfuerzos hechos. Sin embargo no hay otra alternativa. Ni la renuncia a los elementos evangélicos trascendentes, ni la renuncia a integrar las necesidades básicas de la persona humana y de la comunidad en el proyecto pastoral, pueden ofrecer respuestas significativas de valor universal y de futuro.

Muchos de los problemas que vivimos surgen de la falta de respuesta simultanea a esa doble fidelidad. La vida cotidiana está llena de ejemplos que ilustran esta afirmación. De hecho, donde se tiene en cuenta se va haciendo camino, nada fácil pero real.

3. Actitudes ante esta situación

A nivel teórico nadie niega la necesidad de vivir esta doble fidelidad que hemos descrito en la hipótesis pastoral, realizada en el apartado anterior. Pero en la actitud que surge del común denominador de la práctica pastoral, veremos si este reconocimiento teórico es un reconocimiento de verdad.

Describiremos ahora algunas actitudes tipológicas que están presentes en la realidad pastoral de la historia reciente. Básicamente podemos decir que, con muchos matices a realizar, son las siguientes: la rutina, el activismo o la dispersión, el desencanto, la angustia, el neo-restauracionismo, el realismo y la esperanza.

La actitud de *rutina* es aquella que hace lo que siempre se ha hecho sin preguntarse el porqué ni el para qué. Hace unos planteamientos pastorales que, con frecuencia, no responden a las necesidades del momento. Quizás fueron planteamientos que respondieron a las necesidades de otro momento, pero actualmente no son la respuesta operativa a la situación que vivimos. A veces esta actitud va acompañada de mucho trabajo pero sin sintonizar con la realidad, y con objetivos que no corresponden a la misma.

La *frivolidad* es la actitud opuesta a la rutina. Acepta la novedad por la novedad, sin hacer un discernimiento profundo sobre la validez de la misma, de sus objetivos y metodología. Con frecuencia se dedica a hacer suplencias sociales sin ninguna perspectiva verdaderamente evangelizadora y educadora. Así como la rutina se ve claramente que no responde a la realidad, esta actitud da a veces la sensación de que abre nuevos caminos. Sin embargo a la larga emerge claramente su ambigüedad, su superficialidad, y el hecho de quemar alternativas que, vividas en profundidad, habrían significado la apertura de caminos nuevos.

Muchos términos que usamos en la conversación cotidiana, e incluso en las reuniones pastorales, no escapan de la rutina o de la frivolidad. Términos teológicos como Iglesia, oración, sacramento, profetismo, etc.; términos pastorales como sacramentalización, evangelización, catequización, etc.; términos estructurales como parroquia, movimiento, servicio, etc.; términos pedagógicos como pluralismo, religiosidad popular, opciones, etc., a menudo son usados en un sentido rutinario o frívolo. Entonces no es posible el diálogo ni el entendimiento. La rutina y la frivolidad son como dos defensas ante la complejidad de la realidad. La primera evita el compromiso de la creatividad y la imaginación. La segunda pierde las raíces y la cualidad.

El *activismo* es la actitud del que cree que se pueden suplir la calidad, por la cantidad de acciones pastorales que se hacen. Activismo no equivale a acción. La acción exterioriza el ser interior y, por tanto, es la manifestación o epifanía del yo profundo. El activismo es la realización de acciones por ellas mismas, desarraigadas del ser interior. Estas actividades son, con frecuencia, una manera de fugarse de la realidad, al no quedar tiempo para pensar y discernir la misma. La acción es fundamental, pero el activismo a la larga se convierte en un esfuerzo inútil, llevando siempre a la dispersión de energías y a la crisis personal. La cantidad de acción es importante, siempre que no vaya desligada de la calidad humana y evangélica. Esto solamente se descubre a partir de la experiencia[18].

El *desencanto*, es la actitud que surge cuando, habiendo superado la rutina, la frivolidad y el activismo y habiendo intenta-

18 Es necesario distinguir entre actividad y acción. Actividad es una actuación puntual determinada. Acción es el fluir de la vida.

do un trabajo en profundidad, uno experimenta la dificultad de la tarea pastoral, ha de hacer frente al fracaso y ha de hacer la digestión de ese fracaso en solitario. Entonces, al faltar un apoyo comunitario y, consecuentemente al no tener cubiertas las necesidades básicas como persona, el agente de la pastoral cae en la inconstancia y, posteriormente, en la decepción. Muchos de los fracasos pastorales no son debidos a la falta de un proyecto coherente y válido, sino a la falta de soporte comunitario y a la falta de vida interior. Por eso, cuando hemos hablado del diseño de las tareas pastorales, hemos propuesto dos bases operativas: el acompañamiento de las personas y los pactos de cooperación.

La *angustia* da un paso más allá del desencanto. El desencanto abona la necesidad urgente de profundización, o bien genera una actitud de «pasar» del compromiso pastoral. La angustia se genera en el surco del bloqueo personal y de la frustración. Pienso que estos últimos años la renovación de la pastoral ha comportado unos costes humanos muy importantes en este sentido. Muchos procesos de secularización tienen su raíz más profunda en la soledad y la angustia. El mundo contemporáneo, que cada vez es más complejo y agresivo, comportará estos costos humanos, exceptuando el caso en el que el agente de pastoral tenga un verdadero apoyo comunitario y personal.

El *neo-restauracionismo* es una consecuencia muy explicable de la complejidad y la dificultad. La imaginación y la creatividad generan complicaciones y fracasos. Uno experimenta el miedo a hacer frente al mundo contemporáneo y ve que este miedo está presente también en el pueblo. Entonces se hace la opción de crear las condiciones que permitan revivir el estilo pastoral de una época pasada, en la cual se acertaron a encontrar caminos válidos para la misma. El neo-restauracionismo es una defensa psicológica para escapar de la angustia, sin hacer frente a la realidad tal y como es. No equivale a fidelidad a las raíces evangélicas, ni a capacidad de mantener la memoria eclesial histórica, sino que es una manera de hacer encajar, sutilmente, la realidad con los propios planteamientos e intereses. En definitiva, el noe-restauracionismo está falto de realismo pastoral y encuentra el soporte más en la ideología que en la fe[19].

[19] Desde esta clave se pueden comprender los intentos de fijación de la reforma postconciliar.

El *realismo* es aquella actitud que hace sus planteamientos pastorales a partir de un análisis de la realidad, sin prejuicios. Una vez hecho este análisis, toma unas opciones de fondo que respondan al Evangelio, y trata de realizar lo posible. Eso supone, por un lado, la realización de un proyecto pastoral, de acuerdo con la luz que uno tiene, y supone también, la aceptación de los propios límites, o carencias, que hacen que uno acepte la incapacidad de dar la respuesta perfecta a toda la realidad. De alguna manera ha de buscar una armonía entre las posibilidades y las limitaciones. Supone, pues, una fidelidad incondicional a la persona y una confianza en Dios.

La *esperanza* es el realismo que busca la utopía posible. Realiza una prospectiva de futuro en la que la persona esperanzada y armónica potencia un tipo armónico de creyente con bases antropológicas y evangélicas. Esta actitud supone una gran capacidad para fiarse de Dios y una solidaridad incondicional con las personas. Supone también la renuncia a todo tipo de manipulación, de paternalismo, de ideologización abstracta y doctrinaria, para potenciar una actitud verdaderamente adulta y evangélica.

Ninguna de estas actitudes, que acabamos de describir, existe en un estado químicamente puro. Es preciso reconocer que, a lo largo de la vida, existen varias de estas actitudes en las diferentes etapas, y que coexisten algunas simultáneamente en la misma persona. Hemos ofrecido solamente unos elementos de autoanálisis, y unos elementos de revisión de la situación en la que vivimos. A partir de una auto-aceptación de la propia realidad, parece necesario ir potenciando un horizonte de realismo y de esperanza, por razones evangélicas.

La utopía, desligada de la realidad, no abona la apertura de caminos ni ofrece una perspectiva. El realismo, sin utopía, no abona la esperanza ni aporta una atmósfera adecuada para motivar un compromiso transformador de la realidad y posibilitador de un cambio personal o comunitario. Por eso, hemos de hablar de la utopía posible, que es aquella actitud que, enraizada en la realidad y abierta al horizonte, va haciendo el camino posible, pero siempre con un afán de ir más allá.

4. Interrogantes[20]

Desde una perspectiva de utopía posible, no es fácil buscar fórmulas estáticas. Son necesarios en primer lugar unos interrogantes provocadores y dinamizadores. Estos interrogantes vienen dados por la experiencia vivida y por la Palabra de Dios. Son interrogantes creadores de futuro, puesto que con frecuencia estimulan más que cualquier fórmula hecha.

Entre estos interrogantes podemos señalar algunos: ¿Hacia donde va la pastoral? ¿Dónde estamos? ¿Qué hemos de hacer? ¿Cómo preparar el futuro? ¿Cómo mantener la identidad? ¿Cuál es la aportación específica de la Iglesia en favor de la humanidad? ¿Qué tipo de esperanza aporta a la persona humana y al mundo? ¿Qué solidez aporta al Pueblo de Dios? ¿Cuáles son las claves espirituales de la renovación pastoral? ¿Qué hay que decir de los cristianos sin Iglesia? ¿Qué debemos decir de los practicantes sin fe? ¿Cuál es la hipótesis que explica la situación en la que vivimos? ¿De dónde viene la inseguridad? ¿De dónde viene el desencanto y la angustia? ¿De donde procede la reacción neo-restauracionista? ¿Cómo vivir una creatividad serena?

Más allá de estos interrogantes de fondo, nos debemos poner todavía otros más concretos: ¿Cómo hacer un análisis de la realidad pastoral? ¿Cuáles son los nuevos modelos identificadores de la comunidad? ¿Se han aplicado las resoluciones del Concilio Vaticano II? ¿Hemos alcanzado el suficiente protagonismo del laicado? ¿Cual es la relación entre la vida religiosa y la pastoral? ¿Es posible el anuncio del Evangelio en la nueva situación cultural? ¿Cómo vivir la fe en el munco contemporáneo? ¿Cómo ha de ser el agente de pastoral en nuestros tiempos? ¿Cómo relacionar el profetismo y la sacramentalización? ¿Cuál es la respuesta cristiana ante el pluralismo social? ¿Cómo integrarlo en la comunión? ¿Cómo potenciar una estructuración comunitaria participativa? ¿Por qué debemos hacer pactos de cooperación? ¿Cómo llevar a cabo una pastoral de ambientes? ¿Cómo relacionar las

[20] Estos interrogantes están extraídos de reuniones de pastoral. Son los que aparecen con más frecuencia.

minorías y la masa? ¿Qué estructuras son caducas? ¿Qué estructuras nuevas necesitamos? ¿Cómo el Evangelio se traduce en esperanza dentro de la problemática social? ¿Cómo democratizar las estructuras? ¿Cómo desburocratizar la acción pastoral? ¿Qué opciones debemos hacer?

Si nos fijamos de una manera singular en lo que hemos vivido estos últimos diez años, podemos subrayar estas cuestiones: ¿Cuál es el común denominador de la práctica vivida? ¿Con qué hipótesis pastorales hemos trabajado? ¿Qué diagnóstico de la realidad que nos rodea podemos hacer? ¿A qué público nos hemos dirigido? ¿Qué experiencia tenemos de haber llevado el mensaje evangélico a grupos de personas que nunca han estado dentro de la Iglesia? ¿Cómo hemos llegado a las diversas edades, manteniendo una línea pedagógica de proceso? ¿Es suficiente una pastoral de masas? ¿Hemos encontrado alternativas coherentes y evangélicas? ¿Tenemos los instrumentos pastorales necesarios? ¿Hemos encontrado una relación correcta de la parroquia con las entidades cívicas? ¿Hemos aprendido a realizar asambleas parroquiales? ¿Qué valoración podemos hacer de los movimientos especializados? ¿Cuál es la pastoral adecuada para educar personas autónomas y solidarias? ¿Cómo escoger las prioridades pastorales? ¿Cuál es el nuevo lenguaje y la nueva simbología comprensibles para el hombre de hoy? ¿Cómo promover equipos pastorales en una perspectiva de pacto de cooperación? ¿Cuál es el ritmo adecuado del proceso? ¿Cuáles son los apoyos diocesanos imprescindibles? ¿Cómo tratar la cuestión del progresismo y el integrismo? ¿Cómo equilibrar la apertura de la comunidad y la vida interna de la misma? ¿Cómo articular la libertad y la autonomía con la solidaridad? ¿Cómo crecer en la dificultad? ¿Cómo articular la acogida con la crítica? ¿Cómo evitar el caer en el sectarismo? ¿Cómo volver a empezar cuando todo se va estructurando? ¿Cómo llegar a los verdaderamente marginados? ¿Cómo ir haciendo teología desde la pequeña historia de la comunidad concreta? ¿Cómo dar el predominio a la Palabra y al Espíritu? ¿Cómo articular fortaleza y humildad? ¿Cómo situar el presente en una perspectiva más global?

Estos y otros interrogantes son los que pueden ayudar a buscar la actitud correcta y a avanzar en la perspectiva de la utopía posible. La fidelidad a la Palabra de Dios y la fidelidad a la persona humana y a la comunidad, permiten hallar las bases más profundas para avanzar y superar las dificultades.

5. Puntos de referencia de la utopía posible

La Teología Pastoral es la ciencia de las costumbres pastorales. No puede llegar a resolver los problemas concretos de cada lugar en particular, pero ha de dar unos puntos de referencia que se traduzcan en condiciones de posibilidad, en el marco de la renovación concreta.

La hipótesis pastoral que hemos aportado, intenta situar el punto de partida de toda labor pastoral que quiera responder, desde la esperanza, a la situación presente. Contiene dos grandes puntos de referencia: la urgencia de fiarnos de Dios y la urgencia de crecer en la solidaridad.

No es posible una renovación pastoral profunda sin fe. La fe cristiana es la salvación de la persona humana en un diálogo de absoluta libertad entre Dios, que ha decidido salvarnos por medio de Jesucristo en el Espíritu, y la persona humana, que compromete su existencial total y opta por confiar en esta acción salvadora de Dios. El resultado de este diálogo es la salvación como gracia y, por tanto, por la fe[21].

Tampoco es posible una renovación pastoral profunda sin la caridad. La caridad es la realización de la fe. No consiste en que nosotros sepamos amar por propia iniciativa, sino en hacer la experiencia de sentirse amado por Dios, que ha tomado la iniciativa y, desde esta experiencia, iniciar un nuevo estilo de vida edificado sobre el amor de Dios y realizado en la solidaridad incondicional con toda la persona y todas las personas[22].

El puente entre una renovación pastoral edificada sobre la fe, o confianza en Dios, y la caridad, o solidaridad incondicional, es la esperanza. La esperanza teologal manifiesta la fe y posibilita el amor. Entonces la esperanza ofrece un camino y un

[21] J. Alfaro, *Fe cristiana*, Ed. Paulinas, Madrid 1969, p. 11.
[22] *Ibid.*, pp. 49 ss.

horizonte, que son los verdaderos puntos de referencia de todo proyecto humano renovador[23].

Estos puntos de referencia básicos y fundamentales se concretan en un conjunto de actitudes en la vida de la parroquia, o en la tarea de un movimiento, o en la existencia de una comunidad de base. Estas bases fundamentales conducen a respetar a la persona humana, vivir en el realismo, a situar la tarea presente en sus verdaderas proporciones, a revisar constantemente, a evolucionar de una manera permanente, a la fidelidad a los orígenes y al horizonte que nos atrae, a hacer un trabajo metódico y constante, a buscar la complementariedad de esfuerzos, a aprender a ser débil, a privilegiar la fidelidad, a cooperar, a evangelizar dejándose evangelizar, a buscar un lenguaje y una simbología nuevos, comprensibles para el hombre de hoy, adulto, autónomo y solidario.

Personalmente he verificado esta hipótesis pastoral en la labor parroquial durante ocho años y en la promoción de un equipo de pastoral juvenil, a nivel diocesano, durante siete años. No creo que la experiencia concreta se pueda trasplantar de un lugar a otro, puesto que las circunstancias son diversas y el punto de partida también. Sin embargo podemos decir que los puntos de referencia tienen valor universal y validez plena.

Sobre lo *singular concreto* se puede llegar a formular la hipótesis pastoral e ir verificando la validez de la misma. El momento coyuntural que atravesamos es una invitación a tomar iniciativas, a ser creativos, y a cooperar en la búsqueda de caminos operativos. Es así como vamos haciendo realidad la utopía posible.

[23] J. ALFARO, *Esperanza cristiana y liberación del hombre*, Herder, Barcelona 1972, pp. 171 ss.

CAPÍTULO II

Cuestiones sobre la parroquia

En este capítulo intentaremos aplicar la reflexión teológica, pedagógica y metodológica, que hemos ido elaborando en los capítulos anteriores, a la realidad de la parroquia.

No volveremos a repetir muchos de los elementos que son vitales para la renovación de esta institución, la cual es muy importante para la vida de la Iglesia, puesto que todo lo dicho hasta ahora respecto de la pastoral en general, básicamente, se puede aplicar a la vida de la parroquia y a su desarrollo pastoral.

Las tesis teológicas de la primera parte, las conclusiones de la reflexión sobre la gestión participativa de la comunidad, sobre el agente de pastoral y sobre el diseño de las tareas pastorales, nos suministran los elementos esenciales para la reflexión específica que nos proponemos hacer[1].

No obstante, queremos dar un nuevo paso, que no es repetitivo, a partir de la situación histórica de la parroquia en el momento presente; a partir de las diferentes valoraciones que se hacen, y de las posibilidades positivas que van emergiendo[2].

Este nuevo paso, como acabamos de señalar, quiere partir de la problemática específica que afecta a las parroquias actual-

[1] La renovación pastoral ha de tener siempre un trasfondo teológico. De otra forma se pierde el sentido final de la renovación que se pretende.

[2] Esta renovación se inició hace muchos años. Recordemos algunos libros clásicos: I SEMANA NACIONAL DE LA PARROQUIA, *Comunidad cristiana parroquial*, Euramérica 1959; G. MICHONNEAU, *No hay vida cristiana sin comunidad*, Estela, Barcelona 1961; G. MICHONNEAU, y F. VARILLON, *Hablemos de la predicación*, Estela Barcelona 1965; G. MICHONNEAU, *Parroquia comunidad misionera*, Desclée, Buenos Aires 1951; P. PARCH, *La renovación de la parroquia por medio de la liturgia*, Desclée, Bilbao 1960.

mente, a fin de detectar las cuestiones de fondo. En un segundo momento pretende buscar unos criterios pastorales específicos para la renovación pedagógica de esta estructura educativa de la fe. En un tercer momento apuntaremos hacia algunas propuestas organizativas, verificadas en algunas experiencias parroquiales, que pueden ser objeto de verificación por parte de otras comunidades parroquiales que están en la búsqueda de nuevos caminos.

Si todo lo que hemos ido diciendo hasta ahora es una invitación a que toda persona reflexione sobre su realidad pastoral, y por eso lo hemos titulado «sugerencias para una Teología Pastoral», esta reflexión que iniciamos ahora sobre la parroquia querría ser una interpelación más intensa. Es una interpelación a repensar, desde la libertad, las posibilidades pastorales que tiene esta institución, tan antigua en la vida de la Iglesia y tan nueva en sus potencialidades, de cara a la renovación de la pastoral eclesial.

1. Problemática

La parroquia es una institución pastoral que tiene una larga historia. Ha pasado por muchas vicisitudes y ha superado muchas dificultades. No es ahora el momento de hacer una historia, pero hemos de reconocer que una institución que ha sobrevivido, unas veces con éxito y otras, tal vez, con resultados más endebles, a lo largo de tantos siglos es una estructura pastoral muy importante.

Hay dos puntos de partida sobre la valoración pastoral de la institución parroquial que son incorrectos. El primero es la actitud de los detractores, que afirman que es una institución que ha dejado de tener sentido. Generalmente, detrás de esta postura hay unas experiencias frustrantes, que se generalizan. Este punto de partida se debería someter a la crítica adulta.

El segundo punto de partida es la actitud de los defensores sin matices, que afirman que es la única institución válida para la vivencia de la fe. Generalmente, también detrás de esta postura hay una generalización, y un peligro de convertir en finalidad aquello que es un medio pastoral. También este punto de partida se debería someter a una crítica adulta.

El punto de partida, para la reflexión que nos proponemos hacer, es el análisis crítico y positivo. Esta actitud presupone eliminar los prejuicios que nos impiden pensar con libertad, y presupone también, iniciar una reflexión abierta y contemplativa que pueda articular la confianza y la crítica creadora. Sólo así es posible superar la rutina y la frivolidad[3].

La institución parroquial es una realidad en la que confluyen, de una manera explícita o implícita, todos los problemas históricos de la pastoral eclesial actual. Es, pues, un espacio que plantea muchas dificultades y desafíos, pero al mismo tiempo es un espacio privilegiado para plantearse la búsqueda de caminos de futuro para la renovación de la pastoral.

Al mismo tiempo, la institución parroquial es una realidad antropológica y social a la que van a parar todas las problemáticas de las personas y de los colectivos humanos. Eso hace que no sólo sea un espacio privilegiado para la búsqueda pastoral, sino también un lugar privilegiado para la observación de la situación contemporánea de la humanidad.

El hecho de que sea un espacio importante para la búsqueda antropológica y pastoral, no quiere decir que siempre se viva así. La capacidad de incidir profundamente depende de la actitud con que se vive la realidad. También depende de los elementos que uno dispone para hacer un análisis crítico y de la lucidez para tener una perspectiva abierta[4].

Muchos problemas inciden en la vida de la parroquia. Señalaremos algunos: en las parroquias rurales confluyen todos los problemas del pueblo porque es muy difícil separar la comunidad parroquial y la comunidad cívica. Esta realidad genera problemas de interrelación humana, problemas coyunturales según los ambientes y problemas estructurales[5].

En las parroquias urbanas sucede lo contrario. La masificación de la sociedad, el anonimato de la persona y la complejidad

[3] Eso sólo es posible cuando hay realismo y esperanza teologal.

[4] El nuevo *Código de Derecho Canónico* reafirma a la parroquia como célula viva de la diócesis. Cf. cánones 515-555.

[5] El Departamento Rural del *Centro de Estudios Pastorales de Barcelona* comenzó su búsqueda y sus actividades en el año 1976. Está integrado por dos representantes de cada una de las diócesis de Cataluña y Baleares.

de la vida producen un distanciamiento excesivo entre la realidad de la comunidad cívica y la comunidad parroquial cuando se reúne. Además, no todas las parroquias urbanas presentan la misma situación, sino que están fuertemente configuradas por el medio ambiental en el que están insertas y participan de todas las divisiones de la sociedad[6].

La parroquia es, pues, un espacio en el que aparecen todos los problemas del pluralismo social. De aquí podemos deducir que su dificultad fundamental está en la capacidad de construir la comunión a partir de ese pluralismo social, cultural e ideológico. No es una solución el idealismo, actuando como si el problema del pluralismo no existiera, tampoco es solución la renuncia a aspirar a la comunión, limitándose a organizar unos servicios asépticos.

Aparte de este problema básico, que tiene manifestaciones diversas en el mundo rural y en el medio urbano o suburbano, hay otros problemas que afectan a la pastoral parroquial desde sus mismas bases. La parroquia ha de responder a todas las edades, y eso por una parte es algo muy deseable, pero por otra parte es algo muy complejo, y supone una capacitación pedagógica que no es fácil de alcanzar. La parroquia también ha de responder a las diversas situaciones o medios, y eso todavía complica más la búsqueda de respuestas ante las expectativas y necesidades del pueblo. La parroquia también se ha de insertar en el arciprestazgo, y eso genera otra dinámica: irradiar solidaridad, pero también asumir los problemas que afectan a los otros.

Además la parroquia ha de dar respuesta a todos los campos de incidencia de la pastoral. Ha de realizar una pastoral profética, una pastoral litúrgica y una pastoral estructural-educativa. Este hecho multiplica las tareas a realizar y exige una información, una planificación y una participación de muchos agentes de pastoral. Esta autoconstrucción interna, está para dar respuesta a las necesidades de la persona en nuestro mundo contemporáneo. Llegar a ser una comunidad «de puertas abiertas» en el mundo, es una tarea apasionante, pero sin duda es una tarea difícil.

[6] Primeras Jornadas sobre la Parroquia Urbana, Villargarcía de Campos, Región del Duero, 1983.

Resumiendo: La institución parroquial es un puente entre la situación del mundo contemporáneo y la situación de la Iglesia. Eso hace que sea un espacio privilegiado para establecer un diálogo concreto entre la fe y la cultura, entre la fe y la justicia, entre la fe y la persona concreta. En definitiva, podemos decir que es un espacio importante para la renovación de la institución eclesial.

A partir de esta necesidad de inserción de la parroquia en las expectativas del mundo, nos podemos plantear toda una serie de cuestiones ¿Es una institución válida? ¿Cuál es la propuesta específica que tiene que hacer de cara al mundo? ¿Hay unos puntos sólidos de cara a la estructuración de la parroquia?

Intentaremos dar una respuesta positiva a estas preguntas, desde la concepción de la parroquia como una «casa de fe, de puertas abiertas al mundo y a la situación de las personas» que tiene algo que decir para ayudar a los hombres a ser más humanos y más felices, mediante la experiencia y la vivencia comunitaria de la salvación.

2. Criterios Pastorales Específicos

En el mundo contemporáneo continúa siendo necesaria la aportación de la Iglesia como servicio público de la fe. A partir de esta necesidad, hemos de afirmar la validez de la parroquia como «casa de la fe, de puertas abiertas al mundo y a las personas». Sin embargo hemos de señalar también que su validez radica en que sea casa de la fe, y que tenga las puertas abiertas.

La parroquia solamente es casa de la fe cuando fundamentalmente es una comunidad de creyentes. Una comunidad, pues, que comparte realmente la vida y la fraternidad, que celebra eucarísticamente el paso de Dios por la vida, lo contempla, y lo anuncia mediante el testimonio comprometido y la palabra de autenticidad[7].

La parroquia es solamente casa de puertas abiertas al mundo y a las personas, cuando participa de la situación, de los problemas y expectativas, de la comunidad cívica, cuando va escribiendo las pequeñas páginas de la historia de cada día en solidari-

[7] G. Michonneau, *No hay vida cristiana sin comunidad*, Estela, Barcelona 1961.

dad con toda la gente, y es consciente de que tiene algo específico que ofrecer —¡como buena noticia!—, realizando todo esto mediante el compromiso de sus miembros y mediante su palabra evangelizadora e interpretadora de la vida del pueblo.

Estas dos líneas de fondo de la constitución evangélica de la parroquia, aunque no son fáciles de alcanzar, son factibles en el mundo de hoy. En el mundo rural la comunidad cristiana parroquial está llamada a ser un signo público de Jesucristo en el interior de la vida del pueblo, y un servicio público para el acompañamiento pedagógico de la fe y la vivencia cristiana de las personas.

En el mundo urbano o suburbano, con características propias, la parroquia-comunidad puede realizar una labor parecida. Cuando muchos ponían en cuestión la validez de la parroquia en la gran ciudad, iban surgiendo las asociaciones de vecinos para resolver los problemas comunes que afectaban a las personas de un barrio. No todas estas asociaciones de vecinos han dado resultado, pero donde ha habido un grupo de gente dispuesta a servir a la comunidad del barrio y han llegado a hacer un pacto de cooperación real, los resultados han sido muy importantes para la mejora del barrio y la intercomunicación de las personas que viven en el mismo. Una cosa parecida podríamos decir de la parroquia en el mundo urbano o suburbano. Cuando ha faltado la comunidad cristiana viva los resultados han sido muy endebles, pero cuando ha habido un grupo de cristianos dispuestos a servir a la comunidad y han sabido olvidarse un poco de sus intereses individualistas, llegando a hacer un pacto de cooperación real, los resultados de este compromiso pastoral han sido muy importantes para la vida del barrio y para la renovación de la misma Iglesia[8].

En principio, apoyándonos en experiencias llevadas a cabo, podemos afirmar la validez de la institución parroquial, no por ella misma como una abstracción teórica, sino por las condiciones comunitarias que la han hecho posible y viable.

[8] *Qüestions sobre la parròquia*, «Quaderns de Pastoral», (octubre1982).

No describiremos estas experiencias, porque se pueden encontrar en las revistas especializadas de pastoral y se pueden contemplar los lugares donde se realizan.

Así, pues, renunciamos a particularizar y a exponer modelos descriptivos. Sin embargo intentaremos formular los criterios pastorales específicos que han hecho posible estas experiencias de renovación parroquial. Las «Semanas Europeas de la Parroquia» han sido espacios en los que se han ido formulando estos criterios. El «Movimiento para un Mundo Mejor» ha realizado una labor muy valiosa de cara a la renovación de la parroquia-comunidad[9]. El Departamento Rural del Centro de Estudios Pastorales de Barcelona ha sido a lo largo de años, y lo es todavía, un espacio muy importante para la investigación de la realidad parroquial rural y para la renovación de la misma[10]. Existen también algunas diócesis en las cuales se realizan esfuerzos notables de cooperación, a nivel de búsqueda y a nivel de solidaridad práctica, de cara a la renovación de la institución parroquial. Todavía podríamos añadir otras instancias, pero nos limitaremos a poner éstas, a modo de ejemplo, por su significación y por el acceso que todos podemos tener a ellas.

Entre los criterios pastorales específicos que hacen posibles estas experiencias renovadoras de la institución parroquial, podemos subrayar:

a) *La aproximación a la realidad de las personas y del medio*

Este es el primer elemento común a todas las experiencias renovadoras. Implica un enraizamiento en la vida del pueblo, en su situación, en sus problemas, en sus interrogantes, en su lenguaje y en sus expectativas. Esta inserción ayuda a partir de la vida real de las personas y de los ambientes en los cuales están insertadas las personas[11].

[9] *Movimiento Mundo Mejor, Nueva imagen de la parroquia*, Imágenes de la Fe, n.º 172.

[10] Memoria de la búsqueda hecha por el Departamento de Pastoral Rural del *Centro de Estudios Pastorales* desde el año 1976 hasta 1983, Barcelona 1984.

Cf. también la reflexión pastoral del obispo J. MARTÍ I ALANIS, *El nostre mon rural*, «Boletín Oficial de Urgell», n.º 1.958, La Seo de Urgell 1983.

[11] J. CASTAÑO, *Anàlisi de la realitat social*, «Quaderns de Pastoral», 44 (octubre 1976), pp. 1-8.

La aproximación a la realidad de las personas supone un cambio importante de las actitudes pedagógicas y pastorales. Entre estas actitudes podemos destacar las siguientes: la capacidad de asumir teológicamente la vida concreta; el paso del idealismo abstracto al realismo concreto; el trato de la persona como sujeto y protagonista de su propia vida; la superación del miedo a la libertad; el amor contemplativo y creador; el paso del individualismo a la solidaridad; la vivencia multidimensional de la propia existencia; la capacidad de análisis de las estructuras que condicionan la vida humana; la priorización de la actitud pedagógica que consiste en *revelar* más que en instruir; la superación del pesimismo y del optimismo ingenuo en una perspectiva de esperanza teologal; la superación del dogmatismo ideológico en unas perspectiva de apertura espiritual y de equilibrio racional; el arraigo de la pequeña aportación que uno hace en el esfuerzo comunitario global.

Estas son algunas de las actitudes que pueden aproximar la labor parroquial, a la realidad de las personas y del medio. Pero, cada comunidad parroquial ha de plantearse y descubrir aquellas actitudes más concretas que pueden ayudarle a realizar esta inserción de manera concreta y adecuada a su propia situación.

b) *Implicación de todo el Pueblo de Dios*[12]

Esta aproximación desde la fe comunitaria a la realidad de las personas ha de ser protagonizada por todo el Pueblo de Dios. No es la tarea de una élite sino de todos y de cada uno en su propio lugar existencial.

Los *presbíteros* de la comunidad tienen su lugar específico en la realización de esa labor. Fundamentalmente han de ser los servidores de la Palabra; los presidentes de la comunidad sacramental y, especialmente, de la comunidad eucarística; han de ser los servidores de la unidad intracomunitaria, y vínculos de la comunión con el obispo de la Iglesia Local; y han de ir formulando teológicamente la experiencia comunitaria vivida. Es la ima-

[12] *Nueva imagen de la parroquia*, pp. 6-9.

gen del «pastor», enraizado en la comunidad y que genera espíritu comunitario en la perspectiva de Jesucristo.

Los *religiosos* también tienen su lugar específico en la vida de la parroquia. Fundamentalmente representan el testimonio de las bienaventuranzas y de los consejos evangélicos. Esta es la aportación más específica, original y genuina. A partir de este testimonio también han de encontrar su lugar de participación y colaboración en las tareas de la comunidad. Según su propio carisma realizan una labor más contemplativa o más activa. Ambas son muy importantes para el bien de la comunidad y para la renovación de la misma. El gran peligro a evitar por parte de los religiosos, es el prescindir de la inserción comunitaria y actuar pastoralmente sin contar con los otros. La comunidad, y en especial los presbíteros, han de colaborar a esta inserción mediante un diálogo evangélico y adulto.

Los *laicos* tienen como tarea fundamental la transformación evangélica de la familia, del trabajo, de las relaciones sociales o políticas y de las estructuras de la sociedad. Sin embargo, esta aportación más específica del laicado al bien de la Iglesia y del mundo, ha de complementarse con la búsqueda de un lugar de compromiso en el interior de la comunidad parroquial. Este compromiso intraeclesial en algunos, a causa de su compromiso temporal, no puede ser cuantitativamente importante, pero esta limitación de tiempo no ha de impedir la cualidad del compromiso eclesial. Otros laicos, por carisma propio, pueden dedicar un esfuerzo cuantitativamente importante a la vida de la comunidad. La inserción del laicado en la vida de la parroquia exige unas estructuras de diálogo y participación maduras y a nivel de adultos, de otro modo el laicado maduro y consciente no participará en las tareas de la comunidad, y rechazará los intentos de utilización de las personas.

Toda persona ha de encontrar su propio lugar en la marcha de la comunidad. El elemento clave es el diálogo transparente, veraz, adulto y evangélico. Llegar a construir estas estructuras de diálogo es la prioridad fundamental para la implicación de todo el Pueblo de Dios en las tareas y en el proyecto de la parroquia. A partir de estas estructuras de diálogo, cada comunidad parroquial irá elaborando fácilmente un proyecto operativo concreto, adecuado a su propia realidad, a sus posibilidades reales, y a las necesidades más urgentes.

De entrada, podemos imaginar fácilmente, que la comunidad parroquial que quiera avanzar en esta línea de implicación de todo el Pueblo de Dios en las tareas y el proyecto de la comunidad, deberá de hacer frente a muchas dificultades. Pero eso es inevitable en todo quehacer humano importante, y todavía lo es más en el quehacer pascual. El reinado de Dios siempre se ha ido construyendo en medio de las dificultades, y la estructura educativa parroquial no escapa a esta ley general.

c) *Atención especial a las familias*

La familia abierta es una Iglesia doméstica. La parroquia viva ha de ser una gran familia. Es por eso que la estructura parroquial ha de dedicar una atención especial a la familia como primera célula viva de la transmisión de la fe.

La familia suministra a la comunidad parroquial una información realista sobre la situación vital de las diferentes generaciones, sus conflictos y sus hallazgos. Aporta también una visión de conjunto del proceso vital humano, desde la infancia hasta la vejez. A pesar de la presente crisis y de la gran variedad de modelos familiares, es una muestra de la situación de la humanidad y, más concretamente, de la situación del pueblo o barrio. Es, pues, de capital importancia la interrelación de la familia con la comunidad parroquial.

La parroquia-comunidad ofrece un marco más amplio para la realización de la familia abierta. No puede suplir las interrelaciones internas familiares, pero puede ofrecer un espacio de diálogo más amplio que ayude a los padres a evolucionar, madurar pedagógicamente, compartir la búsqueda de una espiritualidad conyugal y mantener la apertura al mundo. La parroquia también puede ofrecer a los niños un espacio adecuado para vivir la fe a su nivel y, consecuentemente, poner unas adecuadas estructuras básicas de la vivencia de la fe a nivel de infancia que podrán evolucionar posteriormente, de una manera equilibrada, en las rupturas normales de la adolescencia y de entrada a la juventud. La parroquia, finalmente, puede acompañar la vivencia cristiana de la vejez, como preparación más inmediata para el encuentro definitivo con Dios, y puede acompañar, tanto espiritual como afectivamente, la enfermedad y la muerte, que es la culminación del proceso de fe y el último acto de amor, fruto de la opción definitiva por Dios.

Detrás de todo lo que acabamos de decir, existen muchos problemas a plantearse y a superar. Exigiría un estudio monográfico. Hay movimientos especializados que han acumulado una experiencia importante en este sentido, y que están al servicio de todos aquellos que tengan interés. Hay peculiaridades interesantísimas, por ejemplo, la pastoral parroquial de la Iglesia en Gran Bretaña, ha tenido *en la visita del presbítero a las familias* uno de los elementos pastorales más importantes de cara a la transmisión de la fe y la edificación de la comunidad. La visita a las familias es una institución pastoral central en la tarea de la comunidad parroquial.

d) *Promoción de grupos de vida cristiana y de equipos de servicio eclesial*

La estructuración interna de la comunidad parroquial que quiere responder a las necesidades del momento presente, ha de priorizar el fomento de los pequeños grupos.

Los pequeños grupos a los que nos referimos han de reunir las condiciones básicas y fundamentales de un grupo cristiano. Por tanto, todo lo que hemos dicho, cuando nos hemos referido a los grupos de base, es aplicable a estos pequeños grupos intraparroquiales.

Lo único que se debe añadir y recalcar es la importancia de distinguir muy bien las necesidades que corresponden a la vida cristiana personal y las necesidades que plantea la realización de todas las tareas pastorales. Estos dos tipos de necesidades han de ser atendidos, pero no se han de confundir. Si a la larga se pretende un resultado eficiente, es necesario renunciar al inmediatismo de querer hacerlo todo a la vez, y se debe priorizar el acompañamiento de las personas en la maduración de la fe. Eso supone asegurar el funcionamiento de los grupos de vida cristiana.

Normalmente, si se ha trabajado bien el funcionamiento de los grupos de vida cristiana, no faltarán las personas necesarias para la realización de las tareas pastorales, es decir, los elementos necesarios para el funcionamiento de los equipos de servicio eclesial.

No siempre es necesario comenzar por los grupos de vida cristiana. Se puede dar el caso contrario, es decir, la existencia de equipos de servicio eclesial que, por su propio dinamismo y por la reflexión de la acción que llevan a término, acaban descubriendo la necesidad de unos espacios gratuitos de profundización en la fe y la necesidad de relacionar ésta con los problemas y expectativas de la vida cotidiana.

Se deben evitar dos extremos. Por un lado la ausencia de promoción de estos pequeños grupos. En ese caso la parroquia, a pesar de que pueda aparentar lo contrario, está edificándose en el anonimato de las personas, o bien en relación superficial comunitaria, dando lugar a los liderazgos excesivamente personalistas. Más pronto o más tarde este tipo de estructuración parroquial entrará en crisis.

El otro extremo es la polarización de toda la tarea comunitaria en la promoción de los pequeños grupos. Esta polarización excesiva puede conducir a una separación entre los pequeños grupos y el puebo. Además si faltan estructuras de diálogo, puede conducir incluso a una divisón entre los mismos pequeños grupos.

La promoción de los grupos de vida cristiana y de los equipos de servicio eclesial, ha de ser realizada en un marco comunitario abierto, en el cual nadie se vea forzado a dar ningún paso del que no esté plenamente convencido, pero que al mismo tiempo permita que toda persona que tenga necesidad pueda encontrar una respuesta adecuada.

Los dos extremos se superarán si, al mismo tiempo que promocionamos los grupos, tenemos en cuenta los otros criterios pastorales que hemos expuesto y que seguiremos exponiendo.

Es necesario añadir también que este criterio llevará a realizaciones diversas en una pastoral parroquial urbana y en una pastoral rural. En las parroquias rurales será necesario partir de la situación sociocultural y del talante psicológico concreto, que configuran de una manera muy clara todo el conjunto de la vida del pueblo. No obstante, expuestas estas acotaciones, este criterio también es válido para la pastoral rural si quiere ser verdaderamente renovadora.

e) *Integración de los movimientos apostólicos*[13]

No hay ninguna parroquia que pueda ser autosuficiente. Las razones son patentes. Por eso la parroquia necesita de la colaboración del arciprestazgo. A nivel de arciprestazgo muchas necesidades, aparentemente irrealizables, pueden ir encontrando una respuesta positiva y solidaria. Nos hemos referido ya a esta cuestión, en el capítulo de la primera parte sobre la Teología Pastoral estructural-educativa.

Pero el arciprestazgo tampoco es autosuficiente y, a pesar de sus grandes posibilidades, precisa también de otras ayudas. Unas puedes venir de las delegaciones diocesanas, si llevan a cabo una labor servicial y arraigada en las necesidades de la base diocesana. De otra suerte, volveremos a reinventar lo que ya ahora podemos utilizar. De las delegaciones, la parroquia puede recibir muchos elementos pedagógicos de tipo litúrgico, catequético, teológico, misionero, caritativo, etc.

Otras ayudas proceden de los movimientos apostólicos. Los movimientos apostólicos tienen su propia originalidad pastoral, pero han de acabar insertando a sus miembros en las comunidades abiertas que son las parroquias. Eso supone una actitud de aceptación por parte de las parroquias, que han de respetar el dinamismo propio de los movimientos apostólicos, y supone también una actitud de solidaridad por parte de los movimientos que han de compartir las responsabilidades colectivas de la marcha de la parroquia.

Cuando eso se da, los beneficios mutuos son extraordinarios. Los movimientos apostólicos reciben de la comunidad parroquial una posibilidad de comunión abierta, un espacio de cele-

[13] Por su importancia, reflexionaremos esta temática en un capítulo aparte.

bración eucarística dominical, unos servicios generales comunitarios, y un campo de servicio en el interior de la gran comunidad.

Las parroquias reciben de los movimientos apostólicos una ayuda muy importante en cuanto son unas escuelas de pedagogía de la fe arraigada en la vida; unas mediaciones para la evangelización de los diversos medios, y unas estructuras protagonizadas por el laicado, por lo que pueden contribuir mucho al desarrollo global de la comunidad parroquial.

Con realismo hemos de señalar que este doble esfuerzo, por parte de las parroquias y por parte de los movimientos apostólicos, está muy lejos de haber encontrado unos caminos operativos, valorados positivamente por todos. Se mezclan dificultades históricas, pasadas y presentes; también confluyen muchos afanes de protagonismo; faltan estructuras de diálogo participativo, y no hay todavía suficientes experiencias eficaces que puedan servir de modelo de identificación para el trabajo pastoral de todos los demás.

Pero a pesar de todo, hemos de afirmar la urgencia de avanzar en esta dirección, para el bien de todos. No hay ninguna razón para considerar definitivos los fracasos que, con frecuencia, han acompañado este intento de complementariedad. Es pensable y factible otro modo de ser pastoral, en el cual la exclusión mutua se abra a la solidaridad, al diálogo y a la complementariedad.

De hecho, hay experiencias con éxito que han sabido integrar los movimientos apostólicos en las estructuras y en la vida de la comunidad parroquial. Podemos encontrar estos ejemplos en las revistas especializadas de pastoral. Las estructuras pastorales de la Iglesia en Francia, a pesar de toda la problemática que ofrecen, pueden ofrecer muchas pistas de realizaciones positivas en este campo concreto.

Es necesario añadir, finalmente, que este criterio pastoral ha de ser complementado con los otros criterios que vamos exponiendo en este apartado. De la confluencia de todos, puede surgir el equilibrio.

f) *La coordinación de la vida parroquial*[14]

La vida de la base parroquial exige una coordinación pedagógica y evangélica. Esta coordinación es la fuerza centrípeta, en la vida de la comunidad parroquial, que sitúa todo el pluralismo de las personas y de las mediaciones pastorales en la perspectiva evangélica de la comunión. Esta coordinación da lugar también a una fuerza centrífuga que impulsa una y otra vez, a la comunidad parroquial hacia la misión evangelizadora y de servicio al mundo.

En este sentido se puede hablar de la parroquia como comunidad de comunidades. Esta expresión puede ser un *«slogan»*, sin ninguna continuidad real, pero puede ser también el horizonte hacia el cual la comunidad parroquial renovada se encamina.

La coordinación parroquial implica una verdadera promoción de los ministerios dentro de la comunidad. Eso se puede ir logrando en la medida que haya conciencia de las diversas necesidades comunes, en la medida que se interpele a toda la comunidad para dar respuestas personales a estas necesidades comunitarias, y en la medida que haya servicios adecuados para poder acompañar la maduración y el discernimiento de los diversos carismas.

La coordinación parroquial implica también un fuerte despliegamiento de energía en el cultivo pedagógico y espiritual de la comunidad. Aquí reside la fuerza para la configuración de personalidades, integradas por dentro e integradoras por fuera. Esta espiritualidad ha de estar centrada en el Evangelio.

El Evangelio es el libro de la comunidad: es el espacio espiritual en el que han de sumergirse todos los problemas comunitarios para encontrar la respuesta reveladora de la Palabra de Dios, bajo la guía del Espíritu.

Este es el estatuto básico fundamental de la comunidad parroquial. Los otros reglamentos, o documentos de identidad,

[14] Cf. J. Batlles, *El Consell Pastoral*, C.E.P., Barcelona 1981 (contiene abundante bibliografía): *Els consellos pastorals*, «Quaderns de Pastoral», 69-70 (diciembre 1981); *Los Consejos Pastorales*, Centro Diocesano de Pastoral, Valladolid 1982; *Orientaciones en torno a los consejos pastorales parroquiales*, Diócesis de Bilbao, 1984.

valen en tanto en cuanto son concreciones de esta espiritualidad apostólica y evangélica. Sin este fondo evangélico, sin esta espiritualidad, no es posible la coordinación. Lo único que se puede dar es la imposición de los unos sobre los otros o una convivencia basada en la sutilidad y la astucia. Ambas posiciones, al no responder a la autenticidad evangélica, no tienen perspectivas de futuro y han de ser superadas con la autocrítica evangélica.

La coordinación parroquial implica, finalmente, la creación de unos organismos de elaboración, decisión y control del proyecto pastoral operativo que la comunidad se da a sí misma. Estos organismos son necesarios para concretar y para pasar de las intenciones y los deseos a la acción operativa. Los organismos de elaboración, de decisión y de control han de estar al servicio de la vida, de las personas y de las necesidades; han de avanzar al ritmo de la vida de la comunidad en su progreso; han de acompañar el proyecto pastoral comunitario en una perspectiva de fidelidad, humildad y esperanza activa; y han de trabajar a partir de lo posible, no a partir de todas las posibilidades teóricas imaginables. Es así como, acompañando el proceso comunitario, irán constatando el avance en la edificación de la comunidad parroquial.

Desde estas opciones se puede hacer camino en la edificación interna de la comunidad parroquial, y se puede relacionar la comunidad con el proyecto global, si es que está suficientemente formulado y precisado, de la Iglesia Local.

3. Sugerencias organizativas

A la luz de todo lo que hemos ido trabajando, podemos decir que la parroquia es una estructura pastoral educativa válida para la Iglesia actual. Aunque puede coincidir con un territorio (pueblo, barrio, etc.) tiene su marco vital en la comunidad de las personas, en la comunicación entre las mismas, y en la estructuración de la vida cristiana que genera en sus miembros.

Si partimos de estos fundamentos no podemos hacer ninguna propuesta organizativa detallada, puesto que se deberá de concretar en cada realidad, y las realidades siempre son diferentes a causa de los condicionamientos históricos, socio-culturales y antropológicos, los cuales enmarcan cada realidad concreta. Para hacer una propuesta organizativa parroquial será necesario partir del lugar concreto, de su historia, de sus necesidades, de su talante específico, y de las posibilidades que ofrece la realidad concreta.

Hay también otro factor, que se debe tener en cuenta desde el comienzo, y es la diferencia socio-cultural básica que se da entre una parroquia rural y una parroquia urbana o suburbuna. Es otro elemento condicionante de la estructuración parroquial. Además, en el mundo rural no es lo mismo una parroquia de un pueblo pequeño que una parroquia de una población rural grande. En la ciudad también hay grandes diferencias entre un barrio y otro. Son factores que impiden dar un solo modelo organizativo de la parroquia y un solo itinerario para todos.

Sin embargo, reconocidos estos condicionamientos generales, podemos hacer algunas propuestas y sugerencias que ayuden a realizar una estructuración parroquial al servicio de la vida y con perspectiva de futuro.

Si contemplamos los núcleos organizativos más importantes, podemos sugerir cuatro elementos básicos: la *gestación de la comunidad, la asamblea parroquial, la distribución participativa de las diversas funciones, y la promoción de organismos de elaboración, decisión y control.* Estos cuatro elementos pueden ir avanzando simultáneamente; se pueden ir estimulando y perfeccionado el uno al otro. De la confluencia de todos puede emerger la estructuración parroquial concreta, en un lugar determinado, con sus características específicas, adecuadas a las exigencias y adecuadas a las necesidades de la comunidad.

a) *Gestación de la comunidad*[15]

La estructuración de la comunidad parroquial se ha de hacer sin prisas. Este es el primer peligro a evitar. El desacierto en un detalle al comienzo, repercute a veces en graves problemas más tarde. Por eso se debe iniciar el proceso desde la serenidad.

[15] *Comunidad en marcha. Nuestra realidad parroquial*, Fraga 1975.

El primer paso a dar es *la formación de la comunidad*. Eso supone dos exigencias. La primera exigencia es la *configuración de la comunidad humana*. En el medio rural este factor viene dado por la misma estructura del pueblo que es una comunidad natural. En el medio urbano o suburbano la configuración de la comunidad humana exige más complicaciones y requiere más tiempo, pero también tiene ventajas porque supera el excesivo control social que hay en la vida del pueblo, y permite una mayor libertad en la inserción comunitaria. Esta exigencia implica la necesidad de un conocimiento de la realidad, de su situación y del talante propio del lugar. Esto se puede lograr mediante el diálogo directo o bien mediante estudios más técnicos. Posiblemente, lo mejor sea hacer las dos cosas a la vez.

La segunda exigencia, es la *reunión de las personas* interesadas en la vivencia y profundización de la fe cristiana. Un primer nivel de reunión es la eucaristía dominical, ya que en ella confluyen todas las personas interesadas en la celebración de la fe. Es necesario aprovechar seriamente la eucaristía dominical como un espacio de celebración sacramental de la fe, pero también como un espacio de comunicación entre las personas. Muchas veces buscamos tiempo para hacer las reuniones, pero no aprovechamos los momentos en que estamos reunidos. La eucaristía dominical tiene muchas más potencialidades de las que somos conscientes. En esta misma línea, podemos hablar de la preparación y celebración de todos los sacramentos de la comunidad.

Un segundo nivel de reunión, es la convocatoria específica de los creyentes interesados en un diálogo de información mutua y de participación activa. Esta convocatoria ha de estar muy bien preparada, ha de contar con una buena pedagogía, y ha de acabar en unas propuestas operativas que respondan a las necesidades de todos los que han participado en la reunión. La promoción de grupos de vida cristiana puede ser un elemento pedagógico muy importante en estos momentos, de cara a avanzar en el camino.

En estas convocatorias, el número de participantes no es un factor decisivo. Tampoco queremos decir que no sea conveniente la participación del mayor número posible de personas, sino que la cantidad no ha de ser el factor predominante. Un número pequeño de personas, que inicia un proceso válido, podrá llegar a otras. Un gran número de personas, que comienza negativamente, puede llevar al fracaso y a la desbandada. Es necesario, pues, superar el incentivo del número para iniciar el camino.

Formada la comunidad humana y reunidos los creyentes interesados, se puede decir que el proceso organizativo de la comunidad parroquial ha dado un paso muy importante. Ahora podrá abrirse a ulteriores descubrimientos y progresivos desarrollos.

En esta primera etapa el presbítero de la comunidad ocupa un lugar prácticamente decisivo. Conviene, sin embargo, que desde el comienzo no actúe solo, y que busque compañeros de camino en la fe, tal y como hemos desarrollado cuando hemos hablado de la gestión participativa de la comunidad, a fin de que el progreso comunitario, desde el primer momento, sea una tarea solidaria y cooperativa.

La eucaristía dominical, y la convocatoria de los creyentes de cara a generar un diálogo participativo, son las dos grandes mediaciones para la gestación de la comunidad. El tiempo es un factor importante, pero no ha de contar de manera decisiva, puesto que es un factor relativo al desarrollo pedagógico de las personas y grupos, y éstos tienen su ritmo vital propio.

b) *La asamblea parroquial*

La asamblea parroquial es el *clímax* de la gestación de la comunidad. Para poderla realizar se tendrán que haber hecho muchos esfuerzos a través de la eucaristía dominical y de las convocatorias a los creyentes, a fin de que vayan encontrando respuesta a las necesidades personales más vivas y primarias.

La asamblea parroquial es una convocatoria dirigida a todo el pueblo de Dios —presbíteros, religiosos, religiosas y laicado— para discutir los problemas comunes, fijar y determinar los criterios orientadores de la marcha de la comunidad, programar las actividades comunitarias, elegir sus representantes y elaborar el estatuto interno de la comunidad parroquial.

La asamblea parroquial es un momento muy importante del desarrollo comunitario parroquial. La preparación de la misma tiene unas repercusiones notables. No se puede improvisar, ni ha de forzar el ritmo de las personas o de los grupos. En cambio, ha de establecer las condiciones para que se vaya coordinando la vida que emerge, y para que se vaya impulsando esta vida hacia la evangelización del entorno social de la comunidad parroquial.

En la preparación de la asamblea parroquial es bueno contar con la constitución de una comisión gestora. Esta comisión, que ha de estar formada si es posible por presbíteros, religiosos y laicos, tiene una tarea pedagógica y una tarea funcional. La tarea pedagógica consiste en poner las condiciones humanas y evangélicas para que el proceso preparatorio a la asamblea, la realización de la misma y la aplicación subsiguiente, acompañen a las personas en su desarrollo integral y pongan las bases para el pacto de cooperación comunitaria parroquial.

La tarea funcional consiste en buscar y aplicar los elementos técnicos que harán posible y viable la asamblea parroquial. Estos elementos técnicos han de abarcar desde la dinámica de grupos, pasando por las cuestiones administrativas, hasta la dimensión teológica y pastoral del proyecto.

La asamblea parroquial ha de dibujar un itinerario pedagógico y pastoral, mediante la búsqueda de unos objetivos concretos y evaluables a corto plazo y la orientación hacia unos objetivos de fondo en una perspectiva más larga. Los objetivos a corto plazo darán como resultado un camino a recorrer, y los objetivos de fondo suministrarán a la comunidad parroquial un horizonte. Las dos cosas son necesarias. Los objetivos concretos llevan a la acción y el horizonte estimula y fomenta la esperanza.

La comisión gestora termina su labor con la realización de la asamblea parroquial, y con la revisión y evaluación de la misma. De esta manera, la comisión ha sido el motor de arranque de todo un proceso comunitario, de modo que toda la comunidad parroquial pueda convertirse en motor del funcionamiento del pueblo de Dios vivo. Es un servicio muy humilde, pero posibilitador del dinamismo general de la comunidad. De sus aciertos depende el desarrollo posterior y la vida de la parroquia como servicio público de la fe y casa de puertas abiertas a su entorno social y humano.

c) *La distribución participativa de las diversas funciones*

La asamblea parroquial lleva consigo, como uno de sus resultados, la necesidad de realizar las tareas comunitarias convenientes para el bien de todos.

Algunas de estas tareas —al menos las esenciales— ya se realizaban antes de tener lugar la asamblea. Sin embargo, a partir de la misma, estas tareas puede recibir un impulso nuevo y revitalizador. Son tareas que deberán ser compartidas en una atmósfera de corresponsabilidad.

La comunidad reunida en asamblea puede sugerir otras tareas, que se deberán añadir a las que ya se realizaban.

El tercer elemento organizativo básico es precisamente la distribución participativa de todas las tareas comunitarias, según las necesidades, según las posibilidades y según las prioridades más urgentes.

Algunas de estas tareas a realizar son personales. Entre éstas debemos destacar la función específica del presbítero en la comunidad, como hombre de la Palabra y de los Sacramentos. También hay otras, como por ejemplo, la tarea del administrador parroquial, la tarea del secretario, etc.

Otras labores pueden ser realizadas mediante unos secretariados o equipos de servicio eclesial. Ya hemos descrito suficientemente el «rol» específico de estos equipos. Basta solamente poner algún ejemplo práctico: Estos equipos de servicio, pueden ocuparse de trabajos como la preparación de la liturgia, la elaboración y posterior realización de un plan catequético a todos los niveles, la formación permanente, la organización de asistencia social y de «Caritas parroquial», el servicio del tiempo libre, la coordinación de los movimientos apostólicos, la relación con instituciones del exterior, el equipo misional, etc.

Cada comunidad parroquial, en fidelidad a su propia realidad, deberá concretar cuáles son estos servicios específicos que deben organizarse de una manera participativa. No se ha de mantener ninguna estructura de servicio que no sea realmente necesaria, y se han de promover todas aquellas que convienen para el desarrollo armónico de la comunidad parroquial.

La metodología para el diseño de las tareas de la pastoral, en general, es aplicable al funcionamiento de cada uno de estos equipos de servicio. Solamente es necesario añadir, que la comunidad ha de dejar la suficiente libertad de movimientos a cada equipo para que pueda desarrollarse con amplitud y flexibilidad; por otra parte, ha de seguir el trabajo de cada equipo suficientemente atenta, a fin de que experimenten el apoyo comunitario.

d) *Promoción de organismos de elaboración, decisión y control*[16]

Dado que la comunidad parroquial no puede estar en asamblea permanente, se deben promover en el momento adecuado unos organismos que estén al servicio del funcionamiento ordinario de la vida de la comunidad parroquial. Es importante promoverlos en el momento adecuado, porque, en caso contrario, tienen el peligro de quemarse y, entonces, cuesta mucho tiempo poder volver a plantear la conveniencia de los mismos.

Estos organismos, estimuladores del funcionamiento ordinario de la comunidad parroquial, básicamente son dos: el Consejo de Pastoral y la Junta Económica.

El *Consejo de Pastoral* ha de surgir de la Asamblea Parroquial cuando ésta tome conciencia de su necesidad. No es necesario esperar la posibilidad de una realización muy perfecta, pero tampoco se han de quemar etapas. El momento oportuno es cuando la Asamblea Parroquial ha tomado unos acuerdos generales que se deben llevar a término. Cuando ha definido unos objetivos generales que es necesario concretar, cuando ha establecido unas prioridades y unos caminos de crecimiento comunitario, cuando ha planteado la necesidad de organización de las diversas actividades que se están haciendo. Entonces tiene sentido formar el Consejo de Pastoral, con la misión de coordinar todas estas propuestas y viabilizar el itinerario a seguir para hacerlas realidad viva.

[16] A partir de estas bases, se debe ser muy concreto y dibujar con claridad el organigrama parroquial.

El número de miembros del Consejo de Pastoral no ha de ser muy elevado. De hecho, cuando es demasiado numeroso, ha de hacer frente a muchos problemas, y no tiene la flexibilidad suficiente para superarlos. Si, a pesar de todo, la asamblea decide promover un Consejo de Pastoral numeroso, es necesario escoger una comisión permanente del Consejo que se pueda reunir con facilidad y que pueda hacer frente y resolver los asuntos más urgentes. La clave del funcionamiento positivo del Consejo y de la comisión permanente, radica en que no pierdan nunca de vista que su función es un servicio a las personas, a los grupos de base, a los equipos de servicio eclesial, a la Asamblea Parroquial, a la comunidad global reunida cada domingo en torno a la eucaristía, y a la sociedad civil, al servicio de la cual está toda la Iglesia.

El otro organismo de elaboración, decisión y control, es la *Junta Económica*. Este organismo trabaja sobre las mediaciones más materiales para el funcionamiento de la comunidad. No obstante, estas mediaciones técnicas, administrativas, y que buscan recursos económicos, son imprescindibles para el correcto funcionamiento de la vida y de los programas pastorales. La labor de la Junta Económica y administrativa, ha de estar vinculada al proyecto pastoral parroquial, a la Asamblea Parroquial y, especialmente al Consejo de Pastoral. Pero al mismo tiempo, ha de gozar de libertad de movimientos para poder realizar una tarea eficaz y técnicamente correcta. Esta junta ha de estar formada por técnicos y por algún representante de la vida pastoral de la comunidad, además del responsable de la parroquia. En su funcionamiento, el Evangelio también ha de ser elemento determinante de sus actuaciones y de su programación en general. Solamente así la Junta Económica es un organismo verdaderamente pastoral.

CAPÍTULO III

La pastoral de juventud

En este capítulo nos proponemos reflexionar sobre la pastoral de juventud. Es la punta de lanza de la pastoral eclesial, puesto que es el sector humano en el cual se prepara la transmisión de la fe a la próxima generación; es el campo en el que se constatan muchas de las dificultades y desafíos más radicales de la acción pastoral eclesial, y es un espacio en el cual la comunidad cristiana está llamada a actuar con una gran fidelidad al Evangelio y a ejercer una acción pedagógica creativa e imaginativa.

En la pastoral de juventud confluyen muchas de las temáticas centrales de la Teología Pastoral, pero principalmente confluye toda la temática referente a las relaciones entre fe y justicia, entre fe y cultura, entre fe y transmisión de la misma o evangelización. Es, pues, un tema muy importante para la Teología Pastoral y para la acción pastoral, en general, de la Iglesia.

La pastoral de juventud merecería un estudio monográfico extenso, en el cual pudiéramos ir siguiendo lentamente todos los pasos de un análisis exhaustivo. No renunciamos a hacerlo en otro momento, pero en una Teología Pastoral global no podemos realizar este objetivo tan particularizado. Sin embargo, la importancia del tema merece atención especial[1].

[1] Cf. UNESCO, *Perspectivas de la juventud en la década de los 80*, París 1980; GENERALITAT DE CATALUNYA, *La Joventut a Catalunya*, Dirección General de Juventud, 1981; *Informe sobre la Pastoral de Joventut*, «Quaderns de Pastoral», 68 (diciembre 1981); DELEGADOS DE JUVENTUD DE LA DIÓCESIS DE CATALUÑA, *Els joves son evangelitzats*, Ed. Full Diocesà, Tarragona, Vic, Solsona, junio 1979; COORDINADORA DE LOS MOVIMIENTOS JUVENILES DE LA DIÓCESIS

El análisis que nos proponemos hacer tendrá tres partes. En la primera haremos una lectura de la situación de la juventud como fenómeno dentro de la sociedad. En la segunda, buscaremos unos criterios teológico-pastorales de cara a planificar una pastoral de juventud en una perspectiva de profundidad. En la tercera, haremos unas sugerencias prácticas, objeto de verificación comunitaria, que puedan ayudar a realizar unos planteamientos operativos, de cara a renovar la pastoral de juventud en el interior de la Iglesia. De esta renovación puede surgir una nueva inserción (que ya va siendo realidad en algunos lugares) de la comunidad cristiana en el interior del mundo juvenil. Esta tarea, fundamentalmente, la realizarán los jóvenes cristianos, siempre que estén apoyados muy a fondo por la comunidad cristiana en general, y por el testimonio de los adultos en especial.

Nuestra opción, al tratar el tema de la pastoral de los jóvenes, no puede abordar exhaustivamente toda su problemática. Intentaremos dar respuestas concretas a todo lo largo del recorrido, y lo que sí nos proponemos, es ofrecer un marco general adecuado que permita un tratamiento correcto por parte de aquellos que se sientan implicados e interesados.

1. La situación de la juventud

Aunque la juventud ha surgido en el mundo contemporáneo como un colectivo social, el análisis de la misma es de una gran complejidad que no se puede esquematizar porque, bajo el fenómeno global, hay una gran variedad de características diversificadas, de tipologías diferentes e incluso de perspectivas contrapuestas[2].

Además, cada joven es original y ha de ser tratado com tal, si no se quiere faltar a la justicia y al respeto que debemos a la persona humana. Este es el primer gran descubrimiento que hace el observador analítico respecto al fenómeno de la juventud

de Lérida, *Els joves a l'Església i al món*, Lérida 1982; S. Cardús - J. Estruch, *Les enquestes a la joventut de Catalunya*, Dirección General de la Juventud de la Generalidad de Cataluña, Barna 1984.

[2] B. Pelegrí, *J.E.C.I.-M.I.E.C.*, su opción pedagógica, ya citada.

en nuestros días; descubrimiento que es necesario tener siempre muy presente para ser realista. De otra suerte, se expone a dogmatizar y a extraer unas conclusiones inútiles.

Sin embargo, y teniendo en cuenta estos acotamientos que acabamos de hacer, es conveniente llevar a cabo un análisis que pueda ayudar a situarnos en el interior del universo juvenil, para poder reflexionar sobre las actitudes pedagógicas y solidarias más adecuadas a seguir. Este análisis ha de ser aplicado posteriormente a cada situación concreta, con un respeto total a la persona.

Haremos este análisis en tres momentos. En primer lugar, buscaremos algunas de las características generales del momento presente. Después elaboraremos una tipología funcional. A partir de aquí reflexionaremos sobre la situación de los jóvenes cristianos.

a) *Características generales*

Para hacer una enumeración de las características generales de la situación de la juventud, deberíamos confeccionar una lista muy larga. Nos limitaremos a subrayar las más importantes y a comentar brevemente cada una de ellas. Quien quiera puede ampliar la enumeración y la reflexión, a partir de la observación de su propio entorno y de su propia experiencia cotidiana. Entre las características más importantes de la situación presente podemos destacar las siguientes[3].

La búsqueda del sentido concreto y positivista de la vida. Esto no está planteado con frecuencia a nivel teórico, sino a nivel radicalmente práctico, y manifiesta la necesidad de una búsqueda de sentido que dé soporte a la vida cotidiana. Esta característica afecta no solamente a los jóvenes de medios obreros y rurales, que tradicionalmente se han movido por motivaciones vitales, sino también a los jóvenes de medios estudiantiles y universitarios, tradicionalmente más intelectualizados y más dados a los planteamientos teóricos. Esta actitud subyace en muchas

[3] *Giovani e coppia negli anni 80*, «Nota di Pastorale Giovanile», septiembe/octubre 1983, Torino.

actuaciones y planteamientos. Manifiesta el rechazo de las teorizaciones excesivamente abstractas, idealistas y separadas de la realidad que se vive.

Una segunda característica es *el predominio de los valores afectivos por encima de los racionales*. Esta corriente es un correctivo al excesivo racionalismo de otras épocas, y responde a la dificultad de articular alternativas racionales-operativas. Ante esta dificultad de encontrar y formular alternativas a la situación, muchos optan por los caminos más emotivos. Debemos añadir también que esta característica es forzosamente pasajera, puesto que tarde o temprano será necesario hacer frente a la problemática del mundo. Será siempre difícil encontrar un equilibrio entre los planteamientos más racionales y los planteamientos más afectivos. Será éste un movimiento pendular en la historia de las personas como lo es en la historia de la humanidad. Sin embargo, en este momento el acento pendular está decantado hacia la dimensión afectiva. Desde esta característica podemos analizar y comprender los fenómenos de la delincuencia juvenil y de la drogadicción. En el fondo, entre otras cosas, manifiestan unos déficits notables de amor y comunicación interpersonal.

Un tercer elemento es *la contradicción entre la dilución del individuo en la masa y la reivindicación del individuo frente al colectivismo*. Esta contradicción manifiesta por un lado el valor de la persona frente a las organizaciones demasiado estructuradas y anónimas, y por otro lado es un signo del miedo a la soledad, a ser diferente de los demás, y a pensar por uno mismo a partir de las realidades vividas. Los mecanismos del miedo explican muchos de los comportamientos, de las actitudes evasivas, de la aparente conformidad pasiva, y de las actitudes agresivas.

Una cuarta característica consiste en que los jóvenes *saben bastante bien lo que no quieren, pero no saben lo que quieren*. Eso manifiesta un modo de vivir que está más enfocado hacia lo negativo que hacia lo positivo. Desarrollar las dimensiones críticas de la vida es muy importante, siempre que uno no se quede sin puntos de referencia para edificar y construir la propia personalidad. La postura correcta requiere combinar bien el sentido crítico con la confianza. Estas actitudes de enfoque de la existencia en negativo, son muy peligrosas, puesto que al no poderse mantener por mucho tiempo, son terreno abonado para los simplismos, para los fanatismos, y para los fascismos. De hecho, la aparición de líderes en el interior de una situación como ésta, significa la posibilidad de cambiar radicalmente la dirección de la situación. Actualmente, sin embargo, hay una notable carencia de líderes.

Un quinto elemento es el *olvido e, incluso, el rechazo del pasado*. No es una característica que afecte a toda la juventud, puesto que hay minorías reaccionarias en todas las dimensiones. Sin embargo, el ambiente general está fuertemente marcado por este rechazo, real o aparente, más profundo o más superficial, que pretende vivir al margen de toda la experiencia anterior. Eso por un lado tiene un aspecto positivo al evitar la rutina pero, por otro, tiene el peligro de caer en los errores ya vividos, de acentuar todavía más la rutina, y de perder el horizonte al olvidar la memoria colectiva y la experiencia histórica vivida. Se deberá encontrar un nuevo equilibro entre la espontaneidad y la solidez.

Un sexto elemento a considerar es la *división de la juventud en medio-ambientes diversificados*. Concretamente nos referimos a la incidencia del medio estudiantil y universitario, del medio obrero, del medio urbano, y del medio rural, en los comportamientos de la juventud. En esta perspectiva se han producido cambios importantes desde los años sesenta, pero no hasta el punto de eliminar las diferencias entre estos diversos medios. Basta experimentar contactos un poco continuados con estos diversos medios, para darse cuenta de la importancia de este factor. Estúdiese el lenguaje, y se podrá comprobar fácilmente cómo las mismas palabras tienen significados diferentes e incluso contrapuestos, según los ambientes.

Un séptimo factor, coyuntural pero quizás duradero, es *la división que se ha producido entre los jóvenes que trabajan y los que todavía no han encontrado su primer empleo*. La integración de estos últimos a la sociedad es prácticamente imposible. Este hecho ha trastornado las relaciones interpersonales en el interior de la juventud, puesto que ha fomentado la competitividad, ha provocado la lucha para lograr el primer empleo, ha ido sembrando el desconcierto, el pesimismo, la falta de alicientes vitales, y ha dividido a la juventud, en especial a la juventud obrera, entre los que tienen trabajo y los parados. Este es un factor que condiciona mucho el futuro de la persona en el momento de hacerse los planteamientos definidores de la existencia.

Un octavo elemento a considerar es la *relación entre la situación de la juventud y la situación de la sociedad en general.* Desde esta perspectiva es necesario analizar el funcionamiento de la sociedad como fenómeno social, económico, cultural, ideológico, histórico... Desde este análisis descubrimos a la juventud como un sector social dependiente de los intereses generales de la sociedad, de los juegos de poder que intervienen, de la correlación de fuerzas que hay en la sociedad, y en definitiva de intereses muy ajenos, y en todo caso, muy distantes de las expectativas de la misma juventud. Esta supeditación conduce a dos tipos de reacciones. Unos acaban integrándose: reproduciendo el sistema de relaciones y de poder, y otros intentan permanencer al margen de estas coordenadas. Es muy difícil evitar estas dos actitudes y, superándolas, lograr una madurez y un verdadero protagonismo. Lo que es obvio es que no se puede hacer un análisis de la situación de la juventud sin enmarcarla en el interior de la situación social.

La situación todavía se complica mucho más cuando descubrimos que *en el interior de la juventud no existe una conciencia colectiva;* más bien al contrario, existe una gran fragmentación, es decir, todo un abanico de posturas incluso opuestas. Este hecho tiene muchas repercusiones en la práctica. Se pueden hacer muchos análisis de la situación juvenil, según el punto de partida que se tome. Se pueden afirmar muchas cosas en nombre de la juventud, según el sector que se considere. Se pueden hacer juicios diversificados, incluso opuestos, según los prejuicios que se tengan. Por otro lado, la misma juventud tiene sus dificultades a la hora de autoanalizarse, puesto que no dispone ni de la información necesaria, ni del espacio donde recoger todos los elementos y todas las claves para comprender la propia situación, ni del clima adecuado para hacer un análisis y una interpretación correcta del dinamismo del propio ambiente.

Este es un factor que se debe tener muy presente para no caer en simplismos que, a la larga, conducen a hacer unos planmientos pedagógicos y pastorales totalmente inadecuados a las necesidades de la situación. Para poder ayudar a superar una problemática, se debe partir siempre de un *conocimiento objetivo y preciso* de la misma. Este principio también es válido, lógicamente, en los planteamientos sobre la pastoral de juventud.

Un último elemento, que hemos de subrayar entre los más importantes es la constatación, según el cual, el mundo juvenil está viviendo una fuerte *tensión objetiva entre la alienación y el deseo de un cambio cualitativo en la manera de vivir*. El grado de alienación al que se puede llegar actualmente es muy fuerte. Pensemos solamente en las nuevas posibilidades que ofrece el uso de la droga con todo lo que hay detrás de la droga: intereses económicos e incluso políticos, redes internacionales de distribución y creación de necesidades, etc. Como este ejemplo de alienación hay otros muchos. Sin embargo, también hemos de decir que la conciencia y el deseo de cambio cualitativo en la manera de vivir, han aumentado considerablemente por diversos factores y causas. Por una parte disponemos de una información que, utilizada objetivamente y de manera conveniente, da el poder de comprender y analizar la realidad con conocimiento de causa. La situación económica mundial es una provocación para buscar nuevos planteamientos de convivencia y para trabajar unas nuevas alternativas de vida y de futuro. Quizás en un primer momento la juventud se encuentra ante unos problemas tran grandes que no se ve con fuerza suficiente de hacer frente a los mismos, pero llegará el momento en que la misma dinámica de la vida forzará a la búsqueda de unas salidas y de unos planteamientos realistas que conduzcan hacia esta nueva manera de vivir[4].

Alrededor de estas características que acabamos de describir hay muchas más. Cuanto más cerca de la realidad nos situemos más características concretas encontraremos. Estas las hemos subrayado para trazar un marco general que nos pueda ayudar a comprender la situación que vivimos.

Estas características nos permiten deducir que la cuestión clave de la situación de la juventud es un desafío a la sociedad

[4] *Els joves a l'Església i al món*, Lérida 1982, pp. 11 ss.

sobre la posibilidad de *encontrar respuesta a las necesidades básicas de la persona humana.* En el fondo, estas necesidades, son las que repetidamente hemos tenido en cuenta a lo largo de todo el tratado: necesidad de seguridad, de afecto, de consideración, de inclusión en el grupo humano, necesidad de vivir en un mundo que al menos se plantee el problema de la justicia y camine hacia la liberación, necesidad de comunicación desde la autenticidad y la profundidad.

Esta situación nos interpela sobre la urgencia de promover actitudes transformadoras en la sociedad para que se vaya convirtiendo en comunidad. Esta interpelación urge respuestas prácticas y concretas, más que explicaciones teóricas, que son necesarias pero que han de estar arraigadas en la realidad y han de ser verificadas mediante el testimonio y el compromiso. La situación de la juventud pide alternativas de personalización. Esta problemática está muy cercana al desafío central que viven los adultos en el mundo contemporáneo. Tal vez entre los jóvenes no está tan verbalizada y formulada como entre los pensadores adultos, pero se plantea de una manera más directa, más genuina y más radical.

Esta es la verdad social que va emergiendo, a pesar de los intentos de esconderla o desdibujarla. La gran cuestión es: ¿Cuál será la postura de los diferentes sectores sociales ante esta verdad social que se va manifestando?[5].

La acción pastoral de la Iglesia es uno de estos sectores de la sociedad que han de dar su respuesta a esta verdad social, que afecta a todos, y de la cual la pastoral juvenil es la punta de lanza y el espacio de verificación privilegiado.

b) *Tipología general*

Más allá de las características generales que acabamos de describir, intentaremos ahora elaborar una tipología funcional, con sus rasgos más característicos. Es preciso señalar que, como toda tipología, no escapa a una cierta simplificación, pero nos puede ayudar a penetrar más en la realidad, si consideramos

[5] *Perspectivas de la juventud en la década de los 80*, pp. 43-45.

que cada tipo subraya unos aspectos de la realidad, aunque participa de los otros. No podemos edificar una tipología abstracta, pero podemos esbozar una tipología funcional de cara a analizar y comprender mejor la realidad[6].

Un primer tipo lo podemos denominar *los primarios*. Es el tipo de joven que no se pregunta ni el porqué, ni el para qué de la vida, de la acción, de los planteameintos existenciales, de las relaciones humanas, de la situación de la sociedad. Este tipo de joven sigue básicamente los «tics» de la sociedad de consumo, en sus diversas manifestaciones o niveles, y sigue la ley de la competitividad, de la oferta y la demanda. Esta manera de vivir conduce a una existencia dividida en compartimentos separados, lo cual conduce a una división profunda de la existencia. Cuando este tipo de joven ha de hacer frente a los verdaderos problemas existenciales está desarmado y no tiene defensas para desarrollar las respuestas más adecuadas.

Hay otro tipo de joven que podemos denominar *el activista*. Es el tipo de joven que privilegia «el hacer cosas». Hay una etapa en la vida en la que toda persona pasa por esta actitud. Por una parte esto puede responder al temperamento activo. Sin embargo, con frecuencia, detrás del activismo se esconde la búsqueda inconsciente del sentido de la vida y el miedo a unos planteameintos personales y críticos sobre el mismo. A corto plazo, una postura existencial activista puede eludir los problemas más profundos e interpeladores, pero a la larga no hay más remedio que plantearse las grandes cuestiones existenciales, resolverlas de la manera más adecuada, y replantearse la acción o el compromiso a partir de la nueva conciencia. Cuando la actitud activista no se plantea estas cuestiones básicas, no hace más que aplazar el planteamiento de las mismas. La superación, si es que se da, hará descubrir el sentido de la acción, pero a partir de las propias razones conscientes.

Un tercer tipo lo podemos denominar *los reflexivos*. Son los jóvenes que se plantean el porqué y el para qué de la vida y

[6] Cf. mi artículo *Les joventuts cristianes als anys 80*, en la revista «Papers de Joventut», 2 (diciembre 1982), pp. 36 ss.

su entorno. Frecuentemente, además, intentan actuar y transformar la realidad hacia lo que tienen como utopía. Si existe autrocrítica es un camino de realización abierto, pero si ésta no se da puede convertirse en un camino cerrado, y si tienen mucho peso los elementos ideológicos, hasta el punto de absolutizarlos, puede convertirse en un camino sectario. Este tipo de jóvenes crean inquietud a su alrededor, provocan un crecimiento en la capacidad de análisis de la realidad, en la capacidad de formular nuevas alternativas y perspectivas de convivencia, generan concientización, posibilidad de interrelaciones, y son dinamizadores. Su problema es la soledad, puesto que con mucha frecuencia sus inquietudes no encuentran una resonancia a su alrededor y, entonces, tienen el peligro de cansarse, al no encontrar un acompañamiento en su proceso, al no encontrar los nuevos elementos necesarios para avanzar, al no poder realizar una autocrítica a tiempo, y al no poder disponer de una terapia para superar los fracasos.

Un cuarto tipo lo podemos denominar *los comunitarios*. Son los que han descubierto el trabajo colectivo, los que reflexionan y trabajan con los otros. Este esfuerzo de globalización conduce a vivir el momento presente con perspectiva de futuro y de multidimensionalidad. Este tipo de joven es sensible a las cuestiones sociales y a la dimensión política de la existencia. Normalmente se unen a grupos, organizaciones y movimientos de diferentes tipos, puesto que ven la necesidad de compartir, no sólo de una manera esporádica sino también de una manera más consciente y permanente. De hecho el grupo y las organizaciones pueden realizar una labor de mediación educativa que va abriendo el panorama a un horizonte más amplio de comprensión. Entre estos jóvenes surgen algunos que asumen una perspectiva humanística, es decir, que se agrupan para analizar, para hacerse fuertes y actuar a nivel consciente y consecuente y, de este modo, llegan a ser sujetos de su existencia. Estos jóvenes tienen una gran calidad personal y van creciendo en el camino de la madurez y de la propia autorrealización, estableciendo nuevas relaciones con ellos mismos, con los otros, con la naturaleza y con la dinámica histórica.

Un quinto tipo lo podemos denominar *los serviciales*. Este es un tipo de joven que privilegia el servicio como el elemento clave para encontrar el sentido de la vida. Bajo esta denominación se agrupa un tipo de joven que intuye que no son las palabras lo que hace cambiar al mundo, sino los hechos. Si realizan una labor y un compromiso que no va acompañado por la reflexión, normalmente se convierten en unos activistas y tienen el peligro de acabar quemándose, pero si entienden la acción como un compromiso con la realidad de manera consciente y consecuente, si viven el compromiso en un marco de solidaridad y van encontrando un equilibrio profundo, avanzan y hacen avanzar porque testifican con los hechos lo que manifiestan con la palabra.

Esta tipología que acabamos de describir es funcional, y frecuentemente coexiste en la misma persona a lo largo de las diferentes etapas de la vida; esto se puede verificar en los diversos lugares, ambientes y medios donde se desenvuelve el mundo juvenil. El lector, con la ayuda de las pautas que acabamos de dar, puede realizar su propio análisis y verificación, a partir de las realidades que conoce y vive directamente a través del flujo cotidiano de la existencia.

c) *La situación de los jóvenes cristianos*

Los jóvenes cristianos participan de toda esta situación que hemos descrito, pero con algunos rasgos propios. Hay un real pluralismo en la configuración de las personas, los grupos, los movimientos y las organizaciones juveniles cristianas. Así, pues, si se quiere reflejar la realidad correctamente, es necesaria una postura abierta a la misma realidad.

Este pluralismo real tiene dos orígenes: de un lado el pluralismo de la juventud actual en general, y del otro, el pluralismo que hay en el interior de la misma comunidad de fe que, como ya hemos visto, es muy amplio. El momento presente es el resultado del choque dialogal entre el proceso histórico evolutivo de los movimientos juveniles de Iglesia y los desafíos nuevos que se están produciendo en el mundo de hoy.

Un primer hecho que se debe subrayar actualmente es que hay un número notable de jóvenes cristianos reunidos en diversas instancias, y hay un amplio sector no encuadrado en ninguna organización o bien lo hace esporádicamente para llevar a cabo acciones concretas. Este hecho responde a que se ha realizado una labor pedagógica pastoral importante entre la juventud, pero estos esfuerzos están situados en el contexto general de la crisis de las organizaciones, que ha marcado profundamente la década de los años setenta. Este fenómeno antiorganizativo va cambiando de signo de manera lenta y progresiva[7].

La cuestión clave del momento es la necesidad de religar e interrelacionar la fe con la vida real y cotidiana. Esto se debe a causas internas y a la nueva situación ambiental del mundo juvenil: Así como hace unos años, los no creyentes se encontraban con dificultades de expresión en determinados ambientes, hoy los papeles se han cambiado y, con frecuencia, es el joven cristiano el que causa extrañeza cuando, aceptado como joven, interpela a los otros desde su fe. Esta situación exige del joven cristiano, que vive inserto en el mundo, que esté siempre a punto para dar razón de la esperanza que vive. Este contexto provaca que cada vez sea menos frecuente el estado de inconsciencia y, asimismo, que no se pueda separar, a largo plazo, la fe del compromiso y de la vida.

El punto de encuentro de los jóvenes cristianos con los jóvenes en general, es la necesidad de dar respuesta a los grandes desafíos del mundo contemporáneo, y en especial los que afentan a la situación de la juventud y a la búsqueda en común del sentido de la vida tanto personal como la colectiva. Este es el *terreno común* en el que todos se encuentran. Por eso, la pastoral juvenil actual ha de ir ligada a la lucha por la liberación y por la transformación de la sociedad en una comunidad de vida y de esperanza histórica. Se pueden mantener otras actividades, y de hecho se mantienen, pero están abocadas a ser actitudes residuales, marginales y regresivas.

Otro elemento que se debe destacar en el momento presente es la clarificación progresiva de la identidad cristiana. En general, y con los debidos matices, ha pasado el tiempo de las suplencias y se tiene mucho más presente el Evangelio como elemento

[7] *Ibid.*, p. 37.

que articula la vida cristiana, personal y comunitaria. Esto no afecta solamente a los sectores más preocupados por la identidad cristiana, sino también, y principalmente, a los sectores más encarnados, que se han comprometido junto a las personas que buscan la construcción de un país y un mundo más justo, más solidario, más igualitario y más libre[8].

Otro factor a considerar es la lenta pero progresiva conciencia de sentido común, que se traduce en una necesidad de coordinarse para compartir el análisis y las expectativas de la realidad, en algunos sectores, y también en la necesidad de participar en encuentros amplios y festivos, por parte de otros sectores. Estas necesidades han desarrollado movimientos cristianos juveniles de ámbito interdiocesano, como ocurre por ejemlo en Cataluña y Baleares, que intentan responder desde la fe a los diferentes medios y problemáticas del mundo juvenil. Esta nueva conciencia colectiva y las instituciones que han ido surgiendo, hacen que actualmente los jóvenes puedan acogerse a una pluralidad de ofertas pedagógicas pastorales que están a su alcance. El nivel logrado es muy limitado y falto de recursos, pero señala una dirección, marca un progreso, y está poniendo las bases para un desarrollo posterior.

Este proceso genera una tipología de jóvenes que podemos denominar militantes evangelizadores. Son aquellos que van tomando conciencia de que la fe es, antes que nada, un encuentro interpersonal con Dios, cosa que implica un testimonio y una vida personal comprometida con la cotidianeidad. Además, como todos los descubrimientos que hemos experimentado personalmente, puede y debe ser propuesto a los otros jóvenes como una posibilidad de autorrealización personal y comunitaria en el mundo de hoy. Este tipo de joven quiere transformar la realidad y construir la sociedad con todos, pero testificando al mismo tiempo la novedad del Evangelio de Jesús de Nazaret. Que surja este tipo de jóvenes ha sido, es y será muy importante para el futuro de la Iglesia y para su inserción en el mundo.

Un último elemento que es necesario destacar es la dificultad de encontrar el lugar de los jóvenes en la gran comunidad. Es un

[8] *Ibid.*, p. 38.

problema de unas repercusiones pastorales muy importantes. Se debe hacer una pastoral de juventud, pero la Iglesia es de todos y no se puede compartimentar sin poner en peligro la misma vida de la comunidad. Por eso, este problema, que consiste en la dificultad de inserción de la juventud en la institución eclesial, es uno de los desafíos internos más importantes que tenemos planteados en la pastoral eclesial. Hay muchas causas que explican esta situación. No se pueden generalizar porque en cada lugar concreto hay unas particularidades que lo explican de una manera precisa. Solamente podemos hacer unas reflexiones de tipo general.

En primer lugar, no es cierto que los jóvenes se opongan por principio al mundo de los adultos. Quien tenga un poco de experiencia en el contacto con la juventud, reconocerá que los jóvenes no sólo no están en contra de los adultos por principio, sino que necesitan del mundo de los adultos para confrontarse, autonalizarse y reencontrarse como jóvenes. Lo que rechazan es un determinado tipo de relación con el mundo de los adultos: aquella relación que está edificada en la persecución crítica negativa o aquella que manifiesta unas actitudes paternalistas. Sin embargo, los jóvenes aceptan la relación edificada sobre un diálogo simultáneamente incondicional y crítico positivo; la buscan con ansia; la valoran muy positivamente y, podemos decir, que es fundamental para el crecimiento multidimensional e integral de la juventud.

Se debe hacer un replanteamiento de las relaciones interpersonales que existen en la Iglesia entre los jóvenes y los adultos. Es normal que eso se haga en el interior de la Iglesia, porque es una cuestión que afecta a toda la sociedad. La Iglesia debería ser la pionera en este replanteamiento, y lo puede hacer sin ningún tipo de miedo, siempre que esté bien arraigada en Jesuscristo. Este replanteamiento se hace cuando los adultos cristianos han superado las actitudes dogmáticas y el extremo contrario que es la dimisión de su autenticidad y responsabilidad. En estos momentos eso no es fácil, a causa del miedo a hacer frente a los problemas, y a iniciar un diálogo desde la profundidad. Las actitudes dogmáticas y la dimisión de los adultos, generan indiferencia en la mayoría y sectarismo en las minorías. Es necesario otro estilo de relación, en el cual la autenticidad de los adultos esté correlacionada con el protagonismo de los jóvenes. Este problema, en definitiva, plantea la necesidad de unas nuevas interrelaciones comunitarias en el interior de la Iglesia en general, y con las nuevas generaciones en particular.

En definitiva, la situación de los jóvenes cristianos plantea una doble necesidad. La primera es la que acabamos de exponer: necesidad de establecer unas nuevas interrelaciones comunitarias, edificadas en la autenticidad y en el diálogo de profundidad, mediante el cual toda persona puede ser ella misma sin recurrir al rebuscamiento, a la doblez o a la falsedad. La segunda necesidad es la de lograr una flexibilidad que permita inculturar la fe en los diversos universos humanos que configuran la comunidad amplia. De estas necesidades es un exponente revelador la situación de los jóvenes.

A la luz de la exposición que hemos ido haciendo, pueden pasar varias cosas a corto plazo. Por parte de los jóvenes puede continuar la tendencia al individualismo, y en ese caso tal vez habrá más sufrimiento intelectivo y emocional. Esta actitud comporta la necesidad de refugiarse en el gregarismo superficial y, entonces, esta situación no hace más que aplazar los verdaderos problemas. También puede pasar que los jóvenes vayan tomando conciencia de la necesidad de agruparse para cooperar y hacer frente a la situación del mundo que les envuelve, y que les plantea los verdaderos problemas de la existencia. Esta reacción si no se da a corto plazo, se dará a largo plazo. Entonces, cuando vaya apareciendo la verdad social, la sociedad deberá hacer frente a la realidad. Es de prever que en ese momento será muy importante la capacidad de liderazgo para conducir el debate, el análisis de la realidad, y la búsqueda de nuevos caminos para superar las contradicciones dando respuesta a las necesidades.

Por parte de los adultos pueden pasar dos cosas. O bien que no se haga caso de la situación y que se actúe como si todo discurriera con normalidad, o bien que se reconozca la situación y, a pesar de su complejidad, se inicie un debate en profundidad. En el primero de los casos, la situación se irá deteriorando y, a la larga, problemas como la delincuencia y la drogadicción desafiarán a la sociedad global. En el segundo de los casos, podemos iniciar una cooperación para superar los desafíos que nos plantea la realidad.

La acción pastoral de la Iglesia, se ha de plantear esta problemática para dar una respuesta, desde el Evangelio, a esta situación. De este planteamiento han de salir los criterios pastorales que puedan guiar la acción. Entonces, a la luz de estos criterios, se podrá realizar una tarea pastoral adecuada a cada situación concreta, y adaptada tanto a las necesidades del lugar como de las personas.

2. Reflexión teológica y pastoral

A pesar de los intentos realizados estos últimos años en la pastoral juvenil eclesial, parece que, con frecuencia, no acabamos de tener éxito a la hora de encontrar unos caminos operativos. Vivimos en la perplejidad y en la incertidumbre dentro de una gran creatividad y trabajo pastoral. Esta situación colectiva plantea muchas interpelaciones, cuestionamientos y preguntas. La reflexión teológico-pastoral ha de permanecer en el interior de esta situación y se ha de plantear todos los problemas o cuestionamientos. Nos plantearemos, pues, las siguientes cuestiones: ¿Qué lección nos da la experiencia? ¿Qué hemos de hacer? ¿Cómo lo podemos hacer? ¿Por qué hacerlo así? ¿Cuáles son los primeros pasos a dar?[9].

a) *La lección de la experiencia*

Cuando la praxis eclesial fue tomando conciencia de la necesidad de insertarse en la problemática humana, surgieron experiencias de encarnación en la realidad en todos los niveles. Este movimiento de inserción en la vida humana emergía como una exigencia de la misma fe, puesto que la Encarnación de Dios en

[9] Cf. mi artículo *Per una nova estratègia en la pastoral juvenil eclesial*, en «Qüestions de Vida Cristiana», 84 (1976), pp. 68-79; J. M.ª Cervera, *Canvis produits en la joventut i en els medis ambients que es mou. Implicacions Socio-pastorals*. Departamento de Pastoral Juvenil del *Centro de Estudios Pastorales* de Barcelona, 1983.

la historia implica la inserción de los cristianos en la problemática de la historia.

Al pasar el tiempo, y aunque no ha sido fácil, podemos observar que la encarnación de los cristianos en el proceso humano de liberación va siendo una exigencia cada vez más normal y corriente. Sin embargo, podemos observar también que aquello que, al comenzar el movimiento encarnacionista, eran unos objetivos penúltimos, ya que el objetivo último era el reinado de Dios, a menudo han llegado a ser los objetivos finales y totales. Esta confusión ha dado lugar, en unos casos, a lo que podemos denominar la pastoral de las suplencias antropológicas, culturales, éticas y socio-políticas, y en otros casos, incluso, ha llevado a una pérdida de la identidad básica de la fe[10].

La pastoral de las suplencias se caracteriza por su provisionalidad. Tiene sentido mientras es preciso llevar a cabo la suplencia, pero al desaparecer la necesidad de hacer la suplencia nos interroga por el sentido y por la identidad. Entonces, si se ha confundido el objetivo inmediato (la encarnación en la problemática humana) con el objetivo final y total (la proclamación del Reino de Dios), la persona y el grupo entran en crisis, y acaban perdiendo la identidad cristiana. O bien, después de un tiempo de búsqueda, afianzan la identidad cristiana real. Cuando absolutizamos cualquier dimensión de la existencia, pronto o tarde, se presenta la crisis. Esta crisis sólo se puede superar mediante unos planteamientos más profundos y maduros. Debemos ser muy lúcidos para no caer en la unidimensionalidad o la confusión pedagógica y pastoral.

Estas dificultades han generado en algunos, la reacción contraria, o la vuelta a planteamientos pastorales superados. Por el miedo a perder la identidad cristiana, se han refugiado en un mundo propio y particular, al margen, e incluso en contra, de los movimientos históricos. El inconveniente que tiene esta postura consiste en que la historia no se para, y por ello tiene el peligro de caer en la actitud reaccionaria y de llegar a la marginación residual típica de los que viven fuera de la realidad.

10 *Per una nova estratègia...*, pp. 71-72.

La pastoral de suplencias y la pastoral paralela a la vida no preparan el futuro. Por otro lado, entran a menudo en confrontaciones intraeclesiales. Cuando se dan las condiciones de un diálogo auténtico, la confrontación es positiva para todos, puesto que ayuda a descubrir la realidad histórica y a no absolutizarla. Sin embargo, cuando el diálogo no es auténtico, la confrontación genera separación, oposición, y conduce a perder muchas energías.

La superación dinámica de estas tensiones ha de ser el resultado de un doble movimiento del pensamiento y de las actitudes personales: el movimiento ascendente que, naciendo de la vida diaria, va interpelando el universo de la fe, y la lectura teológica de la existencia cotidiana, que desciende de la fe. Esta superación no será el resultado de un esfuerzo puramente subjetivo, sino que gira alrededor de un eje central, es decir, de la autodonación del amor de Dios, manifestado en la persona de Jesucristo, y realizado en el Espíritu. En definitiva, podemos decir que la acción pastoral de la Iglesia ha de dar testimonio del amor de Dios, pero lo ha de hacer desde la historia.

La lección que nos dan los hechos que hemos vivido es ésta: el mensaje salvador de Jesucristo pasa por todos los acontecimientos liberadores de la humanidad; pero, aunque no se pueda separar el mensaje de los acontecimientos, no se confunde con los mismos, sino que apuntan y anticipan una plenitud total y final. No podemos ser indiferentes, sino que hemos de participar en todas las realizaciones humanas; pero, partiendo de la construcción real de un mundo más humano, hemos de testimoniar que nuestra tarea cristiana radica en la evangelización, es decir, en la comunicación de la Buena Noticia del Reino de Dios, que pasa por los acontecimientos humanos como una ferviente anticipación.

Hemos de pasar, por tanto, de una pastoral juvenil de suplencias o de replegamiento involutivo, a una pastoral misionera no separada de los acontecimientos humanos, pero tampoco confundida con los mismos. Eso implica la denuncia de todo lo que va en contra de la dignidad de la persona humana, e implica el anuncio y la celebración de toda la plenitud que viene de Dios como don.

Esta tendencia la hemos de hacer realidad a todos los niveles de la acción y de la vida. A nivel cultural, no manipulando ideológicamente la cultura sino viviéndola para poderla emplear como vehículo de comunicación y como lugar o ambiente de la vivencia cristiana. A nivel político, superando la confusión de la fe con cualquier ideología, aunque hemos de trabajar por un tipo de realización socio-política al servicio de la formación integral de la persona humana y del respeto a su dignidad. A nivel ético, impregnando los comportamientos humanos del mensaje central evangélico, es decir, de la muerte y resurrección de Jesucristo. A nivel de cotidianeidad, impregnando los hechos pequeños y sencillos de la vivencia luminosa del Evangelio. Y, en definitiva, a nivel personal, viviendo unas nuevas interrelaciones humanas según la manera de vivir de Jesucristo.

En la medida que la pastoral juvenil se vaya refugiando en formas superadas o en suplencias, no hace más que aplazar la respuesta cristiana a la realidad. En la medida que responde al problema de fondo, va abriendo caminos de cara a una nueva encarnación en el mundo de los jóvenes, y de cara a la inculturación de la fe en el mundo juvenil. Si leemos el libro de la vida eclesial vivida, podemos aprender muy bien esta lección.

b) *¿Qué hemos de hacer, pues?*

El problema es complejo e intervienen tanto elementos en su solución que sólo podemos apuntar a un planteamiento general, objeto de verificación en la práctica, que pueda ayuda a enmarcar los planteamientos más concretos y operativos que deban llevarse a cabo en cada lugar para dar unas respuestas más concretas[11].

La intuición general de la perspectiva encarnacionista de la fe continúa teniendo plena validez, puesto que los problemas y las angustias de la humanidad no son indiferentes al plan de Dios sobre la historia. Lo que se debe renovar, sin embargo, es la actitud profunda de la que partimos y la pedagogía general de la pastoral juvenil.

[11] *Ibid.*, p. 73.

A nivel de actitud profunda hay que ir superando el miedo para abrirnos a la Esperanza entendida como misterio, ya que la perspectiva trascendente sitúa la existencia en sus verdaderas proporciones y permite, en medio de la problemática humana, reír y jugar con una plenitud existencial nueva.

La esperanza a la que nos referimos no favorece la pasividad, sino que intenta recuperar una expectación activa, que nos haga reconocer y confesar la dificultad inherente tanto en la realidad como en nuestra tarea pastoral, y al mismo tiempo nos permita vivir en la serenidad y no perder la capacidad de sorpresa. Eso sólo se puede hacer cuando tomamos conciencia de que, teniendo nosotros muchas palabras, la Primera y Ultima Palabra es Dios.

Esta actitud esperanzada, que brota de la fe y del amor a la justicia, nos puede devolver la serenidad interior y, desde esta serenidad, nos puede relanzar a hacer la Propuesta cristiana, es decir, el anuncio de la Buena Noticia desde una óptica nueva.

Esta actitud interior tiende a mostrar la vida con unos ojos nuevos. Una mirada creyente sobre el universo cultural de los jóvenes nos permite descubrir los puntos luminosos o de apertura a la trascendencia, y los desafíos que esta misma cultura juvenil dirige a la fe, pero principalmente nos hará descubrir personas concretas, con toda sus originalidad, abiertas a las cuestiones fundamentales de la existencia.

Generalmente en la acción pastoral, y de manera especial en la pastoral de juventud, se debe partir desde esta actitud profunda, es decir, desde el fondo del ser. Este es el elemento clave de toda la pedagogía, y en especial de la pedagogía de la fe. La recuperación de esta actitud profunda es el objetivo prioritario en la renovación de la pastoral juvenil. Es verdad que se deben buscar nuevos medios, pero estos medios sólo pueden ser válidos si se usan desde unas actitudes vitales maduras y auténticas.

A nivel pedagógico hemos de ir tomando conciencia de que no podemos tratar a la persona humana, y por tanto a los jóvenes, como un número estadístico, sino en su originalidad y autenticidad. Tampoco podemos tratar a las personas como seres psico-fisiológicos, sino como seres concretos en toda su dimensión de misterio. Tampoco hemos de tratar a los otros como seres psico-sociales paternalistamente considerados, sino como seres psico-sociales humanísticamente considerados, es decir, como sujetos agentes del mundo y de la historia.

Esta renovación pedagógica nos puede llevar de una pedagogía de replegamiento de fuerzas, fruto de un complejo de apocamiento y de miedo, y de una pedagogía frívola o superficial, fruto de una falta de planteamientos profundos, a una pedagogía comprometida con las personas y con el plan de Dios sobre la historia. La pedagogía del compromiso es una pedagogía de «presencia-fermento» en el interior de la sociedad, segmentada en subculturas marcadas por los diversos ambientes y situaciones, sin llegar a ser cada segmento cultural el sistema único, sino construyendo juntos una nueva realización y unas nuevas interrelaciones humanas respetando la libertad y la creatividad de cada persona, de cada grupo, de cada comunidad y de cada movimiento.

La presencia nos puede dar sintonía con la realidad viva del acontecer concreto y diario. El fermento nos da arraigo en la Buena Nueva de Jesús de Nazaret, eje central y centrador de toda la pastoral de la comunidad cristiana (Jn 15, 9).

Esta pedagogía, a la que hemos llamado pedagogía de la «presencia-fermento», nos estimula a pasar de una actitud estática, la cual imagina recetas pastorales prefabricadas y fixistas, a cuestionar la existencia juvenil desde dentro de su mismo universo cultural, acompañando a los jóvenes cristianos para que sean protagonistas del cambio de la sociedad mediante su actitud militante, y para que sean protagonistas del anuncio de la Buena Nueva, mediante su actitud evangelizadora.

La evangelización del mundo juvenil la han de hacer los jóvenes; la mejor aportación que podemos hacer los adultos cristianos es hacer de fermento en el interior de nuestro mundo adulto y secular.

Viviendo todas las dimensiones humanas de la existencia, de una manera multidimensional, y siendo conscientes de que la persona humana es el agente del mundo y de la historia, hemos de afirmar que el cambio de la actitud profunda desde la cual partimos y la renovación en profundidad de nuestra pedagogía, solamente es posible si renovamos nuestra identidad cristiana. Nuestra identidad cristiana integral es la adhesión personal y comunitaria, consciente y consecuente, plenamente confiada y gozosa a la Persona de Jesucristo. Desde esta renovación auténtica es posible y viable la encarnación en el mundo, la presencia transformadora, y la actitud verdaderametne evangelizadora.

A la luz de lo que hemos ido reflexionando descubrimos que la pastoral de juventud ha de ser *educadora, evangelizadora y eclesial.* Es *educadora* porque acompaña a la persona para que sea ella misma, la acompaña de cara a desarrollar todas sus potencialidades y para que sea sujeto de su vida, de las relaciones con los otros, con la naturaleza y con la historia. Es *evangelizadora* porque en el interior de este proceso de crecimiento integral, la persona recibe el anuncio de Jesucristo como Buena Noticia de esperanza y encuentra un acompañamiento adecuado para ir desarrollando todas las dimensiones del crecimiento en la fe. Es *eclesial* porque esta tarea no comienza ni acaba con nosotros, sino que tiene sus orígenes y su plenitud en Dios, así como su despliegue en la solidaridad eclesial: Implica una paticipación activa en la vida interna de la comunidad y también una responsabilidad en la transmisión del mensaje evangélico a las personas, a los ambientes y, en definitiva, a la propia generación y a la historia.

c) *¿Cómo lo hemos de hacer?*[12]

Los objetivos que acabamos de exponer, la actitud de fondo y la linea pedagógica, no pueden suplir o suplantar ni la Iniciativa Gratuita de Dios ni la libertad de la persona humana. Su función consiste en ser una mediación entre la propuesta de Dios y la profundidad de la persona.

Esta tarea es muy humilde, puesto que consiste en ser terreno de paso, y de ninguna manera en ser una finalidad en ella misma. Puede errar tanto por atribuirse un protagonismo que no le pertenece como por una falta de disponibilidad para el servicio gratuito e incondicional. Entre estos dos extremos está el equilibrio y la actitud correcta, tanto pedagógica como pastoralmente.

Eso supone pasar de una pedagogía general y directiva a una pedagogía concreta y no directiva. Dicho de otra manera: no se trata de dar fórmulas hechas de superación, sino de poner en

[12] *Ibid.*, pp. 74-75.

situación a la persona, sin sacarla de su medio ambiente, a fin de que haga camino y, haciendo este camino de desarrollo personal de su propia identidad, vaya tomando conciencia, se vaya insertando en la vida y en la solidaridad eclesial o comunitaria.

En un proceso, a veces largo y siempre paciente, la persona va descubriendo el Jesús humano del compromiso, el Cristo Divino de la globalidad de la vida, mediante la experiencia de encarnación, muerte y resurrección, y la verificación de un nuevo estilo de vida cotidiana según el talante de Jesucristo y su manera de vivir.

Este proceso implica, pues, unas condiciones: La primera condición es la necesidad de estar presentes en el medio propio de una manera abierta, crítica y activa; es decir, haciendo de una manera continua la experiencia cristiana de lucha y gratuidad, acción y contemplación, cuestionar y ser cuestionado, crítica y sorpresa.

Mediante esta experiencia de inserción, hecha en el interior de su medio ambiente, el joven cristiano puede invitar a sus compañeros de camino diario a realizar su propia experiencia de lucha y gratuidad. A la vez que va recibiendo de sus compañeros, también él puede proponer su estilo de vidad y las razones de su esperanza.

Cuando un cristiano ha hecho la llamada a un compañero de camino se hace responsable del acompañamiento en el proceso iniciado hasta sus últimas consecuencias, ya que el iniciado deberá de ir superando unas situaciones de crisis y de ruptura. Este acompañamiento no ha de ser paternalista sino humanista, crítico e incondicional.

En las crisis que suelen darse durante el proceso, es necesario destacar las siguientes: La crisis del choque dialogal entre el humanismo y la fe que, una vez superada (al descubrir la fe como don de Dios) hacía al sujeto conscientemente creyente. La crisis del choque dialogal entre la eficacia humana y la fidelidad cristiana que, una vez superada mediante el descubrimiento del camino de la muerte y la resurrección, lo hará conscientemente cristiano (1 Cor 1, 17 ss). Finalmente, la crisis de la ambigüedad de la Iglesia como institución que, superada mediante el descubrimiento de la ambigüedad inherente a toda condición humana, lo hará miembro solidario y fraternal de todo un pueblo que camina hacia el horizonte del Reino de Dios que pasa por la liberación humana, pero sin separarse ni confundirse con ella. De esta manera uno va superando la crisis de identidad personal al realizar la experiencia de ser amado por sí mismo.

Esta presencia, esta llamada, y este acompañamiento, han de ser concretos, es decir, han de partir de la realidad, han de permanecer en la misma realidad y han de dirigirse a una dimensión profunda de la misma. Han de ser también «no-directivos» ya que han de considerar a la persona humana como un ser psico-social humano: como sujeto de su propia vida y protagonista de su crecimiento; como agente del mundo y de la historia.

Esta metodología pastoral, que va dirigida a la formación y acompañamiento de personas maduras para que puedan ser protagonistas conscientes de su acción transformadora del mundo, de su acción evangelizadora, y de su acción solidaria en el interior de la Iglesia, no es un dilema ante una pastoral de animación y de preevangelización. Para poder llevar a cabo esta labor profunda, es necesario invertir muchos esfuerzos en una pastoral de animación.

La pastoral de animación va dirigida a crear las condiciones de posibilidad para una tarea educativa más profunda. En esta perspectiva es tan importante como la pastoral transformadora y evangelizadora. La intención pastoral de ambas es la misma; ambas responden a los dos momentos de la única dinámica, y ambas son necesarias para realizar una mediación pastoral correcta.

Lo único que hemos querido subrayar es que si la pastoral juvenil quiere realizar una tarea pedagógica que prepare el futuro, no ha de perder su horizonte transformador y evangelizador. De otra forma estará haciendo siempre tareas de suplencia.

Conviene trabajar pastoralmente, pues, partiendo siempre de la realidad de las personas, de su inserción activa y multidimensional en el interior de la realidad, para responder a los desafíos que ésta plantea. Así se llegará a una experiencia consciente del Evangelio en el altar de la vida. De este modo aceptando la crisis periódica como elemento de aprendizaje a la vez que como estímulo de la esperanza activa, podrá abrirse el horizonte personal a la contemplación, que es el espacio de personalización cristiana; podrá abrirse el horizonte a la comunidad cristiana eclesial, que es el espacio de la vivencia de la fe; y podrá abrirse el horizonte a la evangelización del mundo, que es el espacio de la misión, cuyo punto de partida es la Palabra y el testimonio.

d) *¿Por qué lo hemos de hacer así?*[13]

Esta línea de actuación pastoral emerge de una conciencia teológica. Esta conciencia creyente la podemos formular así: la fe no la inventamos sino que la descubrimos; es decir, la fe no es una creación subjetivista sino que es el descubrimiento, realizado por cada persona como sujeto de su propia vida, de la autodonación del amor interno de Dios, en la vida humana, vista en una perspectiva de globalidad y totalidad.

Este descubrimiento, realizado por la persona humana, en el interior del espacio eclesial, se traduce en la firme convicción de que la vida o la existencia humana puede ser religada con Otro, que es el Fundamento, el Horizonte y la Ultimidad de todo lo que existe.

Esta firme convicción resitúa lo profundo de la persona humana en una perspectiva de serenidad y de paz, en un proceso de autotrascendencia abierto de Dios Trascendente. Este proceso es totalmente humano, puesto que en él entra en juego la multidimensionalidad humana y la capacidad de lucha que surge de lo profundo del ser humano; y es también totalmente divino en tanto que esta capacidad de lucha es llevada a su plenitud como gracia de Dios y, por tanto, por la fe.

Así como Dios se revela a sí mismo conviviendo con un pueblo que camina, la tarea evangelizadora se realiza conviviendo con la humanidad que continúa peregrinando, haciendo historia, es decir, autotrascendiéndose y avanzando en medio del pecado y de la gracia, de los bloqueos y las superaciones, de la oscuridad y la luz.

Así como Dios, al revelar su amor interno, no suple la tarea humana de dominar la tierra (Gén 1, 28), la comunidad cristiana

[13] *Ibid.*, p. 76.

que evangeliza no suple la lucha liberadora de la humanidad, aunque participa en esta lucha. Eso es tan aplicable al mundo de los adultos como al mundo de los jóvenes, e implica una gran capacidad de escuchar los signos de los tiempos, convertirse a la realidad y a Dios presente en la misma realidad, y responder a esta realidad con autenticidad, serenidad, esperanza y paz. Estas actitudes solamente se pueden lograr desde la madurez humana y la adultez en la fe.

Finalmente, así como Dios al revelarse comunica una novedad salvadora (Mc 1, 14-15), la comunidad cristiana que evangeliza comunica con su testimonio, gestos y palabras, la Buena Nueva de la plenitud del reinado de Dios, novedad sorprendente de cara al acontecer humano, las primicias de la cual son ya una realidad para la acción del Espíritu que actúa en la comunidad.

Todo esto es aplicable a la pastoral en general y, por tanto, también a la pastoral de juventud que es una línea concreta de esta tarea general. La pastoral de juventud intenta crear las condiciones de posibilidad para la realización del encuentro interpersonal entre la persona humana, que compromete toda su libertad y espontaneidad, y Dios que ha querido comunicar su amor y su autodonación personal en la historia por medio de la sacramentalidad de la humanidad de Jesucristo y de la humanidad de la Iglesia.

Esta tarea pastoral, entre los jóvenes y desde los jóvenes, no mira en ningún momento al pasado si no es para revivir la memoria colectiva de la fe y de la solidaridad con los creyentes que nos precedieron; no mira hacia el futuro lejano si no es para revivir las esperanza teologal que surge de la confianza en la fidelidad de Dios y en su amor entrañable a toda la persona y a todas las personas. Esta tarea pastoral mira el momento presente como tiempo viviente (*Kairós*) en el que confluye la memoria colectiva de la fe y la esperanza cierta de la gloria. Entonces, la pastoral de juventud es una propuesta para provocar una respuesta. La propuesta es la misma que la de los primeros días de la Iglesia. La respuesta es la misma que la de hombres y mujeres que, a lo largo de la historia han creído en Dios, han creído a Dios y han iniciado un nuevo estilo de vida según la voluntad de Dios.

La juventud actual tiene derecho a recibir esta propuesta de vida. Solamente desde aquí es posible resolver el enigma de la existencia. Solamente desde aquí es posible que los problemas de la vida no hagan que la vida sea problemática. Solamente desde aquí, la inquietud puede convertirse en serenidad, la angustia puede convertirse en paz, la búsqueda puede convertirse en camino, el aislamiento puede convertirse en comunicación y comunión, la oscuridad puede convertirse en luz, y la vida cotidiana puede convertirse en vida plenamente realizada.

El hecho de poner en acción todo el proyecto pastoral no asegura la eficacia, porque las coordenadas de la gracia de Dios no funcionan según las medidas de la eficacia humana. El hecho de poner en acción el proyecto pastoral, solamente muestra la fidelidad al plan de Dios sobre la historia, y pone el signo sacramental de la salvación.

Debemos ser muy conscientes de la grandeza de esta tarea y de las limitaciones inherentes a la ambigüedad de todas las actuaciones humanas. Esta conciencia lleva a la alegría, al saber que Jesucristo es el Viviente en el corazón del mundo, y nos precede por la acción del Espíritu, antes que planifiquemos nuestra acción pastoral. El está presente en los acontecimientos humanos (Lc 24, 13-35).

Esta conciencia nos lleva también a la contemplación arraigada en la vida, al haber descubierto que nuestra labor cristiana consiste en detectar la presencia de Cristo Viviente en el corazón del mundo. La actitud contemplativa es condición indispensable para la autenticidad de la acción pastoral y para la fidelidad, constancia y permanencia, en el testimonio y la vida.

Esta conciencia nos lleva, finalmente, a la profundidad en la acción, al descubrir y comprometerse, consciente y consecuentemente, en el proyecto pastoral de la Iglesia, puesto que nos reunimos en Iglesia para escuchar la Palabra de Dios presente en el mundo, reflexionarla, compartirla, celebrarla y anunciarla.

Estos elementos que hemos ido reflexionando son algunos de los más importantes que pueden configurar y estructurar el interior de una pastoral juvenil consciente, crítica y evangélica.

3. Sugerencias y propuestas, sobre la pastoral de juventud

El primer paso a dar para renovar los planteamientos de la pastoral de la juventud, a cualquier nivel y en cualquier mediación pastoral, puede consistir en revisar, a la luz de los criterios teológico-pastorales, la tarea que hacemos. Es necesario descubrir la validez de la continuidad de nuestro esfuerzo para evitar la sensación, muy extendida, según la cual siempre partimos de la nada, del fracaso de los esfuerzos realizados, que nos conduce, una y otra vez, al punto cero. Es evidente que nuestra actuación tiene sus desaciertos, pero no es menos cierto que también tiene sus hallazgos y sus aciertos. Es preciso decir que esto es muy importante para mantener una actitud psicológica serena y humilde, pero al mismo tiempo sana y gozosa[14].

Se debe compartir esta revisión con otros agentes de la pastoral juvenil y con especialistas de las ciencias humanas que nos pueden ayudar en el conocimiento de la realidad. Esta revisión, hecha en los diferentes medios e instancias pastorales en un primer momento y en una perspectiva más global en un segundo momento, realiza una función autocrítica y terapéutica; descubrir que, de uno en uno, no tenemos todos los elementos para realizar una verdadera tarea evangelizadora, pero que todos juntos, reflexionando y actuando sistemáticamente, somos capaces de encontrar estos elementos y actuar con madurez, humildad y profundidad.

Entre todos podemos dibujar las líneas de un proceso pedagógico al servicio de la pastoral juvenil. En este proceso, los elementos de personalización, educación integral de la persona, pedagogía liberadora, conciencia evangélica y solidaridad eclesial, etc., pueden ser reflexionados con profundidad, ordenados según una escala teológica y pedagógica de valores, y aceptados mayoritariamente por los agentes de la pastoral juvenil.

Estas líneas más universales son necesarias, porque permiten una intercomunicación y una operatividad que ayudan a superar la impresión de aislamiento, de trabajo individualista y de inefi-

[14] A. M.ª Serramona, *Presentació línies mestres per a una pastoral en mig dels joves*, Departamento de Pastoral Juvenil de C.E.P. de Barcelona 1982; R. Tonelli, *Pastorale Giovanile*, Librería Ateneo Salesiano, Roma 1982. Es un tratado especializado de pastoral de juventud.

cacia. Ayudan a encontrar un denominador común y una esperanza activa.

El joven cristiano, ha de ser el portador del Evangelio cercano a la vida, expresándolo mediante la cultura juvenil, para ir impregnando la vida humana de valores cristianos. El joven cristiano es el apóstol de los jóvenes, siendo miembro de la Iglesia, sabiéndose embajador de Jesucristo en medio del mundo, y sabiéndose embajador de los anhelos y esperanzas, frustraciones y angustias de los hombres, de los chicos y chicas del mundo de hoy, en el interior de la Iglesia.

El primer elemento a promover es la búsqueda de este nuevo clima, intentando vivir en positivo. Vivir en positivo no quiere decir ignorar los desafíos de la realidad, más bien hemos de decir que sólo es posible vivir así, a partir de un conocimiento de la realidad. Vivir en positivo quiere decir no dejarse avasallar ni malversar las energías, sino emplear los esfuerzos en la búsqueda de la respuesta y en el trabajo constructivo y sereno. Este clima, que quiere superar el sectarismo y la frivolidad, implica una reflexión crítico-teológica a partir de las grandes cuestiones planteadas por el mundo juvenil, enmarcando a la pastoral juvenil en el conjunto de la Teología Pastoral.

Un segundo elemento a promover es la superación de las propias experiencias, no absolutizándolas y dejándose cuestionar por las experiencias de los otros. En este campo, como en todos, hemos de ser lúcidos y no confundir las mediaciones con los objetivos pastorales. El objetivo de la pastoral juvenil es que todo joven encuentre respuesta cristiana a las necesidades que siente. Las necesidades son muy diversas, y los medios para dar respuesta a las mismas han de ser diversificados y adecuados; es necesaria, pues, una pastoral de animación y una pastoral más especializada. Todo esto no quiere decir que no sea necesaria también una crítica y, principalmente una autocrítica desde el Evangelio y la Teología Pastoral. Esta crítica es imprescindible a fin de que los planteamientos pastorales tengan calidad existencial, cultural, solidaria y teológica.

Estos dos primeros elementos pueden quedar en una declaración de buenas intenciones, si no se promueven instancias de coordinación, con un estatuto de libertad para pensar y actuar.

Estas instancias de coordinación desde la vida, han de estar edificadas sobre la base de un pacto de cooperación. A partir de aquí, desde la realidad juvenil, han de interpelar la práctica pastoral y, desde el Evangelio, han de ser críticas de la realidad juvenil.

Una tercera propuesta a realizar, es la necesidad urgente de valorar el proceso vivido en la pastoral juvenil desarrollada en las últimas generaciones. Puede ser muy importante y clarificador un estudio de la historia de la Acción Católica, del significado teológico que ha supuesto la Juventud Obrera Católica, del significado del resto de especializaciones que fueron surgiendo, y de lo que ha significado para Cataluña la Federación de Jóvenes Cristianos. Este podría ser un estudio monográfico importante, desde el punto de vista histórico, cultural, pedagógico, evangelizador y eclesial. Este estudio sugeriría unas lecciones y unas conclusiones muy válidas para responder al momento presente desde una perspectiva amplia y de larga fidelidad. A la luz de este estudio, la creatividad pastoral propia de la presente situación, alcanzará una nueva frontera de autocomprensión.

Este estudio global está por hacer y, como consecuencia, podemos repetir los errores cometidos y podemos emplear muchos esfuerzos en realizar descubrimientos que ya están hechos. Es cierto que las circunstancias del mundo han variado mucho, pero también lo es, que la experiencia eclesial vivda en el terreno de la pastoral juvenil contiene unas intuiciones libres muy importantes, unas experiencias laboriosamente trabajadas, y unos puntos de referencia pastorales de una gran cualidad pedagógica, eclesiológica y evangelizadora. Dejamos constancia, pues, de esta necesidad para el bien de la comunidad.

Un cuarto elemento operativo es la necesidad de dedicar tiempo a la labor de acompañamiento personal. En nuestra reflexión sobre las bases operativas de la comunidad, ya hemos hecho un esfuerzo de profundización en este punto, necesario para la realización de toda la tarea pastoral. Sin embargo hemos de señalar que eso alcanza una importancia especial en la pastoral de juventud. Siempre ha sido así, pero cada vez más, la transmisión de la fe será realizada a través del testimonio, en la humildad y de persona a persona. El acompañamiento y el diálogo pastoral no niegan la necesidad de proyectos pastorales operativos; tampoco los suplen. Los presuponen y, lo único que añaden es la necesidad de un trato personalizado, a la manera del Evangelio, en los planteamientos de la pastoral juvenil.

En la Iglesia hay una larga experiencia de dedicación de personas, de tiempo y de medios, a la preparación y acompañamiento de los futuros presbíteros. Hemos de reconocer que esta dedicación de esfuerzo a la preparación de los futuros ministros ordenados, ha sido muy importante para el bien común eclesial. Los signos de los tiempos nos invitan a hacer lo mismo en la preparación y acompañamiento de los militantes cristianos laicos. Si estamos de acuerdo en que ha de ser el joven el apóstol de los jóvenes, la comunidad ha de cuidar intensamente su preparación para una labor tan grande y de tanta responsabilidad. Esta es la justificación de la necesidad de dedicar tiempo a la labor de acompañamiento personal y a la formación de los apóstoles laicos.

Un quinto elemento es la urgencia de hacer planteamientos unitarios ante la realidad del mundo juvenil. Esta necesidad de unidad de acción, responde a la realidad del mundo juvenil como colectivo y, responde también, a las exigencias internas de la fe, entre las cuales se encuentra la de testimoniar la unidad. La unidad, a la cual nos referimos, no equivale a la uniformidad sino a la comunión. Ha de ser el resultado de un diálogo en profundidad, de una observación de la realidad compartida, de una reflexión teológico-pastoral en común, de una búsqueda de mediaciones pastorales, de unos planteamientos de prioridades, de un respeto a las diferentes actitudes, y de un espíritu común de servicio.

Las Delegaciones Diocesanas de Pastoral Juvenil han de promover plataformas de diálogo que faciliten la confluencia de los esfuerzos pastorales que se van realizando. Esta convergencia se ha de dar a nivel de información, a nivel de reflexión y a nivel de planificación. En este contexto de diálogo es posible la creación de las condiciones objetivas para realizar pactos de cooperación. Estos pactos de cooperación pastoral no son fáciles de lograr, pero en la medida que se van dando, por imperfectos que sean, es posible ir creando las condiciones de la unidad y el crecimiento en la comunión[15].

Una sexta sugerencia es la conveniencia de continuar las especializaciones en la pastoral de juventud. La fe no es especializada, pero los medios en los que se desenvuelven los jóvenes, a pesar de todas las mutaciones sociales que se han producido, continúan siendo un elemento condicionador de las circunstancias personales, de los intereses que tienen, de la cultura o subcultura que viven, del lenguaje que emplean, de las necesidades que los mueven y, en definitiva, del punto de partida de la acción pastoral. Esta afirmación es válida principalmente si nos referimos al mundo obrero, al mundo universitario y al mundo rural. Estas especializaciones, sin embargo, tienen sus límites. La motivación pastoral es la evangelización del propio medio. Su límite es la comunión eclesial y la solidaridad abierta. No es fácil encontrar un equilibrio porque requiere mucha profundidad y madurez. No obstante, el futuro pasa por la fidelidad a la evangelización y la fidelidad a la comunión.

Un séptimo elemento es la necesidad de ofrecer diversas mediaciones pastorales que respondan a las diversas necesidades y posibilidades. Entre estas mediaciones debemos subrayar las siguientes: la pastoral juvenil que se realiza en las parroquias; la pastoral que se realiza en los colegios; la pastoral que se realiza mediante los servicios a los otros del tipo que sea, los espacios catequéticos y de espiritualidad; los movimientos apostólicos. Más allá de estas mediaciones es necesario subrayar la importancia de que confluyan en la comunión los esfuerzos pastorales que se realizan tanto en las parroquias como en los movimientos. Nos detendremos a analizar esta urgencia.

La parroquia es una mediación fundamental de cara a la comunión. Los movimientos apostólicos son una mediación básica de cara a la educación de personas para la evangelización. Ambas mediaciones se necesitan mutuamente para completarse y enriquecerse. Este hecho, que teóricamente está claro, en la práctica no ha funcionado, e incluso ha funcionado en contrapo-

[15] Cf. *El joves són evangelitzats*, *op. cit.*, pp. 17-20.

sición. Eso ha significado una pérdida notable de energías. Las razones que explican lo que nos ha pasado, son complejas y de diferentes órdenes. Unas son de orden histórico, otras de orden ideológico, otras de orden teológico, pero principalmente han sido unas razones de orden personal y afectivo. Quizás ya sea hora de superar esta contradicción y de iniciar un diálogo basado en la autenticidad, mediante el cual, recogiendo los elementos positivos de ambas mediaciones y superando las heridas históricas, vayamos haciendo una síntesis. El camino no es fácil, pero es una de las sugerencias y de las propuestas más importantes que podemos hacer para avanzar y preparar el futuro activamente.

Esta propuesta no es teórica, sino que es radicalmente práctica. Los debates teóricos y las sesiones de estudios o reflexión, pueden ayudar a ir creando una mentalidad, pero en este terreno lo que es definitivo es el compromiso práctico. De hecho, ya se van dando experiencias que integran las dos mediaciones. La reflexión teológica y pastoral, a partir de estas experiencias, abre nuevos horizontes que superan las contradicciones que vivimos en una perspectiva realista de solidaridad y eclesialidad.

Un octavo elemento es la necesidad de dar prioridad al apostolado seglar de adultos. Estos últimos años hemos dado importancia a los movimientos juveniles y, sin duda, la pastoral de juventud prepara el futuro y es de una importancia muy grande para la renovación de la Iglesia. Pero los movimientos juveniles necesitan de las organizaciones de adultos. La existencia de organizaciones laicales de adultos aporta seguridad a las organizaciones juveniles y evita la pérdida de muchas energías. Por eso, es necesario priorizar, es necesario promover y potenciar los movimientos y organizaciones laicales adultas.

Faltan maestros y educadores que sean capaces de poner en situación a los otros, a fin de que se descubran a sí mismos como protagonistas de su propia existencia. Este magisterio requiere madurez psicológica y cristiana, pudiendo ser realizado a cualquier edad, pero pide normalmente madurez de edad biológica.

La maduración de un militante evangelizador es un proceso largo en el cual, a partir del caos y la oscuridad iniciales, comienza a entrever y, a pesar de la inseguridad y el miedo, llega a un momento de claridad en el que toma una opción consciente. De esta opción se deriva una acción. Si no hay acompañamiento, normalmente el proceso se agota, pero si existe capacidad de reflexión compartida, la experiencia vivida se va integrando en la visión personal de conjunto y se va viviendo en la sencillez. Por este camino, y poco a poco, uno va logrando la visión global y concreta de la vida y de la fe. Esta capacidad de madurez es la aportación específica e imprescindible de los adultos para la renovación del laicado en general y para la pastoral de juventud en particular.

Un último elemento que hemos de destacar, es la necesidad de los ministerios y, especialmente del ministerio sacerdotal. El protagonismo del laicado es de vital importancia para el futuro del cristianismo, pero exige el ministerio de los presbíteros. Por este motivo, podemos decir que la madurez y la vitalidad del laicado en la Iglesia se manifiesta en la capacidad de presentar y ofrecer a la gran comunidad eclesial, personas dispuestas a asumir ministerios, y en especial el sacerdote, como verificación de la experiencia de fe y de la militancia evangelizadora.

La exigencia de suscitar, acompañar y valorar las vocaciones al ministerio sacerdotal es responsabilidad de toda la Iglesia y, por tanto, también del laicado. El caldo de cultivo de la vocación es la vida de la Iglesia arraigada en el mundo, y el lugar privilegiado está en las organizaciones de apostolado de los laicos.

Todas estas sugerencias implican una opción misionera y una opción por los pobres. Estas opciones no son discriminatorias para nadie, sino que son las condiciones para la búsqueda del lugar óptimo en el cual es posible y viable el cristianismo y su inserción en el mundo.

El Evangelio nos conduce a buscar el lugar concreto desde el que podemos vivir la fe, y este lugar no es otro que vivir entre los hombres pero desde los pobres. Esta ubicación no es de orden ideológico ni demagógico, sino la capacidad de dejarse hacer pobres en la contemplación a causa de las interpelaciones y exigencias del Evangelio, y la capacidad de dejarse hacer pobre por los otros a causa de las interpelaciones de los que sufren y padecen necesidad.

Estas opciones nos han de llevar a trabajar por la solución de los problemas concretos que se dan a nuestro alrededor y a la lucha por la erradicación de las causas que provocan estos problemas, mediante la denuncia de lo que va en contra de la dignidad de la persona humana y el anuncio de la Buena Noticia del reinado de Dios.

La pastoral de juventud ha de estar profundamente enraizada en la verdad. Toda la acción pastoral ha de estar enraizada en la verdad. Este es su lugar propio. Solamente la verdad hace libre para contemplar el paso de Dios por la vida, para compartirlo, para celebrarlo y para transmitirlo.

Podemos acabar esta reflexión sobre la pastoral de juventud indicando que la situación presente es la del grano de mostaza (Mt 13, 31-34). Hoy por hoy es una realidad pequeña, pero asumida con fe y creatividad, es la base de un desarrollo ulterior importante para la vida intraeclesial y para la convivencia evangelizadora de la Iglesia con el mundo contemporáneo. El futuro depende de la fuerza interior y de la esperanza presente. Desde la esperanza teologal no es necesario empujar la vida; ya fluye por sí misma.

CAPÍTULO IV

Los religiosos y la pastoral

En este capítulo no pretendemos reflexionar en torno a la teología de la vida religiosa. Este intento requeriría una dedicación mucho más plena, sistemática y ordenada. Lo que nos proponemos en este capítulo es reflexionar en torno del «rol» y el lugar de los religiosos y las religiosas en la pastoral de la Iglesia.

El lugar de los religiosos y religiosas en la vida de la Iglesia es tan relevante, cualitativa y cuantitativamente que vale la pena reflexionar sobre las relaciones que son necesarias establecer entre la vida religiosa y la acción pastoral de la Iglesia. De esta relación, correctamente establecida, se desprenden muchas consecuencias para la pastoral eclesial e incluso para el mismo desarrollo de la vida religiosa[1].

Nos limitaremos a circunscribir estas reflexiones en el ámbito diocesano de la pastoral, puesto que es el marco en el que estas reflexiones se pueden hacer de una manera más objetiva y eficaz. Un planteamiento correcto de ámbito diocesano puede llegar a ser fácilmente ejemplar y convertirse en la pauta de comportamiento para el ámbito arciprestal, parroquial, etc.; en cambio, un planteamiento a nivel parroquial puede quedar diluido y no tener repercusiones en la transformación de los comportamientos generales.

En un primer momento reflexionaremos sobre la situación que vivimos, con sus luces y sus sombras. En un segundo momento buscaremos unos criterios operativos para superar las

[1] *L.G.*, 43-47.

dificultades. Finalmente haremos unas sugerencias para caminar correctamente.

1. Luminosidad y problemática

El momento presente se caracteriza por un proceso de cambio muy importante. Los hechos, a veces, han adelantado a las teorías. Cuando eso pasa, hay aciertos, ambigüedades y desaciertos. Esta práctica hace urgente la reflexión global que permita subrayar teológicamente los aciertos y superar las ambigüedades o desaciertos.

Entre los aspectos luminosos de la realidad presente podemos destacar algunos. La vivencia solidaria de los religiosos y religiosas, como colectivo, de toda la problemática pastoral de la Iglesia de hoy, es el primer aspecto que se debe destacar. Esto se puede constatar desde las reuniones de base, pasando por encuentros de ámbito diocesano, hasta llegar a los encuentros interdiocesanos e internacionales. No todos participan de esta actitud, que, a pesar de todo, se va generalizando.

Un segundo aspecto es la inserción pastoral de los religiosos y religiosas en tareas pastorales además de las que tradicionalmente desarrollaban. Es muy corriente encontrar religiosos y religiosas comprometidos en tareas parroquiales o diocesanas: servicios, consiliarías de movimientos apostólicos y, en el caso de los religiosos presbíteros no es infrecuente verlos asumir la dirección de la parroquia. Todo ello, a menudo, en estrecha corresponsabilidad con los presbíteros diocesanos y con el laicado. No podemos generalizar esta inserción, pero va siendo cada vez más numerosa, más intensa y más consciente.

Un tercer aspecto es la progresiva apertura de las diócesis a la conciencia de la importancia de la vida religiosa, para la vitalidad de la pastoral diocesana en general y para la pastoral de muchos proyectos concretos en particular. Esta apertura de la diócesis a los religiosos y de éstos a la diócesis va creciendo en la medida que se da un mutuo conocimiento y en la medida que hay estructuras de diálogo en la autenticidad. No toda persona participa de esta apertura, pero la tendencia, entre bloqueos y superaciones, va en esta dirección.

Simultáneamente, también hay mucha problemática y muchas dificultades, junto a esos puntos luminosos. Algunas de estas dificultades proceden de causas históricas del pasado, otras vienen de actuaciones incorrectas del presente, y otras son consecuencia de la incomunicación que genera recelos y aislamientos, así como de la falta de un diálogo maduro que permita unir los sentimientos, y de la falta de un diálogo evangélico que conduzca a todos a la solidaridad eclesial sólida.

La incomunicación o la falta de un diálogo evangélico, genera un doble sentimiento. Los religiosos experimentan una falta de compromiso por parte de los presbíteros seculares y los laicos, y se pueden sentir utilizados para hacer suplencias en lugar de sentirse corresponsables del proyecto pastoral eclesial. Los presbíteros seculares y los laicos, experimentan una falta de compromiso por parte de los religiosos y se pueden sentir también utilizados para finalidades que no son las comunes a todos. Este doble sentimiento aleja mental y afectivamente, pudiendo ser superado únicamente mediante el conocimiento mutuo, el diálogo de autenticidad y dándose tiempo para que broten actitudes renovadas.

Sin embargo, estos sentimientos de alejamiento se dan incluso entre los presbíteros seculares, entre los laicos y entre los mismos religiosos. Es un problema eclesial de mucho alcance, pero en el caso concreto que estamos analizando tiene unas particularidades muy específicas.

La situación del momento presente, con sus luces y sus sombras, es globalmente positiva y abierta. La necesidad experimentada por parte de los religiosos y las religiosas, y por parte del Pueblo de Dios en general, para la realización del proyecto pastoral, y la apertura corresponsable de los religiosos al proyecto pastoral común, es un signo, en el tiempo presente, de gran trascendencia para la Iglesia. No podemos decir que hayamos logrado todo lo que era necesario para la realización de los objetivos evangélicos, pero podemos decir que se ha iniciado un camino en la dirección correcta.

Hay unos factores que sugieren la continuidad y el avance en esta dirección. El primer factor es la situación del mundo que, con todos sus desafíos, nos está obligando a unir las fuerzas para superar las dificultades y buscar caminos nuevos. Un segundo factor es la situación colectiva de la pastoral que nos irá llevando, cada vez más, a valorar la labor del otro como muy importante para el bien de todos. Hay un tercer factor que es la situación de la vida religiosa, la cual, a partir de las interpelaciones del Vaticano II y de las interpelaciones del mundo, cada vez más deberá encaminarse hacia la solidaridad comunitaria. Hay un último factor, que es el Evangelio, que nos exige a todos, presbíteros seculares, religiosos y laicos, una conversión profunda a la comunidad.

En este proceso es de prever que haya grupos y sectores que opten por posturas más personalistas y particulares. Quizás de entrada opten por un camino más fácil, pero a la larga deberán de optar por la comunión abierta y plural, o bien deberán de vigilar mucho para no convertirse en guetos. Este riesgo se da igualmente entre los religiosos, entre los presbíteros seculares y entre el laicado. Deberemos ser muy lúcidos para no caer en él.

2. Criterios pastorales operativos

Para continuar avanzando en la dirección correcta, es decir, en una perspectiva de comunicación y solidaridad, hacen falta unos puntos de referencia que enmarquen el camino a realizar. Es importante que la experiencia positiva vaya por delante de las teorías y, en este sentido, es necesario destacar como muy valiosa la lucidez de aquellos que, con creatividad e imaginación, inicien caminos nuevos de realización. En la pastoral siempre han sido básicas las aportaciones personales libres. Sin embargo, los esfuerzos personales y de grupos, tienen el peligro de ser endebles cuando no se apoyan estructuralmente. Señalaremos algunos de los criterios que pueden estimular unos resultados más globales.

a) *Iglesia Local y Vida Religiosa*[2]

El primer criterio es tener conciencia de la necesidad de la vida religiosa. La Iglesia diocesana necesita de los religiosos y las religiosas para la vitalidad cristiana del Pueblo de Dios.

[2] *Instrucción colectiva de la Conferencia Episcopal Española*, aprobada en la XXXV Asamblea Plenaria, el 25 de Noviembre de 1981, Revista «Ecclesia», 2.095 (diciembre 1981), pp. 12 ss.

El papel del testimonio de los religiosos es un elemento que estimula la vida interna de la Iglesia, y un signo público exterior de la vitalidad cristiana de la comunidad de fe. Todo lo que promueva esta conciencia colectiva ayuda a crear la armósfera adecuada para una comunicación en profundidad.

A la vez, los religiosos y las religiosas necesitan la Iglesia diocesana. No es una necesidad jurídica, sino espiritual y evangélica. El sentido universal de la Iglesia, si no se concreta en un lugar tiene el peligro de generar actitudes superficiales y de conducir a una falta de compromiso. Es cierto que hay tareas que no se pueden limitar a las fronteras de una diócesis, pero ésta no es la situación general ni la que afecta al mayor número de gente. Normalmente, la vida religiosa es vida en el interior de una diócesis, y es precisamente encarnándose en ella como el religioso puede lograr una plenitud como tal.

La teología de la vida religiosa, que es de interés para los religiosos y las religiosas pero también para el resto del Pueblo de Dios, aporta elementos para el descubrimiento y el progreso en la conciencia de la mutua interdependencia entre la Vida Religiosa y la Iglesia Local. Estos elementos teológicos son básicos para dar consistencia a los esfuerzos de renovación.

b) *La aportación más específica es el testimonio del seguimiento radical de Jesucristo*

La raíz más profunda de la vida religiosa es la consagración a la santidad evangélica, según el propio carisma y la propia escuela de espiritualidad, testificando los consejos evangélicos en medio del mundo moderno y secular[3].

Desde el seguimiento radical de Jesucristo, los religiosos y las religiosas, aportan a la Iglesia diocesana un valor incalculable. Realizan esta aportación, testificando la riqueza insondable del amor de Dios, manifestada en la persona de Jesucristo. Los religiosos testifican los mil nombres de Jesucristo, porque cada grupo pone en relieve las diversas facetas, tales como la necesidad de no poner condiciones al amor de Dios, el amor a las

[3] *L.G.*, 46.

personas con la misma ternura que Jesucristo, contemplar el Misterio de Dios, la solidaridad eclesial, la infancia espiritual, la imitación silenciosa de la vida privada de Jesucristo, etc.

La piedra de toque del testimonio de la vida religiosa radica en la capacidad de amor incondicional a la persona humana, sin ninguna distinción ni discriminación. Es aquí donde el Pueblo de Dios, y la sociedad en general, analiza la autenticidad de las palabras, la sinceridad y veracidad de la vida religiosa, y particularmente de cada escuela de espiritualidad. El amor incondicional a la persona humana manifiesta el sentido verdaderamente trascendente de la vida religiosa.

Además del amor incondicional a la persona humana, fruto de la consagración a Dios, de la vida religiosa en sí misma se desprenden otros beneficios muy importantes para la vida del Pueblo de Dios. Uno muy importante es el testimonio de una espiritualidad pascual. Nunca como hoy, viviendo en medio del mundo secular y racionalizado, había sido tan necesario el testimonio gozoso de la trascendencia. Cuando esto se da, el testimonio de los religiosos ayuda al Pueblo de Dios a arraigarse en lo que es eterno, para compartir, en el marco de la historia, las luchas de la humanidad que va haciendo frente a sus problemas cotidianos. Cuando eso no se da y no existe amor incondicional a la persona humana, la vida religiosa deja de tener sentido e inevitablemente entra en crisis.

Como consecuencia del seguimiento de Jesucristo, la vida religiosa ofrece al Pueblo de Dios unas comunidades de vida cristiana solidarias con la gran comunidad. Son comunidades edificadas sobre el propio carisma y sobre la propia espiritualidad, pero significan un enriquecimiento de la vida del pueblo cristiano y *ofrecen diversos modelos de identificación*. Si existe un espíritu sectario, los resultados pueden ser incluso negativos, pero si se da un espíritu solidario los resultados del testimonio comunitario son regeneradores de la vitalidad cristiana del pueblo y de la Iglesia.

c) *Inserción en la pastoral desde el ser íntimo de la vida religiosa*

El Pueblo de Dios necesita el compromiso pastoral de los religiosos y las religiosas. Ahora bien, los necesita como tales religiosos, es decir, como testigos del hombre interior; *radicalmente evangélico*.

En la actualidad existe el peligro de realizar una inserción de los religiosos en la pastoral por la falta del suficiente número de agentes de pastoral. Esta sola razón es insuficiente. Es conveniente la solidaridad de los religiosos para hacer frente a las dificultades de la situación que vivimos, pero su aporte solidario ha de ser realizado desde su ser íntimo, es decir, desde el carisma propio y desde la propia escuela de espiritualidad.

Lo mismo podemos decir de los religiosos y las religiosas, puesto que pueden aceptar tareas pastorales para huir de las propias crisis internas y de la falta de identidad. En este caso no hacen más que aplazar los propios problemas, y a la larga no les quedará más remedio que hacerles frente. El compromiso de los religiosos en la pastoral ha de ser fruto del desplegamiento del propio carisma y espiritualidad; del desplegamiento del amor a la persona humana y del desplegamiento del sentido de Iglesia; de la vivencia de la solidaridad eclesial, de la caridad pastoral, de la conciencia evangélica y de la responsabilidad sentida.

Es necesario ser muy lúcidos en este criterio, puesto que mucha de la problemática que vivimos procede de la falta de claridad en este planteamiento básico de la inserción de los religiosos y las religiosas en el proyecto pastoral diocesano. Se puede verificar fácilmente en la práctica el resultado diverso que se produce cuando este criterio se tiene en cuenta o cuando es desestimado.

d) *Cooperación incondicional en el proyecto de la Iglesia Local*

No basta con una inserción en la pastoral desde el propio ser íntimo de la vida religiosa. Este es un factor prácticamente decisivo puesto que supone una actitud de amor y de servicio incondicional. Sin embargo, cuando la inserción se ha realizado de esta manera y desde estas actitudes, es necesario vivir la cooperación pastoral con la Iglesia Local desde la incondicionalidad, desde un compromiso comunitario y corresponsable; desde un compromiso total y sin subterfugios.

Por parte de la Iglesia Local es necesaria una acogida incondicional, fraternal y abierta. La manera de manifestar esta acogida es dar toda la información, participación y proximidad, que se deben dar siempre a los que contribuyen a hacer operativo un proyecto pastoral eclesial. Supone también respetar y valorar el carisma de los religiosos.

Por parte de los religiosos es necesario un compromiso consciente y consecuente. Participar en un proyecto pastoral supone implicarse a fondo en la realización del proyecto, supone renunciar al proselitismo y al individualismo, y supone aceptar el ritmo comunitario del conjunto.

Este criterio, vivido con profundidad y autenticidad, podría ayudar a superar los sentimientos de manipulación que a menudo detectan todos. Mediante un diálogo claro, adulto y auténtico se puede hacer mucho camino positivo en esta dirección. En este diálogo son plenamente válidos todos los criterios generales de la Teología Pastoral. Estos criterios generales pueden ayudar también a delimitar de manera realista la cooperación incondicional a la que nos acabamos de referir.

e) *Diferenciación de tareas pastorales*

La cooperación de los religiosos y las religiosas en las tareas pastorales ha de ser diversificada, según las capacidades, según las necesidades y según los carismas específicos.

La primera diferenciación viene de las capacidades que cada uno tiene para realizar una tarea pastoral. Un religioso o una religiosa han de sentirse respetados y valorados como personas. Esta es una exigencia válida para todos, es decir, no sólo para los religiosos sino también para los presbíteros seculares y para los laicos. En consecuencia, es necesario respetar las aptitudes y disposiciones de cada uno al proponer un compromiso pastoral. De este respeto a la persona dependerá en gran parte la felicidad de ella misma y su eficacia en el compromiso pastoral.

Una segunda diferenciación viene exigida por las necesidades pastorales del momento. Sin olvidar las aptitudes de las personas, es necesario que éstas también se hagan solidarias de la situación colectiva y de las necesidades del Pueblo de Dios. Por este motivo, a veces se deberán aceptar compromisos urgentes por los cuales uno no siente tanta predisposición o piensa no tener tantas aptitudes, pero que determinadas situaciones o determinadas necesidades imperiosas del momento exigen.

Este criterio diferenciador afecta a todo el Pueblo de Dios, pero de una manera especial a aquellos que, como los religiosos y las religiosas, se han comprometido a testificar el seguimiento radical de Jesucristo ante la comunidad cristiana y ante el mundo.

Una tercera diferenciación viene dada por los carismas específicos de cada grupo religioso. Es evidente que la Iglesia Local ha de respetar y potenciar la aportación específica de la vida religiosa contemplativa. Su solidaridad pastoral ha de vivirse en profundidad, pero en su propio nivel específico de contemplativos. Lo mismo podemos decir de los demás carismas. Se deberá, en cada caso, buscar los caminos más adecuados para ofrecer compromisos pastorales en la línea del propio carisma. Al menos, este criterio de diferenciación ha de estar presente, desde el primer momento, en los planteamientos.

Finalmente, se debe tener en cuenta que la vida religiosa está formada por presbíteros y laicos. Será necesario, pues, encontrar las tareas adecuadas a los presbíteros y, al mismo tiempo, ser muy delicados para no clericalizar a los laicos. Esto que vemos tan lógico, cuando hablamos del laicado en general, también es válido cuando estamos reflexionando sobre el papel de los religiosos laicos en la Iglesia y cuando buscamos su lugar específico en el proyecto pastoral operativo y en la elección de las tareas concretas.

Hemos de tener en cuenta también que la vida religiosa está formada por hombres y mujeres, y que se debe tener muy presente el «rol» específico de ambos, en el interior de la Iglesia, para el bien de un mundo que está formado por hombres y mujeres, a fin de no fomentar ningún tipo de discriminación sino al contrario, haciendo unos planteamientos en los que la dignidad de la persona humana y la radical igualdad han de ser salvaguardadas. Es una condición para la evangelización del mundo.

f) *Privilegiar la comunión por encima de la organización*

El diseño de las tareas pastorales es básico para la vida de la Iglesia, pero se apoya más en la comunión que en la organización, cuando esta última se encuentra desligada de la comunión. Eso, que es válido para todo, también es definidor y definitivo para las relaciones entre la Vida Religiosa y la Iglesia Local.

Este es el criterio específico que ha de ser asumido por todos de cara a generar actitudes positivas, que permiten avanzar en la edificación de la comunidad. No decimos que la organización no sea importante, más bien todo lo contrario. Lo que subrayamos en la prioridad de generar un clima adecuado a fin de que la tarea organizativa surja en un contexto propio y evangélico. Solamente así los compromisos concretos y la organización surgen de forma flexible, genuina y espontánea.

No analizaremos esta prioridad puesto que está más que suficientemente abordada a lo largo de esta obra. Solamente añadiremos que generar un clima de comunión es una responsabilidad que afecta, de manera especial, al obispo de la Iglesia Local y a los provinciales de los religiosos y religiosas. Muchos problemas no se pueden resolver en la base, si no hay un verdadero diálogo de autenticidad por parte de los responsables últimos. Toda persona ha de sentirse responsable de esta tarea, pero con una buena conducción y una buena coordinación, los resultados son mucho más positivos.

En un clima de comunión evangélica se llega con facilidad a encontrar unos puntos de acuerdo y a tomar decisiones operativas. Si estas decisiones son acertadas pueden pasar a ser patrimonio colectivo del Pueblo de Dios. Si no han sido acertadas, con una revisión solidaria de los desaciertos, se van encontrando las nuevas pistas para unas realizaciones más maduras. La prudencia no es una actitud pasiva, sino que es el compromiso decidido y juicioso de buscar los caminos más aptos y más rápidos para lograr unos objetivos. Es más prudente aquel que actúa con más profundidad y con más decisión.

3. Sugerencias

De la teología de la vida religiosa, de la Teología Pastoral en general y de los criterios pastorales específicos que acabamos de exponer, se desprenden unas consecuencias prácticas que podemos enunciar a modo de sugerencias.

La primera sugerencia es la necesidad de una atención estructural de la Iglesia Local a los religiosos y las religiosas como sector específico dentro del Pueblo de Dios. Y eso no por razones técnicas sino porque los religiosos son también Pueblo de Dios y tienen derecho a un tratamiento correcto de sus necesidades y expectativas. El vehículo para lograr este objetivo puede ser una vicaría episcopal de religiosos, pero ha de ser viva, representativa, participativa y arraigada en el proyecto pastoral de la diócesis, al lado de las otras estructuras diocesanas al servicio de la vida del pueblo.

La segunda sugerencia es la urgencia de promover mecanismos de diálogo y participación. Estos mecanismos de diálogo se han de promover en primer lugar entre los religiosos. En este sentido se han dado pasos muy notables como, por ejemplo, la Unión de Religiosos y Religiosas, que es un mecanismo de diálogo corresponsable y abierto al futuro.

La coordinación dialogal entre los religiosos ha de provocar la maduración de la conciencia colectiva, de cara a su propia aportación específica para el bien común del Pueblo de Dios. Sin embargo, estos mecanismos de diálogo se han de promover también a nivel de todo el pueblo de Dios para poder realizar una inserción objetiva y específica de los religiosos y las religiosas en todos los niveles de la pastoral. Esta inserción sólo se puede producir de una manera profunda si se realiza en un clima de conocimiento mutuo, de aceptación incondicional y de valoración del otro. En este sentido se pueden tomar muchas iniciativas, ya sea a nivel parroquial o diocesano, ya sea a niveles más amplios.

La tercera sugerencia es la conveniencia de la participación sistemática de los religiosos, al lado de los demás sectores del Pueblo de Dios en la elaboración, decisión y control de la planificación pastoral.

Esta participación estimula la creatividad y permite sentirse sujeto y protagonista de la acción pastoral que se pretende llevar a término entre todos. De otro modo, uno tiene sensación de ser un simple invitado y, entonces el grado del compromiso queda más atenuado y la inserción real en la tarea se hace más difícil.

La participación en la elaboración, decisión y control de los proyectos pastorales, ha de ser sistemática y debe afectar todos los niveles de acción. Este criterio ha de estar presente en el esfuerzo de compartir un proyecto parroquial, en el proceso pastoral de un arciprestazgo, en las realizaciones de una delegación diocesana, etc. Así debe orientarse la metodología de trabajo, el clima del equipo pastoral y la dinámica interna del grupo en general.

Esta participación urge principalmente la puesta en marcha del Consejo Pastoral Diocesano. Este es el organismo en el que han de confluir todas las fuerzas vivas de la Iglesia Local. En este contexto de diálogo crece la conciencia de la colaboración de todos en las tareas de la Iglesia. Un Consejo de Pastoral Diocesano que llegue a encontrar un buen método de trabajo y genere un clima adecuado, es el espacio privilegiado en el que se pueden resolver muchos problemas y, entre éstos el descubrimiento del lugar y el «rol» de los religiosos en el proyecto pastoral de la Iglesia Local y en el servicio de ésta al mundo.

Una cuarta sugerencia es la conveniencia de realizar un pacto de igualdad de condiciones en el momento de escoger a las personas más adecuadas para las responsabilidades o cargos de coordinación de las tareas pastorales. Comprensiblemente ésta es una cuestión delicada puesto que es muy difícil acertar en las decisiones, y se deben dejar las manos libres al obispo de la Iglesia Local para que, en última instancia, pueda decidir, después de haber escuchado al pueblo, aquello que considere más oportuno en conciencia para el bien de todos. Sin embargo, esto no se contradice con la afirmación de la necesidad de un pacto de igualdad de condiciones que incluya a todos. Al contrario: esta renuncia a los protagonismos personales y esta conversión a la igualdad es el mejor camino para que el obispo de la Iglesia Local pueda decidir sobre lo que es más conveniente, sin otros criterios que los que son estrictamente pastorales. Esta pauta de comportamiento en las actitudes de los presbíteros seculares, de los religiosos, de las religiosas y del laicado si se puede lograr, es un factor determinante a la hora de la acción. Cuando es una realidad, la inserción de los religiosos en la pastoral llega a ser mucho más fácil.

Una última sugerencia es la conveniencia de pasar de la abstracción y las generalizaciones a la realidad concreta y a unos compromisos más definidos. Con esto queremos decir que, así como es muy importante construir la comunión en el Pueblo de Dios y que para eso es necesario disponer de estructuras de diálogo gratuito, a la hora de concretar los compromisos pastorales de los religiosos con la Iglesia Local y el compromiso de ésta con el sector de la vida religiosa de la diócesis, la ayuda no viene de las generalizaciones o de los buenos deseos sino que viene de la capacidad, por parte de todos, de plantear las situaciones concretas y de dar respuesta a estas situaciones. Las generalizaciones no abren caminos ni ayudan a concretar, porque están situadas en un nivel de abstracción de la realidad. Son las situaciones concretas, abordadas concretamente, las que permiten un diálogo operativo. Entonces se ve si hay voluntad de entendimiento y apertura real al compromiso.

A nivel concreto se pueden solucionar los problemas que a veces bloquean el compartir. En este nivel es posible formalizar las condiciones que posibilitan y hacen viable el compromiso pastoral como, por ejemplo, la relativa al tiempo y duración, compaginándola con los traslados de lugar que requiere la dinámica interna de cada grupo o congregación religiosa, o bien la relativa al lugar más oportuno, la relativa al trabajo más adecuado, etc. Son situaciones concretas, ante las cuales, es necesario precisar con lucidez y con racionalidad las condiciones de posibilidad para una mayor satisfacción de las personas, y para el bien de la comunidad. Desde un espíritu de cooperación se pueden encontrar soluciones a todos los problemas concretos y a todas las necesidades.

CAPÍTULO V

Oración y pastoral

En este capítulo intentaremos reflexionar en torno a las relaciones entre la acción pastoral y la vida de oración. Hay una doble cuestión que lo motiva: ¿Cómo la acción pastoral introduce en la vida de oración, de manera que conduzca hacia una relación personal con Dios? ¿Cómo la vida de oración puede conducir a una renovación en profundidad de la acción pastoral de la Iglesia?

La serenidad, la paz, la alegría y, en definitiva, el aprendizaje de la manera de vivir de Jesucristo para por un descubrimiento y una vivencia de la oración. La oración nos enseña a reencontrar las raíces más profundas de la vida de cada día, ya que nos conduce al fondo del ser, y desde allí nos resitúa en el horizonte del vivir. Quien ora es inclasificable porque es sujeto de su vida con la luminosidad y la fuerza de Dios. Orar no es hablar de Dios, sino hablar con Dios, y hacia este objetivo va dirigida toda la acción pastoral, puesto que la acción pastoral de la Iglesia se dirige a servir el reinado de Dios que va emergiendo en la historia mediante unas nuevas relaciones de los hombres entre sí y de éstos con Dios[1].

Eso, que es tan importante para la Iglesia y para la humanidad, hoy es objeto de diversa problemática y de diversas interpretaciones. Por eso nos detendremos a analizar esta problemática, a buscar unos criterios pastorales operativos de cara a la superación de la misma, y a hacer algunas propuestas concretas.

[1] J. SOBRINO, *La oración de Jesús y del cristiano*, Ed. Paulinas, Bogotá 1979.

1. Problemática

El punto neurálgico del fondo de la crisis, que atraviesa el mundo en el momento presente es la persona humana. La persona humana quiere ser sujeto de la propia vida y eso no es nada fácil, puesto que vivimos en medio de un proceso de cambio muy acelerado y complejo, además faltan recursos para hacer frente a la situación[2].

La persona humana se ve perdida en medio de esta complejidad y quiere recuperar el propio yo, para no ser un objeto y poder ser sujeto del mundo y de la historia[3].

Por una parte, la persona humana está bombardeada por toda la situación del exterior. Las posibilidades del progreso, las contradicciones de estas posibilidades, las llamadas de la publicidad, la información a nivel planetario, y la dificultad de las relaciones interpersonales, etc., hacen que no sea fácil poder digerir toda esta realidad que nos envuelve.

Por otra parte, la persona humana carece de recursos internos para poder hacer frente a esta situación, porque está llena de miedos, está falta de silencio para poder escuchar la vida más genuina y espontánea, y está falta de la experiencia de la comunicación en la profundidad.

La comunidad cristiana, que vive dentro de la historia, participa de esta situación general y ha de realizar el quehacer pascual en esta situación. Para dar la respuesta adecuada un sector privilegia la acción, y otro sector de la Iglesia privilegia la necesidad de contemplación. Estos acentos diversos, que pueden ser correctos, se convierten en un problema cuando no hay un diálogo de profundidad, puesto que llevan a cerrarse cada uno en sus posiciones y a negar el aspecto positivo de los otros. De esta manera se manifiesta una vez más la dificultad de vivir un verdadero pluralismo en la comunión.

Esta falta de equilibrio evangélico conduce a diferentes actitudes, que no se manifiestan solamente en este aspecto de la

[2] Ver el documento de orientación del XXIV Asamblea Plenaria de Pax Romana-M.I.I.C., titulado *El compromiso cristiano por la justicia y la libertad: signos de esperanza*, en la revista «Convergence», 3-4 (1983), pp. 12-27.

[3] A. Paoli, *El rostro del hermano*, Ed. Sígueme, Salamanca 1981.

vida cristiana, sino en muchos más, tales como la rutina, la evasión y la frivolidad, el voluntarismo, el sectarismo agresivo, la angustia, y la búsqueda evangélica del camino cristiano.

La búsqueda evangélica del camino cristiano supone una valoración radical de la oración, una valoración radical del compromiso cristiano en el mundo, y el establecimiento de unas interrelaciones entre la oración y el compromiso en una perspectiva de unidad dialogal. De esta búsqueda evangélica y de su acierto, dependen muchos factores pastorales[4].

2. Criterios pastorales operativos

La Iglesia es una comunidad de oración y testimonio. Estas dos dimensiones no pueden faltar en la vida de la comunidad sin poner en peligro la misma existencia eclesial. La oración es la fuente que alimenta el testimonio y le da calidad. El testimonio es la verificación de la autenticidad de la oración. Ambas dimensiones realizan la existencia cristiana en el mundo.

En la acción pastoral las dificultades de relacionar la oración y el compromiso, pueden ser en algunos momentos de tipo teórico, pero de hecho en la mayoría de los casos las dificultades son eminentemente prácticas y metodológicas. Cuando decimos que las dificultades son de tipo práctico y metodológico, no nos referimos a la necesidad de fórmulas concretas, sino a la necesidad de un camino pedagógico que acompañe hacia el descubrimiento de caminos de crecimiento integral en la vida cristiana.

Intentaremos señalar algunas de las pistas pedagógicas y teológicas que ayuden a madurar en la dirección correcta, y que puedan estimular actitudes equilibradas.

a) *Oramos tal como somos y nos relacionamos*

Orar es relacionarse con Dios. Entonces hemos de decir que cuando uno se pone a orar, es el mismo que antes se ha relacionado consigo y con los otros. Este tipo de relación previa condi-

[4] G. Gutiérrez, *Beber en su propio pozo. En el itinerario espiritual de un pueblo*, C.E.P., Lima 1983.

cionará el tipo de oración que se dispone a hacer. Es impensable que las cosas discurran de otra forma, puesto que la persona es la misma[5].

No es posible una oración verdaderamente evangélica si el tipo de relación que uno mantiene está marcado por connotaciones nihilistas, abstractas o a-personales; o bien si mantiene un tipo de relación consigo mismo o con los otros caracterizado por la evasión, el ruido, el miedo, o por una situación de dependencia o de dominio respecto de los otros. Para ayudar a descubrir la oración en estas situaciones será necesario acompañar a la persona humana hacia otro tipo de relación, puesto que la oración, que es una relación personal con Dios, estará condicionada por las barreras y dificultades de su manera de relacionarse.

Esta tarea de acompañamiento de la persona hacia un tipo de relación que permita una comunicación en profundidad, viene facilitada por el proyecto pastoral de la comunidad, cuando éste ayuda a las personas a caminar hacia una interrelación comunitaria en la autenticidad, y cuando la comunidad conduce a sus miembros a aprender la manera de vivir de Jesucristo, es decir, a optar por una actitud de amor gratuito e incondicional hacia toda la persona y todas las personas. Aquí encontramos un primer nexo entre el compromiso cristiano en el mundo y la vida de oración[6].

Es posible la oración cuando uno va aprendiendo a confiar en las posibilidades de cambio que hay en él y en los otros, cuando decide firmemente compartir y amar, cuando va aprendiendo a escuchar desde el fondo de sí mismo y del otro, cuando va recuperando la espontaneidad, y cuando le es dado ser sencillo.

Este aprendizaje a vivir positivamente la experiencia de la vida cotidiana, es de un valor incalculable para poder orar y para dar testimonio de la esperanza. La oración es de una importancia capital para realizar este descubrimiento. Viceversa, el descubrimiento de unas nuevas relaciones interpersonales,

[5] C. AGUSTÍ, manuscrito, *L'estil d'ésser condiciona l'estil de pregar. Bases humanes de la pregària*, Lérida 1982.

[6] A. PAOLI, *Buscando libertad*, Sal Terrae, Santander 1981.

vividas desde la profundidad y enfocadas positivamente, es también de una importancia capital para revivir una oración radicalmente evangélica. Aquí encontramos un segundo nexo entre el compromiso cristiano en la vida cotidiana y la vida de oración del cristiano.

Oramos tal como somos y tal cómo nos relacionamos. Cuando no partimos de este hecho, muchas de las discusiones y los debates que hacemos son puramente ideológicos. Entonces no podemos llegar nunca a extraer unas conclusiones operativas porque no estamos hablando el mismo lenguaje, no tenemos un punto de partida evangélico, y en el fondo estamos llevando a cabo una lucha de poder.

Sin embargo, cuando partimos de la búsqueda de unas nuevas interrelaciones personales y comunitarias, es posible llegar a un entendimiento en el cual los aspectos positivos de todos queden integrados, toda persona puede evolucionar, y podemos leer el Evangelio con un corazón abierto a la verdad.

b) *El encuentro consigo mismo para crecer como persona hacia una posición existencial correcta*[7]

En la oración nos hemos de relacionar con Dios desde el fondo del propio ser. Para disponernos a recibir todo lo que Dios nos quiera comunicar, debemos lograr unas actitudes de unidad antropológica y existencial. Esta unidad existencial supone el encuentro consigo mismo y la aceptación de la propia manera de ser.

La aceptación de la propia manera de ser implica el plantearse las necesidades básicas personales, tales como la necesidad de seguridad, afecto y consideración, la necesidad de interrelación personal edificada en la autenticidad.

La aceptación de la propia manera de ser implica también la liberación de la espontaneidad más original y genuina. Eso sólo es posible mediante el descubrimiento de la propia pobreza, el descubrimiento de la humildad y el descubrimiento de la capaci-

[7] V. FRANKL, *La presencia ignorada de Dios. Psicoterapia y religión*, Herder, Barcelona 1977.

dad de confiar y disponerse a recibir una nueva luz y una nueva fuerza para abrir nuevos caminos en la verdad.

La aceptación de la propia manera de ser implica finalmente construir la intimidad. Construir la intimidad es una ocupación que dura toda la vida. Supone por un lado, la decisión de ser protagonista de la propia vida, pero —sabiéndose lleno de contradicciones y de pecado— supone por otro lado, disponerse a recibir el don de la vida nueva de Dios. El don de la vida nueva de Dios hace que sea posible construir la propia intimidad como gracia, y, por tanto, mediante la fe. La gracia de Dios no puede suplir la propia decisión personal, puesto que la gracia de Dios opera generalmente sobre la naturaleza. La decisión personal es insuficiente sin la gracia de Dios, puesto que la naturaleza humana está herida por el pecado.

El encuentro consigo y la determinación de crecer como persona hacia una posición existencial correcta condicionan, pues, la manera de orar. Por eso, la acción pastoral de la comunidad ha de hacer posible y viable este encuentro y esta auto-aceptación, a fin de que podamos orar desde el fondo del propio ser.

c) *El encuentro con los otros para crecer en la comunicación*

Si el tiplo de relación que uno tiene consigo mismo es un elemento condicionante de la vida de oración, también es un elemento condicionante el tipo de relación que mantenemos con los otros. Cuando hablamos de relación con los otros no sólo nos referimos a la relación que mantenemos con los amigos, sino también a la relación que mantenemos generalmente con las personas.

El encuentro con los otros implica escuchar al otro desde el otro. Eso es muy difícil de alcanzar puesto que todos tenemos la tendencia a reivindicar la atención de los otros y la comprensión hacia nuestros problemas o necesidades, pero generalmente no tenemos esta misma actitud cuando se trata de estar atento al otro y comprender sus problemas y necesidades[8].

[8] A. HORTELANO, *Yo-tú, comunidad de amor*, Ed. Pualinas, Bilbao 1972.

El encuentro con el otro implica también relacionarse con él en la comunicación desde la profundización. Esta es una de las necesidades fundamentales de la vida humana. Además, la comunicación es condición para la comunión. La comunicación supone compartir, con el otro y desde el otro, la búsqueda del sentido. Esta es la comunicación que genera solidaridad[9].

Existen muchos nexos entre oración y compromiso que estimulan el encuentro con los otros para crecer en la comunicación y la solidaridad. En la oración uno se descubre hijo de Dios, y eso lleva a la revitalización de la fraternidad universal y evangélica. En el compromiso cristiano uno se descubre hermano universal y eso lleva también a la revitalización del sentido de filiación y de dependencia gozosa de Dios. Este doble movimiento, de la oración al compromiso y de éste a la oración, genera comunicación con los otros desde la profundidad.

Asimismo, la comunicación genuina y espontánea con los otros, genera una actitud abierta, espontánea y alegre hacia el compromiso y hacia la oración[10].

En este contexto y dinámica es posible integrar la oración y el compromiso en el proyecto pastoral de la comunidad e ir creciendo en una mayor calidad. Este progreso, primero es operativo y, posteriormente, puede ser teorizado o formulado teológicamente.

d) *El encuentro con Jesucristo para crecer en la esperanza*

El encuentro consigo mismo y el encuentro con los otros generan apertura, interdependencia y solidaridad, pero por sí mismos no conducen a la oración. Estas actitudes preparan el terreno de una manera correcta, pero sin la semilla de la Palabra de Dios no engendran la fe ni la oración.

La fe y la oración nacen del encuentro personal con Jesucristo. Entonces, la relación, que habitualmente mantenemos con todos, llega a ser una relación personal con Dios por medio de Jesucristo y con la fuerza del Espíritu.

9 A. HORTELANO, *Yo-tú, comunidad de amor*, Ed. Paulinas, Bilbao 1972.

10 R. VOILLAUME, *Ver a Dios en la ciudad*, Sígueme, Salamanca 1976, pp. 195 ss.

A partir del encuentro personal con Jesucristo, la oración emerge como un pensar confiado en Dios amándole. A partir de esta experiencia central y centradora de la existencia humana en el mundo y en la historia, la vida de oración es imprescindible para la realización personal y para el crecimiento vital de la fe. A partir de este momento, comienza verdaderamente la vida nueva y el desarrollo integral de la existencia. A partir de este momento, uno pasa de las expectativas humanas de la existencia a las expectativas de la esperanza teologal.

Todo proyecto pastoral ha de tener muy presente este hecho si quiere tener perspectiva de futuro. De otra manera tiene el peligro de convertirse en una empresa vacía de contenidos de esperanza y, consecuentemente, carente de interés para la sociedad contemporánea, y para las expectativas de la persona humana.

La acción pastoral de la Iglesia ha de posibilitar los elementos fundamentales y básicos de la vida de la comunidad, siendo tal vez aquel que aglutina a todos, el caminar hacia el encuentro personal con Jesucristo[11]. El cristianismo es Jesucristo, y la acción pastoral de la Iglesia en su núcleo más original y genuino es la posibilidad de autorrealización personal mediante el encuentro personal con Jesucristo y con la comunión de creyentes. Desde aquí se origina el ulterior desarrollo de la vida cristiana, la necesidad de un compromiso transformador del mundo y de la historia, y la maduración de una vida de oración cada vez más auténtica y más evangélica.

Para realizar esta experiencia cristiana fundamental es necesario que la comunidad cristiana, mediante su acción pastoral, eduque todo un conjunto de elementos que la hacen posible y viable. La fe es un don de Dios que crece en el contexto de la comunidad cristiana.

La comunidad cristiana crea las condiciones objetivas para la fe y la oración, cuando permite que las personas se planteen sus preguntas reales, pero, a la vez, las acompaña en el descubri-

[11] K. ADAM, *El Cristo de nuestra fe*, Herder 1962 (ver el prólogo y el encabezamiento del primer capítulo, p. 59).

miento del silencio interior que permite escuchar las respuestas cristianas a las preguntas humanas.

Realiza también la labor del acompañamiento hacia la oración cuando introduce a la persona en la lectura del Evangelio, bajo la guía del Espíritu. Esta acción resulta de una importancia definitiva para el seguimiento de Jesucristo, cuando uno ha descubierto que en el Evangelio es muy importante lo que en él se dice, pero todavía es mucho más importante *quien lo dice*. Este descubrimiento sólo puede ser realizado bajo la guía del Espíritu. Entonces, el cristiano puede decidirse a amar al estilo evangélico y, de este modo, puede trascender las coordenadas de la existencia humana en la perspectiva del realismo trascendente; puede asimismo sobrepasar las actitudes inexistenciales ante sí mismo, ante los otros, ante la naturaleza, ante la historia y ante Dios.

La acción pastoral de la Iglesia también educa la capacidad de orar cuando reúne a las personas en pequeños grupos para compartir la fe y la vida cotidiana. El pequeño grupo realiza una función de puente entre la vida personal y la gran comunidad, acercando la fe eclesial a la persona y desbloqueando las dificultades que impiden el desarrollo integral de la fe ligada a la vida cotidiana y relacionada con los acontecimientos del mundo.

Otro elemento que es necesario educar para el aprendizaje evangélico de la oración es el descubrimiento de la persona humana como sacramento de Dios. La misma vida interna de la comunidad, y los proyectos pastorales operativos, son un espacio privilegiado para realizar este descubrimiento. El amor al otro es una opción definitiva cuando uno se ha sentido amado primero por Dios y cuando ha ido descubriendo que, a través de los otros, podemos dar gracias a Dios por el don recibido. Este amor supone mirar hacia los otros, y en especial a los marginados de la tierra y de nuestro entorno, con la ternura y la proximidad que nos viene de Dios y que nos es dada como el gran camino de realización personal dentro de la historia. Al mirar hacia los otros, desde la vida de Dios, podemos también abrir los ojos a la naturaleza como manifestación del poder creador a Dios.

No obstante, el gran espacio comunitario para la educación de la oración es la eucaristía dominical. Allí, mediante la misma existencia comunitaria, mediante la lectura de la Palabra de Dios, la exhortación homilética, la oración comunitaria, los silencios contemplativos, y principalmente por la realización de la presencia sacramental de Jesucristo que nos da el Espíritu, recibimos la enseñanza del mismo Dios, que es en definitiva quien nos enseña a orar desde nuestra pobreza y desde la esperanza[12].

Muchas veces vamos a la búsqueda de métodos de oración, sin aprovechar los que ya tenemos, los cuales nos vienen dados por la Iglesia neotestamentaria, por la experiencia espiritual secular de la comunidad cristiana y por la vida ordinaria de la misma comunidad cristiana que vive en el interior de la historia.

Cada comunidad concreta ha de buscar los caminos específicos que le permitan realizar este encuentro con Jesucristo, que es el verdadero fundamento de la oración. La comunidad cristiana, mediante sus interrelaciones humanas maduras edificadas en el amor y mediante su vida de oración, puede ir introduciendo a la persona y a los pequeños grupos en la atmósfera de la relación personal y en la comunicación profunda con Dios. Esta vida de oración nunca estará separada del compromiso cristiano puesto que en el Evangelio la oración y el compromiso nunca van separados, sino que el uno y el otro se fermentan mutuamente en una realización plena.

En última instancia la comunidad cristiana enseña a orar cuando introduce a las personas en al atmósfera del Padre Nuestro y en un cristianismo de bienaventuranzas, que se va haciendo realidad en las obras y los frutos de misericordia[13].

e) *El modelo de oración de la Madre de Dios*

Todos estos criterios que hemos ido exponiendo para una renovación evangélica de la vida de oración encuentran una manifestación plástica, radical y auténtica, en el testimonio de oración y contemplación de la Madre de Dios[14].

[12] J. MATEOS, *Cristianos en fiesta*, Cristiandad, Madrid 1972, pp. 297 ss.

[13] Mt 5, 1-11; 6, 9-13; 25, 31 ss.

[14] J. ESQUERDA, *Maria en la missió de l'Església*, Saurí, Montserrat 1981.

La Virgen María manifiesta su humanidad en su dimensión de madre en la Anunciación (Mt 1, 18), en servicio incondicional a los otros (Lc 2, 1), y en la asunción de los problemas de la vida cotidiana (Lc 2, 39-41; Mt 2, 13; Jn 2, 1; 19, 25).

La Virgen María manifiesta también su fe en la Anunciación (Lc 1, 26 ss), en su vida de oración (Lc 1, 51) y en su fidelidad a la voluntad de Dios, no sólo con palabras, sino principalmente con los hechos (Jn 19, 25). Su título más importante es el de bienaventurada Madre de Dios, bienaventurada por haber creído, y Madre de Dios como manifestación de la gracia de Dios y de la fuerza del Espíritu.

La Virgen María manifiesta finalmente su eclesialidad en el nacimiento de la Iglesia el día de Pentescostés (Hechos 1, 12 ss; 2, 1 ss), en la plenitud de la Iglesia (Ap 21, 2 ss), y en la cotidianeidad de la Iglesia. La espiritualidad de María, espiritualidad de sencillez, de discreción, de amor confiado a Dios, de amor incondicional a la persona humana, y de sentido solidario, manifiesta una profunda unidad de vida según el Espíritu y surge de la integración anímica total propias de la Inmaculada y de la Asunta. Por eso la bienaventuranza de María es la de haber escuchado la Palabra de Dios y haberla cumplido plenamente (Lc 11, 28).

En este contexto podemos comprender la perfección de la oración de María en el *Magnificat* (Lc 1, 46 ss). Así como el Padre Nuestro es el modelo de oración de todos los tiempos y de todas las situaciones, la oración del *Magnificat* es el modelo de respuesta perfecta desde la experiencia humana creyente. En el *Magnificat* se combina la alabanza, la constatación de la acción de Dios sobre la historia, la universalidad de esta acción, la creación divina de la fraternidad según la justicia y la verdad, y la vertebración de la comunidad eclesial desde la confianza plena en la fidelidad de Dios. Todo eso en un contexto de acción y de servicio incondicional a los otros.

Por esto, la oración de la Madre de Dios es el modelo de la oración de los cristianos de todos los tiempos. En ella aparece un autoconocimiento radical de sí misma como manifestación de las maravillas del amor y la providencia de Dios. En ella aparece también la capacidad de interrelación profunda con Dios y con los otros desde el fondo del ser. En ella emergen los caminos para la restauración de la verdad y la justicia según la voluntad de Dios. En ella se manifiesta la fidelidad de Dios a la persona humana y a la historia de la humanidad cuando ésta se dispone a acoger el don de Dios. En ella se realiza la bienaventuranza de los hijos de Dios.

La acción pastoral de la Iglesia ha de introducir al creyente en esta atmósfera de la bienaventuranza de María. En esta perspectiva es posible la esperanza, sabiendo que la historia no comienza ni acaba con nosotros, sino que tiene su origen y su horizonte final en Dios. Entonces podemos asumir el momento presente con radicalidad, pero sin absolutizarlo, lo cual nos permite vivir con responsabilidad los compromisos históricos sin perder la capacidad de la alegría y la paz. Esto, que es muy tradicional en la vida de la Iglesia, ha de ser revitalizado hoy con nueva plenitud y con una renovada confianza.

La oración del *Magnificat* es el testimonio de una vida de oración arraigada en la transformación de la historia según la voluntad de Dios, y el testimonio de una confianza plena en la fidelidad del amor de Dios, que se extiende de generación en generación, a todos los que lo aman y confían en su providencia. Todo esto tiene unas repercusiones muy importantes de cara al proyecto pastoral de la Iglesia y de cara a la realización del mismo.

3. Sugerencias

A la luz de los criterios citados, podemos ver la importancia de encontrar un equilibrio entre el compromiso y la oración para la realización de la comunidad cristiana. El proyecto pastoral de la comunidad ha de vigilar este equilibrio, y la Teología Pastoral ha de acompañar, con la reflexión, la búsqueda de unos caminos adecuados para la superación de los obstáculos que vayan surgiendo. Del acierto en estos caminos depende en gran parte la viabilidad de la comunidad y su posición correcta en el mundo.

La primera sugerencia que podemos hacer es la necesidad de un diálogo intracomunitario sincero en el que, planteando la cuestión de una manera clara y explícita, la comunidad pueda asentar unos criterios objetivos en el interior del proyecto pastoral. Lo peor que nos puede pasar es eludir los problemas que tenemos realmente planteados. La postura correcta es plantearse los problemas e irlos resolviendo mediante las experiencias positivas y mediante la reflexión que intenta ir superando los desaciertos. En un diálogo comunitario sincero es posible ir configurando los caminos de una vivencia equilibrada entre el compromiso y la oración.

Una segunda propuesta es la urgencia de potenciar unas relaciones interpersonales adultas y maduras a fin de generar unas interrelaciones abiertas y positivas. Este es un elemento que ha de imbuir no solamente los planteamientos sobre la oración, sino también toda la vida ordinaria de la comunidad. La creación de unas interrelaciones comunitarias abiertas y positivas, al satisfacer una de las necesidades más básicas de la persona, predispone a los miembros de la comunidad a la colaboración, a la confianza, a la apertura a los otros y a Dios. Todo lo que se pueda hacer en esta dirección genera un clima favorable al desarrollo de la vida de oración y de la vida de fe.

Un tercer elemento a potenciar es el descubrimiento y el desarrollo de la dimensión orante de la vida cotidiana. Eso se puede hacer mediante el aprendizaje de un doble movimiento que va desde la vida al Evangelio y desde el Evangelio a la vida. Entonces uno va siendo capaz de hallar en el Evangelio las respuestas cristianas a las preguntas humanas, y descubre en la vida de cada día la presencia de Jesucristo que, por la fuerza de su Espíritu, va escribiendo nuevas páginas del Evangelio. La educación de esta dimensión orante de la vida cotidiana es de una importancia definitiva para el aprendizaje y crecimiento en la vida de oración. En la vida cotidiana se pueden dar las condiciones existenciales para vivir unos instantes de oración arraigados en el fondo del ser. Estas experiencias fundamentales valen más que todas las teorías.

Un cuarto factor a considerar es la necesidad de realizar un acompañamiento de las personas hacia el descubrimiento y vivencia de la oración. Esto implica el descubrimiento del ritmo personal, diferente en cada persona; el descubrimiento de los lugares, de los tiempos, del talante propio, y del itinerario a seguir hacia la plenitud.

Este acompañamiento hacia la vivencia de la oración supone un gran respeto a la persona humana, a su proceso y a su estilo, y la creación de unas condiciones comunitarias en las que sea posible realizar este acompañamiento. Entre las condiciones más importantes están la creación de un clima de comunicación desde la profundidad y espontaneidad, y la generación de un ambiente de silencio denso.

Existe un silencio vacío que es insoportable porque es el resultado de una vida carente de significado. Pero existe otro tipo de silencio, que es el que podemos denominar silencio «denso». Este sólo es posible cuando la persona es capaz de estar con ella misma, porque no se experimenta nunca sola, al haber descubierto que, en la profundidad de sí misma, ya está germinando el reinado de Dios. Aquí, la soledad se convierte en comunión con una multitud que va fermentando por la acción del Espíritu.

Una quinta sugerencia es la conveniencia de organizar una escuela de oración a nivel comunitario. Esta escuela de oración ha de ser un taller de trabajo en el que se da una información sobre las diferentes metodologías, una información alrededor de las diversas posibilidades de lectura espiritual, un lugar donde se inice a la lectura del Evangelio, donde se puedan programar tiempos fuertes de oración, donde se puedan ir buscando las actitudes de fondo que permitan llevar una vida de oración edificada en la constancia y la fidelidad, etc. La escuela de oración no ha de estar separada del itinerario normal de la comunidad, sino que ha de acompañar a la comunidad en todo su desarrollo y en su proyecto pastoral operativo. De esta manera es un elemento pedagógico que va configurando a la comunidad como asamblea contemplativa de la Palabra de Dios y como asamblea de testimonio y de caridad.

Sin embargo, el elemento principal es la asamblea eucarística dominical[15]. Repetidas veces nos hemos referido a la importancia de la asamblea dominical como la línea generadora del conjunto de la pastoral. Este es uno de los principios más importantes de la articulación de la vida cristiana de la comunidad. Lo es

15 J. BELLAVISTA, *L'any litúrgic*, Saurí, Montserrat 1982, pp. 55 ss.

de una manera definitiva a la hora de aprender a orar según la voluntad de Jesucristo. En la asamblea dominical se combina la enseñanza espiritual de la oración con la enseñanza sacramental. Son una sola enseñanza. En este contexto podemos ir aprendiendo a alabar a Dios, a agradecerle su dones, a reconciliarnos cada uno consigo mismo y con los demás, y a pedir la luz y la fuerza para hacer frente a los desafíos de la vida y de la historia.

El aprendizaje de la oración que realizamos en la asamblea eucarística dominical es un aprendizaje realizado en común. Es una buena pedagogía para acoger los signos de la fe. Este camino hace de la comunidad una Iglesia en oración por Cristo en el Espíritu. De esta manera la comunidad cristiana llega a ser memorial viviente de Jesucristo, comunidad de esperanza teologal, comunidad del compromiso misionero, comunidad de solidaridad abierta a las necesidades de la humanidad y casa de la fe abierta al mundo.

Todas las sugerencias que hemos hecho hasta ahora han de confluir en la potenciación de la vitalidad de la asamblea eucarística dominical. La verdadera reforma de la liturgia va dirigida a lograr este objetivo final. Todo lo que no vaya en esta dirección, en el mejor de los casos no pasa de se un remedio parcial. Todo lo que vaya dirigido en este sentido es un compromiso pastoral que asienta la base fundamental para el reencuentro de la comunidad cristiana consigo misma y para un reencuentro de la Iglesia con el mundo.

El camino normal para el aprendizaje de la oración no es la teoría, sino la práctica. Se aprende a orar orando. Esta experiencia central de la fe cristiana se puede ir haciendo en el interior de la comunidad, en la preparación de la eucaristía, en la celebración de la misma, y compartiendo el proyecto pastoral operativo de la comunidad; a través de una práctica constante y fiel. Desde aquí podemos subrayar la importancia de las comunidades de vida contemplativa para el bien común de la Iglesia.

Solamente nos queda decir, después del recorrido que hemos hecho, que la oración y el compromiso han de avanzar juntos en un camino común contra el escepticismo y la rigidez, a fin de realizar, personal y comunitariamente, la existencia cristiana en el mundo, con una vivencia de la fe que se manifiesta en la esperanza y se realiza en el amor.

CAPÍTULO VI

Pastoral de los ambientes

Es un hecho, observable científicamente, la influencia del ambiente natural en todos los organismos biológicos. En la persona humana, sin embargo, el ambiente social influye más que el ambiente natural. La organización de la sociedad y la división en capas y clases sociales, originan los ambientes y medios sociales, con sus características sociológicas, culturales, políticas, psicológicas y religiosas.

Los medios influyen en la acción pastoral de la Iglesia, de manera que, cuando no se tienen en cuenta, se proyecta una acción pastoral dirigida a puras abstracciones.

En este capítulo intentaremos hacer una descripción de la realidad desde este punto de vista. En un segundo momento propondremos algunos criterios teológico-pastorales para un tratamiento correcto del problema. Finalmente haremos unas sugerencias, objeto de verificación en la misma práctica y objeto de desarrollo comunitario.

1. PROBLEMÁTICA

El proceso de secularización del mundo contemporáneo plantea nuevos desafíos a la acción pastoral. La secularización económica, política, social, cultural y religiosa, han ido configurando diversas realidades que condicionan los modelos de comportamiento de las personas que las integran. Condicionan también la acción pastoral de la Iglesia de cara a la evangelización de los diversos medios.

Para ilustrar esta afirmación, ponemos algunos ejemplos. A partir de la revolución industrial, el mundo obrero ha ido emergiendo como una realidad social con características propias. La historia del movimiento obrero da testimonio de esta realidad[1].

La juventud, tal y como hemos visto en el capítulo dedicado a la pastoral de juventud, también ha emergido como un sector social con características propias. Dentro de la misma juventud, los jóvenes obreros, los estudiantes y universitarios, los jóvenes del mundo rural y los jóvenes urbanos, presentan matices diversos y problemáticas diferentes.

El mundo de la mujer va emergiendo también como un sector social que despierta y reivindica un lugar igualitario en el interior de la sociedad y en el interior de la Iglesia. Es de prever que esta conciencia colectiva irá en aumento.

El medio obrero, el medio estudiantil y universitario, el medio rural y medio urbano, aunque han sufrido grandes transformaciones en estos últimos años, continúan siendo unos elementos configuradores de los diversos comportamientos que en ellos acontecen. A pesar de todos los matices, ésta es una realidad que se verifica con claridad en el mundo juvenil[2].

Esta diversificación responde a causas de orden histórico, de orden social, de orden cultural, de orden político y de orden eclesial. No es éste el momento de hacer un análisis, pero sí de ver las consecuencias que esto ha tenido de cara a la vivencia de la fe. Si nos centramos en la juventud veremos cómo, por caminos diversos, los medios han condicionado los comportamientos estándar de los jóvenes en todos los niveles y, por tanto, también en el nivel religioso.

Un sector importante ha dejado de creer y rechaza los planteamientos religiosos. Otro sector mantiene la fe, pero en una perspectiva de privatización y aislamiento. En una minoría, estos cambios socio-culturales han generado una actitud reacciona-

[1] E. DOLLEANS, *Historia del Movimiento Obrero*, Ed. Zero, Madrid 1969 (tres tomos).

[2] Cf. *Els joves són evangelitzats*, pp. 3-10; *Els joves a l'Església i al món*, pp. 4-10.

ria y de enfrentamiento. Hay otro sector, finalmente, que busca unos caminos de presencia activa dialogante y confesante.

Esta realidad de los medios plantea unos *desafíos* a la pastoral eclesial que es necesario tener en cuenta. Podemos subrayar los siguientes: la urgencia de vivir la solidaridad con la gente del propio medio, en igualdad de derechos y deberes; la adecuación interna de la comunidad a la nueva configuración y a las nuevas necesidades; la búsqueda de caminos de evangelización para las nuevas realidades que van emergiendo; y la urgencia de una presencia pública de la Iglesia en una perspectiva de servicio y comunión.

El intento de responder a estas necesidades es lo que denominamos pastoral de ambientes. Esta pastoral pretende dar una respuesta a la persona humana concreta, pero sin desligarla de sus condicionamientos ambientales y estructurales.

La pastoral de ambientes se propone evangelizar a las personas y a los grupos dentro de su ambiente; se propone potenciar una revisión crítica y una recomposición desde la fe, de los elementos que integran la atmósfera ambiental; quiere llevar a cabo la formación de militantes del propio medio, responsabilizar a los ambientes ante las tareas colectivas de la Iglesia, y desarrollar el compromiso transformador y evangelizador de los cristianos en la sociedad[3].

La pastoral de ambientes supone una nueva problemática. De ella podemos subrayar algunos elementos: una nueva actitud psicológica en los que se dedican a la acción pastoral; unos nuevos puntos de partida en la predicación del mensaje; la problemática de la construcción de una conciencia cristiana adulta; la necesidad de tener en cuenta la situación socio-política del ambiente; el diálogo con la cultura y la conciencia propia del ambiente, y las exigencias de la psicología del hombre actual.

Para realizar esta tarea es necesario superar el peligro de hacer cualquier tipo de reduccionismo de la fe; es necesario pro-

[3] Extraído de una ponencia realizada por don T. MALAGÓN en las IV Jornadas de Arciprestes de Euskadi y Navarra, en Loyola del 6 al 9 de febrero de 1984.

mover una actitud decidida de diálogo y, en definitiva, es necesario tomar una opción decidida por la pastoral misionera[4].

Este talante pastoral puede vivirse en todos los niveles y desde todas las estructuras pastorales: asociaciones cristianas de todas las clases, centros de formación, parroquias y delegaciones diocesanas. En especial, pueden vivirlo los movimientos apostólicos de ambiente o medio especializado. Responde más a una actitud que a una metodología. Sin embargo, este talante supone también una metodología activa.

El momento histórico presente urge la realización de una pastoral de ambientes. Diversas razones abonan esta urgencia: la fragmentación de la sociedad en culturas y subculturas, el conflicto generacional, la divisón de la sociedad en clases sociales, los diferentes condicionamientos socio-culturales, la diversidad de centros de interés, la diversidad de lenguajes, y el peso específico de los medios en la configuración de las personas y grupos.

El intento de realizar una pastoral de ambientes no es nuevo. De hecho, a partir de la *Rerum Novarum* de León XIII el laicado católico inicia un proceso de inserción en el mundo con diversas orientaciones y perspectivas[5].

Sin embargo, con Joseph Cardijn[6] y con el nacimiento de la Juventud Obrera Católica, el dinamismo del laicado emerge con una fuerza renovada y renovadora.

Este intento de renovación eclesial pasó por el reconocimiento y la formulación teológica del Concilio Vaticano II[7]; entra en una crisis profunda a partir de la segunda mitad de la década de los setenta[8]; e inicia una recuperación lenta pero decidida a

[4] Cf. *Fe i Universitat d'avui*, pp. 384-389.

[5] M. BENZO, *Desarrollo y crisis de los movimientos apostólicos seglares en España. Testigos y políticos*, Anexo n.º 1 «Intercomunicaciones, Boletín informativo para los vicarios de pastoral». Comisión Episcopal de Pastoral, n.º 34, Madrid 1984.

[6] J. CARDIJN, *Laïcs en premières lignes*, Ed. Universitaires, Paris 1963; M. FIÉVEZ - J. MEERT - R. AUBERT, *La vida de un pionero: Cardijn*, Nova Terra, Barcelona 1970: *Cardijn i l'evangelització del món obrer*, «Quaderns de Pastoral», 77 (abril) 1983.

[7] *L.G.*, 17, 33; *G.S.*, 41; *A.A.*, 2, 16.

[8] La crisis de los movimientos apostólicos en España fue el resultado de muchos factores, unos internos a los propios movimientos y otros externos a los

partir de los años setenta[9]. Un momento significativo de esta recuperación es el documento publicado el 2 de diciembre de 1972, por la Comisión Episcopal de Apostolado Seglar, que recibió el encargo de la Asamblea Plenaria de la Conferencia Episcopal Española, en el cual hay una llamada radical y confiada a reemprender el camino[10].

Actualmente hay una nueva conciencia en torno a la necesidad de una pastoral de ambientes y, más concretamente de la urgencia de un nuevo desarrollo de los movimientos especializados de Acción Católica[11].

2. Reflexión teológico-pastoral

La historia vivida, y los fracasos por los que ha pasado, no han sido en balde. La recuperación no surge como un retorno nostálgico al pasado, ni como una actitud reaccionaria, sino como una superación de la agresividad y la vergüenza, y como una potenciación de las actitudes evangélicas y confesantes.

Detrás de esta recuperación hay una hipótesis pastoral: la convicción de que todavía estamos lejos de una Iglesia verdaderamente corresponsable y misionera, pero que es posible ir avanzando en la dirección correcta en la medida que la pastoral de conjunto sea el esfuerzo de situar todo el aparato eclesial en una perspectiva transformadora del mundo y evangelizadora de las

---

mismos. Desde la perspectiva actual nos damos cuenta de la trascendencia pastoral que ha tenido esta crisis.

[9] La recuperación de los Movimientos Apostólicos en Cataluña comienza el año 1969 y, tras una etapa de consolidación en la segunda mitad de los años 70, actualmente nos encontramos en una fase de institucionalización.

[10] Comisión Episcopal de Apostolado Seglar de la Conferencia Episcopal Española, *Apostolado Seglar. Orientaciones pastorales del Episcopado Español*, Madrid 2 de diciembre de 1972.

[11] Una prueba de esta conciencia son las jornadas realizadas durante el año 1984 en Euskadi y Navarra, Castilla y León, y la X Reunión de los Vicarios de Pastoral del Estado español en la que se reflexionó en torno a *Los movimientos especializados de Acción Católica en la Pastoral de Conjunto.*

Cf. también el resumen del trabajo compartido con la Federación Internacional de los Movimientos Adultos Rurales Católicos (Comité Ejecutivo), en la revista «Cahiers du Monde Rural», n.º 18, 1984, pp. 22-26. Puede ser una muestra de la recuperación a nivel internacional. Lo mismo podemos decir de Pax Romana y de otras federaciones internacionales.

diversas circunstancias humanas. El testimonio individual ha de ir apoyado por el testimonio comunitario.

Así como la Iglesia a lo largo de los siglos ha ido encontrando los caminos de evangelización, hoy estos caminos pasan por la presencia de los cristianos en el propio ambiente con una actitud transformadora, una actitud personalizadora, un testimonio evangelizador y una solidaridad eclesial verdaderamente vivida. Estos son los grandes objetivos de la pastoral de ambiente tal y como van emergiendo en la actualidad[12].

Hay razones que abonan la importancia de esta recuperación: la urgencia de dar respuesta a las necesidades básicas de la persona humana; la urgencia de tomarse seriamente la importancia y el peso específico de los ambientes; la llamada de la Exhortación Pastoral *Evangelii Nuntiandi* de Pablo VI[13]; la necesidad de relacionar la comunión eclesial con la acción evangelizadora; la convicción de que Cristo está presente en el mundo y en los diversos medios por la acción de Espíritu; la convicción de que la tarea fundamental de los cristianos es detectar esta presencia; la convicción de que nos reunimos para reflexionar, compartir, celebrar y testimoniar esta presencia salvadora de Dios en el mundo de las realidades cotidianas[14].

Esta pastoral, sin embargo, implica la asimilación doctrinal del Concilio Vaticano II sobre la identidad y la misión del laicado en la Iglesia, Pueblo de Dios y Sacramento Universal de Salvación. Por su importancia copiamos literalmente las siete tesis que el profesor José M.ª Rovira Belloso expuso en una ponencia de la X Reunión General de Vicarios de Pastoral de España que trataba el tema *Los movimientos especializados de Acción Católica en la Pastoral de Conjunto*[15]:

«1. El Concilio Vaticano II ha hecho posible un relanzamiento pastoral de la Iglesia como Pueblo de Dios acogedor, testimonial y misionero. En este relanzamiento, los laicos han

12 Cf. *Els joves són evangelitzats*, pp. 19-20.

13 Cf. capítulo III de la *Evangelii Nuntiandi*.

14 ACTION CATHOLIQUE OUVRIÈRE, *Chercheurs de Dieu*, Suplemento de «Documents» de A.C.O. 74 (octubre 1973), pp. 106 ss.

15 Las ponencias de esta Reunión de los Vicarios de Pastoral, serán publicadas por la Comisión Episcopal de Pastoral de la Conferencia Episcopal Española.

de tener todo el "rol" que les pertenece. Este es el desafío prioritario que afecta al momento actual de la Iglesia en España.

2. En efecto, los laicos son Iglesia: son cristianos incorporados a Jesucristo por el bautismo; están constituidos como Pueblo de Dios; son partícipes a su manera de la función profética, sacerdotal y real de Jesucristo; ejercen la misión de todo el pueblo cristiano en la Iglesia y en el mundo a través de sus propios carismas (*L.G.*, 31).

3. En el conjunto del Pueblo de Dios los laicos tienen una misión específica: la manera peculiar de hacer presente a la Iglesia en el mundo. En efecto, ellos la hacen presente y activa en aquellos lugares y circunstancias donde la Iglesia no podría ser sal de la tierra si no es a través de la acción de los laicos (*L.G.*, 33). Las categorías de presencia, testimonio y relación continúan siendo básicas en este sentido.

4. La dimensión misionera, de la tesis anterior, se extiende a la denominada "consagración del mundo". Los laicos posibilitan que la fuerza del Evangelio resplandezca en la vida cristiana, en la familia, en todas las realidades temporales e incluso en las estructuras del mundo, conduciéndolo todo hacia el Reino de Dios (*L.G.*, 34-36). De esta manera, partiendo de aquello que es propio de la fe, se alcanza el ámbito de la cultura: la cultura se permeabiliza a los valores de la fe; la fe llega a inculturarse y a hacerse luz del mundo.

5. De aquí se deriva que los laicos son algo esencial a la Iglesia y a su misión. Los laicos necesitan estar arraigados en el "sacramento" eclesial: en su oración, en la celebración, en la *Koinonía* y en la doctrina apostólica sobre Jesús. Pero la Iglesia, correlativamente, necesita la dimensión misionera y evangelizadora del laicado.

6. Los laicos, sobre todo después del Vaticano II y del nuevo *Código de Derecho Canónico*, tienen capacidad para asumir tareas de edificación de la comunidad cristiana, e incluso para ejercer cargos espirituales ordenados a un bien espiritual (*L.G.*, 33; *C.D.C.*, 145 en relación con 225-228).

7. No se ha de endurecer la distinción entre funciones laicales en el interior de la Iglesia y funciones laicales en el mundo.

Porque la Iglesia en su conjunto es y ha de ser sacramento de Cristo *en el mundo*[16], y las realidades del mundo son el material que prepara el Reino de Dios. En definitiva, trabajar por la Iglesia es también hacer un servicio al mundo, y la presencia de los laicos en el mundo tiene una dimensión eminentemente religiosa».

La pastoral de ambientes implica también la priorización del amor incondicional a la persona humana como testimonio de la fe, de manera que la Palabra de Dios y el anuncio de la misma, mediante la palabra humana, ha de ir precedida del signo y testimonio de la comunidad cristiana. Desde esta actitud básica, la pastoral de ambientes subraya la urgencia de la evangelización.

La pastoral de ambientes puede vivirse desde la parroquia cuando ésta es una comunidad de comunidades, atenta a la vida de las personas, y solidaria de la sociedad que la envuelve. Tal vez la verdadera renovación de la parroquia pasa por este talante eclesial y pastoral.

La pastoral de ambientes puede vivirse también desde una comunidad de base, cuando ésta está abierta a la universalidad, mediante la inserción concreta y real de cada uno de sus miembros, en la realidad cotidiana que la envuelve.

Sin embargo los movimientos especializados son los que tienen como tarea más específica la evangelización de los diversos medios de la sociedad. Este objetivo pide un arraigo muy fuerte de los movimientos especializados en la comunidad cristiana, y una lucidez de ésta, que la ayude a reconocer el sentido profundo de los movimientos y a apoyar sinceramente la labor que éstos realizan[17].

El nacimiento de los movimientos especializados, a partir de la J. O. C. de Cardijn, no responde a un afán de fragmentar la vida, sino que es el resultado de unas intuiciones teológicas y de unos principios pastorales. Hay una constatación de experiencia

[16] Lo que va cursiva no es mío.

[17] Y. M. CONGAR, *Si sois mis testigos*, Ed. Estela, Barcelona 1962; R. ALBERDI, *Hacia un cristianismo adulto*, Estela, Barcelona 1964; P. VERBRAKEN, *Llevat dins la pasta*, Publicacions de l'Abadia de Montserrat, 1978; S. GALILEA, *Religiosidad popular y pastoral*, Cristiandad, Madrid 1980.

que es la realidad, y una verdad teológica que es el plan de Dios sobre la historia, revelado por medio de Jesucristo. Joseph Cardijn quiso partir metodológicamente de la realidad para reconstruir el plan de Dios sobre la historia, mediante la educación a partir de la acción, a través de un movimiento de jóvenes para los jóvenes, de un movimiento educativo y evangelizador, y de un movimiento de minorías en función de las masas.

Estas intuiciones y principios continúan teniendo plena validez en el mundo contemporáneo actual. El plan de Dios sobre la historia no varía. La realidad, sin embargo, es siempre dinámica y por tanto evolutiva. Los movimientos especializados han de estar actualizando el conocimiento y el análisis de la realidad para poder partir de la misma en su tarea educativa y evangelizadora.

Lo mismo que hemos dicho de la realidad lo podemos decir de los diversos medios que integran esta realidad. Los movimientos especializados han de actualizar el conocimiento y el análisis de los medios para poder realizar una inserción correcta en el interior de los mismos, y para poder tranformar estos medios según la voluntad de Dios.

Estos últimos años ha habido un debate sobre la entidad real de los medios. Es cierto que los medio-ambientes, como todas las realidades humanas, están siempre en evolución. Sin embargo la afirmación sobre la evolución de los medios no se puede confundir con la desaparición de los mismos. A lo largo de quince años he vivido en el mundo rural, en el mundo urbano, he estado presente en la universidad y he mantenido contactos con estudiantes de secundaria y universitarios, he estado presente también en el mundo de los jóvenes obreros. Esta experiencia me hace afirmar que los medios han sufrido y seguirán sufriendo unos cambios y una evolución. Sin embargo, la diferenciación de los medios continúa existiendo y es un elemento muy importante a tener en cuenta en la tarea pastoral. Actualmente, mi presencia semanal en grupos de estudiantes, de profesionales jóvenes y de jóvenes trabajadores, me permite constatar la diferencia de lenguajes, de necesidades, y de intereses vitales en ese punto de partida de la acción pastoral que es la experiencia. No obstante constato la convergencia comunitaria en la vivencia del plan de Dios y en el horizonte trascendente y evangélico. La diferenciación de los medios no equivale a una fragmentación de la comunidad, sino que responde a la adecuación pedagógica de la misma, partiendo de las diversas realidades concretas y volviendo a las mismas, para incidir en la transformación del mundo concreto y en la evangelización de las personas en sus circunstancias concretas.

Desde esta experiencia y esta realidad es necesario valorar los movimientos especializados como un instrumento pedagógico y pastoral de una importancia capital en la evangelización del medio que envuelve a las personas, las cuales se encuentran insertas en su propia realidad y en sus propias circunstancias. Ciertamente no son el único instrumento pastoral, pero son un instrumento y una mediación pastoral de gran trascendencia[18].

La especialización, sin embargo, urge la coordinación eclesial de las diversas experiencias, a fin de encontrar unos caminos de inserción en la comunidad o comunidades cristianas. Esta coordinación ha de ser lúcida, realista, impregnada de autenticidad, solidaria, sencilla, inductiva y fiel a las necesidades que emergen de la realidad vivida. En definitiva ha de ser una coordinación *evangélica*.

3. Sugerencias

En realidad, sólo hay una sugerencia: es la necesidad de promover movimientos especializados al servicio de la evangelización de los diversos medios. Esto no significa proponer una alternativa pastoral, sino afirmar enérgicamente la conveniencia de los movimientos especializados como una mediación pastoral importante y de gran alcance.

Esta sugerencia pide un cambio de mentalidad, fruto de la permanencia en el interior de la realidad, para que, estando con el pueblo y partiendo de la vida, seamos capaces de convertirnos a esta realidad como contexto en el que se encuentran las perso-

[18] Ver todos los materiales y revistas de los Movimientos. En Madrid se pueden pedir a Ediciones A. C.: c/. Alfonso XI, 4; en Barcelona se pueden pedir a c/. Llúria, 7.

nas y como espacio de la gracia de Dios. Este cambio de mentalidad no ha de ser puramente intelectual, ni puramente metodológico, ni mucho menos pragmático, sino que ha de ser antropológico, pedagógico, teológico y espiritual.

Así como la parroquia, como mediación pastoral, ha acumulado la experiencia de muchos siglos, la pastoral de los ambientes no tiene todavía un largo camino recorrido. Tendrá que pasar por sucesivas crisis de crecimiento para poder contar con una experiencia suficiente y positiva. Por eso, la pastoral de ambientes requiere una preparación de los agentes de la pastoral que la realicen en una perspectiva de madurez tanto antropológica como creyente. Esta madurez sólo se puede lograr desde un arraigo eclesial verdadero y profundo. Aquí, la parroquia misionera y de puertas abiertas al mundo, aporta el contexto necesario para la puesta en marcha, la realización y la culminación favorable de la tarea de los movimientos especializados en la perspectiva del bien común eclesial.

La pastoral de los ambientes y los movimientos especializados abonan, pues, la importancia de la comunidad parroquial y las comunidades de base como hogar de la fraternidad y espacio de profundización en la fe, de acogida de la Palabra y celebración de la eucaristía, a fin de que las raíces de esta experiencia cristiana estén bien radicadas en la gran tradición de la fe.

Desde este enraizamiento, el diseño de las tareas comunitarias quedará bien asegurado, y las notas de la Iglesia abarcarán este talante teológico y esta mediación pastoral.

Creemos que a partir de estas bases comunes y de estas condiciones generales, hemos situado el lugar de los movimientos especializados como respuesta a la necesidad de una pastoral de ambientes, y no como una alternativa a las otras mediaciones pastorales.

Se hace necesario avanzar en la práctica. Un pacto de cooperación entre la pastoral parroquial y la pastoral de los movimientos especializados es urgente para renovar la pastoral en general y para responder a las necesidades pastorales del mundo contemporáneo.

CAPÍTULO VII

Colegios y pastoral

INTRODUCCIÓN

En esta aportación intentaremos reflexionar, a partir de la experiencia, sobre los criterios teológicos y pastorales que permiten relacionar la acción pastoral que se realiza en los colegios con la acción pastoral que realiza toda la Iglesia*.

Cuando hablamos de *coordinación* nos estamos refiriendo a la capacidad de vivir la pastoral escolar en *comunión eclesial.*

Usamos el término *pastoral* en el sentido que le da el evangelio de S. Juan (Jn. 10, 14-15), es decir, en la perspectiva del «Buen Pastor» que *conoce* a las personas, *le conocen* a él y *da la vida* por la gente.

La escuela y la parroquia, en el marco de *la diócesis,* son mediaciones pedagógicas y teológicas al servicio de la dignidad de la persona humana y su misión en el mundo según el plan de Dios sobre la historia. Esta será la tesis fundamental de mi aportación: *La coordinación de la pastoral escolar con la pastoral diocesana y parroquial solamente es posible cuando es el resultado de un pacto de cooperación personal, social y eclesial desde el Evan-*

* Cfr. «La Escuela Católica, comunidad eclesial» que contiene las ponencias de las III Jornadas de Pastoral Escolar de la FERE y XXV Jornadas de Pastoral Educativa del Instituto S. Pio X. Ediciones S. Pio X. Madrid 1994. Contiene una ponencia mía con el título «La coordinación de la pastoral escolar con la pastoral diocesana y parroquial. Sentido teológico y pastoral» pp. 187-204.

gelio de Jesús de Nazaret. Este pacto de cooperación permite superar la dependencia y la independencia, para generar la interdependencia pastoral.

En un primer momento, a partir de la problemática vivida, expondremos algunas de las coordenadas de este pacto de cooperación. En un segundo momento reflexionaremos sobre las claves teológicas. Finalmente, en un tercer momento, aportaremos algunas sugerencias para seguir avanzando en el camino correcto.

1. Problemática

La coordinación de la pastoral colegial con la pastoral diocesana es una realidad que ha pasado por muchas dificultades debido a causas muy diversificadas pero, especialmente, debido a un conflicto de competencias, a la falta de diálogo y a la carencia de espíritu de colaboración.

Sin embargo hay experiencias que sugieren todo lo contrario, es decir, que son estructuras o mediaciones antropológicas y pastorales que se necesitan mutuamente. Los conflictos vienen cuando las mediaciones se convierten en finalidades. Esto sucede cuando por diferentes motivos la auto-afirmación de cada estructura pierde la referencia evangélica al servicio incondicional y gratuito a la dignidad de la persona humana, de la comunidad y del plan de Dios sobre la naturaleza y la historia.

Hay varias fuentes que dan origen a esta conflictividad:

* La *inmadurez personal:* Es difícil llegar a acuerdos de cooperación evangélica cuando las personas que han de realizar estos acuerdos no están en camino de conseguir aquel grado de *armonía y paz interior* que permite un diálogo adulto tal y como describió perfectamente Paulo VI en la Ecclesiam Suam[1].

[1] Encíclica publicada el 6 de agosto de 1964. Ofrece lasa claves de un diálogo evangélico. Es un documento que mantiene una gran vigencia para la Iglesia de nuestros días.

* La *falta de estructuras de diálogo social y comunitario:* Cuando hablamos *«de los otros y no con los otros»* no se resuelven los conflictos y se crean distancias difíciles de salvar. Como consecuencia de esta distancia salen perjudicadas muchas cosas, pero especialmente la cultura del desarrollo comunitario y, como consecuencia, el cultivo de los valores intelectuales, afectivos y espirituales. Esto acontece cuando no hay estructuras de diálogo en la sinceridad y la veracidad[2].

* La *falta de calidad evangélica:* Conduce a no relacionar de una manera adecuada la llamada a la *comunión* y a la *misión.* Comunión y misión son dos movimientos que se implican mutuamente en el dinamismo cristiano. No se pueden separar sin dañarse mutuamente. Por el contrario, cuando van unidas, general un desarrollo personal y comunitario de mucha calidad evangélica. Tomar conciencia de esta implicación es básico para todo tipo de renovación eclesial[3].

Estas tres causas están en la raíz de muchos conflictos que podríamos enumerar largamente de manera anecdótica. Sin embargo también podemos decir que la superación de estas causas conduce a la obtención de grandes beneficios de orden antropológico, pedagógico, teológico y pastoral que están en la base de todos los pactos de cooperación evangélica[4].

Intentaremos exponer, de una manera sintética, algunos de los criterios que pueden ayudar a convertir los conflictos en oportunidades positivas y transformadoras de la realidad. Daremos por supuestos los que afectan al proceso antropológico y social de la madurez humana para concentrarnos en los de origen teológico y pastoral.

Esta acotación del objetivo que nos proponemos reflexionar no solamente no significa que carezcan de importancia los cri-

[2] Para profundizar en el tema cfr. las dos obras de M.ª Carmen Agustí «Sí, vale la pena vivir» (P.P.C. 1987), y «Vivir la vida a fondo» (P.P.C. 1993).

[3] Cfr. «El dinamismo de la comunión eclesial» (pg. 71 ss.).

[4] Cfr. el capítulo 6 de «La misión de la Iglesia en el mundo».

terios antropológicos y sociales, sino que son tan profundos que merecerían un capítulo entero para poder hacer frente a la problemática de una manera eficaz y auténticamente transformadora de los bloqueos que paralizan con frecuencia la renovación pastoral. Hay que tomar constancia de ello y afrontarlo cuando se vea oportuno.

2. Criterios teológicos

La clave de la coordinación pastoral es la fidelidad al proyecto de Jesús. Este proyecto es el que nace de la Pascua y Pentecostés. Cuando miramos hacia estos dos mil años de experiencia pastoral eclesial vemos que el proyecto de Jesús siempre se ha realizado en medio de conflictos internos y externos a la comunidad cristiana.

Sin embargo hay algunas constantes que han permitido convertir el conflicto y la dificultad en punto de partida del progreso evangelizador y misionero. Estas constantes o criterios son variadas y adaptadas a las diferentes circunstancias, pero tienen en común algunos elementos. Entre los elementos principales podemos destacar los siguientes:

La centralidad de Jesucristo como revelador del amor de Dios y dador del espíritu

Toda realidad social necesita de un eje vertebrador alrededor del cual va tomando consistencia todo el tejido comunitario. El eje vertebrador de toda la acción eclesial es Jesucristo. Esto que en teoría es aceptado por todos en la práctica es negado siempre que tomamos un excesivo protagonismo. Cuando esto sucede el tejido pastoral se va deformando. Por ello, no se puede dar nunca por supuesto. Conviene, una y otra vez, revisar el grado de adecuación de la práctica a la realidad teologal[5].

[5] Dei Verbum 7-10.

La realidad de una Iglesia Particular generadora de carismas y ministerios al servicio del amor

Las diversidades se enriquecen desde la unidad en lo esencial. Este principio se realiza también en las interrelaciones que se establecen entre la dimensión carismática de la comunidad cristiana y el ministerio pastoral. Esta relación encuentra su punto de referencia fundamental en la teología de la Iglesia Local o Particular. Todo ello será juzgado en definitiva por la capacidad de amar a Dios y al prójimo[6].

Testimonio de los valores típicamente evangélicos

En el momento presente, sin dejar de lado la importancia de las palabras, hay que poner el acento en la importancia del testimonio y de los signos. Este principio exige estar muy atentos al espíritu de las Bienaventuranzas, del Magnificat y del Padrenuestro. Desde esta vivencia se busca lo que une por encima de lo que separa[7].

Convocar a hacer comunidad

Las mediaciones pastorales no tienen por objetivo «retener» a las personas a las que sirven. Su grandeza reside en la capacidad de introducir a las mismas en la gran comunidad de fe, de manera que cada uno encuentre su lugar en la misma, para su felicidad y el servicio incondicional al mundo, al estilo de Jesús de Nazaret. Convocar a hacer comunidad sin retener es la cualidad que acredita la grandeza o miseria de todas las mediaciones pastorales.

Diálogo en la sinceridad y veracidad

Una comunidad formada por adultos cristianos que quiera ser el caldo de cultivo de un «cristianismo adulto» ha de apren-

[6] 1.ª Corintios 12 y 13.
[7] Evangelii Nuntiandi de Paulo VI, 29-31.

der a dialogar en la sinceridad y la veracidad. La sinceridad permite decir a cada uno lo que piensa, de manera que cada miembro pueda enriquecerse con la reflexión de los demás. La veracidad obliga a todos a revisar el propio punto de vista en aras de una verdad que siempre nos trasciende a todos. El resultado es la apertura de caminos hacia el bien común[8].

Las mediaciones al servicio de la persona y la misión

Desde los criterios anteriores se ve con claridad que el objetivo de la pastoral eclesial no consiste en fomentar colegios o parroquias por si mismos, sino como mediaciones educativas al servicio de la dignidad de la persona humana, para ayudar a la sociedad a convertirse en comunidad y, en definitiva, para evangelizar el mundo contemporáneo[9]. Esta claridad teológica ayuda a discernir la validez o invalidez de todas las actuaciones.

Sentido de la corresponsabilidad

En este marco teológico-pastoral podemos definir la corresponsabilidad como un ejercicio eclesial de *elaboración, decisión y control,* del proyecto pastoral:

* La *elaboración,* exige observar, analizar y discernir la realidad de una manera solidaria para poder descubrir los «signos de los tiempos» presentes en la misma.

* La *decisión,* hace de la elaboración un momento contemplativo que nos invita a la conversión al plan de Dios y la renovación de nuestra actuación en la perspectiva de la fe/caridad teologal.

* El *control,* convierte en patrimonio común comunitario los aciertos de la elaboración y la decisión tomada en común.

[8] Ecclesiam Suam (75). Subraya como características básicas del diálogo las siguientes: la claridad, la mansedumbre, la confianza y la prudencia. Estas actitudes nacen del espíritu de pobreza y de caridad (49-52).

[9] Evangelii Nuntiandi 24.

Al mismo tiempo permite convertir las dificultades, que han ido emergiendo a lo largo del proceso, en oportunidades de crecimiento hacia una madurez mayor[10].

Elaboración, decisión y control son las claves para que todas las mediaciones no se conviertan en finalidades que acaban por ahogar las iniciativas y la solidaridad eclesial de todo el Pueblo de Dios.

Desde estas bases teológicas podemos sugerir algunos puntos de referencia pastorales operativos. De todas formas hay que decir que no existen fórmulas exactas y mágicas para actuar de una manera acertada en todos los lugares, porque junto a los criterios teológico-pastorales hay que situar los de orden más antropológico y pedagógico. Sin embargo estos criterios teológicos ofrecen una base firme para no romper nunca el diálogo y resistir a todas las dificultades que vayan saliendo por el camino[11].

3. Criterios pastorales

A la hora de la acción —y siempre desde las bases que hemos apuntado en la reflexión teológica— podemos sugerir tres grandes líneas de actuación: *coordinar el fondo por encima de las formas, crear nuevas estructuras de diálogo y cooperación a partir de las que ya existentes y, finalmente, «hacer camino al andar».*

Coordinar el fondo

Para coordinar una realidad lo primero que hay que ver es si hay un trabajo pastoral vivo que se puede poner en relación de cooperación. No cabe duda de que la pastoral colegial y parro-

[10] Cfr. La gestió participativa de la comunitat a «Compartir la Alegría de la fe», pg. 167 ss.

[11] Una expresión que sirve para describir esta actitud es la de Sta. Teresa de Jesús «Dios no se muda. La paciencia todo lo alcanza».

quial —en el marco diocesano— tienen mucho que compartir. Entre otras cosas podemos destacar:

La educación integral de la persona.

No hay que olvidar nunca que la finalidad principal de la escuela es la educación integral de la persona. La parroquia, que tiene como objetivo la educación de la fe, encuentra su punto de relación con la escuela, en el respeto profundo a la identidad principal del colegio. Lo mejor que puede aportar, por su parte, el colegio es la educación integral. Cuando cada mediación va a fondo con su propia finalidad enriquece a la otra porque ambas están haciendo realidad el mandato de la creación de Dios de «dominar la tierra y poner nombre a las cosas» en la perspectiva del Génesis. Lo mejor que puede hacer la escuela para enriquecer la pastoral es realizar un trabajo en profundidad, es decir, en una perspectiva de educación multidimensional, abierta a una sociedad cada vez más internacional, con un respeto total a los derechos humanos, educando una ética civil cada vez más fundamentada y adaptada a los nuevos retos del mundo contemporaneo.

Atención a la persona humana y a sus problemas

Lo que puede unir las fuerzas educativas y misioneras de las dos mediaciones es el servicio a la persona concreta. De hecho hay dos maneras de funcionar: la primera consiste en poner las personas al servicio de las instituciones y la segunda en poner las instituciones al servicio de las personas y, en definitiva, de la persona concreta como única e irrepetible. La corresponsabilidad alcanza su punto más álgido cuando todo está al servicio del desarrollo integral de la persona. Nos podemos asomar a todas y cada una de las páginas del evangelio y verificaremos que siempre se realiza este principio y no hay ni una sola escepción por parte de Jesús de Nazaret.

Uno de los campos en el que la cooperación puede ser más eficaz es el del «*acompañamiento*» de las personas. Acompañar significa caminar al lado del otro, sin manipularlo ni juzgarlo, para que pueda realizar un diálogo interior hacia la generación de criterios personales maduros[12].

El que acompaña realiza en este caso el papel del «espejo que devuelve la propia imagen» al que se observa en él, sin que el espejo se quede con nada de la persona. En esta perspectiva muchos problemas de competencias desaparecen porque lo que desaparece es todo tipo de protagonismo no necesario. El narcisismo pastoral desaparece y cede el paso al servicio desinteresado y humilde para el bien de toda la persona y todas las personas.

Aprender a hacer «pactos de cooperación»

La educación integral y la atención a la persona humana y a sus problemas ofrecen unas bases operativas que exigen el ponerse de acuerdo para servir al evangelio en las personas concretas. En lo que nos atañe este servicio común ha de llegar a los estudiantes, a los profesores, a todo el personal no docente, a las familias y a la sociedad.

Para ello hace falta hacer *pactos de cooperación*. Un pacto es un acuerdo realizado para obtener un objetivo de interés común. Supone que en el mismo todos ceden en lo secundario para obtener lo principal. Si la gente hace pactos por el interés económico en las sociedades anónimas, por el interés político en los partidos políticos y pactos de gobierno, por el interés deportivo en los clubs diversos... parece que ha de ser posible pactar acuerdos para servir el Reino de Dios. El pacto de cooperación tiene unas leyes que ahora no podemos enumerar pero que pueden encontrar en uno de los capítulos de la Teología Pastoral que escribí para mis alumnos de la Facultad de Teología de Barcelona. Estas leyes son el resultado de la observación a lo largo de 10 años de varias experiencias pastorales de cooperación que funcionan de una manera positiva y creadora[13].

[12] Cfr. «Compartir la alegría...», pg. 213 ss.
[13] Id. pg. 219-228.

Crear estructuras de cooperación

Cuando lo que nos une es lo profundo se encuentran mediaciones o estructuras que permiten avanzar. No es un camino fácil pero, dado que merece la pena, los obstáculos van cayendo porque han de ceder ante la fuerza de la verdad y de la necesidad sentida. Sin embargo cuando creamos primero las estructuras y luego buscamos la fundamentación, el diálogo acaba por convertirse en una lucha de poder y entra en un laberinto de difícil salida.

La coordinación del fondo exige la creación de estructuras de cooperación. Estas estructuras convierten los deseos en realidades y denuncian todos los intentos de bloqueo del bien común y ponen de manifiesto a aquellos que impiden el avance del mismo.

Sin pretender un trabajo completo, podemos diseñar algunos de los puntos de referencia que han de estar presentes en la configuración de estas estructuras de cooperación. Para mayor claridad los vamos a señalar de una manera sintética:

* *Estructuras de elaboración, decisión y control,* en la perspectiva que hemos descrito anteriormente por motivos teológicos y evangélicos.

* *Potenciar el arciprestazgo y la zona pastoral como «expresión del Pueblo de Dios y como Sacramento universal de la Salvación».* El arciprestazgo o la zona son los ámbitos en los que es posible realizar un diálogo de cara a tomar acuerdos positivos. Por ejemplo es el espacio donde la preparación catequética para la iniciación cristiana o para otras celebraciones litúrgicas puede encontrar un clima de mútua ayuda para el bien de las personas. Esto será posible cuando hay un clima de fraternidad evangélica y será asumido como un bien para todos[14].

[14] Lumen Gentium 1, donde se define a la Iglesia como «signo e instrumento de la unión íntima con Dios y de la unidad de todo el género humano».

* *Potenciar el arciprestazgo o la zona como «un taller permanente de reflexión y realización de la misión».* El clima de fraternidad evangélica permite pasar de los deseos a la realidad operativa. De esta manera se puede realizar una planificación pastoral en la que se diseña un proyecto concreto en el que cada mediación pastoral asume la parte que le toca para la realización del bien común en un enfoque misionero. Se empieza por pequeños proyectos y se avanza hacia un proyecto cada vez más global[15].

* *El trabajo «capilar».* Esta sugerencia invita a no esperar a que todos se pongan de acuerdo para empezar. El primero que descubra la llamada evangélica ha de dar los primeros pasos. Estos pasos por pequeños que sean van creando las condiciones para seguir avanzando. Por esto lo llamamos un trabajo de talante «capilar» que, aunque parezca insignificante, acaba por regenerar todo el tejido pastoral.

* *La distribución del trabajo.* Generado este clima operativo de cooperación se descubre como fundamental realizar un trabajo compartido. Se trata de descubrir las urgencias de la realidad pastoral, los objetivos, las prioridades y la metodología más adecuada para dar la respuesta correspondiente a la llamada de Dios a través de los acontecimientos. Desde ahí se trata de aprovechar todos los recursos, de manera que podamos sacar el máximo partido de los mismos. Nadie sirve para todo, pero todos servimos para algo. La comunidad cristiana auténtica es aquella que sabe descubrir los recursos de todas las personas, valorarlos evangélicamente y disponerlos al servicio del bien común de la Iglesia y el mundo.

* *Las interconexiones diocesanas.* Con este criterio pastoral queremos indicar la importancia de ver todas las conexiones que la pastoral colegial puede tener con la vida global eclesial y

[15] Gaudium et Spes 76, donde se define a la Iglesia como «signo y salvaguardia de la trascendencia del caracter trascendente de la persona humana».

tratar de encontrar los caminos más adecuados para potenciarse mútuamente. Entre estas conexiones hay que subrayar la cooperación con la delegación de enseñanza, la familia, la juventud y el apostolado seglar en general y la pastoral de la cultura. La viabilidad de estas interconexiones exige la vitalización de los consejos de pastoral a todos los niveles para poder llegar a potenciar un Consejo de Pastoral Diocesano tal como lo deseó el Concilio Vaticano II.

Hacer camino al andar

Una mirada puramente racionalista o estratégica no es suficiente para generar un optimismo de cara potenciar todo este dinamismo de cooperación. En cambio una mirada de fe no solamente permite sino que exige avanzar en esta dirección con decisión y sin mirar hacia atrás. Esta mirada de fe se manifiesta en la esperanza y se realiza en el amor. A partir de estas bases es posible hacer camino al andar no por voluntarismo sino por fidelidad a las exigencias del Evangelio. Entre las actitudes que pueden concretar este dinamismo hay que destacar las siguientes:

* *Análisis permanente de la realidad.*
* *Lectura creyente del análisis realizado.*
* *Generar una y otra vez un clima diálogo.*
* *Vivir en positivo.*
* *Convertir las dificultades en oportunidades.*
* *Sumar todas las mediaciones posibles.*
* *Buscar lo que une por encima de lo que separa.*
* *Prepararse para la «larga marcha» hacia la renovación de la Pastoral de Conjunto.*
* *La paciencia pastoral que situa la fidelidad por encima de la eficacia.*

Algunos pueden decir que este tipo de reflexión es más poético que realista. Sin embargo podemos decir que lo que la experiencia demuestra es que lo que está condenado al fracaso es cualquier tipo de lucha de poder o de manipulación. Estos comportamientos aparentemente son más eficaces a corto plazo. En una visión de futuro no hacen nada más que aplazar los problemas disimulándolos. La verdadera solución nace siempre de la autenticidad y la sencillez profunda. La coordinación en pastoral es siempre sinónimo de colaboración, complementariedad y comunión evangélica[16].

Conclusión: A la luz de lo expuesto podemos concluir que la coordinación pastoral es posible cuando todas las mediaciones pastorales no se convierten en objetivos en si mismas, sino en instrumentos pedagógicos al servicio de la dignidad de la persona humana y de la evangelización del mundo. Esto es lo mismo que decir que el problema de la coordinación es un problema de poner todo al servicio de la Fe/Caridad, es decir de la dignidad de la persona humana, armónica, autónoma, solidaria y abierta al amor de Dios, que se ha manifestado en Jesucristo y que guía la historia con la fuerza del Espíritu. En definitiva es éso lo único que da crédito a todas las mediaciones eclesiales y que las juzga en su verdadera calidad.

Desde este talante podemos pensar en una corresponsabilidad pastoral para una nueva y permanente encarnación de la fe en el mundo contemporáneo. La acción desde los colegios y desde las parroquias son dos buenos estimulantes para esta tarea que empezó en la Pascua y Pentecostés y que es la finalidad de toda la Iglesia a lo largo de la historia y su identidad más profunda.

CAPÍTULO VIII

Familia y pastoral

Todos los retos que están afectando a la persona humana afectan, al mismo tiempo, a la institución familiar. Por ésto, en gran parte, todo lo que hemos dicho en la pastoral de los ambientes, lo podemos aplicar a la pastoral familiar. Sin embargo, por su trascendencia y especificidad, vamos a intentar ofrecer en este capítulo algunos elementos de cara a la renovación de esta pastoral tan importante para la renovación eclesial. En un primer momento, describiremos la problemática que afecta a la familia. En un segundo momento aportaremos algunos criterios teológico-pastorales. Finalmente, ofreceremos algunas sugerencias operativas*.

1. PROBLEMÁTICA

Hay un primer bloque de problemas de la comunidad familiar que tiene sus raices en la *situación de la persona humana como individualidad.* Es muy fácil comprender que si cada persona está inmersa en una situación, y esta es problemática, el resultado de vivir en pareja no altera dicha situación personal, sino que la une a la problemática de la otra persona con la que

* Ensayo realizado a partir del acompañamiento durante años de situaciones de crisis generacional y como contribución al Año Internacional de la Familia.

vive. Podemos observar la realidad de esta afirmación en la vida de cada día. Muchas veces, cuando se plantea una crisis familiar y de pareja, detrás está presente la problemática de cada uno de sus miembros. Resuelta esta problemática personal, a veces, queda resuelta la problemática de la familia.

Un segundo bloque de problemas aparece a raiz de la dificultad de la *relación interpersonal de la pareja*. Esta dificultad puede ser de orden biológico, pero con mucha más frecuencia lo es de orden psicológico y de orden espiritual. Los problemas de orden biológico se pueden resolver cuando se han resuelto los psicológicos y afectivos. Es ahí donde el aprendizaje de la comunicación desde la profundidad y la gratuidad es un elemento muchas veces determinante. La raiz más profunda de esta falta de comunicación es a menudo de origen espiritual. Es decir: muchas veces cuando la persona se encuentra consigo misma en la profundidad del silencio y la apertura a la trascendencia, emerge fácilmente una comunicación afectiva de calidad y, consiguientemente, una comunicación biológica. Es muy importante esta clarificación para separar los falsos problemas de aquellos que son auténticos. Esto se puede lograr si no nos detenemos en los síntomas, sino que buscamos sus correspondientes causas de fondo.

Un tercer bloque procede de las *relaciones generacionales*. Lo que se ha llamado el conflicto generacional no es nada más que la problemática que afecta a la transmisión de la vida humana en este final de siglo. Esta transmisión de la vida tiene también una base biológica, pero el factor fundamental que explica la situación presente es el elemento afectivo. La psicología moderna ha puesto de relieve la importancia de las interrelaciones afectivas para el proceso de maduración de la persona humana. Cuando estas no funcionan, se originan unos conflictos que aparecen más tarde. A veces estos conflictos ocultan las verdaderas necesidades. De hecho son solamente los síntomas de la necesidad afectiva más profunda. Evidentemente, una vez más, la raiz última es de orden espiritual.

Sin embargo, estos tres bloques de problemas, nacen del *proceso de cambio cultural en el que vive la persona humana y la familia,* en el que se ha producido una crisis de valores, puntos de referencia antropológicos, principios básicos y, en definitiva, una crisis de integración vital. Este cambio cultural procede de la evolución de la satisfacion de las necesidades básicas de la persona humana. En esta evolución, los medios se han convertido en finalidades en si mismos, y han dado origen al consumismo biológico, psicológico y social. Este consumismo ha situado a la persona y a la familia frente a una gran soledad. Esta soledad está en la raiz de todos los conflictos de la crisis familiar.

La pastoral familiar, al mismo tiempo que va respondiendo a los conflictos concretos, ha de generar un nuevo clima en el que sea posible una nueva valoración de los medios en su justo punto para que no escondan la finalidad de la vida humana. Si no actua en esta perspectiva, la pastoral familiar cae en un activismo inoperante y no soluciona la problemática vivida.

2. Criterios teológico-pastorales

Una pastoral familiar adecuada ha de adaptarse a las situaciones concretas que son muy diversas según el contexto personal, relacional, social, cultural y religioso. Sin embargo, en este momento histórico, y al lado de los grandes criterios verificados en la gran tradición de la fe, ha de dar respuesta a las causas del conflicto presente. Esta respuesta ha de ser positiva para que no quede en una mera aportación crítico-descriptiva. Algunos de los criterios de esta respuesta positiva son los siguientes.

a) *Replantear el consumo*

Es cierto que muy pocos pueden aceptar este criterio porque estamos inmersos en la sociedad occidental que ha propuesto un modelo de vida basado en la seguridad material. Esta propuesta es en parte buena y en parte radicalmente ambigua. Es buena en la medida que ofrece medios de subsistencia adecuados. Es ambigua cuando convierte en fin estos mismos medios o bien construye un modelo económico basado solamente en la explotación de estos medios de cara al provecho de unos pocos. El problema radica en el hecho que los medios materiales son necesarios para el desarrollo adecuado de la personalidad. Sin embargo estos medios han de ser utilizados según una jerarquía de valores y una solidaridad comunitaria. En el momento presente falla la solidaridad comunitaria, como podemos observar por la situación de la vida social. Pero, al mismo tiempo, falla también una escala de valores adecuada para el desarrollo de la persona.

La jerarquía de valores ha de ponderar adecuadamente la necesidad de los medios para el desarrollo de la persona, la familia y la sociedad y, al mismo tiempo ha de marcar los límites en el uso de los mismos. El uso adecuado es absolutamente necesario y, por tanto, bueno para el crecimiento personal. La falta de límites provoca una obstrucción de la verdadera personalidad global.

Son necesarios aquellos medios que cubren las necesidades físicas, las necesidades de protección y las necesidades sociales. Pero, cuando hemos descubierto estas necesidades básicas se plantea una alternativa: o bien crecer hacia la madurez afectiva abierta a toda la humanidad y a la trascendencia, o bien retornar hacia formas primitivas mediante el consumismo que aliena la persona de su autorrealización y la encamina hacia formas refinadas de consumo, en las que la forma va ocupando el lugar del fondo. Cuando esto se da, la importancia de la persona no está en vestirse adecuadamente, sino en la «marca» del vestido que se utiliza. Este ejemplo se puede reproducir en todas las áreas del consumo.

Esta alienación tiene dos grandes consecuencias. La primera es la que origina la injusticia social porque la superabundancia de unos se convierte en la carencia de los otros. La segunda consecuencia es más sutil, porque el abuso de los medios materiales conlleva el desarrollo de unos elementos corrosivos de autodestrucción y, por tanto, se vuelve contra la misma persona que ha abusado del uso de los bienes materiales, psicológicos y sociales.

Por el contrario cuando, a partir de un uso adecudo de los medios de autorrealización, nos encaminamos hacia los bienes superiores de apertura al amor universal y a la trascendencia, la persona entra por unos derroteros de serenidad, alegría y paz.

Este planteamiento sobre el consumo, que tiene consecuencias importantes para la persona, tiene unas consecuencias definitivas para el funcionamiento de la vida familiar. La carencia de bienes materiales está en el origen de muchos problemas familiares porque, al carecer de los bienes necesarios, queda muy limitada la capacidad de crecimiento biológico, afectivo, social y religioso. Simultaneamente, el abuso de los bienes materiales en otros origina unas consecuencias también negativas para los que viven en esta perspectiva. Sin una austeridad en lo biológico y lo económico no es posible vivir una vida en plenitud.

Al mismo tiempo, y para llevar este estandar de vida, es necesario trabajar muchas horas para ganar el dinero necesario que permite mantener el ritmo de vida que se lleva. Esta actitud hace que la gente acabe viviendo para trabajar, más que trabajando para vivir.

Podríamos seguir analizando este criterio fundamental para una verdadera pastoral familiar. No es el objetivo de este capítulo, pero ciertamente hay que señalarlo como un criterio transformador de la realidad de una manera fundamental. Los estudios económicos, jurídicos, psicológicos y culturales pueden concretar las maneras de cambiar la escala de valores que nos aprisiona a todos de una manera u otra. Parece que no hay otra salida si queremos realmente ayudar a la familia a realizar su cometido fundamental que es la transmisión de la vida de una manera gozosa.

b) *Cultivar una mirada abierta al mundo*

Con un planteamiento correcto sobre el uso de los medios de crecimiento, la familia ha de estar abierta a la realidad global del mundo. De hecho, no es posible la propia autorrealización sin el esfuerzo para alcanzar la realización de todos.

Esta solidaridad abierta implica en primer lugar hacer un esfuerzo de observación de los procesos que acontecen a nuestro alrededor y de los que acontecen en todas las áreas de la vida humana. Esta observación de la realidad permite también una actuación adecuda en el propio ámbito de la vida familiar, en el trabajo, en los diferentes ambientes sociales, en el campo de la política, de cultura, de la economía,del tiempo libre y de la sociedad en general. A través de esta actuación se puede ir incidiendo en la transformación de las coordenadas del consumo, de las relaciones interpersonales y sociales e, incluso en las internacionales. Esta transformación de la realidad, acompañada del testimonio de los valores evangélicos, va sugeriendo un modelo de vida comunitario abierto a la esperanza. La mirada abierta al mundo abre caminos para todos y, fundamentalmente, para la propia familia que la realiza.

Al mismo tiempo que realiza este cometido, la misma realidad le ofrece unos retos que reafirman convicciones, plantean nuevos interrogantes y abren nuevos caminos. Esta mirada abierta al mundo penetra el horizonte de la creación en su dimensión más profunda que es la capacidad de humanización y apertura a la trascendencia. Solamente cuando salimos de nosotros mismos somos capaces de mantener una salud mental y afectiva adecuadas. El cerrarse en uno mismo siempre origina diversas patologías.

La mirada abierta al mundo, que es posible cuando replanteamos la escala de valores del consumo, a su vez hace descubrir con una gran claridad la importancia de esta nueva escala de valores en la utilización de los medios materiales, de protección y sociales. Es un nuevo esquema de libertad en el cual la persona no se somete a las mediaciones materiales, sino que conserva un dominio sobre las mismas y, por tanto, es dueña y señora de la propia existencia.

En esta mirada abierta al mundo juegan un papel importante los elementos socio-culturales pero también, y en gran manera, los elementos psico-afectivos. El caldo de cultivo de esta libertad es un ambiente cálido de amor en el cual no hay nada que esté por encima del respeto a la persona tal y como es. Esta calidez permite sortear las dificultades que van apareciendo, convirtiéndolas en oportunidades de crecimiento. El cristianismo tiene mucho que aportar en esta perspectiva. El amor gratuito es el núcleo de la revelación de Dios, el camino y la meta final.

c) *Sedimentar la vida*

Desde una escala adecuada de valores en el consumo y desde una mirada abierta al mundo es posible convertir la experiencia cotidiana en un aprendizaje hacia la madurez y es posible avanzar desde unos hechos inmediatos hacia una visión teórica bien estructurada.

Este paso de la visión inmediata hacia la más estructurada supone en primer lugar la interiorización mediante el silencio que genera siempre paz y que permite la elaboración de las convicciones más profundas y fundamentales. El silencio activo es un elemento siempre presente en cualquier proceso de elaboración humana que quiera tener calidad.

El silencio activo ha de dar paso a una comunicación y un diálogo compartido. La fuerza de la relación humana es que permite superar el miedo a amar y, a través de esta experiencia de amor, es posible la armonía y la paz.

El silencio activo y la comunicación en profundidad hacen descubrir la vida como un don y, consiguientemente, como un valor digno de ser aceptado con gozo y paz. Esta aceptación de la vida como un don se abre poco a poco a un descubrimiento de la propia historia personal y de la historia de la humanidad como una experiencia de salvación, es decir, como una aventura sorprendente, pero siempre apasionante.

La apertura de la persona a la admiración y a la sorpresa es el origen de una maduración de la capacidad de relación. Esta relación tiene una manifestación en todas las dimensiones de la vida. Se manifiesta hacia las cosas mediante un respeto profundo a la naturaleza material, vital y espiritual. Se manifiesta también hacia las personas mediante el descubrimiento de los otros como compañeros de camino y como hermanos y miembros de la misma familia, sin ninguna distinción ni discriminacion. Se manifiesta también en la vida familiar mediante unas relaciones de pareja en las que la feminidad-masculinidad no son una relación de posesión ni de dominio sino de complementariedad y de mutua admiración; mediante una relación intergeneracional en las que se transmite el tesoro de la vida como un don digno de ser entregado gratuitamente y digno de ser recibido con alegría. Se manifiesta también en las relaciones de uno consigo mismo mediante la vivencia de la vida cotidiana como un tesoro único e irrepetible.

Esta nueva relación con la naturaleza, los otros, la pareja humana, los hijos y uno mismo, prepara el terreno para una verdadera relación con Dios. Esta relación con Dios se edifica entonces sobre la superación del miedo a ser uno mismo y sobre la esperanza. Es entonces cuando va emergiendo una plegaria contemplativa que, enraizada en la creación y en la revelación-redención, mira hacia el futuro como una llamada a la plenitud y la santificación.

Esta sedimentación de la vida es el verdadero caldo de cultivo de una vida familiar superadora de todos los traumas de la existencia y creadora de vida y esperanza. La clave de esta sedimentación de la vida es el afecto y el amor. Este afecto amoroso se construye sobre la convicción de la dignidad de la persona humana como imagen de Dios, es un crecimiento compartido por todos, es un crecimiento que se cultiva con una escucha atenta desde la autenticidad, desde la acogida incondicional y la crítica interpeladora y desde un acompañamiento mútuo incondicional. Este talante es un proceso abierto y sólido que permite vivir en positivo y que ofrece unas razones de vivir cada vez más firmes.

A la luz de estos tres criterios se consolidan los criterios de la gran tradición de la fe como son la fidelidad, la entrega mutua, la obediencia, el sacrificio, el esfuerzo, la austeridad y el amor espiritual porque, sin ofrecer ninguna novedad, analizan la cultura social en la que vivimos y la intentan transformar en una cultura de la vida y la esperanza. Es urgente una purificación del ambiente que genere esta transformación.

d) *Apertura a la trascendencia*

Así como la persona humana no puede encontrarse consigo misma, en sus raices mas profundas, sin encontrarse con Dios, tampoco la familia humana puede alcanzar un horizonte de armonía, afectividad y plena realización al margen de la trascendencia.

Especialmente hay que subrayar la importancia de la imagen de Dios de la revelación cristiana para diseñar un horizonte de verdadera plenitud. En el fondo, la autorevelación de Dios pone de manifiesto que Dios es comunicación.

El amor interno de Dios se ha manifestado en plenitud en la persona de Jesucristo y se ha entregado a la humanidad con la fuerza del Espíritu. Este es el eje central y centrador de toda la revelación en la historia. En el se ve con claridad como Dios en su automanifestación es comunicación de amor y de vida.

Esta revelación pone de relieve la clave de la plenitud humana que no es otra que la autocomunicación en el amor. Esta plentiud no es posible en la autosuficiencia. Solamente es posible como gracia y, por tanto, en la fe. Jesucristo como Palabra reveladora del amor interno de Dios es, al mismo tiempo, palabra reveladora del sentido de la existencia humana a través de la iluminación de la mente y la razón. Esta luminosidad permite a la persona humana encontrarse consigo misma y, por consiguiente, a la familia humana encontrase con aquellas coordenadas generadoras de sentido y autorealización. El Espíritu como fuerza de vida y creación, es el amor de Dios depositado en nuestros corazones que nos capacita para amar desde la raiz más profunda. Este amor de Dios fortalece el corazón y lo capacita para amar en plenitud, por encima de las circunstancias de la vida y por encima de todos los condicionamientos socioculturales y de orden psico-afectivo. La revelación de Dios, pues, es un espejo interpretador de la vida humana en su dimensión personal, en su dimensión familiar y en su dimensión social. Renunciar a «esta luz y a esta fuerza» es renunciar a la fuente básica de la auto-realización.

La apertura a la trascendencia queda enriquecida por un uso del consumo que no derive en abuso, por una mirada abierta al mundo que descubra la grandeza de la vida humana sin caer en la idolatría y por una sedimentación de la vida que unifique todas las dimensiones de la existencia sin caer en la egolatría. A su vez, la apertura a la trascendencia hace posible el uso de los bienes de la tierra desde la libertad liberada, una apertura al mundo desde la transparencia y una sedimentación de la vida en el amor, el gozo y la paz.

3. Sugerencias operativas

Desde antes del Concilio Vaticano II ha habido muchas iniciativas encaminadas a la realización de una pastoral familiar. Todas y cada una intentan responder a los retos y a las necesidades del Pueblo de Dios. En este proceso se han ido sedimentando unos puntos de referencia comunes. Con la finalidad de ayudar a avanzar en esta perspectiva podemos hacer algunas sugerencias.

La primera es la importancia de *acompañar a las personas en su proceso de madurez*. Solamente así, cuando se inicia una vida en pareja y, posteriormente, se educa a los hijos, se hace desde una postura de armonía personal. Por el contrario, cuando esta madurez no se da podemos tener la seguridad que aparecerán muchos problemas. Es por esto que la verdadera preparación remota de una pastoral familiar es la pastoral de la infancia y la juventud. En este acompañamiento será importante la educación de la sexualidad, la afectividad y la espiritualidad. La educación de la sexualidad, como masculinidad y feminidad, aportará la base biológica y psicológica para una vivencia del amor abierto y gratuito y la apertura a Dios como el amor fundante de toda posibilidad de amor.

La segunda es la importancia de una *pastoral prematrimonial* que acompañe el proceso de generación, desarrollo y opción de las parejas. Tradicionalmente, y en una sociedad estática, este proceso se vivía con mucha naturalidad en el ambiente social y, especialmente, parroquial, con sus aciertos y sus errores. Sin embargo, en una sociedad secularizada, ha desaparecido el marco tradicional en el que se iniciaba la vida en pareja. En gran parte ha pasado a los espacios de diversión o bien ha marginado a muchos de cualquier espacio sociológico que permita esta posibilidad. Es por esto que la pastoral prematrimonial es urgente. Hay iniciativas muy notables en esta dirección, pero hace falta que crezcan en calidad y sobre todo en cantidad, es decir, que lleguen a mucha más gente.

Una tercera sugerencia es la importancia de *coordinar todos los movimientos familiares*. Si es verdad que han aparecido muchos intentos de respuesta a las necesidades de las familias, también es verdad que con frecuencia o se desconocen o, incluso, no buscan una cooperación. Este desconocimiento o separación es perjudicial para todos, porque una coordinación verdadera no consiste en la disolución de todas las experiencias en aras de una unidad uniforme, sino en la realización de un pacto de cooperación que enriquezca a cada una de las experiencias con la información y la reflexión de las otras y, en definitiva con la reflexión y cooperación conjuntas.

Una cuarta sugerencia es *no separar la problemática familiar del conjunto de la problemática social inmediata e internacional.* Ya hemos descrito, en la problemática y en los criterios teológico-pastorales, el marco cultural de la realidad familiar. A la luz de esta descripción y este análisis no es posible dar una respuesta profunda y adecuada a la realidad familiar sin un juicio crítico del mundo en que vivimos y una búsqueda de alternativas sociales que sean generadoras de vida y esperanza. La humanidad es la gran familia de los hijos de Dios. La familia es un símbolo y sacramento de esta realidad total.

Una quinta sugerencia es la importancia del *desarrollo de las delegaciones de apostolado seglar.* La razón es muy clara. La problemática familiar exige una respuesta diversificada desde todos los elementos que intervienen en el proceso. Por esta razón es muy importante el apostolado seglar que se realiza en las parroquias como estructura básica de la pastoral. También es importante la educación de la fe que se realiza en la enseñanza de la religión en la escuela y la catequesis comunitaria. Es importante también la iniciación a una vivencia cristiana de la fe en los diversos ambientes secularizados del mundo en que vivimos. Hay que destacar al mismo tiempo la necesidad de una iniciación a la plegaria contemplativa y a la celebración sacramental para cultivar la interioridad y una iniciación al compromiso social y a la práctica del amor gratuito para cultivar la praxis transformadora evangélica. Todas estas dimensiones son básicas para una maduración equilibrada de la fe. Las delegaciones de apostolado seglar pueden ser aquellas estructuras que relacionan todas estas dimensiones, que ponen en contacto a todos los agentes de la pastoral que intervienen en las mismas y a todas las personas implicadas en los diversos grupos eclesiales. Si no funciona, es muy posible que se pierdan muchos esfuerzos, que se malogre el trabajo realizado en muchos grupos y que, por tanto, no se avance todo lo que podríamos. Estas delegaciones de apostolado seglar, más que realizar un programa de muchas actividades, han de realizar una reflexión teológico-pastoral que ofrezca criterios que permitan avanzar a cada uno de los grupos y movimientos. También han de ofrecer a las parroquias un marco global que diseñe un proceso en el que se vayan situando cada una de las actividades.

Una sugerencia, muy concreta pero muy eficaz, es la *creación de servicios de información y orientación familiar.* Ya se van dando algunos, pero hay que potenciarlos, extenderlos y conectarlos en una red de servicio eclesial abierta a todas las personas sin ninguna distinción. En estos servicios de información y orientación se puede ofrecer una atención adaptada a todas las necesidades y circunstancias: acogida personal y familiar, atención a las situaciones de crisis, conexión y vinculación con grupos, acompañamiento espiritual, diálogo sobre el conflicto generacional, atención especial a los separados y a las madres solteras...etc.

Una séptima sugerencia es la *especial conexión de la pastoral familiar con las delegaciones de Cáritas.* Esta conexión tiene la finalidad de iniciar, una y otra vez, a la práctica del amor gratuito como un elemento clave de la fe. Este amor gratuito es un servicio organizado en la colectividad eclesial, pero que se edifica sobre la caridad difusa del pueblo de Dios y que se expresa en la vida cotidiana, en el trabajo, las relaciones interpersonales, la oferta de tiempo y dinero de cara a solucionar las necesidades personales y sociales. La vinculación con Cáritas puede estimular positivamente este desplegamiento del amor gratuito. Es beneficioso para las dos instituciones eclesiales.

Una última sugerencia es la importancia de *promover una espiritualidad familiar edificada en el seguimiento de Jesucristo mediante un aprendizaje de la oración contemplativa y, simultaneamente, mediante una acción comprometida en la transformación del mundo en el amor y la caridad evangélica.* Buscar a Dios toda la vida es el fundamento de una vida espiritual saludable y evangélica. Sin duda la vida familiar es el mejor campo de aprendizaje de este talante espiritual. En la vivencia de esta espiritualidad unificada radica en gran parte la fuente de la serenidad y la paz.

La pastoral familiar, podemos concluir, es un campo de verificación de toda la acción pastoral. Por ésto, desde los orígenes de la Iglesia, la familia ha sido llamada «Iglesia doméstica» (Fil. 1). Esta verificación acredita la calidad de la pastoral general.

CAPÍTULO IX

Pastoral penitenciaria

Uno de los campos en los que se va haciendo realidad el amor gratuito es el de la pastoral penitenciaria. Hay que reconocer que estos últimos años se han tomado muchas iniciativas operativas, se han ido reflexionando en encuentros y congresos*, y se ha ido articulando una estructura pastoral de verdadera calidad. Sin embargo todavía son unos pocos los que participan de este proceso. Hace falta pues, generar un cambio de mentalidad personal y colectiva en la Iglesia para que este proceso se consolide y aparezca como una de las manifestaciones más claras de la caridad.

El tema antropológico que hay detrás de la pastoral penitenciaria es un tema común a todas las experiencias de marginación social como por ejemplo, el paro, la emigración, las enfermedades psíquicas, la drogadición, el Sida, la vejez, etc... Quizás es donde el tema del sufrimiento aparece de una manera más carente de interés para el público en general porque la gente piensa que quien está en la cárcel es porque es un «peligro so-

* Desarrollé esta temática en la VII Asamblea Nacional de Capellanes de Prisiones y Delegados Diocesanos de Pastoral Penitenciaria, celebradas en Madrid del 9 al 11 de febrero de 1994. Para una mayor comprensión de la importancia de esta dimensión de la pastoral, consultar las actas del encuentro y algunos de los materiales publicados por el Secretariado de Pastoral Penitenciaria de la Comisión de Pastoral de la Conferencia Episcopal Española. Entre otros: «Los derechos humanos en la cárcel» (Sevilla 1992), «Pastoral Penitenciaria y comunidad cristiana» (Madrid 1993) y el boletín del Secretariado «Puente».

cial», sin pararse a pensar y descubrir las razones por las cuales se ha producido esta situación.

Para conocer las iniciativas concretas que se han ido tomando estos últimos años se puede conectar con las delegaciones diocesanas de la pastoral penitenciaria. En este tema reflexionaremos sobre las condiciones que pueden conducir a una «normalización» pastoral. Esta normalización supone un cambio de mentalidad que ponga sus raices en lo más genuino y original del Evangelio (Mt. 25, 36; Lc. 4, 18-22; Jn. 4, 24 etc.). En un primer apartado realizaremos una observación sobre el sentido del sufrimiento y sus causas. En un segundo momento intentaremos hacer una lectura teológico-pastoral de esta experiencia personal y comunitaria. Finalmente propondremos algunas sugerencias operativas.

1. El sufrimiento

El sufrimiento es una experiencia que hemos hecho o haremos todos. Aparece en la vida de cada día, pero de una manera especial en las situaciones-límite, que son aquellas que no puedo aplazar: el dolor físico, psíquico, la enfermedad y la muerte, la soledad, la culpabilidad. En el sufrimiento se manifiesta la falta de energía vital y conduce a la angustia y el miedo. El sufrimiento físico, psíquico, mental, afectivo y espiritual plantea automáticamente la pregunta por el sentido de la vida y el sentido de la identidad humana.

Hay unas causas externas que generan sufrimiento: las contradicciones sociales producidas por la injusticia, por la manipulación, la falta de un proyecto educativo a la altura de los tiempos, el trasfondo socio-económico y socio-cultural... etc.

Hay otras causas de orden interno que agravan las causas externas y que, con frecuencia conducen, a verdaderos callejones sin salida para muchas personas: la historia personal (familiar, educacional, afectiva, laboral, religiosa...), el miedo a pensar, a amar, a ser uno mismo, la falta de espacios de «silencio» para digerir los hechos de la vida, la falta de comunicación en profundidad... etc.

Estas causas externas e internas ponen de manifiesto la carencia de una verdadera evangelización de las personas y de la sociedad. Esta falta de evangelización ha producido lo que se ha tipificado con el nombre de «Muerte Social». De hecho la «muerte social» es la respuesta materialista al tema del dolor y de la dificultad en general. Delante del tema del dolor lo que se intenta es que no moleste. Para conseguir este objetivo, se le aparta de la vista de la gente en la vida diaria, se le mantiene al margen y se sigue viviendo como si no existiese. Esto se ha ido produciendo en muchos campos sociales y, sin duda, uno de los mas patentes ha sido el de las cárceles.

La comunidad cristiana puede y ha de ponerse muchas preguntas ante esta experiencia de la muerte social:

* ¿Es posible el respeto a la dignidad de la persona humana?

* ¿Es posible vivir la solidaridad y la fraternidad?

* ¿Es posible vivir en la vida el seguimiento de Jesucristo que proclamamos con la Palabra y celebramos en la Eucaristía?

* ¿Es posible cantar cantos de fiesta en una tierra extranjera? (S. 137).

* ¿Es posible la utopía cristiana del Reinado de Dios?

2. Lectura cristiana de la realidad

El reto que plantea la pastoral penitenciaria a la fe es la pregunta sobre el sentido de la salvación cristiana. Aceptar este reto puede ser de gran ayuda para vivir el evangelio en la realidad.

No podemos hacer aquí un tratado pero ciertamente podemos subrayar algunos de los criterios básicos para realizar un proyecto que genere la normalización pastoral.

a) *Urgencia de «limpiar» la mirada para observar la realidad en la perspectiva de la Creación*

La fe cristiana presupone la convicción de la presencia de Dios en la Creación a través de la Providencia. Hay una mirada sobre la realidad que no es «limpia». Es aquella mirada que se queda en la superficie y que no va al fondo de las cosas. Desde una mirada superficial es muy comprensible la «muerte social», puesto que hay cosas que a primera vista no tienen solución. Sin embargo cuando «limpiamos la mirada» descubrimos que tomamos conciencia de un valor cuando lo perdemos y que las carencias pueden convertirse en estímulos positivos para vivir.

A la luz de la mirada en la perspectiva de la Creación, el sufrimiento es una oportunidad para crecer desde dentro. Este crecimiento implica dar respuesta a las necesidades físicas, de protección y de comunicación. Cuando esto se da la persona puede pasar de vivir de una manera «problemática» a vivir los problemas sin conflicto.

La pastoral penitenciaria ha de ser muy consciente de este criterio para no caer en la trampa de realizar una actividad que deriva en activismo, sin transformar realmente la situación social en la perspectiva el Evangelio. El cambio de la realidad exige la transformación de la mirada sobre la realidad penitenciaria. Es un criterio básico.

b) *Urgencia de activar la fe en la resurrección para hacer realidad el sentido de la Revelación y la Redención*

La Iglesia acredita su fe cuando acompaña con los hechos aquello que proclama con la palabra. Hay varias manifestaciones de esta correlación entre palabra y testimonio. Podemos destacar algunas:

* El vivir en positivo, es decir, dejando de lado la tendencia a quedarse en la negatividad, potenciar los aspectos que conducen a una vivencia esperanzada de la realidad. La esperanza siempre ha sido una de las mejores manifestaciones de la fe.

* Creer en las posibilidades de cambio que hay en uno mismo y en los demás. Es una de las manifestaciones simbólicas más profundas de la fe en la resurrección. La Buena Noticia del Evangelio en gran parte es el anuncio de esta posibilidad para toda la persona y todas las personas.

* El descubrimiento de la «noche oscura» de las personas y de la comunidad humana como una peregrinación hacia el sentido y la identidad. Es el camino hacia la libertad.

* Experimentar verdaderamente la salvación cristiana como una transformación de la angustia en la confianza, de la culpabilidad en sentirse aceptado, de la soledad en el amor.

* La posibilidad de recuperar la «infancia espiritual» para reencontrar la espontaneidad y la autenticidad.

Estas, y otras manifestaciones de la fe en la resurrección, permiten pasar de la «muerte social» a la «vida-en-el-Espíritu». Es entonces cuando la pastoral penitenciaria supera todo peligro de paternalismo y activismo y se convierte en un camino de realización de la propia transformación evangélica por parte de aquel que realiza esta manifestación del amor que brota de la fe. Es entonces también cuando la Creación es iluminada por la Revelación y la Redención de Cristo. De ahí emergen diversas salidas para los problemas, sea el que sea su grado de complicación y su aparente situación irresoluble.

c) *Urgencia de cultivar un clima de esperanza teologal para que podamos vivir el sentido de la Santificación*

La fe en la Creación y la Revelación/Redención, como manifestación del amor interno de Dios, es el fundamento de la experiencia de la Santificación. La razón es muy clara: el amor de Dios es siempre eficaz y realiza aquello que crea e ilumina.

Las miradas científica, filosófica, psicológica, sociológica, cultural y antropológica son siempre penúltimas. La última explicación de la realidad siempre escapa —por definición— a todas estas miradas. Estas miradas son necesarias, pero no podemos dejarnos alienar y poner como explicación última de las cosas aquello que es parcial. Frente a esta situación hay dos salidas: la muerte social, es decir, la renuncia al sentido; o bien la esperanza teologal, es decir, la apertura del esfuerzo del trabajo humano a la luminosidad de la trascendencia.

Es en estas situaciones cuando se pone de manifiesto la fe. Evidentemente cuando alguien dice «mi caso no tiene solución» en el fondo está diciendo que la salvación no existe y que el sentido de la vida es una quimera. Esto lo podemos decir de nosotros mismos y también lo podemos decir de los demás. En la pastoral penitenciaria se pone de relieve siempre la autenticidad o la falsedad de este criterio. Personalmente puedo decir que he encontrado en los agentes de pastoral del mundo penitenciario un verdadero testimonio de la autenticidad de la fe cristiana. Es una pastoral consciente del mundo en que vivimos, con un sentido comunitario y corresponsable patente, que reflexiona la realidad, para actuar en la misma, anunciando y denunciando, que combina la acogida incondicional con el sentido crítico y que, reconociendo el mal, no se deja avasallar por el mismo. Creo que es bueno dar testimonio de la calidad de la pastoral penitenciaria realizada. Es una pastoral que se ha ganado el respeto de todos. De esta manera es un símbolo de la renovación eclesial en la perspectiva de amor gratuito y convivencial.

4. A la luz de estos tres criterios podemos establecer el principio fundamental de la pastoral penitenciaria. Podemos formularlo de esta manera: *Hay que avanzar hacia una normalización pastoral en la pastoral penitenciaria a todos los niveles de la Iglesia.*

Así como la parroquia atiende a los enfermos, a las diferentes edades y situaciones, a las familias, etc., también ha de atender con toda normalidad a los internos en las instituciones penitenciarias. De esta manera la capellanía penitenciaria realizaría un trabajo mucho más enraizado en la comunidad cristiana. Cuando no hacemos esto, estamos negando con los hechos aquello que hemos proclamado con la Palabra y los Signos Sacramentales. Solamente pues, un cambio de conciencia puede generar una nueva práctica pastoral adecuada a las exigencias del Evangelio. Esta cambio de mentalidad ayuda a renovar no solamente la pastoral penitenciaria, sino también toda la pastoral en general. La renovación de la parroquia implica un respeto profundo a la Eucaristía, como elemento central y centrador de la comunidad, pero también un respeto a la vecindad como manifestación de la Creación de Dios.

Cuando se ha producido este cambio de mentalidad es fácil encontrar fórmulas operativas adaptadas a las diversas situaciones. Sin este cambio de mentalidad, todas las fórmulas tienen el peligro de ser actividades marginales. Una vez más verificamos que la renovación pastoral implica un cambio de la mente y el corazón, es decir un proceso de conversión evangélica.

3. Sugerencias operativas

El retorno al espíritu del Evangelio permite dar una respuesta eclesial a la persona concreta, tal y como es. Esta respuesta es personal y eclesial. Refleja la «novedad» de vida, don de Dios manifestado en Cristo. Ofrece una respuesta a todos y, por tanto, también a los feligreses privados de libertad, sin paternalismo ni juicios del interior de las personas. Es una propuesta de vida que es «luz», que ayuda a la persona a encontrarse consigo misma en todas las situaciones. Es una propuesta de vida que es «camino» que ayuda a superar todos los esquemas mentales hacia una flexibilidad al servicio de la persona. Es también «confianza» que abre la persona al futuro ya que, desde esta perspectival, el amor es más fuerte que la muerte. Es, finalmente «verdad y vida» que genera una fe que se manifiesta en la esperanza y se realiza en el amor. En resumen: La irrupción de la novedad de Dios en Cristo penetra en nuestras vidas para que seamos beneficiarios y, al mismo tiempo, testigos delante del mundo entero.

La manera más eficaz de poner en práctica este cambio de mentalidad es a través del «acompañamiento educativo» mediante las diversas actividades pastorales. Este proceso educativo tiene estas etapas:

* *Crecimiento:* En esta etapa se trata de dar respuesta a las necesidades básicas —biológicas, intelectuales, afectivas y sociales— de la persona humana.

* *Lucha:* Se trata de ayudar a descubrir un espacio social en el que realizar mínimamente el crecimiento personal (familia, trabajo, opciones de vida y aficiones).

* *Inserción vital.* Cuando se ha descubierto e insertado en un espacio social, la persona puede poner en acción aquello que piensa que es mejor para su propia felicidad y para el bien común.

* *Contemplación:* Cuando se puede llegar a la etapa contemplativa es posible conseguir una plenitud en la que la soledad se convierte en libertad creadora, el aislamiento en comunicación amorosa y los miedos en confianza trascendente.

Este proceso de plenitud es un reto para todas las personas y, por tanto también para los internos en instituciones penitenciarias en alguna etapa de su vida. No siempre se puede hacer mucho camino, pero lo importante es hacerlo en la dirección correcta, de acuerdo con la parábola de los «talentos» y la del «juicio final» (Mt 25).

Cuando actuamos en la dirección correcta las actividades están llenas de sentido y las concreciones operativas realizan su cometido de una manera eficaz. Los agentes de la pastoral, al mismo tiempo que sirven a los demás, experimentan la propia transformación personal evangélica. También entonces el voluntariado cristiano de la pastoral penitenciaria tiene una tarea apasionante. Las capellanías, los secretariados diocesanos y los equipos parroquiales pueden normalizar y concretar las diversas actividades necesarias de la pastoral penitenciaria.

Estas actividades han de estar adaptadas a todas las situaciones, pero han de asegurar las tareas siguientes:

- Análisis y lectura creyente de la realidad cambiante.
- Sensibilización permanente de la comunidad parroquial y diocesana.
- Denuncia social de las causas de la situación.
- Capellanías en las cárceles y servicio a los internos y a sus familias.
- Acogida y asistencia postcarcelaria.
- Tarea de prevención.
- Formación del voluntariado.
- Celebración litúrgica y formación catequética.
- Mirada contemplativa de la acción realizada.
- Reflexión teológico-pastoral.

Podemos terminar esta reflexión con una conclusión abierta. Estos últimos años se han realizado en la Iglesia verdaderos esfuerzos de renovación pastoral. Junto a una pastoral general se han realizado algunas pastorales especializadas que emergieron en la primera mitad del siglo XX y que se consolidaron alrededor del Concilio Vaticano II: el apostolado seglar, el movimiento catequético, ecuménico, social, sacerdotal, la pastoral juvenil, etc.

En este final de siglo van apareciendo otras especializaciones muy importantes para vivir la fidelidad al Evangelio. Han nacido a causa de la existencia de unos sectores marginados por la sociedad opulenta y consumista, pero que según el Evangelio han de ocupar un lugar privilegiado en la comunión eclesial. Es suficiente recordar los trabajos realizados de cara a la pastoral de la salud, del servicio al «cuarto mundo», a los marginados, emigrantes... para sentir muy viva la renovación post-conciliar.

Estas especializaciones no son una especialización de la fe, sino un intento de dar respuestas adaptadas a las diversas situaciones que vive la gente. De hecho conducen a lo que constituye el fondo común del proyecto de la fe: la transformación de la sociedad en comunidad según el proyecto de Dios manifestado en Cristo. Este proyecto es la cultura de la fraternidad y la filiación divinas.

Este mismo camino es el que se está haciendo realidad en la pastoral penitenciaria, como tarea de toda la Iglesia. Solamente así podemos llevar con dignidad el título subrayado por el Concilio Vaticano II: Iglesia, Pueblo de Dios. Si trabajamos por este cambio de mentalidad, todo lo demás llegará por añadidura. De hecho, la pastoral penitencia —como todas las manifestaciones del amor gratuito que brotan de la fe— es un campo de verificación de la fe cristiana en su totalidad y definitividad.

Capítulo X

Sensibilidad y fe cristiana

La teología pastoral ha de ser fiel al mensaje revelado, pero también ha de ser fiel a la persona humana en su multidimensionalidad. Tradicionalmente ha sido muy fiel a la persona humana en lo que hace referencia a la búsqueda de la verdad y el bien ético. Sin embargo el camino de la búsqueda de Dios a través de la sensibilidad y la belleza ha quedado en manos de una minoría de artistas o de espacios privilegiados como los monasterios.

Con la secularización de la sociedad el arte ha entrado por unos derroteros muy diversificados. Es un lenguaje que transmite experiencia humana y, por consiguiente, valores. En medio de este pluralismo artístico es urgente crear un lenguaje significativo que permita la transmisión de la fe a través de esta mediación.

Es en todos los sectores humanos, pero especialmente en el universo juvenil, donde se hace patente la urgencia de esta creatividad. Pensemos y comprenderemos enseguida esta necesidad urgente. El mensaje de un grupo musical tiene más poder de atracción para las masas juveniles que el mensaje de la Pascua. Evidentemente lo que falla no es el anuncio de la Pascua, sino las mediaciones y el lenguaje utilizado para la transmisión de la misma.

Hay grupos que han intuido con toda claridad esta necesidad pastoral y han iniciado experiencias abiertas a la búsqueda de este lenguaje de la sensibilidad y la belleza. Pongamos por ejemplo la experiencia del Multifestival «David» que viene realizándose en diversos lugares de España desde hace unos años. Tiene un poder de convocatoria importante y en el confluyen artistas, en las diversas manifestaciones del arte, y se convierte en un foro de diálogo, de fraternidad, de oración, de celebración de la fe, de catequesis y de generación de esperanza trascendente. Esta experiencia está abierta a todas las manifestaciones del arte.

En este capítulo aportaremos algunos elementos para diseñar un marco pastoral a este esfuerzo de acceso a la fe por los caminos de la sensibilidad y la belleza. En un primer momento analizaremos la cuestión de fondo que aparece en esta nueva sensibilidad. En un segundo momento buscaremos los criterios teológico-pastorales que iluminan la situación desde la perspectiva pascual. Finalmente haremos algunas sugerencias operativas*.

1. La cuestión de fondo

La transformación profunda del mundo occidental contemporáneo se manifiesta de muchas maneras. Es una coyuntura que ha puesto en crisis muchas cosas que se daban por establecidas. Entre estas manifestaciones de la crisis podemos destacar la del conocimiento, en su manifestación filosófica y también la científico-técnica, la de los modelos económicos y políticos, la de todos los sistemas cerrados al diálogo universal.

Sin embargo, al mismo tiempo que ha puesto en crisis estas manifestaciones de la cultura, ha puesto de relieve también nuevas necesidades de la persona humana y de la sociedad. Sobre todo hay que destacar la urgencia de reencontrar caminos

* Esta reflexión es el resultado de un ciclo de conferencias que di en el «Multifestival David[», realizado en Zaragoza del 7 al 11 de julio de 1994. La temática de las conferencias giró alrededor de la pregunta «¿qué es evangelizar?».

de harmonía, de libertad, de paz, de comunicación, de sentido ético de la vida, de sencillez, de apertura a las otras culturas, a las otras religiones, de recuperación del gozo de vivir, de superar el miedo, de esperar, de amar...

Entre las causas más importantes de esta situación hay que destacar la pérdida de la multidimensionalidad de la persona humana y, al mismo tiempo, la pérdida de la unidad interna antropológica. Unos siglos de racionalismo y moralismo han dado paso a una época de individualismo, privatización de la ética, aislamiento, regresión humanista hacia un empirismo consumista, a una falta de solidaridad y de apertura al futuro y a la trascendencia.

Esta pérdida de multidimensionalidad y unidad antropológica exige un esfuerzo de recuperación de las dimensiones más afectivas de la vida humana, sin renunciar ni a la búsqueda de la verdad, ni al bien ético.

Otro de los aspectos formales de la crisis es el rechazo de toda forma de autoridad establecida, a causa de la desconfianza histórica que el ejercicio de la autoridad ha originado. Por esto la persona se ha liberado de toda autoridad establecida, pero ha quedado inmersa en una gran soledad para afrontar los problemas de la vida.

El problema de fondo es la necesidad de crear un nuevo clima de confianza que permita poner las bases de una nueva búsqueda de la verdad que nos hace libres y la búsqueda de los caminos que conduzcan al diseño de una ética auténtica.

La creación de este clima pasa por un reencuentro humano de la afectividad en todas sus manifestaciones. Es ahí donde los caminos de la sensibilidad, el arte y la belleza pueden aportar elementos de una gran importancia.

En esta perspectiva, más que modelos acabados, hay que ofrecer modelos de búsqueda y participación. Los educadores han de ser, más que transmisores autosuficientes, mediadores sencillos de la búsqueda de la creatividad, de la originalidad y de la sedimentación de la experiencia vivida.

Esta apertura exige un compromiso social y pastoral en el que, renunciando a la autosuficiencia, nos situemos en un camino de aprendizaje desde la realidad. No estamos muy acostumbrados a realizar una pastoral desde esta premisa de la discreción, la sencillez y el acompañamiento humilde. Sin embargo, podemos decir que es una magnífica oportunidad histórica para la renovación eclesial en todas sus dimensiones.

2. Reflexión teológico-pastoral

La realización de este nuevo estilo pasa por un replanteamiento de la multidimensionalidad de la persona humana y de la unidad esencial unificadora de esta multidimensionalidad. Desde este proceso es posible la harmonia y la paz. Vamos a intentar destacar algunos elementos de esta multidimensionalidad.

1. *La multidimensionalidad* de la persona humana se manifiesta en que es una realidad abierta al futuro a través del trabajo y la acción en general, a través del amor y la relación, mediante la imaginación, la pasión por la libertad, la autoconciencia de la propia vivencia. Esta realidad abierta es una experiencia única e irrepetible, aunque puede ser compartida en la familia, con los amigos, en el pueblo o en el barrio, en el país donde uno vive e, incluso, en las relaciones internacionales cada vez más frecuentes.

La dificultad está en que no es fácil encontrar un lenguaje que permita compartir esta experiencia única e intransferible, porque la persona humana, al mismo tiempo que es una realidad multidimensional única e irrepetible, es también una realidad profundamente limitada en su biología, en su inteligencia, en su afectividad y en su búsqueda de la trascendencia...

Este lenguaje ha de ser concreto y narrativo, pero al mismo tiempo abierto y universal. La verdad y el bien son unos puntos de referencia imprescindibles en la elaboración de este lenguaje.

Sin embargo la belleza y la sensibilidad son aquellos elementos sin los cuales el lenguaje de la razón y la ética, corren el peligro de la abstracción y, por consiguiente, el peligro de la pérdida de significación para las personas concretas.

2. *El acceso a la fe trascendente* se realiza con todo lo que somos. La multidimensionalidad ha de ir acompañada de la unidad interior para no acabar en una fragmentación de la vida y de la propia personalidad. Por esto en el camino del acceso a Dios interviene la razón, pero también los sentimientos, las emociones, las sensaciones, la libertad, la imaginación de futuro, la afectividad, la voluntad. El arte de los expertos, y el arte de la vida cotidiana, aportan elementos muy importantes para conseguir esta unidad interior, porque ofrecen un lenguaje que se dirige al fondo de esta diversidad de manifestaciones de la personalidad. Es por esto que los jóvenes vibran ante la música. Esta vibración no es siempre positiva. Puede ser también, como todos los lenguajes, corrosiva e incluso autodestructiva. Sin embargo, en todos los casos —creativos o corrosivos— aparece claramente la necesidad de este lenguaje de la sensibilidad y la belleza. El problema radica en la capacidad de usar el lenguaje de una manera constructiva. No se puede prescindir del lenguaje. El reto está en la capacidad de aprenderlo y usarlo de una manera conveniente y adecuada al evangelio.

Muchos mensajes que aparecen en las canciones modernas son muy superficiales pero la música que los acompaña se dirige a la sensibilidad, independientemente del mensaje racional o irracional que vehicula. La respuesta pastoral no es correcta si, al mismo tiempo que critica el contenido, hace un juicio acrítico de la música. Esta crítica será recibida por los interlocutores con un rechazo total desde la sensibilidad. El auténtico diálogo se ha de establecer desde la base común del nuevo lenguaje musical. Lo mismo podemos decir del lenguaje de la pintura, el urbanismo, la poesía, la escultura; o bien de manifestaciones más prosaicas de la belleza como pueden ser la manera de vestir, de relacionarse en la vida cotidiana, de diseñar las cosas, etc.

Especialmente esta búsqueda del lenguaje común es importante en los medios de comunicación social y, especialmente el cine y la televisión. Hay que ir superando un análisis racionalista para utilizar un lenguaje que tenga mucho más presentes los sentidos y especialmente la vista y el oído. No se trata de entrar en el juego del márketing comercial prescindiendo de los valores referenciales. Se trata de usar el lenguaje simbólico y narrativo para dar precisamente testimonio de los valores trascendentes.

Esta renovación del lenguaje es urgente a todos los niveles de la pastoral. Sin embargo lo es especialmente en el campo de la teología. Con ello no queremos decir que la teología ha de usar un lenguaje superficial y sin tejido de pensamiento. Lo que queremos decir es que ha de ser posible expresar lo mejor del pensamiento teológico a través de un lenguaje más simbólico, narrativo y dirigido no solamente a la razón, sino también a la sensibilidad y la voluntad. De entrada no es nada fácil este esfuerzo porque venimos de una larga tradición racional e, incluso a veces racionalista. Pero la dificultad es un reto que permanece y estimula la creatividad.

3. *El proceso* de unificación de la multidimensionalidad pasa por puntos de partida diversos y por altibajos. Es una verdadera aventura de peregrinación hacia el ser interior. En este proceso, la fe se va relacionando con la propia autonomía personal que se va consolidando. En este proceso también se va desarrollando una nueva capacidad relacional, mucho más permeable y flexible, que canaliza los deseos profundos que son los que verdaderamente generan la actividad de los seres humanos.

En este proceso es clave el análisis de los sentimientos humanos para descubrir los genuinos y purificar los inauténticos. Entre los sentimientos personales más genuinos hay que destacar el miedo, la alegría, la tristeza, el afecto, el genio. Un cultivo adecuado de estos sentimientos genuinos es fundamental para la vivencia de la fe. Recordemos, a manera de ejemplo, la cantidad de veces que Jesucristo en el Evangelio invita a no tener miedo, las veces que llora ante el dolor personal o de la situación de su pueblo, las veces que se alegra ante la bondad y la transparencia, las veces que mira con ternura y afecto a los que sufren, a los que se esfuerzan ante las dificultades, a los que intentan ser como niños. Sin duda el Evangelio utiliza mucho más un lenguaje simbólico y narrativo que el lenguaje del racionalismo y la abstracción. Los sentimientos genuinos contribuyen en gran manera a elaborar este nuevo lenguaje.

Cuando no tenemos en cuenta los sentimientos genuinos aparecen los falsos sentimientos o los resentimientos. Los resentimientos bloquean toda posibilidad de comunicación y, por tanto, hacen muy difícil la transmisión de la fe.

3. Sugerencias operativas

1. Un primer paso a dar, de cara a la incorporación de la sensibilidad y la belleza como camino de acceso a la fe, es realizar un *esfuerzo ascético que evite juzgar precipitadamente los intentos de renovación pastoral* en esta perspectiva. Es normal que no sepamos llevar a la práctica experiencias nuevas en esta dirección. Pero lo que podemos hacer es no juzgar a aquellos que llevan a cabo intentos de aplicación pastoral de esta perspectiva. El tiempo va discerniendo el grado de calidad de todas las experiencias y sólo permanecen aquellas más profundas y válidas.

2. Es también importante realizar un acompañamiento pastoral de los artistas. Muchas veces los artistas cristianos viven una profunda soledad en su trabajo creativo. Estamos muy lejos todavía de valorar adecuadamente su aportación a la vitalidad de la comunidad cristiana. Esta tarea pastoral la han de realizar aquellos agentes de pastoral que sean capaces de valorar el arte y, al mismo tiempo, sean capaces de una reflexión teológica en la perspectiva del lenguaje simbólico y narrativo que hemos descrito en el apartado anterior.

3. Otro elemento fundamental de cara a esta renovación es el diálogo abierto con todas las manifestaciones del arte. En este diálogo ha de estar presente una actitud de acogida y un discernimiento. La actitud de acogida crea unas relaciones humanas abiertas. La actitud de discernimiento sirve para realizar una valoración crítica, lo mas aproximada posible a la objetividad. La teología ha realizado este diálogo con la filosofía y con las ciencias de la naturaleza y de la persona humana. Actualmente tiene este reto de realizar una tarea parecida con la expresión artística del ser humano. No es una novedad este talante teológico, pero debe ser desarrollado en cantidad y en calidad. Es un lugar teológico importante de cara al futuro.

4. A un nivel más cotidiano hay que dar acogida a las iniciativas pastorales que van en esta dirección. Se puede ir realizando esta acogida suscitando vocaciones, en el interior de la comunidad, entre la gente que tiene talentos escondidos y que no ha explotado porque no los ha descubierto.

A parte de suscitar y desvelar la conciencia comunitaria hacia la sensibilidad y la belleza, también ha de acompañar a aquellos miembros que realizan ya tareas artísticas en sus diversas manifestaciones: música, poesía, pintura, escultura, lenguaje, etc. Este acompañamiento puede ser muy eficaz para el crecimiento de la fe y el desarrollo de un lenguaje válido para el anuncio del evangelio.

5. Sin embargo, todo lo anterior puede quedar en un trabajo marginal y testimonial si no realizamos, al mismo tiempo, un esfuerzo generalizado de cuidar el talante general de toda la actividad pastoral. La pastoral profética es la que más necesita de este nuevo lenguaje para la realización de un trabajo evangelizador y catequético adecuado, pero la pastoral litúrgica y la estructural-educativa también necesitan de una renovación parecida.

Incorporar el lenguaje de la sensibilidad y la belleza a nuestras celebraciones permitiría una renovación del lenguaje litúrgico. De hecho, tradicionalmente ha sido uno de los campos de la pastoral donde ha estado más presente el arte a través de la música, de la creatividad simbólica, de la arquitectura, la pintura, la escultura, la oratoria, etc. Pero en este final de siglo XX hay que hacer un esfuerzo especial para adaptar la manifestación artística tradicional a las nuevas manifestaciones del arte que han nacido y nacen en este proceso de cambio epocal. La fe siempre ha sido, y seguirá siendo, una fuente magnífica de inspiración. Hay que perder el miedo a realizar este cambio de lenguaje. El lenguaje tradicional seguirá siendo válido a partir de la aceptación de estas innovaciones contemporaneas. Lo nuevo jamás margina lo antiguo de verdadera calidad.

Incorporar el lenguaje de la sensibilidad y la belleza a la pastoral estructural-educativa es un reto mucho más difícil. Tanto la cultura secular como la cultura eclesial han de sufrir una profunda transformación en su funcionamiento, porque han estado edificdas desde un concepto racional y de búsqueda de la eficacia. No hay por que renunciar a la búsqueda de la eficacia para introducir un concepto nuevo en las relaciones interpersonales, grupales y sociales que incorpore la sensibilidad y la belleza. A la larga, posiblemente, es el mejor camino para unas relaciones eficaces y gratificantes. Es bueno que eliminemos obstáculos que impiden esta renovación.

En el futuro inmediato solamente una pastoral edificada en la gratuidad, en la sensibilidad adulta y en el realismo, pueden generar unas relaciones con el mundo que sean significativas. En ello, realmente, está en juego la capacidad de anunciar al mundo el mensaje de la resurrección como una anticipación ferviente y como esperanza para la humanidad entera.

CAPÍTULO XI

Pastoral de la salud

INTRODUCCIÓN

La pastoral de la salud es uno de los campos de la acción eclesial en los que se ha producido una evolución más significativa en los últimos decenios[1]. Por esta razón es importante estar atentos al proceso y observar el camino de renovación recorrido, porque puede servir de ejemplo para otros campos de la acción pastoral de la Iglesia[2].

En un primer momento describiremos algunos de los retos que afectan este campo concreto de la acción pastoral. También enumeraremos algunos de los signos de esperanza que aparecen en la realidad vivida.

En un segundo momento reflexionaremos sobre los principios y los criterios teológicos y pastorales que orientan un planteamiento correcto de la acción eclesial[3].

[1] Ver el libro de Arnaldo PANGRAZZI, *Creatividad pastoral al servicio del enfermo*, Sal Terrae, Santander, 1988.

[2] La renovación de la pastoral penitenciaria ha seguido unas pautas parecidas a la renovación de la pastoral de la salud. La pastoral de la salud ha ido pasando de la atención religiosa en los hospitales hacia una pastoral de los enfermos hospitalaria y en los domicilios particulares, para abrirse a una pastoral de la salud en un sentido integral y total. Para observar el camino recorrido por la pastoral penitenciaria, ver el Documento «Grandes líneas de una pastoral penitenciaria para el tercer milenio», separata de la revista Obra Mercedaria 226 (2000) 1-58, Valencia, 2001.

[3] Ver la obra en colaboración, *La Paraula s'ha fet home*, Secretariado interdiocesano de Pastoral de la salud de la Tarraconense, Barcelona, 2000.

Finalmente, formularemos unas directrices operativas o líneas de acción para llevarlas a la práctica diaria[4].

1. Retos y signos de esperanza

La pastoral de la salud afecta a una de las dimensiones más importantes de la vida humana, porque es la presencia de la Iglesia en el mundo del sufrimiento y de la limitación del ser humano. Este sufrimiento no es solamente de orden físico, sino también de orden psíquico, social y espiritual, porque la persona es un ser que no se puede seccionar en sus múltiples dimensiones sin que se afecten mutuamente.

Entre los retos y signos de esperanza que podemos observar en este campo de la vida humana podemos destacar algunos de los más significativos e importantes.

a) *Magnitud del sufrimiento en la sociedad actual*

El mundo occidental ha avanzado mucho en la supresión del dolor físico, pero, al mismo tiempo, ha desarrollado unos nuevos tipos de sufrimiento a veces insoportables. Entre las manifestaciones más significativas de este sufrimiento está el sufrimiento psíquico.

El modelo de sociedad en el que vivimos ha desarrollado una nueva especialidad en la medicina que es el de las curas paliativas, es decir, el trato del enfermo no solamente en vista a la curación, sino también a paliar el dolor y a acompañarlo clínicamente en los procesos terminales. Sin embargo esta superación del dolor físico en el mundo hospitalario ha ido acompañado de un crecimiento del dolor intelectivo y emocional notable en la vida diaria de la sociedad. Este sufrimiento psíquico aumenta especialmente en determinadas capas sociales y, especialmente, en el mundo de la marginación. Las estadísticas sobre el crecimiento de las

[4] A modo de ejemplo, ver el trabajo realizado por el Departamento de pastoral de la salud de la Conferencia Episcopal Española en *Los 10 días del enfermo de la Iglesia Española*, Colección Iglesia y mundo de la salud 4, EDICE, Madrid, 1994.

enfermedades psíquicas en el mundo occidental son significativas para comprender la magnitud de esta situación.

b) *La injusticia en la distribución mundial de los recursos médicos*

Por una parte, la sociedad dedica muchos de sus recursos económicos a la educación y a la sanidad, lo cual es muy positivo para el bien común. Sin embargo estos recursos están distribuidos de una manera injusta, porque hay personas que, a parte de la seguridad social, pueden permitirse la financiación de algunos servicios alternativos complementarios, y otras muchas personas han de permanecer en largas listas de espera para ser atendidas en sus necesidades básicas.

Esta injusticia adquiere unas desproporciones alarmantes y extremas cuando nos referimos a la situación del tercer mundo. El grado de diferencia en el campo de la salud, igual que en otros aspectos sociales, es de tal orden de injusticia que en este siglo XXI es de prever una revolución social y política mundial más radical que la revolución comunista soviética de la primera mitad del siglo XX.

c) *La contradicción entre el culto al cuerpo y la falta de visión integral de la persona*

A parte de la inestabilidad exterior de la sociedad en el ámbito local y mundial, hay otro reto que afecta a la pastoral de la salud y consiste en la falta de una visión armónica del ser humano. Esta falta de armonía se manifiesta en la fragmentación de la persona y en la dicotomía de su dimensión material y espiritual.

Es importante recuperar el respeto y la valoración de la dignidad del cuerpo humano, pero no es correcto el culto al cuerpo, separándolo de la atención a las necesidades psicológicas, sociales y espirituales de la persona y de la comunidad. La atención a la imagen física de la persona es conveniente y necesaria, pero no es correcta la exageración de la misma, convirtiéndola en un culto superficial y absoluto.

La salud integral es el camino de la liberación. La falta de atención a alguna de las dimensiones básicas de la persona, automáticamente, repercute en las otras dimensiones. Esta contradicción entre el culto superficial al cuerpo y la falta de atención a una salud integral de la persona se da con mucha frecuencia en nuestra sociedad y genera muchas patologías.

d) *El aumento de las enfermedades mentales y emocionales*

La consecuencia de la falta de una visión integral de la persona genera unas nuevas patologías en los comportamientos humanos. Estas nuevas patologías se manifiestan, especialmente, en el universo intelectivo y emocional.

Entre las causas más importantes de estas nuevas patologías psicológicas hay que subrayar la falta de maduración de la persona en la armonía de todas sus dimensiones y, también, la dificultad para desarrollar una comunicación interpersonal abierta y auténtica que genere un clima afectivo gratificante.

El ser humano no puede, finalmente, llegar a un equilibrio y a una madurez cuando trata de eludir la pregunta por el sentido último de la vida. La experiencia diaria manifiesta que no es posible marginar la dimensión religiosa sin renunciar a la plenitud de la madurez humana. La marginación de la dimensión religiosa o la vivencia inadecuada de la misma, a veces incluso es el origen de algunas patologías de orden espiritual.

e) *La democratización y masificación de la política sanitaria*

Un signo de esperanza importante en el mundo occidental es la democratización y la apertura del servicio sanitario público a todos los ciudadanos. Hay que reconocer que la situación actual es mucho más positiva que hace unos pocos decenios.

Sin embargo, esta generalización del servicio público sanitario ha conllevado una masificación con largas listas de espera para recibir la atención sanitaria conveniente. Este hecho ha producido una nueva discriminación económica de los pobres respecto de los ricos, porque ha desarrollado una medicina privada elitista y muy cara, que solamente se pueden costear los ricos.

A parte de esta discriminación social interna del mundo occidental, la generalización del servicio público de la sanidad no ha alcanzado a toda la humanidad. Como es bien conocido, en el tercer mundo hay una gran carencia, incluso en algunos casos extrema, de los servicios sanitarios más elementales. Esta situación es un reto frontal a la llamada evangélica sobre la primacía de la caridad en el seguimiento de Jesucristo.

f) *Las medicinas alternativas o complementarias*

Poco a poco y con grandes resistencias, la medicina occidental se va abriendo a otros tipos de medicina que proceden de otras culturas y de otras tradiciones antropológicas. La resistencia a esta apertura obedece en gran parte a la magnitud de los intereses económicos que se mueven alrededor del universo de la salud.

No se trata de superar una actitud cerrada e inflexible con un nuevo dogmatismo, sino de descubrir que en el conocimiento de las claves de la salud humana todos somos bastante ignorantes y que tenemos solamente un conocimiento parcial y limitado sobre la salud integral.

La apertura a estas nuevas orientaciones médicas, en general procedentes de otras partes del planeta, forma parte del diálogo intercultural e interreligioso de la humanidad de nuestro tiempo. Ante las actitudes arrogantes y cerradas se impone el diálogo y el discernimiento. Ante la limitación de todas las culturas hay que sumar los esfuerzos.

g) *La evolución de la pastoral de la salud: tres etapas*

La respuesta pastoral a los retos y signos de esperanza que provienen del universo de la salud ha ido madurando profundamente y muy positivamente en los últimos decenios.

Tradicionalmente, la «pastoral hospitalaria» y, también, la atención a los enfermos residentes en sus domicilios particulares, se reducía en gran parte a la acción sacramental. Esta acción eclesial es una tarea, por supuesto necesaria e imprescindible, pero que no agota ni mucho menos el sentido profundo del mensaje del evangelio de la salud, que es el evangelio de la salvación.

En un segundo momento la acción eclesial evolucionó hacia una «pastoral de los enfermos». Esta perspectiva se abrió a nuevos horizontes como pueden ser: la humanización de los hospitales, la atención domiciliaria, la formación de los agentes de pastoral, la incorporación del laicado al servicio pastoral, etc.

En un tercer momento, el proyecto ha pasado de ser vivido parcialmente o humanísticamente a iniciar un nuevo proceso evangélico positivo y abierto. Este esfuerzo ha dado origen a lo que desde hace unos años se llama la «pastoral de la salud». Esta acción eclesial, a parte de mantener todo lo positivo de las etapas anteriores, ha generado una nueva mentalidad y una nueva dimensión evangelizadora a la pastoral de los enfermos: el testimonio de la acción curadora y salvífica del evangelio de la salud[5].

h) *La integración de la pastoral de la salud en la pastoral de conjunto*

Otro signo de esperanza de nuestro tiempo es la integración de la pastoral de la salud en la pastoral de conjunto de la Iglesia diocesana y en la vida de las parroquias. Esta integración en la pastoral de conjunto significa que en la actualidad, la pastoral de la salud forma parte de los proyectos generales y de los programas de actuación de las parroquias e, incluso, de la Iglesia diocesana. Esta integración representa un gran beneficio para la pastoral de la salud, pero también para todas las otras dimensiones de la pastoral de la Iglesia.

Las delegaciones diocesanas de pastoral de la salud han realizado una gran tarea para atender a todas las dimensiones de esta acción pastoral. Esta tarea ha consistido especialmente en la formación de los agentes de la pastoral y en la concienciación de toda la Iglesia sobre la importancia de esta actuación eclesial.

Las delegaciones diocesanas han contribuido a descubrir el compromiso político de los cristianos para diseñar un modelo sanitario justo y universal. El laicado católico presente en el mundo de la salud va tomando conciencia de que uno de los elementos

[5] Como un modelo emblemático de esta nueva perspectiva, ver la resolución 24 del Concilio Provincial Tarraconense. *Concilio Provincial Tarraconense 1995. Documentos y resoluciones*, Editorial Claret, Barcelona, 1996.

esenciales de la evangelización consiste en dar testimonio de los valores esenciales del evangelio de la salvación. Entre estos valores hay que destacar la importancia de la justicia.

i) *Presencia pública de la Iglesia*

La renovación pastoral realizada por la comunidad cristiana en el campo de la atención a los enfermos, a sus familias y al personal sanitario ha contribuido a dar una nueva imagen de la Iglesia, como servidora de las personas, como factor social de humanización y como testimonio de la evangelización.

De esta manera se va dibujando lo que ha de ser la presencia pública de la Iglesia en el mundo secular, que no consiste en la reivindicación de un espacio de poder político, sino en ser un servicio público a la sociedad. Este servicio público ha de estar edificado no en el poder que da el orden establecido, sino en el servicio de «lavar los pies ante el dolor del mundo»[6]. Desde esta perspectiva, ciertamente, el servicio a los enfermos físicos y psíquicos, y el anuncio del evangelio de la salud a las personas que sufren es una de las manifestaciones más diáfanas de esta presencia pública eclesial.

Estos retos y signos de esperanza ofrecen una nueva oportunidad para la renovación de la comunidad cristiana. La orientación del proceso seguido hasta el momento presente es la correcta, pero se pueden dar unos nuevos pasos para consolidar el itinerario recorrido y abrirlo a nuevas posibilidades.

2. Principios y Criterios

Entre los principios y criterios teológicos y pastorales para ofrecer una respuesta a los retos y para estimular el crecimiento de los signos de esperanza, el principio fundamental y básico es el anuncio del Reino de Dios como respuesta a la necesidad de

[6] R. Prat i Pons, *...Y les lavó los pies. Una antropología según el evangelio*, Editorial Milenio, Lleida, 1997, 281-290.

salvación de la persona. Este principio o fundamento esencial se concreta en algunos criterios que iluminan y orientan la acción.

a) *Teología del sufrimiento: limitación de la persona y trascendencia*

El sufrimiento es una experiencia básica del ser humano. A lo largo de la vida vamos experimentando las diversas facetas del sufrimiento, es decir, el sufrimiento físico, psíquico, social y espiritual.

Hay una lectura científica y humanista del sentido del sufrimiento, pero a pesar de todas sus aportaciones positivas, no acaba de dar una respuesta adecuada a las expectativas humanas.

El sufrimiento es la manifestación más profunda de la limitación humana, porque es una prueba radical de la falta de autosuficiencia del ser humano. De todas formas, el sufrimiento es una reacción de la profundidad del ser que advierte sobre la carencia de algún elemento esencial para vivir la vida en plenitud. En este sentido el sufrimiento es positivo porque es una invitación a la verdad, a la humildad y a la apertura a la trascendencia. Así el sufrimiento de nuestro tiempo es una oportunidad para el encuentro con Dios[7].

b) *Humanización y crítica de la política socio-sanitaria*

El sufrimiento es inevitable y puede ser interpretado y vivido de una manera positiva, pero solamente como una advertencia para superar las causas del mismo.

Las curas paliativas han logrado controlar en gran parte el sufrimiento físico. También hay un progreso en el conocimiento y la terapia de las enfermedades psíquicas. Todo este progreso es muy positivo y un progreso en la humanización.

Sin embargo queda mucho por hacer para lograr una igualdad básica social que dé acceso a todo este progreso. Por esta razón,

[7] Ver el artículo del psiquiatra Dr. Josep Pifarré, «El sofriment mental en el nostre temps com a possibilitat de trobada amb Déu», dentro del libro *Església i socetat en diàleg*, Pagès Editors, Lleida, 2001, pp. 171-178.

es urgente trabajar políticamente para construir unas estructuras sociales que distribuyan los medios materiales de una manera justa. Según el evangelio, este esfuerzo ha de velar especialmente por los derechos de los más pobres y de los marginados.

c) *La necesaria relativización de todo dogmatismo*

Una mirada evangélica ha de ayudar a todos y, especialmente, a los profesionales de la salud a huir de todo tipo de dogmatismo y autosuficiencia. La libertad de la investigación científica ha de ser humilde.

En el proceso de mundialización que estamos viviendo, es conveniente estar abiertos a las diferentes culturas y tradiciones de la humanidad. Entre esta diversidad cultural hay que destacar la que hace referencia a la medicina de otras tradiciones.

Esta apertura a la diversidad en las tradiciones médicas es todavía más importante, cuando en la misma andan en juego muchos intereses económicos, que representan unas ganancias de gran magnitud para unos pocos en el marco del capitalismo liberal, y un gasto público muy importante en los presupuestos generales de la sociedad.

d) *La maduración integral de la persona*

En el desarrollo de la pastoral de la salud es clave un criterio antropológico que tenga en cuenta la multidimensionalidad de la persona. La unidimensionalidad es un reduccionismo de la persona y no conduce a la armonía personal ni al sentido de la vida. La multidimensionalidad es la clave de la maduración.

La maduración de la persona es el resultado del desarrollo de la persona en su dimensión física, intelectual, emocional, social y espiritual. Esta maduración de la persona es el resultado del desarrollo de cada una de estas dimensiones y de la interrelación entre las mismas. Hay que respetar y cuidar la identidad de cada dimensión, pero también la interconexión que hace que cada dimensión estimule las otras.

e) *Jesucristo, fuente de la salud*

El elemento unificador de la persona es el misterio de su ser interior. Este ser interior es la imagen de Dios que radica en cada ser humano. Sin embargo llegar a descubrir y tomar conciencia de esta dignidad de la persona no es una tarea fácil. El evangelio de Jesús de Nazaret es un espejo que ayuda a la persona a descubrir su propia identidad más profunda.

Esta realidad emerge con más fuerza que nunca ante la enfermedad, el dolor y la muerte. Jesucristo no suprime el dolor. Tampoco lo explica. Jesucristo se hace presente en el misterio del dolor cuando la persona le abre su existencia en la experiencia de la fe. Es entonces, en el momento que nos abrimos a la fe, cuando experimentamos el evangelio de la salud que ilumina el sentido total de la existencia[8].

f) *La Iglesia, comunidad de salvación*

La Iglesia es el «pueblo de Dios y el sacramento universal de la salvación». Su razón de ser es reflejar la luminosidad de Jesucristo, revelador del Padre y dador del Espíritu, a las personas de cada generación para que, iluminando su existencia a la luz del evangelio, puedan experimentar el sentido de la vida. Este sentido de la vida es el amor, el perdón y la paz.

La pastoral de la salud —que es la acción eclesial dirigida a las personas que padecen enfermedad, a los profesionales que los atienden y a los familiares y voluntarios que los cuidan— es uno de los momentos más privilegiados para mostrar esta luminosidad del evangelio, a fin de que la persona pueda ser sujeto de su propia vida en todas las circunstancias de la misma.

g) *Contemplación y pastoral de la salud*

Esta tarea pastoral de la Iglesia se manifiesta en muchas actuaciones encaminadas a la humanización de la experiencia de la enfermedad, pero cuando adquiere un significado más intenso

[8] Concilio Provincial Tarraconense, 24.

es cuando llega a la contemplación y a la celebración de los sacramentos.

La oración contemplativa transforma el sentido del sufrimiento y del dolor físico, psíquico, social y espiritual. Esta transformación nace de la relación de la persona con Dios, por medio de Cristo, en el Espíritu.

h) *Los sacramentos de los enfermos*

Los sacramentos conducen la oración a la plenitud, porque en la celebración de los mismos, ya no es la persona individual la que ora en su soledad, sino que es el mismo Jesucristo que ora en nosotros, «pueblo de Dios y sacramento universal de la salvación», que somos su familia, sus hermanos y sus hermanas.

El sacramento de la reconciliación es la posibilidad de «nacer de nuevo» a la vida de Dios[9]. En la celebración de este sacramento no solamente nos abrimos al perdón sino que la luz y la fuerza del Espíritu conduce la reconciliación a la amnistía total[10].

La «Unción de los enfermos» es el acompañamiento del Cuerpo Místico de Cristo para la persona que sufre la enfermedad. No elimina el sufrimiento, ni lo explica, sino que lo llena con su presencia, su luminosidad y su fuerza de vida. El encuentro con Cristo que se produce no salva mágicamente de la enfermedad, pero realiza algo muy superior: salva a la persona.

i) *La celebración cristiana de la muerte*

La vida de oración y la celebración de los sacramentos acompañan al enfermo en su proceso de recuperación de la salud y, también, hacia la vivencia cristiana de la muerte. En este momento clave de la vida que es la muerte, el evangelio de la salud es la luminosidad y la energía que permite vivir en plenitud y ser sujeto activo de esta experiencia personal e intransferible. La acción de la Iglesia ofrece la posibilidad de realizar este trance acompañados

[9] Jn 3, 3-6.

[10] Lc 5, 17-26.

por el «Viático», es decir, recibiendo la comunión eucarística como «acompañante» del camino definitivo de la vida.

En este contexto se entiende la expresión poética y mística del periodista y escritor José Luís Martín Descalzo cuando, ante la propia experiencia de preparación hacia la muerte, en el soneto V de su libro de poemas «Testamento del Pájaro Solitario», afirma:

> *Morir sólo es morir. Morir se acaba... Es cruzar una puerta a la deriva y encontrar lo que tanto se buscaba... La Noche-luz tras tanta noche oscura*[11].

3. Líneas de acción

a) *Acompañamiento de los enfermos en la maduración integral*

La pastoral de la salud ha de atender y acompañar a la persona en todas sus dimensiones. Por esta razón la tarea de humanización en la labor hospitalaria y en la realizada con los enfermos y sus familias en los domicilios es la mejor expresión de la caridad.

Esta tarea puede y ha de ser compartida con todas las personas sin distinción, tanto en lo que hace referencia al acompañamiento de los enfermos como de sus familias. En este sentido hay que constatar el progreso realizado en el conjunto de la pastoral de la salud.

Las organizaciones apostólicas de los enfermos son básicas para la maduración integral. La razón de la importancia de organizaciones como la *Fraternidad Católica de enfermos* y la *Hospitalidad de Lourdes*, consiste en que los mismos enfermos han de ser los protagonistas de los propios procesos de maduración integral.

b) *Atención a las familias en el acompañamiento de los enfermos*

El acompañamiento integral de los enfermos no se puede separar del acompañamiento de las familias. Consiste en ofrecer una ayuda material, emocional y espiritual a las personas del

[11] J. L. Martín Descalzo, *Testamento del Pájaro Solitario*, Editorial Verbo Divino, Estella (Navarra), 1991, p. 101.

entorno inmediato del enfermo cuando está hospitalizado y cuando está convaleciente en su domicilio.

Este acompañamiento de la familia ha de ser especialmente cercana ante las situaciones de los enfermos terminales, no solamente antes de la muerte sino también en el acompañamiento posterior en vista a elaborar el duelo correspondiente.

Las asociaciones de familias, que se organizan para luchar a favor de los derechos de los enfermos, especialmente los enfermos crónicos, son fundamentales para que la sociedad tenga en cuenta estos derechos.

c) *Los profesionales de la salud*

La pastoral de la salud ha de acompañar también a los profesionales de la salud. Los profesionales de la salud —médicos, enfermeras y personal de la administración y servicios— cuidan de los enfermos, pero hay que plantearse quien cuida de los profesionales de la salud.

Por esta razón, el movimiento apostólico *Profesionales de la Salud Cristianos* (PROSAC), es el organismo pastoral que puede dar respuesta a estas necesidades personales.

Los movimientos apostólicos de ambiente, también, pueden ofrecer una respuesta adecuada a las necesidades de los profesionales de la salud, porque acompañan a los cristianos y a las cristianas en su maduración integral.

d) *Pastoral de la salud hospitalaria*

En los hospitales hay que crear un equipo de pastoral, integrado por sacerdotes, religiosas y laicos/as que elaboren un proyecto pastoral, un plan de acción y un programa concreto que atienda a todas las necesidades pastorales del centro.

Este proyecto de pastoral ha de dar respuesta a las necesidades de los enfermos, de sus familias y los profesionales de la salud.

También ha de tener en cuenta todas las dimensiones de la pastoral, es decir, la pastoral profética, litúrgica y estructural educativa.

El equipo de pastoral ha de integrar a los voluntarios de la pastoral de la salud que colaboren en el proyecto y, especialmente, en la tarea de la humanización.

Las Ordenes religiosas hospitalarias, las Congregaciones y los Institutos apostólicos de vida activa son modelos de referencia en la pastoral de la salud para toda la Iglesia. La larga experiencia de siglos a veces, y la novedad de otras experiencias apostólicas recientes ofrecen muchas posibilidades de renovación para la pastoral de la salud en el momento presente.

e) *El acompañamiento de los enfermos mentales*

Un capítulo esencial en la pastoral de la salud es la atención a los enfermos mentales. Las familias de estos enfermos con mucha frecuencia viven unas situaciones que van más allá de la capacidad de las mismas para dar una respuesta adecuada a las necesidades reales de los enfermos.

En estas situaciones la Iglesia ha de ofrecer un soporte integral que permita a las familias realizar su tarea de una manera adecuada y que acompañe a las personas en unas situaciones muy duras e, incluso, a veces superiores a la capacidad de resistencia humana.

Es una situación social que interpela a la Iglesia y al carisma de la vida religiosa para imaginar nuevas formas de respuesta evangélica a las necesidades de la humanidad. Es un campo en el que caben nuevas iniciativas apostólicas.

f) *Parroquia y pastoral de la salud*

La parroquia es la «casa de la fe de puertas abiertas al mundo» que atiende a los cristianos y a todas las personas en sus necesidades. Entre sus campos concretos de acción hay que subrayar el de la pastoral de la salud.

El equipo parroquial de pastoral de la salud ha de programar la atención integral a los enfermos que viven en sus domicilios particulares y a los que permanecen en los hospitales, ha de diseñar una acción pastoral profética, litúrgica y educativa, ha de atender a las familias en sus necesidades y ha de acompañar a los profesionales de la salud que son miembros de la comunidad cristiana.

La manera más conveniente para dar respuesta a este conjunto de necesidades es la promoción de un voluntariado cristiano de pastoral de la salud. Este voluntariado puede dar una respuesta diversificada a las necesidades globales.

El consejo de pastoral parroquial es el organismo responsable de promover el equipo promotor de la pastoral de la salud y el voluntariado activo en este campo de acción. A su vez la pastoral de la salud ha de solidarizarse con las otras dimensiones de la pastoral comunitaria de la parroquia y el arciprestazgo.

g) *La delegación diocesana*

La delegación diocesana de pastoral de la salud es un organismo especializado de promoción y apoyo de la pastoral de la salud en el ámbito de la diócesis.

Entre sus tareas básicas podemos destacar las siguientes: la promoción de equipos de pastoral de la salud en todas las parroquias, la interrelación de estos equipos en los arciprestazgos, la iniciación de los miembros de los equipos a la tarea de la pastoral de la salud, la formación permanente de los miembros activos, la promoción de los movimientos de enfermos y de profesionales, la conexión de la delegación de pastoral de la salud con las otras delegaciones diocesanas y, especialmente, con el consejo de pastoral diocesano.

Por esta razón ha de estar integrado por representantes de los diversos sectores que dan respuesta a las necesidades que emergen de la realidad. Este consejo de la delegación ha de analizar la realidad de una manera permanente, ha de hacer una lectura creyente de esta realidad y ha de promover las acciones necesarias para dar respuesta práctica a las necesidades de las personas.

h) *La formación de los agentes de pastoral de la salud*

Las líneas de acción anteriores piden un plan de formación de los agentes de pastoral de la salud. Este plan, como ya hemos indicado, ha de atender a la formación inicial de los agentes de pastoral y, también, a la formación permanente de los mismos.

Cuando en la diócesis exista un Instituto Superior de Ciencias Religiosas o un Instituto de Pastoral, la formación de los agentes de pastoral ha de estar organizada conjuntamente por la delegación y el Instituto teológico o pastoral correspondiente.

Cuando esta colaboración no sea posible a causa de la inexistencia de un centro especializado, la formación de los agentes de pastoral ha de ser organizada por la misma delegación, pero siempre teniendo en cuenta los proyectos de iniciación y de formación permanente de las instituciones teológicas y pastorales especializadas.

i) *La pastoral de la salud en la pastoral de conjunto*

La pastoral de la salud forma parte de la pastoral de conjunto de la Iglesia. Tiene su ámbito propio de acción, pero este ámbito está relacionado con los otros campos de acción pastoral.

El párroco en la parroquia, conjuntamente con el consejo de pastoral parroquial, es el que ha de velar por al integración de esta dimensión de la pastoral en el proyecto global de la parroquia.

El obispo o el vicario de pastoral, conjuntamente con el consejo diocesano de pastoral, es el que ha de velar por la integración de la pastoral de la salud en el proyecto diocesano.

De esta acción conjuntada se desprenden unos beneficios tanto para la pastoral de la salud como para el resto de dimensiones de la pastoral de la Iglesia en su acción en el mundo. La carencia de integración conduce a la pérdida de muchas energías y con frecuencia, incluso, a fricciones y confrontaciones negativas para todos.

La pastoral de la salud es un referente emblemático para la presencia y la acción de la Iglesia en el mundo, porque es un terreno de encuentro con gente muy diversa y un espacio de testimonio de los valores más representativos del evangelio.

CAPÍTULO XII

Elementos básicos de la misión evangelizadora

En este capítulo reflexionaremos sobre los elementos básicos de la misión evangelizadora, desde tres perspectivas.

La primera perspectiva, es la mirada contemplativa sobre la Iglesia que nace de Pentecostés, en la narración de los Hechos de los Apóstoles, y en las primeras generaciones cristianas. En esta primera parte presentaré de manera sintética la narración del capítulo segundo de los Hechos de los Apóstoles, como paradigma de la actuación de la Iglesia que emerge de la Pascua/Pentecostés. Este es el modelo de referencia de la Iglesia de los primeros siglos y, también, de la Iglesia de todos los tiempos[1].

La segunda perspectiva, es el intento de sistematizar y formular la experiencia vivida durante las últimas décadas, en la praxis diaria, a partir de los movimientos eclesiales evangelizadores y, en especial, a partir de la publicación de la Exhortación Apostólica *Evangelii Nuntiandi* de Paulo VI[2], en todos los documentos posteriores y especialmente en Redemptoris Missio de Juan Pablo II[3], hasta nuestros días. Este movimiento evangelizador eclesial es el resultado, también, de los otros movimientos renovadores eclesiales, que preparan y generan el Concilio Vaticano II: el movimiento bíblico, litúrgico, patrístico, ecuménico, social, laical, sacerdotal, teológico, pastoral y espiritual[4].

[1] Hech 2.

[2] 1965.

[3] 1990.

[4] Estos movimientos de renovación eclesial fueron los que crearon el ambiente adecuado para la convocatoria y la realización del Concilio Ecuménico Vaticano II.

La tercera, es el intento de reflexionar desde una perspectiva existencial y espiritual, es decir, desde la convicción teológica y pastoral, de que no es posible evangelizar si previamente no hemos sido realmente evangelizados. Muchos de los fracasos pastorales, precisamente, vienen del error de no haber verificado este presupuesto[5].

Para mayor claridad de la exposición, utilizaré un lenguaje sintético, a fin de que cada uno pueda añadir con libertad unos comentarios más concretos a partir de la propia experiencia personal y comunitaria.

A. Hechos de los Apóstoles, modelo para todos los tiempos

La Pascua/Pentecostés, y la experiencia de la primera Iglesia que va emergiendo de la experiencia post-pascual, es el modelo de actuación para la comunidad cristiana para todos los tiempos.

Los Hechos de los Apóstoles es la narración de este modelo de Iglesia, a partir de la experiencia de dos personas clave en el nacimiento de la comunidad cristiana y su penetración en el universo hebreo y griego: Pedro y Pablo.

El dinamismo se genera a partir de una comunidad cristiana que vive un doble movimiento, la comunión eclesial interior y la misión evangelizadora. Este movimiento va abriéndose progresivamente a otras muchas personas: Bernabé, Juan Marcos, Lucas, Lidia, Silas, Félix, Drusila..., etc.[6]

Para poner un ejemplo, vamos a analizar brevemente el capítulo segundo de los Hechos. Este análisis ya está realizado en el capítulo sobre la teología pastoral profética de la primera parte. Sin embargo, para mayor claridad en la exposición de los elementos básicos de la evangelización, lo recordaremos brevemente ahora.

Muchas de sus reflexiones teológicas y de sus propuestas pastorales fueron asumidas por los documentos del Concilio.

[5] B. Forte, *La eternidad en el tiempo*, Sígueme, Salamanca 2000. Ver, especialmente, la conclusión del libro, titulada «Custodia», pp. 403-405.

[6] Los *Hechos de los Apóstoles* utilizan el lenguaje de la teología narrativa, especialmente, de los procesos de maduración de fe de Pedro y Pablo.

Es un esquema paradigmático, porque se va produciendo en otros capítulos del libro de los Hechos de los Apóstoles.

La dinámica del capítulo tiene estos cuatro momentos, íntimamente relacionados: la experiencia de la Pascua/Pentecostés, el discurso kerigmático-catequético de Pedro, la reacción existencial de los oyentes, y el nuevo estilo de vida de la comunidad cristiana.

Esquematizando el texto lo podemos comprender mejor:

a) *La experiencia de Pascua/Pentecostés* (vv. 1-13)

Es la narración de la venida del Espíritu Santo sobre la primera comunidad reunida. Es una comunidad pobre, pero sencilla, unida, orante y abierta al don de Dios. Por esta razón, cuando el Espíritu Santo es entregado a la Iglesia reunida en el Cenáculo, su luz y su fuerza simbolizada en la imagen de las «lenguas de fuego», genera el dinamismo de la comunión y la misión, y produce los frutos del Espíritu: la caridad, el gozo, la paz...[7]

b) *El discurso de Pedro* (vv. 14-36)

Una vez que ha recibido la luz y la fuerza del Espíritu, Pedro expone, existencialmente y apasionalmente, el núcleo de la fe en el lenguaje del pueblo y en el contexto socio-cultural que vive. Este núcleo del mensaje es el anuncio de Jesucristo encarnado, muerto y resucitado. Este mensaje no es simplemente una doctrina, sino que se convierte en un «kairós» para el pueblo expectante y a la búsqueda del sentido.

Los elementos esenciales del anuncio kerigmático-catequético de Pedro son:

– Jesús de Nazaret.
– Hombre acreditado.
– muerto y resucitado.
– de cual los apóstoles «somos testigos».
– «es el Señor».

7 Gal 5,22.

c) *Reacción del pueblo* (vv. 37-41)

Ante el anuncio de Pedro, el pueblo no se pierde en un debate de tipo racionalista o moralista, superficial y dialéctico, sino que reacciona existencialmente, a partir de los problemas y las necesidades, y buscando el sentido de la vida.

Efectivamente, la reacción del pueblo, una vez ha tomado conciencia, se encamina hacia:

– la conversión, o cambio de mentalidad y de actuación en la vida cotidiana.
– el bautismo, o la incorporación a la comunidad como fraternidad desde la filiación divina.
– el perdón de los pecados, o el nuevo nacimiento del agua y del Espíritu.
– la recepción del Espíritu Santo, como sello de la configuración personal con Cristo.

d) *Vida de las primeras comunidades* (vv. 42-47)

La existencial comunitaria que nace de la Pascua/Pentescostés se edifica en la filiación divina y en la fraternidad. Los incorporados a la comunidad cristiana, tienen un estilo de vida edificado en estos ejes comunitarios vertebradores de la comunión y la misión:

– Participar en la enseñanza de los Apóstoles. Una vez escritos los textos del Nuevo testamento, consistirá en leer la Palabra, es decir el evangelio y los escritos neotestamentarios.
– Compartir los bienes, es decir, en vivir una fe, que se manifiesta en la esperanza y se realiza en la Caridad.
– Ir al templo a orar, es decir, en buscar a Dios a lo largo de toda la vida mediante la contemplación y la acción.
– Participar en la «fracción del pan», es decir, en la celebración de la Eucaristía.

B. Elementos básicos

A la luz del modelo de la primera Iglesia, reflejado a lo largo de todos los capítulos de los Hechos de los Apóstoles, y de la vivencia de las Iglesias de los primeros siglos, que podemos observar en las Cartas Apostólicas del Nuevo Testamento, y en los escritos de Padres de la Iglesia, podemos destacar como elementos básicos de la evangelización los siguientes[8]:

- La observación de la realidad diaria desde la perspectiva de la Creación.
- La lectura creyente de la realidad, vivida y observada, a la luz de la Redención.
- La acción consciente y consecuente para transformar la realidad que nos encamina hacia la Santificación.

1. Observación de la realidad diaria, desde la perspectiva de la Creación

El primer paso que hay que dar para poder incidir en la realidad es siempre la observación de la misma realidad, en todas sus dimensiones y desde todas las perspectivas posibles. Cuando no lo hacemos, edificamos en falso.

La evangelización exige, también, esta observación de la realidad en su complejidad y en su multidimensionalidad. Esta observación se realiza espontáneamente a través de la presencia en la vida diaria y se profundiza mediante la reflexión y el análisis de la realidad.

La observación de la realidad a la que nos referimos, no es una mirada exclusivamente humanista, sino también y al mismo tiempo, una mirada creyente, es decir, es una mirada a la creación desde la perspectiva de la profesión de fe o el símbolo de los apóstoles, cuando decimos y proclamamos: «Creo en Dios, Padre todopoderoso, creador del cielo y de la tierra»[9].

La observación de la realidad ha de tener en cuenta estos tres elementos:

[8] Estos elementos son los propios de la metodología teológica de la «lectura creyente de la realidad».

[9] Desde la perspectiva de la creación toda la realidad es sacramento de la acción de Dios. Por esta razón podemos afirmar que la praxis humana es «lugar teológico». Ver el artículo «Meditación sobre la Teología Pastoral» en la *Revista Catalana de Teología* XXVI/1, (2001) 129-168.

La observación de la realidad externa, social, económica y política, es decir, la realidad socio-cultural en todas las perspectivas, a fin de que podamos captar la realidad en su complejidad, de la manera más aproximada posible.

Tener en cuenta la persona humana concreta en su peculiaridad, originalidad e irrepetibilidad, a fin de captar la dimensión más interna de la persona, que es la realidad psicológica, es decir, su realidad intelectual y afectiva.

Respetar el misterio profundo de la persona, de la sociedad, del dinamismo humano y de la historia, a fin de captar el elemento interno unificador de la misma persona, de la sociedad y de la historia, que es la realidad espiritual.

Esta observación multidimensional de la realidad es la condición de posibilidad para poder elaborar un análisis de la realidad, que tenga en cuenta la complejidad de la persona, de la sociedad y del dinamismo de la historia, de manera que nos permita descubrir dos perspectivas que a menudo parecen difuminadas a primera vista:

Los *retos o desafíos* de la realidad socio-cultural, psico-afectiva y espiritual. Estos retos o desafíos de la realidad son los puntos de partida de la verdadera tarea educadora y evangelizadora. Cuando no los tenemos en cuenta nos falta realismo y conexión con la vida diaria.

Los *signos de apertura y de esperanza*. Estos signos son las defensas internas positivas, de las personas y de la sociedad, que nos permiten iniciar un camino concreto y regenerador de las mismas personas y de la sociedad, hacia la liberación y la salvación.

2. Lectura creyente de la realidad

La observación de la realidad y el análisis de la misma son necesarios, pero no son suficientes para penetrar en la profundidad de la misma realidad. Para alcanzar esta comprensión profunda es preciso realizar una lectura interpretativa creyente de la realidad.

La lectura creyente de la realidad es la acción, personal y comunitaria, dirigida a observar la realidad, a partir de los hechos concretos, en sus interrelaciones y causas mas profundas, para diagnosticar si está encaminada hacia el proyecto de Dios sobre la historia y, como consecuencia de este diagnóstico, transformar esta realidad mediante la acción, la contemplación y la celebración.

En los últimos decenios, especialmente a partir del Concilio Vaticano II, la comunidad cristiana ha ido realizando con insistencia esta lectura creyente de la realidad y, como consecuencia de esta experiencia, se han ido elaborando y sedimentando unas convicciones religiosas profundas. Entre estas convicciones podemos subrayar las siguientes:

a) *Cristo nos precede por la acción del Espíritu*

En la comunidad cristiana no inventamos a Jesucristo en cada generación, sino que lo redescubrimos viviente y operante en el mundo de nuestro tiempo por medio de la acción del Espíritu, que actúa de una manera eficaz en el corazón de las personas y de la comunidad.

b) *El cristiano es un especialista en detectar esta presencia de la acción del Espíritu en la vida diaria de las personas, de la comunidad y de la historia*

Los cristianos, gracias a la fe que se manifiesta en la esperanza y se realiza en el amor, detectamos la presencia de Cristo en el corazón del mundo, mediante un doble movimiento[10]:

La *irradiación* de la luminosidad de Cristo que hemos recibido en el interior de la comunidad mediante la Palabra y el Espíritu.

La *asimilación* de los efectos de la presencia del Espíritu en la vida de mucha gente de nuestro entorno social cotidiano. Gentes de todas las edades, sexos, religiones, razas, culturas, lenguas, ideologías y tendencias políticas. La irradiación y la asimilación es un doble movimiento que se enriquece mutuamente.

[10] Ver el curso sobre la evangelización *La misión de la Iglesia en el mundo*, Ediciones S/M, Madrid 1989, especialmente, la introducción al curso.

c) *Nos reunimos en comunidad para contemplar, compartir, celebrar y testificar esta presencia*

La vida de la Iglesia ofrece una visión externa, que responde con frecuencia a la manera de ser de la propia generación, y que a menudo manifiesta todas las contradicciones, las grandezas y las debilidades en una coyuntura histórica determinada, y una visión interior, que nace de la presencia de Jesucristo resucitado, revelador del amor de Dios en la donación del Espíritu al mundo.

Esta vida interior eclesial se genera, se alimenta y se perfecciona mediante la contemplación de la Palabra, la profesión del Credo o símbolo de la fe, la celebración de los sacramentos y en la comunión católica y apostólica.

d) *Las estructuras pastorales, por tanto, son mediaciones para iniciar y poder seguir este camino, de una manera pedagógica y evangélica*

Las estructuras eclesiales no tienen otra finalidad que la de aprender a vivir el estilo de vida de Jesucristo. Por esta razón hay que estar muy atentos a la reforma de las estructuras eclesiales, a fin de que sean transparentes y que estén de acuerdo con el evangelio. Sin embargo, cuando perdemos de vista que las estructuras pastorales solamente son unas mediaciones y nos resistimos a su reforma podemos perder de vista la claridad direccional de la evangelización. Este equilibrio es muy difícil de mantener.

3. Acción consciente y consecuente

La lectura creyente de la realidad es el nexo de unión entre la observación y el análisis de la realidad —los retos o desafíos y los signos de esperanza— por una parte, y la acción transformadora de la realidad y evangelizadora de las personas y la sociedad, por otra.

De hecho, la lectura creyente de la realidad es el camino real y operativo para pasar de «hacer un compromiso» evangelizador a «estar comprometidos» en la misión.

Hacer un compromiso es un acto o un conjunto de actos evangelizadores. Estar comprometido es un estilo de vida, a partir de la experiencia de la conversión, que consiste en ser un «laboratorio» personal en el cual se va experimentando la Buena Noticia como un encuentro interpersonal con Cristo en el corazón del mundo y en el interior de la Iglesia y, también, que exige compartir esta experiencia con los demás.

De este estilo de vida se derivan unas consecuencias importantes entre si mismas:

a) *La acción transformadora de la realidad social*

Esta acción se ejerce a partir del respeto a la dignidad de la persona humana, y va dirigida a la construcción de una sociedad justa y a la construcción de la comunidad fraterna eclesial de acuerdo con la voluntad de Dios. En esta perspectiva, la conversión actúa como fuerza dinamizadora del cambio estructural, y el cambio de las estructuras facilita la vivencia de la renovación personal y del respeto a la dignidad de la persona humana, de la sociedad y de la historia.

b) *El testimonio de los valores evangélicos*

El testimonio cristiano, vivido en el interior del compromiso transformador, trata de reflejar y de hacer realidad una vivencia cristiana de las «bienaventuranzas»[11], operativa en las «obras de misericordia»[12]. Esta vivencia es el aprendizaje del amor consciente, consecuente y abierto a todas las personas. Este testimonio, a parte de acreditar la palabra y el anuncio evangélico, atrae y fascina.

c) *Convocar las personas de nuestro entorno, mediante el anuncio explícito de la Palabra, a compartir las riquezas de Cristo en el interior de la comunidad cristiana*

La convocatoria a participar en la vida de la comunidad, se convierte en real cuando hacemos un puente entre la vecindad y

[11] Mt 5,1-12

[12] Mt 25,31-46.

la eucaristía, es decir, cuando por medio de las comunidades cristianas vivas, conectamos los problemas reales de la gente de la calle con la luz y la fuerza que emerge de Pascua/Pentecostés. Cuando se da esta conexión no hay que hacer ninguna campaña de cara a la evangelización. Cuando hay una conexión entre la vecindad y la eucaristía, la evangelización es una acción constante y permanente, ejercida con naturalidad en la vida diaria por toda la comunidad cristiana y por cada uno de sus miembros.

De esta manera la evangelización tiene un doble movimiento interno que la vivifica en sus raíces más profundas y que la llena de sentido en su actuación concreta:

El primer movimiento consiste en la acogida de la *comunión eclesial*, mediante la conversación personal y el seguimiento de Jesucristo, vivido como una identificación con sus sentimientos y su estilo de vida.

El segundo movimiento consiste en la *misión evangelizadora*, es decir, consiste en servir la comunión mediante la vida de la fe, manifestada en la esperanza y realizada en el amor.

4. Modelos de evangelización

La observación de la realidad, la lectura creyente y la acción consciente y consecuente son los ejes vertebradores de los modelos de la evangelización.

Cuando hablamos de modelos de evangelización no nos referimos a unas mediaciones, unas estrategias y unas tácticas en vista a la acción evangelizadora concreta e inmediata. Estas mediaciones pastorales se han de buscar a partir de las situaciones concretas. Nos estamos refiriendo al esquema básico que brota del evangelio. En el evangelio, hay dos modelos o perspectivas misioneras, que en el fondo se interrelacionan y coinciden: el modelo del acompañamiento personal y el modelo del acompañamiento comunitaria.

La primera perspectiva es la del acompañamiento personal individualizado

A manera de ejemplo, podemos poner el caso de la samaritana[13]. En este caso concreto, mediante la relación personal profunda, Jesucristo acompaña a una persona, desde la amargura de una vida insatisfecha y no realizada, a la liberación y a la salvación. Realiza este acompañamiento personalizado a base de ayudar a la persona a encontrar un nuevo sentido al trabajo, a las relaciones afectivas, a la búsqueda del sentido de la vida, al encuentro con Dios, y a la evangelización de la gente de su pueblo, sin crear ningún tipo de dependencia.

La segunda perspectiva es la del acompañamiento comunitario

Para poner, también, un ejemplo concreto podemos recordar el caso de los discípulos de Emaús[14]. En esta situación de vivencia comunitaria, mediante la relación personal e interpersonal, Jesucristo acompaña a una comunidad a superar el desencanto, la pasividad y el escepticismo hacia la opción por el sentido y la evangelización. Realiza el acompañamiento, a través de una escucha paciente de los problemas concretos, mediante la iluminación de los mismos problemas concretos con la Palabra y ofreciendo, finalmente, la fuerza y el alimento de la Eucaristía.

En ambos casos de acompañamiento personal o comunitario, se manifiesta la fuerza transformadora de la pobreza, humanizada e iluminada por el evangelio[15].

La clave de todos los modelos de evangelización es el acompañamiento pedagógico, teológico, espiritual y pastoral. Por tanto, el acompañamiento personalizado y realizado conscientemente, individual o comunitario, es siempre el elemento dinamizador de todo el proceso evangelizador.

13 Jn 4.

14 Lc 24,13-35.

15 Mt 5,3.

5. Prioridad de la acción evangelizadora

Cada comunidad, a partir de la observación de la realidad, la lectura creyente y la acción consciente y consecuente, ha de decidir sus propias prioridades. Sin embargo, entre muchos errores y aciertos, se han ido sedimentando unas líneas básicas de cara a establecer unas prioridades generales realistas y evangélicas.

Entre las prioridades más importantes podemos destacar:

El diálogo fe-justicia. Esta prioridad consiste en potenciar todas las actuaciones dirigidas a la transformación operativa de las estructuras socio-políticas del mundo, en la perspectiva de la enseñanza social de la Iglesia, de cara a la promoción de la justicia y la paz.

El diálogo fe-cultura. Consiste en todos los esfuerzos dirigidos a la inculturación de la fe en nuestro tiempo ante los nuevos retos que se plantean desde las ciencias de la naturaleza y de la persona, desde las diversas culturas o subculturas de nuestra sociedad occidental, secularizada y pluralista, y de las interrelaciones culturales mundiales.

El diálogo fe-persona. Esta prioridad está presente en el interior de las otras prioridades, puesto que si trabajamos las relaciones de la fe con la justicia y con la cultura es porque condicionan el respeto a la dignidad de la persona humana.

El diálogo intercultural e interreligioso. Esta prioridad es el resultado de un mundo que se ha convertido en un mundo de proporciones muy pequeñas y en el cual estamos conviviendo diariamente la multidiversidad de culturas y religiones de la tierra. El diálogo intercultural e interreligioso es sin duda un reto apasionante para nuestra Iglesia que tiene como una de las características más específicas la catolicidad.

6. Los signos de la misión

Las últimas décadas hemos destacado como eje vertebrador de la evangelización la Encarnación, la Pascua y Pentecostés, es decir, la persona de Jesucristo, revelador del amor de Dios y dador del Espíritu.

Desde esta referencia central evangélica, podemos subrayar como esenciales para la misión, los signos que nos dejó el mismo Jesucristo. Estos signos, básicamente son estos:

1. *El amor fraternal:* «Amaos los unos a los otros… en esto conocerán que sois discípulos míos»[16].

2. *La unión y la comunión eclesial*: «Que sean Uno… así el mundo que Tú me has enviado»[17].

3. *La evangelización de los pobres*: «Id y contad lo que habéis visto… los pobres son evangelizados»[18].

Estos tres signos se resumen en comunión evangélica que emerge como una nueva fraternidad universal, fruto de la filiación divina[19].

7. Actitudes básicas

Las diócesis de la Provincia Eclesiástica Tarraconense celebraron un Concilio Provincial el año 1995. A lo largo de los trabajos conciliares preparatorios, y en la misma realización del concilio, fueron emergiendo unas actitudes esenciales en vista a la evangelización. Estas actitudes están contenidas en la resolución primera conciliar, que de hecho es una introducción a todas las resoluciones aprobadas posteriormente[20].

A manera de decálogo, ofrecemos los elementos esenciales de esta resolución introductoria —que por otra parte coincide plenamente con la experiencia de otras muchas diócesis y provincias eclesiásticas—, con la finalidad de que pueda servir para una

[16] Jn 14,25.

[17] Jn 17,21.

[18] Lc 7,22.

[19] Ver mis reflexiones sobre la dificultad y la urgencia de la comunión eclesial en el libro *El dinamismo de la comunión eclesial*, Secretariado Trinitario, Salamanca 1989.

[20] *Concilio Provincial Tarraconense 1995. Documentos y resoluciones*, Claret, Barcelona 1996.

revisión personal y comunitaria de los planes y los proyectos pastorales.

1. Evangelizar es un gozo interior y, al mismo tiempo, es una responsabilidad de cara a los demás.

2. Evangelizar implica amar nuestra sociedad pluralista y secularizada, porque es la que Dios ama.

3. Evangelizar nos invita a superar todo tipo de arrogancia, fruto de un complejo de superioridad, y todo tipo de vergüenza, fruto de un complejo de inferioridad.

4. Evangelizar exige de nosotros un respeto profundo al ritmo de actuación de Dios y a la libertad de las personas.

5. Evangelizar urge, como condición de posibilidad para la evangelización, realizar una reconciliación interna eclesial de todos los grupos y de todas las tendencias.

6. Evangelizar consiste esencialmente en ser evangelizados y evangelizadas y, por consiguiente, en la renovación, la revitalización y la articulación de todas las comunidades cristianas, para que sean evangelizadas y evangelizadoras: acogedoras, fieles a la misión de ayudar a gente muy diversa a rehacer su experiencia de Dios, humildes, fraternas y abiertas a las otras comunidades.

7. Evangelizar interpela a los cristianos y a las comunidades a vivir en positivo, y a equilibrar la acogida incondicional y la crítica creadora en la vida diaria personal y eclesial.

8. Evangelizar estimula la necesidad de potenciar el coraje, la sencillez y la fidelidad. Esto solamente es posible desde la fuerza transformadora de la pobreza, humanizada por el evangelio.

9. Evangelizar es tarea permanente, que consiste en el acompañamiento de las personas y de las comunidades, teniendo en cuenta su ambiente y el marco de las estructuras sociales en las que viven.

10. Evangelizar consiste en dejarse conducir por el Espíritu de Jesucristo resucitado, que nos enseña a amar —como Él mismo nos amó— y nos encamina a producir los «frutos del Espíritu» (Gal 5,22).

Conclusión

Para terminar esta reflexión contemplativa sobre los elementos más importantes que hemos ido elaborando y sedimentando durante las últimas décadas en la praxis evangelizadora eclesial, hay que destacar el elemento unificador que, a manera de síntesis de su vida y de su mensaje, propone el mismo Jesucristo durante la Última Cena, y que ilumina la Iglesia de las primeras generaciones y de todos los tiempos[21].

Efectivamente, Jesucristo antes de ser detenido, juzgado, condenado y ejecutado, «lava los pies» a los apóstoles y les invita a vivir una bienaventuranza nueva, cuando les dice «Ahora que habéis comprendido todo ésto, ¡felices vosotros si lo ponéis en práctica!»[22].

En las primeras comunidades cristianas, en los primeros siglos, a lo largo de dos milenios de cristianismo —y hoy, también— no le han faltado ni le faltarán a la Iglesia las personas sencillas, que como aquella viuda pobre del Evangelio no solamente dan lo que les sobra, sino que se dan a si mismas[23].

Continúa siendo verdad actualmente que la evangelización es una tarea «escondida a los sabios y entendidos, y revelada a los pequeños»[24].

21 Ver el libro ...*Y les lavó los pies. Una antropología según el evangelio*, Milenio, Lleida 1997, en el cual hice una reflexión sobre las implicaciones teológicas y pastorales de la acción y del mensaje de Jesucristo en la Última Cena, a la luz de la narración de IV Evangelio.

22 Jn 13,17.

23 Lc 21,1-4.

24 Mt 11,25.

CAPÍTULO XIII

La formación teológico pastoral

En este capítulo reflexionaremos sobre el sentido y el lugar de la teología pastoral en la formación de los miembros del Pueblo de Dios. La necesidad de formación teológica pastoral es cada día más necesaria para poder vivir la fe en un tiempo de secularización y pluralismo, en el cual hay que estar dispuestos a «dar las razones de la esperanza»[1]. La formación teológica pastoral permite establecer una relación profunda entre la reflexión y la praxis en la vida de la Iglesia y, de esta manera, contribuir a la calidad de la misma.

Esta reflexión teológica pastoral no es fácil porque, en general, existe una confusión entre términos como planificación pastoral, programación pastoral, actividad pastoral y teología pastoral.

La planificación pastoral es el diseño de los grandes objetivos y de la metodología correcta para poder dar la respuesta adecuada a una necesidad o un conjunto de necesidades de la Iglesia en un contexto determinado.

La programación pastoral es la concreción de la planificación pastoral, mediante unos objetivos específicos operativos, unas mediaciones teológicas y pedagógicas, unas responsabilidades personales, unas etapas, un calendario y un tiempo de evaluación.

La actividad pastoral es una actuación determinada, en el tiempo y en el espacio, que concreta la planificación y la programación pastoral, aquí y ahora.

[1] 1 P 3, 15.

La teología pastoral, tal y como hemos descrito en la primera parte, es la ciencia teológica del «quehacer pascual», dentro de la Iglesia, en vista a edificar el Cuerpo de Cristo y a servir al mundo. La teología pastoral, por tanto, es una teología de la Iglesia-en-acción, que intenta discernir si la acción eclesial y su talante, están de acuerdo con la Palabra de Dios y la vida según el evangelio.

Los cuatro términos se refieren a realidades precisas y concretas que están interrelacionadas, pero que tienen objetivos específicos. La formación de los cristianos ha de abarcar el conjunto de estas dimensiones de la acción, a partir de una formación integral, es decir, humanista, bíblica, teológica, moral, espiritual y práctica.

En un primer momento, describiremos la problemática y las necesidades que emergen de la vida diaria en referencia a la formación integral de los cristianos.

En un segundo momento buscaremos un punto de partida metodológico adecuado para la solución de los problemas vividos y formularemos las condiciones del mismo.

En un tercer momento enumeraremos algunas de las líneas de investigación más importantes para abrir caminos hacia el futuro.

Finalmente sugeriremos algunas directrices operativas más urgentes para llevar a la práctica los principios y criterios elaborados.

En la conclusión verificaremos que esta tarea de la aproximación entre la teoría y la praxis es fundamental para la formación de los cristianos y, en definitiva, para la vida de la Iglesia.

1. Problemática

En la vida de la Iglesia hay dos actitudes, que se dan con frecuencia y que no responden a la necesidad de formación de los miembros del pueblo de Dios. La primera actitud es la que proviene de una teología excesivamente alejada de los problemas diarios de la vida de la Iglesia, porque acaba en un mundo teórico sin incidencia en la praxis eclesial. La otra actitud es la del exceso de pragmatismo y activismo que se concentra en la solución de los problemas inmediatos, sin realizar una reflexión teológica adecuada, porque no soluciona los problemas reales sino que los aplaza. La actitud correcta es la que relaciona la reflexión y la acción, de manera que se convierten en dos momentos de un único dinamismo.

La formación cristiana profunda es la que integra la teología, la espiritualidad y la pastoral, es decir, la reflexión teórica y su relación con la vida personal interior y con la práctica exterior de la comunidad. Esta integración es la que genera unidad antropológica en la persona concreta y capacidad de reacción en la comunidad para una respuesta evangélica a los problemas de la sociedad.

Si analizamos esta situación vivida en la práctica diaria, podemos observar que hay unas causas personales, ambientales y estructurales que la explica en su profundidad.

Algunas de estas causas tienen un origen individual, y son aquellas que explican que haya unas personas que no viven esta separación entre el pensamiento y la acción, y que haya otras personas que no han conseguido establecer esta relación.

Las causas ambientales también tienen influencia en la situación puesto que generan un clima más o menos favorable a la especulación abstracta alejada de la realidad, a la dispersión superficial en el activismo o al trabajo de calidad.

De todas maneras las causas personales y ambientales no explican suficientemente la situación que vivimos. Es preciso analizar, también, las causas estructurales. Estas causas estructurales responden a una doble carencia: la motivación o el punto de partida de la formación teológica y, también, la proyección o la claridad en su objetivo final.

El punto de partida de la formación cristiana ha de ser siempre una motivación personal enraizada en las necesidades personales, de la sociedad y de la Iglesia. Ello exige un conocimiento humanista de la realidad vivida y, al mismo tiempo, también un análisis teológico y pastoral de la misma.

El punto de llegada, es la comprensión y la transformación de la realidad humana según el evangelio. Esta comprensión y transformación pasa por la elaboración de unos criterios teológicos y morales que permitan avanzar, pero también exige unos puntos de referencia espirituales y pastorales.

La formación ha de ser integral, es decir ha de acompañar la maduración personal en todas sus dimensiones: psicológica, social, teológica, espiritual y pastoral.

2. La cuestión del método

La formación de los cristianos es un tema complejo y que ha de ser objeto de reflexión, de planificación y de compromiso por parte de los dirigentes de la Iglesia. En este capítulo buscaremos un punto de partida teológico y metodológico correcto, subrayaremos algunas líneas de búsqueda de los criterios de orientación y, finalmente sugeriremos algunas directrices operativas.

El punto de partida metodológico correcto es el que permite organizar el trabajo y acompañarlo de una manera acertada.

Con esta finalidad puede ser útil recordar la propuesta de método teológico elaborado por el profesor Bernard Lonergan[2]. Recordemos brevemente su propuesta.

Lonergan divide la tarea de la teología en dos grandes movimientos o dinamismos. El primero consiste en la tarea de observar y comprender el fenómeno religioso en el mundo contemporáneo. El segundo momento consiste en vivir la religiosidad en el presente y de una manera abierta al futuro.

El primer movimiento es el que el autor llama *campo de la teología*. Siguiendo la teoría del conocimiento según la reflexión de Santo Tomás[3] —experiencia, inteligencia, juicio y deliberación— la tarea de observar, analizar y comprender el fenómeno religioso corresponde a cuatro especialidades de la teología.

La primera especialidad es la *investigación*[4], y consiste en conocer el fenómeno religioso a partir de la vida de la humanidad desde sus orígenes hasta nuestros días y, especialmente, a través de las Sagradas Escrituras.

[2] B. Lonergan, *Method in Theology*, Darton, Longman & Todd, Londres, 1971.

[3] B. Lonergan, *Insight. A study of human understanding, Darton*, Longman &todd, Londres, 1958.

[4] *Method in Theology*, 149 ss.

La segunda especialidad es la *interpretación*[5] y consiste en la tarea hermenéutica y exegética de comprender internamente el fenómeno religioso investigado.

La tercera especialidad es la *historia*[6] y es la que intenta discernir la experiencia vivida en el espacio y en el tiempo, a través del análisis de los conflictos, de las contradicciones y los debates históricos que se han dado en la humanidad respecto de la búsqueda del sentido de la vida y de la vivencia religiosa.

La cuarta especialidad es la *dialéctica*[7] y consiste en englobar toda la constelación de informaciones y de conocimientos, de manera que podamos llegar a detectar de una manera objetiva, cual es la «afirmación capital» del momento presente[8].

La afirmación capital, fruto de las cuatro primeras especialidades de la teología, es la que nos sitúa en el horizonte de la autocomprensión religiosa de la humanidad y, por otra parte, es lo que nos permite descubrir las raíces profundas de la religiosidad y de su aportación al sentido de la vida humana[9].

En este dinamismo, la teología realiza un diálogo constante y permanente entre la fe y la cultura. La teología, aunque mantiene su identidad y especificidad de partir de la Palabra de Dios, utiliza las mediaciones de la mentalidad científica, de las ciencias humanas (sociología, psicología, economía, historia y antropología) y, especialmente, la filosofía. Este diálogo contribuye a que la teología no sea una arqueología del pasado, sino un diálogo del presente con el pasado para preparar el futuro.

El segundo dinamismo es el que Bernard Lonergan llama *tema de la teología*[10] y este segundo dinamismo tiene otras cuatro especialidades.

5 *Idem*, 153 ss.

6 *Idem*, 175 ss.

7 *Idem*, 235 ss.

8 Entendemos por «afirmación capital» aquella comprensión de la realidad religiosa que asume todas las objeciones y da una respuesta adecuada a las preguntas planteadas.

9 *Idem*, 104-105; 220-224.

10 *Idem*, 267 ss.

La quinta especialidad es la que llama *fundamentación* y consiste en mostrar, desde la Palabra de Dios y desde la autocomprensión de la experiencia religiosa, la razonabilidad y la coherencia de la fe en el mundo contemporáneo. Esta especialidad, que llamamos teología fundamental es esencial en el momento presente para una articulación de la reflexión teológica sistemática.

La sexta especialidad es la *doctrina*[11] que, a la luz de la Palabra, intenta discernir, elaborar y formular los contenidos teológicos nucleares del cristianismo. Esta especialidad desarrolla la capacidad de tematizar y explicar la estructura interna de la fe.

La séptima especialidad se llama «sistemas»[12] y consiste en el esfuerzo de traducir los contenidos doctrinales de la fe en los diferentes lenguajes ideológicos y multiculturales del mundo contemporáneo.

Esta adaptación es una tarea que ha de superar dos escollos: el «fundamentalismo», que se cierra a todo intento de adaptación del lenguaje teológico por miedo a perder la identidad, y el «gnosticismo» que acaba por diluir la fe en la cultura del momento presente. Entre estos extremos, y en un equilibrio difícil, se realiza la tarea de la reflexión teológica sistemática, que consiste en la formulación de los contenidos de la fe en un lenguaje comprensivo para la gente de la propia generación[13].

La octava especialidad es la que Lonergan llama las *comunicaciones*[14] y es la que elabora los contenidos, las mediaciones y los planes y los programas de acción para la transmisión de la fe. Esta especialidad es la propia de la teología pastoral.

La teología pastoral tiene su punto de partida, es la autocomprensión del cristianismo en el interior de la historia. El punto de llegada consiste en ofrecer una respuesta adecuada a las necesidades de

[11] *Idem*, 295 ss.

[12] *Idem*, 335 ss.

[13] La Summa Teológica de Santo Tomás, realizó esta tarea de hacer comprensible la fe a la gente de su generación que había descubierto el pensamiento aristotélico. En esta caso concreto el diálogo fe y cultura adquirió un alto nivel de calidad.

[14] LONERGAN, 355 ss.

la comunidad cristiana y a su misión evangelizadora en el mundo. De esta manera la Iglesia es el acontecimiento actual y permanente del memorial de Jesucristo.

La estructura interna de este acontecimiento se realiza en la pastoral profética, litúrgica y estructural educativa que permite una recepción vital del mensaje cristiano y una transmisión abierta y universal. Es una tarea no inmediatista, sino que exige un cierto distanciamiento para situar la realidad en sus justas proporciones desde la madurez intelectual, psicológica, social y espiritual.

Esta es la tarea y el objetivo de la formación cristiana, que consiste en el acompañamiento de cada persona y de cada comunidad hacia la madurez de vida y la madurez de fe.

3. Líneas de investigación

Entre las claves de la elaboración de un proyecto de formación cristiana podemos destacar algunas de sus líneas básicas: recuperar las raíces evangélicas del término «pastoral»; la comprensión de la praxis como «lugar teológico»; la Palabra como luz que ilumina la praxis; la vida eclesial, verificación de la praxis como lugar teológico y de la luminosidad de la Palabra; la relación entre la teología, la espiritualidad y la pastoral; la relación entre la autoridad, el carisma y el servicio ministerial; el estudio de la teología como una mediación para aproximar la reflexión teórica y praxis eclesial.

a) *Recuperar las raíces evangélicas del término «pastoral»*

El primer criterio es la necesidad de recuperar el sentido original del término «pastoral» en el sentido de la parábola del «Buen pastor», narrada en el IV Evangelio[15].

En esta parábola el término tiene, en primer lugar, el significado de conocimiento de la realidad («conozco a mis ovejas»). Este conocimiento existencial y vital de las personas, de su entorno y de las estructuras, es una dimensión esencial de la teología pastoral. Este conocimiento es una tarea lenta, paciente y continuada.

[15] Jn 10, 14-15.

En segundo lugar el término tiene el significado de transmisión de la fe, entendida como el conocimiento de la persona de Jesucristo («las ovejas me conocen a mi»). Efectivamente, la transmisión del conocimiento de Dios a la humanidad es la tarea de la teología pastoral y, en el fondo, el «logos» de toda la teología.

En tercer lugar el término equivale a la búsqueda de las mediaciones pedagógicas, teológicas y espirituales para edificar un puente entre la realidad vivida y la Palabra revelada. Este puente pedagógico y teológico, aunque tiene unos elementos nucleares, puede y ha de tomar formas diversas según la variedad de situaciones vividas.

La recuperación evangélica del término pastoral es básica para la renovación de la teología pastoral e, incluso, para la renovación de toda la teología.

b) *La praxis, lugar teológico*[16]

Más allá de las diversas interpretaciones, la realidad va evolucionando por sí misma, puesto que el verdadero dinamismo humano escapa a todas las interpretaciones limitadas y parciales que somos capaces de hacer los seres humanos.

El intento de captar y participar en este cambio social es el significado del término «praxis». Por esta razón, en la praxis hay una de las fuentes de investigación importantes para todas las ciencias humanas. También la teología, que es una reflexión humana sobre Dios y su manifestación al mundo a partir de la Palabra Revelada, tiene aquí una fuente de investigación para realizar su tarea específica en el interior de la Iglesia y en su servicio al mundo.

Esta perspectiva de la praxis como lugar teológico, no es nueva. Aparece continuamente en el Antiguo y en el Nuevo testamento[17]. Ha estado siempre presente en la historia de la fe y

[16] Vegeu el meu article «La praxi, lloc teològic», dins de Qüestions de Vida Cristiana, 93 (1978) 110-119.

[17] El libro del Éxodo es un ejemplo claro de reflexión sobre la presencia de Dios en los acontecimientos de liberación del Pueblo de Dios. Los evangelios son, también, narraciones de la presencia del Espíritu en el acontecimiento histórico.

de la teología[18]. En la teología contemporánea se ha realizado un gran esfuerzo de diálogo con las grandes corrientes ideológicas de la humanidad.

Esta línea de investigación es importante para la renovación de la teología y para la formación integral cristiana, porque parte de una teología de la realidad de la creación expresada en la primera parte del Credo[19].

c) *La Palabra, luz que ilumina la praxis*[20]

La clave teológica interpretativa de la praxis es la Palabra de Dios, vivida en el interior de la comunidad eclesial. Efectivamente, la Palabra es luz que revela y que ayuda a descubrir lo que hay detrás de la apariencia de las cosas.

Profundizar en la Palabra, como luz que ilumina la praxis, coincide con la tarea de profundizar en el sentido de la Revelación. Es la luminosidad esencial para penetrar en el misterio profundo de la realidad cósmica, personal e histórica, para llegar hasta la frontera de Dios y dejarnos penetrar por la luz del misterio del amor interno de Dios.

Esta tarea no es elitista sino al alcance de los sencillos[21]. Recuperar esta sencillez y esta transparencia de reflexionar a partir de la Palabra de Dios es la condición de posibilidad para articular e integrar la investigación teológica y la praxis pastoral.

Esta comprensión evangélica de la praxis humana es fruto de la luz de la Revelación y está explicitada en la segunda parte del Credo que profesamos[22].

18 Los Padres de la Iglesia hacen siempre una teología de la historia de la salvación como, por ejemplo, S. Agustín en la «Ciudad de Dios».

19 El Credo cristiano parte de la proclamación de la Creación como signo y manifestación del amor de Dios al mundo. Cf. Denzinger, 1-76.

20 DV, 1, 21-26.

21 Mt 11, 25; Lc 21, 1-4.

22 DENZINGER, 1-76.

d) *La vida eclesial, verificación de la praxis como lugar teológico y de la luminosidad de la Palabra*

La vida de la Iglesia verifica en el Espíritu la presencia de Dios en la Creación y en la Revelación, y mediante su acción pastoral encamina la humanidad hacia la plenitud y la santificación guiada por el mismo Espíritu. Es la fe que profesamos en la tercera parte del Credo[23].

El sacramento eclesial coincide con la realidad histórica concreta de la Iglesia. El Reino de Dios lo esperamos, pero la Iglesia Pueblo de Dios y Sacramento de la Salvación, es la comunidad cristiana presente en el mundo[24].

El Concilio Vaticano II ofrece una buena síntesis de este criterio de investigación[25]. El Concilio Provincial Tarraconense, celebrado el año 1995, es el testimonio de la recepción del Vaticano II en las diócesis de la Provincia Eclesiástica Tarraconense[26].

Actualmente vivimos el tiempo de la fidelidad al proyecto de renovación conciliar. Esta fidelidad no es fácil por la complejidad y la dificultad para ver los resultados prácticos de la renovación eclesial. La aplicación práctica de un Concilio ecuménico es una tarea que, a lo largo de la experiencia histórica, siempre ha implicado el compromiso consciente y paciente de varias generaciones[27].

23 *Idem*, 1-76.

24 Esta afirmación fue realizada por D. Bonhoeffer en un curso sobre cristología que dio poco antes de ser detenido, encarcelado y ejecutado. Cf. *Creer y vivir*, Salamanca, Sígueme, 1971, p. 80-84.

25 Para una profundización ver: DV 2-6; SC 10; LG 4; GS 1; AG 2-9.

26 Ver la resolución 1ª. *Documentos y Resoluciones del Concilio Provincial Tarraconense* 1995, Claret, Barcelona 1996.

27 La editorial del semanario inglés The Tablet, «Public opinion in the Church» del 27 de julio de 1996, en la página 975, expone una reflexión sugerente sobre el fundamento teológico del diálogo eclesial. Elabora esta reflexión a partir de la fundamentación cristológica de la Iglesia, según el pensamiento del cardenal Newman. Ver la antología de textos hecha por Ian Ker, «Newman the theologian, a reader», London Collins, 1990, pp. 248-275 y, especialmente, el prólogo de «La Via Media», titulado «The triple office of the Church».

e) *Teología, espiritualidad y pastoral*

A la luz de estas líneas de investigación expuestas, aparece con claridad la necesidad de potenciar la interrelación entre la teología sistemática, la teología espiritual y la teología pastoral.

Las personas pensamos, vivimos interiormente y realizamos exteriormente lo que pensamos y vivimos. Cuando podemos poner un signo de igualdad entre lo que pensamos, lo que decimos y lo que hacemos, la existencia cotidiana tiene sentido y genera mucha creatividad.

La reflexión es el ejercicio de la facultad interna de comprensión de la realidad para transformarla y vivirla en plenitud. Como consecuencia de esta actividad crítica, realizada en el silencio, se produce un crecimiento de la vitalidad interior y de la confianza en la acción transformadora de la sociedad.

Esta necesidad de unidad interior, también se da en el campo de la teología. Una teología sistemática, elaborada desde la realidad y en el silencio activo, es siempre generadora de vida interior en las personas y transformadora de la realidad. Lo mismo sucede con la teología espiritual y la teología pastoral.

Una teología sistemática separada de la teología espiritual y pastoral tiene el peligro del racionalismo. Una teología espiritual separada de la sistemática y la pastoral puede degenerar en un individualismo. Una teología pastoral separada de la sistemática y de la espiritual deriva fácilmente en un activismo sin sentido. En cambio, la cooperación interdisciplinar entre estas tres dimensiones de la teología puede generar una gran vitalidad en la tarea teológica y, como consecuencia, una renovación del lenguaje de la teología.

f) *Autoridad, carisma y servicio ministerial*

La teología pastoral no suple el ejercicio de la autoridad en la Iglesia, pero ha de ayudar a formular aquellos criterios teológicos para que dicha autoridad no derive en un autoritarismo.

La teología pastoral tampoco suple la vida carismática en al Iglesia, pero ha de ayudar a formular aquellos límites que hacen que el carisma en la vida de la Iglesia no derive en un narcisismo insolidario.

La teología pastoral ha de colaborar con el servicio ministerial en el acompañamiento de las personas y de la comunidad, pero ha de realizar este cometido en comunión con la vida carismática y con el ministerio pastoral.

Muchos de los problemas eclesiales, teóricos y prácticos, que vivimos actualmente emergen de la problemática de la interrelación entre autoridad, carisma y servicio ministerial. Es urgente participar con libertad y sin miedo en la solución de esta problemática mediante un diálogo eclesial edificado en la sinceridad y la veracidad[28].

g) *El estudio de la teología, mediación para la relación de la reflexión teórica y la praxis eclesial*

El estudio de la teología tiene tres finalidades: ofrecer un vocabulario específico que permita leer la literatura religiosa, una síntesis doctrinal básica del cristianismo y, también, introducir en una metodología propia y específica que permita reflexionar el hecho religioso con criticidad y creatividad.

Es importante que esta reflexión teológica no pierda de vista que solamente tiene sentido en la medida que ayuda a la humanidad a vivir la relación con Dios y a generar una nueva fraternidad evangélica. Por esta razón, la teología ha de estar, al mismo tiempo, enraizada en la Palabra de Dios y en la realidad sociocultural, psicoafectiva y antropológica de la creación. El objetivo de la teología es el mismo de la Iglesia, es decir, la transformación evangélica de la sociedad en comunidad.

Este nuevo talante es el que puede servir para potenciar una teología sapiencial en el sentido original del término. Es un talante que puede estimular un estudio de la teología en el cual, al mismo tiempo que se adquiere una preparación intelectual sólida, se

[28] La encíclica «Ecclesiam Suam» de Paulo VI es un documento clave para entender evangélicamente el sentido de un diálogo verdaderamente adulto.

aprende a disfrutarla espiritualmente y a realizarla en la acción pastoral.

Esta teología sapiencial ha de ser libre y humilde. La libertad le viene de la dignidad de la persona, como imagen de Dios, y de la búsqueda de la verdad sin ceder al miedo. La humildad emerge de la conciencia de la propia limitación para una tarea que, a todas luces, escapa a la capacidad del ser humano en la búsqueda del sentido. Esta incapacidad solamente puede ser superada con la luz de la revelación, creída por la fe.

Humildad y libertad hacen del teólogo un investigador que, al mismo tiempo que busca apasionadamente la verdad trascendente, ya va gozando con el descubrimiento de las pequeñas luces que encuentra a lo largo del camino.

4. Directrices operativas

A la luz de los criterios teológicos expuestos podemos sugerir algunas directrices prácticas que ayuden a traducir estos principios y criterios en directrices y proyectos operativos.

a) *Plan general de formación*

La formación de los cristianos es esencial para la vida de la Iglesia siempre, pero en especial en este tercer milenio. Por esta razón no se puede dejar a la improvisación, sino que ha de ser objeto de un proyecto eclesial, pensado, elaborado y diseñado en todas sus dimensiones, en todo su proceso y en sus etapas.

En esta perspectiva es lúcida y clave la resolución 47 del Concilio Provincial Tarraconense[29].

El texto afirma:

> *Los obispos ofrecerán un plan de puesta al día y de formación permanente de todos los sujetos activos de la pastoral, en el término de diez años.*

[29] *Documentos y resoluciones del Concilio Provincial Tarraconense 1995*, Claret, Barcelona 1996.

Este plan incluirá la formación humana (psicológica y sociocultural), teológica, espiritual, pastoral y la iniciación a las técnicas de comunicación.

La Conferencia Episcopal Tarraconense realizará este proyecto con la colaboración de profesores que designará entre los de la Facultad de Teología, el Centro de Estudios Pastorales y de otros centros e institutos existentes en nuestras diócesis.

Cada diócesis ha de tener un proyecto general de formación de sus miembros a todos los niveles, es decir, desde la iniciación cristiana, pasando por la formación de los militantes cristianos, la formación de los agentes de pastoral y en especial de los presbíteros, la preparación de un núcleo de diplomados y licenciados en Ciencias Religiosas y, también, de especialistas en los diferentes campos de la teología.

b) *Formación catequética*

El plan general de formación ha de partir de una formación catequética global adecuada. Esta formación catequética ha de ofrecer una elaboración pedagógica de los contenidos de la fe y de la vida cristiana, adaptada a las diferentes etapas de la vida[30].

En la formación catequética es fundamental la realización de una correcta «Iniciación cristiana». Esta iniciación ha de ofrecer la totalidad del mensaje cristiano. Es importante no confundir la iniciación cristiana con catequesis de la infancia. En muchos casos coinciden, pero cada vez será más normal la realización de la iniciación cristiana en las etapas adultas de la vida[31].

La iniciación ha de continuar sin rupturas en la adolescencia y la juventud, porque es el periodo de la vida que necesita de un acompañamiento adecuado para realizar las grandes opciones de la existencia, como son, la opción vocacional, la elección de estado, la profesionalización, la inserción en la sociedad y el compromiso social y eclesial[32].

30 Ver el *Directorio General para la Catequesis* de la Congregación del Clero, Librería Editrice Vaticana 1997.

31 *Idem*, 63-70.

32 *Idem*, 181-185.

En este campo, junto con otras metodologías, es de una gran utilidad la revisión de vida, porque la clave de la maduración de la fe en la adolescencia y la juventud consiste en experimentar la relación profunda entre las necesidades vitales sentidas y el encuentro con Jesucristo como camino, verdad y vida. Esta experiencia se realiza mediante la maduración de la conciencia personal abierta, crítica y activa, relacionada, al mismo tiempo, con la lectura evangélica que conduzca a descubrir a Jesucristo encarnado, muerto y resucitado, como amigo, modelo y Señor de la vida[33].

Sin embargo, el plan catequético general ha de tener como prioridad fundamental la catequesis encaminada a acompañar la maduración de la fe de los adultos. La evolución natural de la vida va encaminada hacia la maduración de la persona que solamente se puede adquirir con el tiempo, es decir en la etapa adulta. Esta madurez no depende solamente de la edad, pero hay que ir pasando de una Iglesia de adultos cristianos a «cristianos adultos».

c) *Formación permanente*

La formación catequética, como complemento pide el diseño de un plan de formación permanente, adaptado a las diversas circunstancias de la comunidad.

El plan de formación catequética básica concluye cuando los cristianos se han iniciado a la fe y han ido profundizando en todas las dimensiones de la vida cristiana. Sin embargo la formación cristiana no concluye nunca, sino que ha de ser permanente, porque la persona está siempre en evolución y ha de ir respondiendo a nuevos desafíos y a nuevas necesidades.

En esta perspectiva de la necesidad de la formación permanente es importante aprovechar los tiempos litúrgicos fuertes, en especial Adviento y Cuaresma, para ir ofreciendo nuevas oportunidades de

[33] La «revisión de vida» ofrece la posibilidad de realizar una catequesis sistemática, pero a partir de las necesidades de los jóvenes y, en general, de las personas. La experiencia muestra que este punto de partida asegura la motivación personal de los participantes.

profundizar en la fe, creída, vivida y celebrada, mediante la oferta de temas monográficos concretos.

También contribuye a la formación permanente de la comunidad cristiana, la participación en semanas de «ejercicios espirituales» y la realización periódica de «misiones populares» actualizadas.

d) *Institutos Superiores de Ciencias Religiosas*

La evangelización, o encuentro personal con Jesucristo, conduce a la necesidad de la catequesis, o conocimiento profundo de Jesucristo. La catequesis fundamenta y acompaña hacia la experiencia de la vida cristiana y hace descubrir la necesidad de una formación permanente. La formación permanente se puede realizar mediante cursos monográficos, como hemos apuntado en el punto anterior, pero cuando es posible también se ha de realizar de una manera sistemática. Es aquí donde vemos la importancia de la creación de Institutos Superiores de Ciencias Religiosas.

La finalidad de estos Institutos es el ofrecimiento de unos estudios universitarios que, después de cursar el currículum académico teológico de la diplomatura, en un segundo momento preparan a los alumnos para una especialización teológica y pastoral mediante la licenciatura en Ciencias Religiosas. De esta manera contribuyen a la formación de unos dirigentes que, conjuntamente con los presbíteros y los religiosos y religiosas, son imprescindibles para la organización de la acción pastoral de la Iglesia y, lo que es más importante, para la calidad de la misma.

Estos centros universitarios simultáneamente con su oferta académica reglada, han de potenciar el diálogo entre la fe y la cultura, con la finalidad de tender puentes entre la sociedad y la Iglesia a través del diálogo. Ello implica organizar seminarios y cursos de frontera entre la ciencia y la fe, la ética y la fe, la psicología y la fe, el ecumenismo, el diálogo interreligioso y, en definitiva, sobre todas las cuestiones de antropología religiosa. Esta tarea es importante siempre, pero en especial, en los lugares donde existen universidades civiles.

Es conveniente también que los Institutos Superiores creen un Departamento de Pastoral Aplicada (DPA), en el cual los alumnos que han concluido los estudios sistemáticos puedan prepararse para el servicio práctico propio de los agentes de pastoral. En este Departamento se puede ofrecer, también, una formación básica para agentes de pastoral que no hayan realizado los estudios sistemáticos de la diplomatura. En ambos casos, junto a la formación teológica, hay que ofrecer una formación espiritual y unas prácticas pastorales realizadas en las parroquias, arciprestazgos, delegaciones, servicios, etc. Todo este proceso de formación teológica, espiritual y pastoral ha de concluir con la elaboración de una memoria escrita que dé cuenta del trabajo práctico realizado y que elabore teológicamente todo el proceso de formación vivido.

Finalmente, los Institutos Superiores en la medida de lo posible han de ir creando seminarios de investigación pastoral, en los cuales, las personas interesadas que han concluido los estudios de la licenciatura, puedan reunirse para profundizar teológicamente en diversos aspectos de la vida y de la existencia cristiana como, por ejemplo, la enseñanza social de la Iglesia, la pedagogía de la fe, la oración, la pastoral universitaria, pastoral obrera, pastoral juvenil.

e) *Facultades de Teología*

El plan general de formación, la catequesis, la formación permanente y los Institutos Superiores exigen unas Facultades de Teología que realicen su misión en plenitud.

La primera tarea es la investigación. Solamente cuando se realiza una tarea de investigación podemos dar respuesta a las necesidades de la sociedad y de la comunidad. Los diferentes departamentos de la Facultad son los encargados de realizar la investigación en los diversos ámbitos de la teología: Sagrada Escritura, fundamental, sistemática, moral, espiritual y pastoral.

La segunda tarea es la preparación de docentes, para que puedan impartir las asignaturas del currículum académico en los Institutos Superiores, preparar catequistas y ofrecer cursillos de formación permanente.

La tercera tarea es la gestión académica, que consiste en organizar las Facultades de tal manera que, al mismo tiempo que realizan con libertad su tarea de investigación y de preparación de los docentes, lo hagan en sintonía con las necesidades del pueblo de Dios y en sintonía con la sociedad.

Podemos concluir, por tanto, que la formación de los cristianos es una tarea esencial de la acción pastoral de la Iglesia y uno de los objetivos básicos de la teología pastoral.

Capítulo XIV

Misión y caridad

La caridad es la fuente y la meta de la Iglesia-en-acción. El término «caridad» en el Nuevo Testamento significa el amor de Dios entregado al mundo por medio de Jesucristo, que actúa por la fuerza del Espíritu. La caridad, por tanto, es el amor gratuito de Dios que transforma la capacidad de amar del ser humano. A partir de esta transformación interior es cuando la persona también puede practicar la caridad, dando gratis a los demás lo que ha recibido de Dios gratuitamente. La palabra «caridad», en el lenguaje ordinario, la podemos traducir por amor, pero como el término «amor» es ambiguo y tiene diversos significados, en este capítulo voy a utilizar normalmente la palabra caridad.

La misión de la Iglesia en el mundo consiste en amar como Dios nos ha amado. Acoger la Palabra de Dios y celebrarla en los sacramentos equivale a acoger el amor de Dios. Amar la propia vida y a los demás es la irradiación de este amor gratuito de Dios, por medio de Jesucristo que ha sido derramado en nuestros corazones por el Espíritu. Por tanto, misión y caridad son términos equivalentes en el sentido que la misión, justamente, consiste en llevar a la práctica las consecuencias de la caridad.

En los tratados tradicionales de teología pastoral la caridad aparece como una de las dimensiones de la teología pastoral especial, cuando se afirma que la pastoral se realiza en la liturgia, la catequesis y la caridad. Sin embargo, le habrá sorprendido a más de un lector que en este tratado no esté planteado de esta manera. Recordemos que en la primera parte del tratado he divido la teología pastoral especial en tres partes: la teología pastoral profética o de la Palabra, la teología pastoral litúrgica o del Misterio y la teología pastoral estructural educativa o de acompañamiento en el aprendizaje del estilo de vida de Jesucristo. La caridad no es una expresión más de la Iglesia-en-acción, sino el fondo de todas las manifestaciones y lo que acredita la autenticidad de la acción profética, litúrgica y educativa de la Iglesia.

Sin embargo, con el paso del tiempo, la palabra caridad ha ido perdiendo este significado original y se ha ido reduciendo a la práctica de dar una limosna a los pobres, a partir de lo que le sobra al que ofrece el donativo. Este reduccionismo pastoral y espiritual es una actitud ante la que hay que reaccionar de manera consciente y práctica, si queremos contribuir a la renovación de la Iglesia.

La caridad es la esencia de la vida cristiana y de toda la acción pastoral de la Iglesia. Es lo único que trasciende a la muerte y anticipa la resurrección. Todas las otras actividades eclesiales desaparecerán, pero la caridad, que consiste en amar a los demás como Jesucristo nos ha amado, es anticipar en esta vida temporal lo que es la esencia de la vida eterna.

En este capítulo reflexionaré sobre el lugar de la acción caritativa y social en la vida de fe personal y en la vida de la Iglesia. En un primer momento, presentaré los retos y los signos de esperanza más significativos del momento presente. Después elaboraré algunos de los principios y criterios que relacionan la misión de la Iglesia en el mundo con la práctica de la caridad. Finalmente, sugeriré unas directrices operativas para mejorar la práctica espiritual y pastoral.

1. Retos y signos de esperanza

Siempre ha sido difícil amar, pero en las actuales circunstancias del mundo y, notablemente en la sociedad occidental, hay unas dificultades especiales que configuran el momento presente y que hacen más difícil la práctica de la caridad.

Una primera constelación de retos es la que procede de la situación de cambio de la sociedad que hace que la escala de los valores humanos esté cuestionada y en crisis. Como ya he indicado en capítulos anteriores, el progreso económico y técnico no ha sido suficientemente digerido por la sociedad, y ha conducido a una situación de injusticia mundial que hace que un sector pequeño de la humanidad tenga mucho más de lo que necesita para vivir y que la gran masa de la humanidad no disponga ni de lo más imprescindible para sobrevivir. Ante esta situación política mundial de injusticia, la caridad se ha de plantear qué significa amar en un mundo dividido por unas diferencias sociales tan importantes. El reto es doble: compartir lo que somos y lo que tenemos con las personas concretas cercanas, y trabajar para edificar una sociedad basada en la verdad, la libertad, la justicia y el amor.

Al mismo tiempo, en el mundo occidental hemos ido descubriendo que la pobreza humana, a parte de manifestarse en las carencias materiales, ya sea individuales o sociales, tiene otras manifestaciones. Entre estas, hay que destacar la emergencia y el aumento de la pobreza psicológica que consiste en la carencia de unos recursos intelectuales que permitan entender lo que acontece a nuestro alrededor, y la carencia de recursos emocionales que permitan integrar afectivamente estos acontecimientos en la propia experiencia subjetiva.

Todavía hay otra manifestación de la pobreza, que es la que podríamos llamar pobreza espiritual. Esta pobreza espiritual no es precisamente la que proponen las «bienaventuranzas» del evangelio[1], sino la falta de sentido en la vida de muchas personas que en algunos casos, incluso a pesar de tener muchos los medios materiales y de disponer de abundantes recursos psicológicos, conduce a la angustia y a la desesperación.

Hay unas causas económicas, políticas, sociales y culturales que explican la situación, pero la causa última de esta situación es la egolatría. La adoración del propio «yo» pone en el centro de la realidad el narcisismo y el egoísmo. La consecuencia de esta situación es que la vida social queda profundamente desequilibrada y la persona tampoco encuentra la alegría de vivir. El individualismo del ambiente social que respiramos no contribuye a buscar y a encontrar los caminos adecuados para la superación

1 Mt 5,1-12.

de todos estos retos que proceden de las carencias físicas, psíquicas, sociales y espirituales.

Una segunda constelación de retos es la que procede de tener o bien una mirada reduccionista de la fe, o una fe fragmentada. Esta actitud reduccionista ha hecho que los cristianos hayamos estado muy preocupados por la fidelidad a la doctrina (ortodoxia), pero que al mismo tiempo no hayamos estado suficientemente comprometidos en vivencia práctica de la doctrina evangélica (ortopraxis). En última instancia, la razón que explica esta separación y este dualismo entre la vida y la fe en el comportamiento de muchos cristianos es la falta de fidelidad al seguimiento de Jesucristo y la falta de autenticidad en la adoración de Dios «en espíritu y en verdad» (ortolatría)[2].

La fe cristiana tiene tres dimensiones inseparables. La primera consiste en creer lo que Dios ha revelado, la segunda en confiar en Dios que se ha revelado a si mismo, y la tercera en vivir una existencia orientada hacia Dios[3]. Cuando separamos estas dimensiones de la fe no ponemos en peligro solamente una dimensión concreta sino que ponemos en peligro la misma fe en su conjunto.

Al lado de estos retos hay unos signos de esperanza muy importantes. El más notable de estos signos es la bondad que hay en el interior de muchas personas anónimas que no solamente se preocupan de sus propias necesidades, sino que están siempre dispuestas a trabajar por las otras personas que las rodean. Esta observación, que es real y muy importante, no es frecuente entre la gente porque estamos acostumbrados a ver la realidad a través de los medios de comunicación social y, especialmente de la televisión, que normalmente subrayan más lo espectacular y lo accidental. Sin embargo, la bondad de muchas personas es una realidad patente cuando observamos la vida diaria sin prejuicios y a partir de la propia experiencia.

Otro signo de esperanza importante es la emergencia de numerosas Organizaciones no Gubernamentales (ONGs.) dentro de la sociedad. Estas organizaciones están dedicadas a dar respuesta a

[2] Jn. 4,4-42.

[3] Sto. Tomás, *Summa Theologica, Segunda parte, Secunda Secundae*, q. 2.

todo tipo de problemas personales, sociales y ecológicos. Es cierto que no todas estas organizaciones son auténticas, ni que tengan el mismo nivel de compromiso y que, como en todo lo humano, a veces representan una mezcla de intereses diversos y contradictorios, pero también es cierto que muchas de estas organizaciones trabajan con una gran dedicación y eficacia, y que son un signo de la bondad de muchas personas comprometidas en su tarea diaria a favor del bien común de la sociedad y, especialmente, de los pobres.

En el interior de la Iglesia, también, hay muchas personas concretas que aman de verdad. Todos conocemos muchas situaciones humanas difíciles que se mantienen en la verdad y en el amor, gracias al compromiso concreto de gente anónima que cumple con su cometido y que ama de verdad. En este tratado he afirmado de manera recurrente que a lo largo de la historia de la Iglesia la fe siempre ha sido transmitida por los sencillos. Los sencillos son la gente que cree de verdad, que practica la fe que cree y que no busca un protagonismo.

A parte de este compromiso individual de muchas personas, que es lo más rico de la Iglesia, también hay que destacar la existencia de numerosas organizaciones eclesiales dedicadas a dar respuesta a necesidades personales y sociales de todo orden. Hay una gran variedad de este tipo de organizaciones porque responden a carismas diversos, nacen en la experiencia de la realidad diaria e intentan dar respuesta a las necesidades personales y sociales concretas que son muchas y diversas.

Estas organizaciones eclesiales son numerosas. Muchas han nacido a partir de los carismas de la vida religiosa y otras a partir de las iniciativas de grupos diversos. Todas estas iniciativas son necesarias y válidas pero hay que destacar la importancia de la organización «Cáritas» que, en sus diversos niveles (parroquial, arciprestal, diocesano e internacional), realiza una tarea eficaz, de largo alcance y respetada por toda la sociedad. Cáritas, a través de sus numerosos proyectos y actividades, es una mediación educativa pastoral que ha de concienciar a toda la comunidad eclesial sobre la primacía de la caridad. Realiza esta tarea de concienciación mediante sus publicaciones y ofreciendo unos caminos concretos para llevar a la práctica el compromiso cristiano en el mundo.

2. Principios y criterios

La relación entre la misión de la Iglesia en el mundo y la caridad es total e inseparable. Efectivamente, la comunidad cristiana no puede olvidar la práctica de la caridad sin poner en peligro la misma esencia de la misión que es la transmisión de la fe. La razón teológica que justifica esta afirmación tiene dimensiones diversas. Entre las más importantes, podemos destacar algunas.

a) *Dimensión trinitaria*

Dios es caridad, es decir, Dios es amor total e incondicional. La revelación bíblica es el descubrimiento progresivo y firme del amor de Dios hacia el mundo y hacia la humanidad entera sin ninguna discriminación[4].

En la revelación del Antiguo Testamento, Yahvé se va manifestando y revelando por medio de la creación del mundo y de la liberación del Pueblo de Israel. El Dios de la creación es un Dios que crea porque ama y que hace que todas las cosas sean buenas. Aunque existe el mal y sus consecuencias, Dios promete la salvación a Abraham como padre de los creyentes. Por medio de la revelación de Moisés, y después por medio de los profetas, Dios se hace presente y va acompañando al pueblo, primero hacia una liberación material y, después, hacia una liberación progresiva, con la promesa de una liberación total y universal. Yahvé es la presencia amorosa y dinámica de Dios en la vida del pueblo[5].

El Nuevo Testamento es la realización plena y el testimonio del cumplimiento de la promesa de Yahvé. En la encarnación, la muerte y la resurrección de Jesucristo se revela el amor total y definitivo de Dios a la humanidad[6]. Las definiciones de Dios en el Nuevo Testamento son la expresión metafórica «Abbá» (Padre de Nuestro Señor Jesucristo y dador del Espíritu)[7] y la formulación de la primera carta de S. Juan, cuando afirma que «Dios es amor»[8].

[4] Gn 1,27-31.
[5] Ex 19,9-25.
[6] Rm 8,31-39.
[7] Mt 6,9-13.
[8] 1 Jn 4,7,21.

b) *Dimensión cristológica*

Jesucristo es la plena manifestación del amor de Dios y su mensaje central es el mandamiento del amor. Jesucristo es la revelación del amor interno de Dios a la humanidad de todos los tiempos. El seguimiento de Jesucristo consiste en vivir como él vivió y realizar lo que él realizó[9].

El mandamiento del amor es fiel a la tradición vivida por el pueblo de Israel, pero añade una novedad. Ya en la experiencia y en la doctrina del Antiguo Testamento el cumplimiento de los mandamientos se resume en dos actitudes básicas: amar a Dios sobre todas las cosas y al prójimo como a sí mismo. Es una concepción de la vida que articula, unifica y edifica la propia autoestima y el amor a las otras personas sobre la base del amor de Dios, que es el origen de toda capacidad de amar.

Esta concepción supone un gran avance en la evolución del concepto de la moral en la vida del pueblo de Dios, porque el amor es una actitud que concreta y precisa el sentido último de los diez mandamientos, que por sí mismos ya representan un código de vida de gran calidad. A la luz de los mandamientos del Antiguo Testamento, la esencia de la vida creyente es la vivencia consciente y consecuente del amor[10].

El mensaje del Nuevo Testamento presupone la vivencia del amor según la conciencia del Antiguo Testamento, pero añade una nueva exigencia. Esta exigencia es el seguimiento de Jesucristo, que conduce a amar radicalmente a las otras personas como Él amó, es decir, hasta dar la propia vida por los demás. Este amor evangélico no excluye a nadie, ni siquiera a los enemigos[11]. Esta es la novedad el Nuevo Testamento y el sentido preciso de la palabra «caridad»[12].

Des de la perspectiva del seguimiento de Jesucristo, la esencia de la misión de la comunidad cristiana en el mundo es la vivencia

[9] Resolución n. 76 del Concilio Provincial Tarraconense.

[10] Ex 20,1-17; Dt. 6,4-9.

[11] Lc 6,27-36.

[12] Jn 15,12-17.

de la caridad, porque el amor no solamente es la plenitud del humanismo al que estamos llamados como personas, sino que también es la manera más patente de vivir realmente la fe y la única manera de dar testimonio de Jesucristo resucitado.

c) *Dimensión antropológica*

El amor incondicional hacia los demás no es solamente una manifestación de la fe cristiana, sino que también es el camino más directo y privilegiado para el conocimiento de Dios.

En la cultura occidental racionalista, en el acceso al conocimiento de Dios se ha producido un reduccionismo importante. Este reduccionismo sostiene que el único camino de acceso a Dios es el desarrollado por la razón. Es cierto que la razón y la inteligencia tienen un papel importante en la vida personal y, también, en la reflexión que conduce a la apertura del ser humano a Dios. Sin embargo, no podemos separar este camino racional del camino del amor, porque el racionalismo, a parte de que tiene muchos límites racionales en sí mismo, es una mutilación de la persona humana si no la contemplamos en su totalidad integral.

Efectivamente, lo esencial en el dinamismo de la vida humana es la integración del cuerpo, la inteligencia y el amor. Cuando separamos estas tres manifestaciones del ser, o potenciamos una dimensión y marginamos las otras, esta actitud parcial incluso tiene una repercusión negativa para la dimensión concreta que pretendemos potenciar.

El Nuevo Testamento relaciona la capacidad de amar con la capacidad de conocer a Dios con claridad. La primera carta de S. Juan pone de relieve de manera explícita esta unidad inseparable, cuando afirma que «el que ama conoce a Dios»[13].

Esta concepción de la esencia del estilo de vida cristiana vinculada al amor, ha estado siempre presente en la tradición teológica, espiritual y pastoral de la vida de la Iglesia. Sin embargo, el momento presente todavía pone más de relieve la urgencia de una relación inseparable entre la fe y la caridad. La esperanza es el

[13] 1 Jn 4,7.

resultado de una vida cristiana cuando la virtud de la fe y de la caridad caminan juntas.

d) *Dimensión eclesiológica*

Jesucristo es el fundamento de la Iglesia. La fuente de donde surge toda la dinámica de la vida eclesial es el don del Espíritu Santo. El Concilio Vaticano II afirmó esta centralidad trinitaria de la Iglesia al proclamar que «es la comunidad reunida por el Padre, el Hijo y el Espíritu Santo»[14].

La misión de la Iglesia en el mundo, que nace de la muerte y resurrección de Jesucristo y de la donación del Espíritu, consiste en participar en la misión evangelizadora que es la de revelar y manifestar el amor interno de Dios a la humanidad de todos los tiempos[15].

Por esta razón, cuando la comunidad cristiana no ama de verdad a las personas y, especialmente a los pobres, no solamente se desacredita a si misma, sino que también desacredita el mensaje de la revelación de Dios. En cambio, cuando la Iglesia ama de una manera incondicional mediante el testimonio de la vida de los cristianos, es un anuncio implícito del amor de Dios y el mejor camino de preparación para el anuncio explícito del evangelio[16].

Este principio de la caridad siempre ha sido fundamental para la existencia de la Iglesia en el mundo[17], pero en las condiciones actuales de la sociedad es la condición de posibilidad para la realización de cualquier acción eclesial si pretende ser escuchada y atendida por la generación actual[18].

14 LG. 4.

15 Ef 1,3-14.

16 Cf. los documentos de la Conferencia Episcopal Española «La Iglesia y los pobres» y «La caridad en la vida de la Iglesia», EDICE, Madrid 1994.

17 El carisma de la vida religiosa, en sus múltiples y diversas manifestaciones, casi siempre nace para dar respuesta a necesidades concretas de los pobres. Se puede verificar fácilmente a través de las biografías de los fundadores y fundadoras de las órdenes religiosas, las congregaciones y de los institutos.

18 Urs von Balthasar, «El cristianismo es un don», Paulinas 1972, 213-230.

La práctica de la caridad tiene una expresión personal y comunitaria, pero también tiene una manifestación y un compromiso estructural. La enseñanza y la doctrina social de la Iglesia es la formulación de los principios, criterios y directrices operativas de este compromiso eclesial encaminado a la transformación de las estructuras sociales injustas mundiales hacia la justicia y el amor[19].

Podemos afirmar por tanto que el amor personal, comunitario y global es un elemento constitucional de la vida cotidiana de la Iglesia, hasta el punto que es la condición de posibilidad de la misma existencia eclesial.

e) *Dimensión espiritual*

La vida cristiana tiene dos ejes vertebradores de su identidad y de su calidad: la oración contemplativa y la acción caritativa. Son dos dimensiones que no se pueden separar sin poner en peligro la fe, porque se implican mutuamente. La acción y la contemplación configuran el seguimiento de Jesucristo, la espiritualidad evangélica y el itinerario hacia Dios.

Cuando la persona y la comunidad aman pero no rezan carecen de calidad evangélica y derivan fácilmente en el activismo, la preocupación psicológica, el nerviosismo e incluso la falta de esperanza[20]. Por el contrario, cuando la persona y la comunidad cristiana rezan pero no aman, no responden a la misión evangélica y generan en su alrededor un ambiente en el que no se respira la libertad, ni la autenticidad, ni la alegría evangélica.

Sin embargo, cuando la oración y el amor caminan juntos, la persona y la comunidad cristiana viven en paz, ofrecen un testimonio de autenticidad y edifican una comunión eclesial de la que surge espontáneamente la evangelización. Por otra parte, este testimonio evangélico del amor gratuito e incondicional resulta fascinante para los que lo reciben y lo observan[21].

[19] Ver los documentos de la doctrina social de la Iglesia y, en especial, «Mater et Magistra» (1961), «Populorum Progressio» (1967) y Sollicitudio Rei Socialis (1987).

[20] Lc 10,41.

[21] Lc 10,25-37.

f) *Dimensión pastoral*

La vida práctica diaria de la Iglesia, esencialmente, se nutre de la caridad de Dios y se manifiesta en la caridad hacia los demás. Por esta razón el alma de toda la teología pastoral en su conjunto —pastoral profética, litúrgica y estructural educativa— es la caridad[22].

La evangelización y la catequesis, sin la caridad, suenan a propaganda ideológica y a lucha de poder en el mercado de las diversas ideologías. Pero la tarea evangelizadora y catequética realizada desde el amor, es el ofrecimiento libre y gratuito del sentido total de la vida a las personas concretas que sufren o padecen necesidad.

La liturgia de la Iglesia —eucaristía, sacramentos y oración—, sin caridad, se manifiesta como un ritual repetitivo y frío que acaba por aburrir y carecer de sentido. Pero la celebración litúrgica, celebrada desde el amor, es la anticipación actual del sentido último de la vida y de la historia que es la edificación de la fraternidad como fruto de la filiación divina.

La organización pedagógica y estructural eclesial —parroquias, comunidades, movimientos, etc.—, sin caridad, acaba siendo un espacio de autoafirmación individualista de algunas personas y de lucha de poder entre los grupos. Pero la actividad educativa de la Iglesia, realizada desde el amor, es una diversidad de ofertas pedagógicas necesarias para aprender el estilo de vida de Jesucristo. La diversidad de mediaciones, adaptadas a las necesidades concretas de las personas y los grupos, es necesaria para el bien de todos.

Desde esta perspectiva la caridad es la esencia de toda la acción pastoral eclesial, es decir, de la comunión eclesial y de la misión evangelizadora.

22 El principio generador de la reflexión teológica de este tratado de teología pastoral es el «la Pascua como acontecimiento y memorial». Toda la primera parte es una reflexión teológica sobre la continuidad entre el «acontecimiento pascual» y el «acontecimiento eclesial». Cf. el capítulo sobre «La teología pastoral fundamental».

g) *Dimensión escatológica*

La misión de la Iglesia en el mundo consiste en acompañar a toda la comunidad humana a descubrir el sentido de la vida que es el que nace del amor de Dios y que ayuda a tomar conciencia de la dignidad de la persona. Este sentido último y definitivo de la vida es la energía del amor.

La persona necesita muchos medios de orden material y psicológicos para vivir, pero estos medios que no ofrecen el sentido último de la vida. Estos elementos materiales y psicológicos son necesarios para afrontar la vida de cada día; sin embargo, cuando la vida nos pone ante unas situaciones radicales de dolor, especialmente la muerte, o ante situaciones de plenitud, especialmente el amor y la amistad, los elementos materiales y psicológicos no satisfacen plenamente. Entonces tomamos conciencia de la necesidad diaria del sentido trascendente de la vida. Siempre es necesario tener un sentido último, enraizado en la vida concreta presente, que unifique el interior de la persona, genere vida comunitaria y fundamente una esperanza.

Solamente el amor puede ofrecer un sentido total y último a la vida humana. La misión de la Iglesia en el mundo es mostrar que la muerte como final de la vida, antes de Jesucristo era una realidad absurda, pero que a la luz de la muerte y resurrección de Jesucristo es un «misterio» que queda iluminado en el amor.

La muerte y la resurrección de Cristo fundamentan una esperanza crucificada, pero realista y luminosa, porque testifica que el amor es más fuerte que la muerte. Por esta razón, el amor es el testimonio escatológico de la dignidad de la vida humana y del sentido último de la vida y de la historia.

3. Directrices operativas

A la luz de los criterios expuestos en el apartado anterior, podemos indicar algunas sugerencias que pueden ayudar a concretar unas actuaciones educativas y transformadoras.

La caridad personal y comunitaria ha de tener siempre una doble manifestación: la denuncia y el anuncio. La denuncia consiste en informar sobre las situaciones concretas que van contra la dignidad de la persona, al analizar las causas de estas situaciones y las consecuencias que se derivan de las mismas, para extraer los verdaderos retos y los signos de esperanza planteados a la fe desde la problemática social. El anuncio consiste en presentar el evangelio, como la luz que aporta unos principios y unos criterios transformadores, y como la fuerza que viene del Espíritu, que hace que estos principios y criterios se concreten en unas directrices y en unos compromisos operativos. Esta doble manifestación de la caridad fomenta dos actitudes básicas en la comunidad: la criticidad y la creatividad. La criticidad sirve para ir a fondo en el planteamiento de los problemas y la creatividad para buscar la solución de los mismos.

A la luz de esta orientación fundamental, en primer lugar, hay que promover un compromiso básico y es la necesidad de concienciar y educar a toda la comunidad cristiana sobre la centralidad de la caridad en la vida de la Iglesia. La caridad no es una tarea que realiza una organización o un grupo concreto especializado, sino una actitud propia de todos los bautizados. Esta caridad se realiza esencialmente a través de la vida ordinaria de cada persona, es decir, en su trabajo, en su vida familiar, en sus opciones de vida, en el tiempo libre, etc. y, de manera complementaria, a través de los compromisos y las actividades realizadas en las organizaciones que trabajan a favor de los demás[23].

En segundo lugar, esta concienciación permanente supone educar a la comunidad para que descubra la vinculación que existe entre la Palabra de Dios y el compromiso de la caridad. Esta educación se ha de realizar a través de las homilías en las que corresponde establecer una relación permanente entre el mensaje de los textos bíblicos y las necesidades de la comunidad, de la sociedad y de la humanidad, especialmente, de los pobres. En todas las catequesis de la comunidad, ya sea en la catequesis de iniciación o de maduración de la fe, también hay que relacionar de manera permanente la exigencia de conversión que nace de la Palabra de

23 Ver las conclusiones del seminario sobre «Lectura creyente de la realidad» en Corintios XIII 84 (1997) 199-220, que dirigí en Valencia con ocasión del 50 aniversario de Cáritas Española.

Dios con la urgencia de dar respuesta a todas las pobrezas humanas, ya sean de orden físico, psíquico, social y espiritual. Conversión y caridad son las dos caras de la vida cristiana[24].

Un tercer elemento, es la necesidad de vincular la celebración de la eucaristía con la caridad. Esta relación entre eucaristía y caridad, es muy tradicional en la historia de la Iglesia, porque siempre se ha vinculado la «fracción del pan», que es Jesucristo presente en la eucaristía que se da a todos los que comulgan, con la fracción del pan en la vida, que es el compartir los propios bienes con los demás y especialmente con los que padecen o sufren necesidad[25].

Un cuarto elemento es la tarea educativa. Esta tarea consiste en promover prácticamente una pedagogía de la acción y del compromiso de «compartir el pan». Este compromiso de la acción se realiza de una manera especial en algunos momentos determinados ante las situaciones problemáticas urgentes personales, sociales o internacionales. Sin embargo hay que educar a la comunidad para que esta acción de «compartir el pan» sea la actitud ordinaria practicada por la persona en la vida diaria y en los ambientes normales concretos por los que pasa la vida personal, es decir, en la familia, en la pareja, en el trabajo, en la amistad, en la diversión, en la escuela, en el sindicalismo, en la política, en la parroquia, etc.

Una manera eficaz de ayudar a la comunidad en su proceso de madurez hacia la vivencia de la caridad es la formación de los cristianos en la doctrina social de la Iglesia. La enseñanza social de la Iglesia consiste en iluminar las situaciones humanas, a la luz del evangelio, para poder dar una respuesta real y eficaz a las necesidades de la humanidad y, especialmente, a las carencias de los pobres. En el momento actual, la voz de la Iglesia es de las pocas que mantienen y defienden la dignidad de la persona ante el neoliberalismo y el capitalismo salvaje, que es el sistema económico que manipula descaradamente al ser humano, fomenta un pensamiento único y lo pone al servicio del propio sistema, sin ningún respeto a la dignidad de la persona. El neoliberalismo

24 La catequesis antropológica siempre parte de la realidad, tiene presente sus necesidades y concreta las líneas de acción encaminadas a la transformación de la realidad vivida.

25 Resolución n. 77 del Concilio Provincial Tarraconense.

no valora la persona por lo que es, sino por lo que tiene. La formación de los cristianos en la enseñanza social de la Iglesia siempre ha sido importante, pero es cada vez más urgente. Por esta razón, la comunidad cristiana ha de organizar cursos especializados sobre la doctrina social de la Iglesia de una manera sistemática.

Esta formación en la doctrina social de la Iglesia prepara a los cristianos para asumir un compromiso temporal que se implique en la transformación de la sociedad en la justicia, la libertad, la verdad y el amor. El compromiso temporal es una manifestación de la caridad en uno de sus niveles máximos, porque no se limita a amar a la persona concreta cercana que, por supuesto es esencial, sino que ama también a las personas lejanas y desconocidas. Las ama de verdad porque contribuye a superar las causas que provocan los problemas que afectan a la sociedad y, especialmente, a los pobres, excluidos y marginados del mundo. Este compromiso temporal está al alcance de todos los miembros de la comunidad y se concreta desde los pequeños compromisos vividos en las estructuras sociales intermedias (asociaciones de padres de alumnos, asociaciones de vecinos, entidades culturales, ateneos populares, etc.) hasta el compromiso sindical y político[26].

Para educar la caridad en la vida de la Iglesia, de una manera especial hay que acompañar a los movimientos apostólicos que están implicados en la evangelización de los ambientes. Estos movimientos prepararan a las personas y a los grupos de base para realizar un compromiso temporal eficaz allá donde viven y se concreta en la transformación evangélica de la escala de valores vigente. Esta preparación y acompañamiento no solamente contribuye a la transformación social de los ambientes, sino también a la misma evangelización. Los movimientos apostólicos realizan una pastoral profética muy importante para la Iglesia y para la sociedad, porque construyen un puente que acerca los problemas reales de las personas hacia el interior de la Iglesia pero que, al mismo tiempo, anuncia la Buena Nueva del evangelio a las personas que viven en los ambientes concretos y reales de la sociedad.

[26] Gaudium et Spes, 75-76, en el capítulo IV de la segunda parte de la Constitución Pastoral del Concilio Vaticano II, que se refiere a la acción política.

La comunidad ha de respetar y potenciar todas las iniciativas que surjan a favor de la práctica de la caridad. Esta diversidad es conveniente porque responde a los diversos carismas y a las diversas necesidades. Sin embargo este respeto a las iniciativas individuales y de grupo ha de ir acompañado de una doble tarea: el discernimiento y la cooperación.

El discernimiento es el compromiso comunitario encaminado a elaborar unos criterios comunes, a la luz del evangelio y de la enseñanza social de la Iglesia, que ayuden a cuidar la calidad de las actuaciones concretas de las personas y de las entidades. Estos criterios se han de referir no solamente a los contenidos de la acción caritativa y social, sino también al talante, a las formas y a las actitudes con las que se realiza el compromiso personal y de grupo.

La cooperación es esencial porque multiplica la eficacia del compromiso y es un signo de la comunión eclesial ante la sociedad. La eficacia no es solamente una táctica sino que es una exigencia interna de la misma práctica de la caridad. La cooperación no es solamente una suma de energías, sino que es una multiplicación de los resultados, porque la dispersión empobrece a todos. Sin embargo, cuando ponemos en común lo que tenemos, aunque sea poco, hay energía más que suficiente para dar respuesta a todos los retos que tenemos planteados.

Esta necesidad de discernimiento y de cooperación exige una tarea de la coordinación de todas las entidades que trabajan en el campo de la marginación social. El objetivo de esta coordinación no es la unificación sino la potenciación de las iniciativas personales y de cada entidad, y la interrelación de estas iniciativas en vista al crecimiento comunitario y el servicio a la sociedad.

Todos los carismas son necesarios para la vida de la comunidad, pero el mayor de todos y el único que es eterno es la caridad. Por esta razón, la caridad es el mayor signo de la autenticidad de la misión y de toda la acción de la Iglesia en la historia. La caridad es lo único que permanecerá para siempre.

Epílogo

Al servicio de la caridad

A lo largo de estos capítulos he intentado ofrecer una respuesta pastoral sistemática a cuestiones múltiples que emergen de la vida diaria. He tratado de ofrecer un marco teológico global para situarnos correctamente en el contexto pastoral que vivimos; he tratado de ofrecer un marco pedagógico para dar unas respuestas múltiples y diversificadas a las necesidades de esta situación; y he tratado de iniciar una reflexión alrededor de la coyuntura presente para buscar la utopía posible y realizable.

Desde esta visión de conjunto uno puede especializarse pastoralmente sin perder de vista el bien común. De otro modo, la excesiva especialización, aunque pueda ordenar un aspecto de la pastoral, corre el peligro de desintegrarlo de los otros aspectos fundamentales. Sin embargo, desde este marco general correctamente asimilado, la especialización pastoral es conveniente e incluso necesaria. La historia contemporánea de la renovación de la pastoral litúrgica, de la renovación de la parroquia, y de la renovación de los movimientos especializados, aporta elementos luminosos de cara a comprender esta necesidad.

Cuando nos preguntamos pastoralmente «¿dónde estamos?» y «¿qué hemos de hacer?», descubrimos que el eje vertebrador de la acción pastoral es un proceso de encarnación, muerte y resurrección. La acción pastoral brota del ser eclesial y es la exteriorización de la existencia cristiana en el mundo. Esta acción sin embargo, pasa una y otra vez por la experiencia de la dificultad e incluso del fracaso. No obstante, la última palabra no es el fracaso, sino la resurrección y la esperanza. Desde esta experiencia de la fe compartida, vamos reencontrando el sentido de la fidelidad a Jesucristo encarnado, muerto y resucitado. Desde la fidelidad a Jesucristo y la solidaridad con las personas, movidos por el Espíritu, podemos compartir el presente y vamos preparando la Iglesia del futuro.

Este libro quiere ser una llamada urgente a permanecer fieles en el compromiso pastoral. La fidelidad a la que nos referimos no es un voluntarismo desarraigado, sino que supone un planteamiento claro del momento histórico en el que vivimos y de la situación concreta que nos afecta: Desde nuestra identidad cristiana, tratamos de arraigar en la vida del pueblo para compartir el quehacer pascual, mediante el testimonio de la caridad y la iluminación de la Palabra.

Cuando hemos analizado los campos de incidencia de la acción pastoral, no nos hemos referido a «Cáritas». Esto no ha sido un olvido. «Cáritas» no es tan sólo un departamento de la acción pastoral, sino la atmósfera para la realización de la misma y el resultado final de toda la acción pastoral eclesial. La pastoral profética, la pastoral litúrgica, la pastoral estructural-educativa van dirigidas a vivir la experiencia de Dios, que es Amor[1], y a realizar la fraternidad universal desde esta experiencia de Dios[2]. En definitiva, permanecer fieles en el compromiso pastoral es permanecer fieles a este objetivo. No tenemos otra carta de ciudadanía en el mundo más que la fidelidad a este objetivo.

Hay una caridad difusa del pueblo y al servicio del pueblo de Dios. Ésta surge anónimamente del corazón de las personas y la podemos observar en muchas situaciones de la vida de cada día, especialmente vivida por los sencillos. Esta caridad no se puede medir, pero es de una importancia capital para la situación de la sociedad y su viabilidad. Sobre esta caridad difusa se edifica la acción pastoral de la Iglesia en lo que tiene de más positivo.

«Caritas» sin embargo, es también la obra de solidaridad eclesial institucionalizada. Son los servicios de ayuda fraterna que brotan de la vitalidad del Pueblo de Dios. Estos servicios han sido diversos en cada época histórica, puesto que han de

[1] 1 Jn 4, 7 ss. Cf. la revista «Corintios XIII», revista de teología y pastoral, publicada por «Cáritas Española». Trata de temas monográficos de gran interés.

[2] 1 Jn 3, 14. El amor a Dios no se puede separar del amor al hermano.

responder a las necesidades del momento, pero son el punto de referencia fundamental para evaluar la calidad de la acción pastoral de la Iglesia. Los cristianos presentes en el mundo expresamos nuestra fe mediante la respuesta concreta a los desafíos que afectan a la persona humana y a la sociedad. El denominador común de todos estos servicios es la comunicación cristiana de bienes. Desde este denominador común, los servicios se concretan.

La solidaridad con los sectores sociales marginados (parados, presos, enfermos, tercera edad, drogadictos, etc.), la solidaridad con los países del tercer mundo, la solidaridad con toda la persona y todas las personas es la piedra angular de toda la existencia cristiana y eclesial. Esta solidaridad no se limita a resolver problemas existentes, sino que ha de promover el desarrollo integral de la persona humana, mediante la satisfacción de las necesidades básicas de la misma, ha de ayudar fraternalmente a la familia en toda su problemática y en el acompañamiento de los padres como educadores básicos de los hijos, es decir, ha de tener un alcance universal (católico).

El horizonte de la caridad ha de ser la música de fondo de toda la actuación pastoral[3]. Ha de empapar todo el ser y toda la acción de la Iglesia. De toda la acción de la Iglesia, lo único que será eterno es la caridad. Por eso, también este libro quiere ser una llamada a concretar el compromiso de la justicia y la caridad para valorar la dignidad de la persona humana como ser único, irrepetible y como imagen de Dios. Este compromiso supone estar presentes en los núcleos vitales del pueblo y en el interior de las instancias comunitarias eclesiales, buscando lo que nos une por encima de los que nos separa y cooperando positivamente en la tarea del bien común.

En este contexto, la fe ha de ser testificada con todos los lenguajes posibles: el lenguaje del testimonio personal y comunitario; el lenguaje de la palabra pronunciada con precisión de fondo y de forma; el lenguaje silencioso de la oración; el lenguaje público de los medios de comunicación social. Estos lengua-

[3] J. M.ª Rambla, *El Pelegrí. Autobiografía de S. Ignasi de Loiola*, Ed. Claret, 1983. El comentario final, pp. 137-142, y especialmente el último apartado «El cor ardent», pp. 141 ss.

jes, y todos los lenguajes que la intuición y la creatividad nos puedan sugerir, han de ser empleados para testificar la esperanza dentro de la historia.

La tarea que tenemos ante nosotros es difícil pero apasionante. Al mismo tiempo que la vamos realizando nos salva a nosotros mismos. Durante dos mil años muchos hombres y mujeres han encontrado el sentido de vivir y la esperanza teologal en esta manera de ser. Hoy, a pesar de toda la complejidad del mundo contemporáneo y de los problemas graves que nos toca vivir, eso es también posible. Al menos, el compromiso básico de la acción pastoral eclesial ha de dar un testimonio transparente y lúcido de que la esperanza es posible en el mundo contemporáneo. Desde aquí, las nuevas generaciones juzgarán la calidad de la acción pastoral eclesial.

Para lograr esta esperanza nos hace falta en primer lugar vivir en la paz. Esta paz la alimentaremos en la medida que seamos capaces de discernir la vida cotidiana, personal y colectiva, a la luz del Evangelio. Solamente desde este discernimiento, y desde esta paz, la acción pastoral tendrá una verdadera calidad. Los momentos de encarnación los viviremos como expresión de la caridad; los momentos de dificultad como expresión de la paciencia trascendente y como prueba de que el amor es más fuerte que la muerte; y los momentos de resurrección como expresión de la alegría y la esperanza.

La esperanza es, pues, el elemento articulador que da consistencia a los demás. Toda persona está llamada a trabajar por la causa de la esperanza. La esperanza, y la máxima expresión de la misma que es el amor incondicional, es la fuente, la meta y el camino de toda la acción pastoral de la Iglesia.

Esperamos en Dios, en favor de toda la humanidad, a fin de que podamos rehacer, de acuerdo con Dios, las páginas de la historia, a pesar de todas las contradicciones que tenemos y a pesar de todas las situaciones aparentemente irresolubles. Estos caminos de la esperanza no son rectilíneos, pero avanzan decididos hacia el reinado de Dios.

A la luz de esta esperanza, el ser y la acción pastoral de la Iglesia son propiamente el acto del «compartir la alegría de la fe», en compromiso con el hombre que ha llegado a ser nuestro hermano, gracias a la iluminación de la Buena Nueva ofrecida por Jesucristo.

ÍNDICE GENERAL